中世東大寺の国衙経営と寺院社会

――造営料国周防国の変遷

畠山　聡　著

勉誠出版

目次

第二部　東大寺と周防国の経営……205

序章

第一節　研究の主題と目的

日本の中世社会において、仏教の存在は大きく、その影響はあらゆる場面に及んでいた。特に精神面については大きな影響を与えており、中世社会を明らかにしていくうえで、仏教の解明は避けて通れない。この場合の仏教とは、法然や親鸞、日蓮らが創始したいわゆる鎌倉新仏教ではなく、延暦寺・興福寺・園城寺・東大寺のような、多くの寺僧や俗人を抱え、そして広大な荘園を領有し、巨大な伽藍を数多く構えて、公家や武家に対して政治的・経済的・そしてイデオロギーにおいて影響力を有していた顕密の旧仏教のことである(1)。

仏教の研究は、教義などを研究する宗教史研究が古くから行われてきたが、それとは別に寺院の歴史的展開を明らかにする寺院史研究も行われてきた。その寺院史研究をさらに大別すると、寺院を律する寺院法や本寺末寺関係など寺院が教団を維持していくうえで重要な制度の分析を通して寺院社会を明らかにする寺院制度の研究や、寺院で営まれる法会・仏事の用途料やそれらに勤仕する寺僧らの食料などを賄っていた寺領を分析し、その支配構造や経営構造を明らかにしようとする社会経済史的な研究、そして黒田俊雄氏が提唱した顕密体制論や寺社勢力論をうけて、一個の権門として当時の政治や社会の展開の中で寺院の発展や機能を位置付けていく寺院社会史の研究などに分類できる。

これらは、仏教あるいはその活動拠点である寺院を構成する要素の一つであって、いずれも分析の視角としては重要であるが、それぞれに重厚な研究の蓄積があって総てを整理したうえで新たな知見を加えていくことは、容易なことではない。そこで本書では、それらの要素の中から、法会・仏事の用途や寺僧らの食料などの財源であった寺領の分析を通して、中世における東大寺の寺院社会の実態解明を行うことを課題としていく。

なお、寺領の分析を寺院社会の分析の視角として選んだのは次の理由からである。第一点目は中世社会を規定するものの一つに荘園制があるのならば、寺領の展開と寺院社会の展開が密接な関係にあると考えるからである。第二点目は、寺領が寺院社会にとって世俗社会と結びつく接点の一つで、それを通じて世俗社会の変化が寺院社会の内部に及ぶと考えるからである。

これに対し、永村眞氏は全く異なる視角で経営組織や寺内財政について詳細な分析を行い、中世における東大寺の寺院社会を明らかにしている。永村氏は、その著書の序文の中で「寺院社会は世俗社会との密接な関係をもちながら、社会的には一線を画した固有の人間集団・空間のなかで、世俗社会とは次元を異にする組織存続・行動の意志決定の論理をもつ」という前提により分析を行った、と述べている。(2)これに従うならば、寺院社会の寺僧集団は世俗社会とは全く別の原理の下で活動していたことになる。

しかし寺院社会が世俗社会と隔絶した存在でないことは、永村氏自身が寺外に在住する東大寺の別当の問題や、また年預所を組織して鎌倉時代中期以降に寺院経営の主導権を掌握していく惣寺の問題などの分析を通して、その背景に世俗社会の影響があったことを見出していることからも明らかである。

さらに、寺領が寺院社会にまで影響を与えていたことを、平安時代、鎌倉時代後期そして江戸時代末期に東大寺で勤仕されていた仏神事を月別にまとめた次頁の表1から確認しておきたい。

表1を概観すると、平安時代〜鎌倉時代まではほぼ同じ仏神事が勤仕されていたが、十六世紀末期になるとそれらのほとんどが顚倒され、新たな仏神事が勤仕されるようになった。この変化には、様々な原因が考えられるが、やはり財源である寺領の変化が関係していたことは明らかであろう。

東大寺では、院政期から鎌倉時代初めにかけて寺領の整備が行われ、それにともない法会などの興行や整備が行われている。表1に見える鎌倉時代の仏神事は、この時に行われた興行や整備の結果なのである。そして南北朝時代に入ると、寺領は徐々に不知行となっていき、やがて十六世紀末の豊臣秀吉の時代になる頃には、現在の天理市にあった櫟本村からの年貢二千石と周防国の国衙土居八町からの年貢だけとなる。これらはその後江戸時代を通じて東大寺の財政全体を支える財源となった。したがって江戸時代の仏神事は、近世的財政への転換を受けて編成された財源のもとで勤仕されていたのである。そして、表1で見るような年中行事に端的に現れている変化は、当然ながら東大寺の寺内組織の変化とも密接に関連していたのである。

以上のことから、寺院社会が世俗社会と、特にその中でも財政基盤である寺領と密接な関係にあって、互いに影響しあっていたことは明らかであろう。したがって寺領経営の分析を通して中世寺院社会の実態解明を行う、本書の研究視角は有効であると考える。なお、本書ではこの課題を鎌倉時代以降に東大寺の主要な財源となる周防国の分析を通して明らかにしていく。

続いて東大寺を選んだ理由について述べていきたい。詳細については、第二節の研究史の中でも触れていくので、ここでは簡単に述べることにする。大正時代の中村直勝氏以来膨大な研究蓄積がある点や、関連史料も寺外流出分があるとはいえ一万五千点以上の文書がまとまって現在に伝えられている点、平安時代に出現する寺外在住の別当などはいるが、古代以来比較的まとまった一つの教団として変わらずに現在まで続いて、寺院としての

表1　東大寺神事一覧

	平安時代(『東大寺要録』諸会章)	鎌倉時代(正安元年)	江戸時代(嘉永二年)
正月	●取所朝拝(政所)[一日]、食堂礼拝(食堂)[一日]、元節供[一日]、●講堂修正(講堂)[一~七日]、中門修正(中門堂)[一~七日]、●古祥御顔(羂索院)[三~十四日]、●散節[八~十四日]、●大仁王会(大仏殿)[吉日]	●政所長講(政所)[一~三日]、八幡宮若宮舞[一日]、●政所朝拝(政所)[一日]、大仏殿修正会[一~七日]、●講堂修正(講堂)[一~七日]、●吉祥御願(法華堂)[八~十五日]、●散節(講堂)[八~十五日]、●大仁王会(大仏殿)[吉日]、心盛会(大仏殿)[吉日]、修理事始[不明]、三論大師講[二十五日]	仁王経講問(八幡宮)[一~三日]、仏餉加持(大仏殿)[一~三日]、本僧坊供講問(天皇殿)[二日]、惣寺礼節[二日]、恒例御祈祷(八幡宮)[五日]、両宗毎月講論義(八幡宮)[五日]、午貝・風呂[五日]、●修正会(大仏殿)[七日]、永隆修正会(新造屋)[八日]、常憲院殿御忌日[十日]、●仁王講(八幡宮)[十一日]、午貝富家并二月堂蔵開賀ノ儀(二月堂)[十一日]、奉行所念頭礼式(二月堂)[十一日]、源頼朝忌講問(念仏堂)[十三日]、新禅院聖秀忌講問(念仏堂)[十三日]、蜂起始(大湯屋)[十六日]、二月堂参籠之練行衆日中後風呂(二月堂湯屋)[二十三日]、台徳院御忌問[二十四日]、幸徳井講問(念仏堂)[二十五日]、二月堂参籠無之院ェ暇乞[二十六日]
二月	●修二月(二十七日間)[一日~十四日]、●八幡宮御八講(八幡宮)[二十~二十三日]、八幡宮彼岸(八幡宮)[不明]	●二月堂行法(二月堂)[一~十四日]、法華堂修二月行法(法華富)[十五a]、中門堂修二月行法(中門堂)[五日]、●八幡宮御八講(八幡宮)[二十~二十五日]、法用定[二十五日]	●二月堂行法(二月堂)[一~十五日]、本僧坊供講問(天皇殿)[十九日]、永隆寺修二(新造屋)[二十三日]、春季僧坊講問(新造屋)[二十七日]、学侶年預櫃受取[二十七日]、二月堂結願(二月堂)[二十八日]
三月	●節供(食堂)[三日]、●華厳会(大仏殿)[十四日]、法華会(羂索院)[十六日]	華厳宗八講(尊勝院・薬師堂)[八~十四日]、●華厳会(大仏殿)[十四日]、最勝講(大仏殿)[十五~十九日]、八幡宮大般若(八幡宮)[二十三~二十四日]、三季講[二十五日]	本僧坊供(天皇殿)[三日]、●上司節句可有礼式[三日]、西室院公順忌講問[十五日]、知識供(開山堂)[二十四日]、春季大乗講(新造屋)[二十五日]、八ヶ名結解[二十八日]、当月可有両宗談義[不明]
四月	食堂大般若経読誦(食堂)[四月一日~八月三十日]、●伎楽会(大仏殿)[八日]、●夏講(夏安居)(大仏殿)[四月十五日~七月十五日]、●春季神祭[古日]、授戒会(戒壇院)[不明]	三十講(八幡宮)[一~五日]、●仏生会(大仏殿)[八日]、学生供(百□)[六~九日]、●大般若経転読[九日]、五十供[十二日]、●夏講開始[十五日]、●春季神祭[吉日]	本僧坊供(天皇殿)[二日]、●仏生会(大仏殿)[八日]、●結夏[四月十五日~七月十四日]、当月別宗談義[不明]、東照宮神事(東南院)[十七日]、大猶院殿御忌日[二十日]、倶舎講[二十五日]、有章院殿御忌問[三十日]
五月	●御斎会(大仏殿)[二日]、節供(食堂)[五日]、小五月会(八幡宮)[五日]	●御斎会(大仏殿)[二日]、▲三論大師講(嘉祥会)[五日]	恒例御祈祷(八幡宮)[一~七日]、御陵(最勝)十講(眉間寺)[二日]、千部法華経開白(大仏殿)[八日]、仁王講(八幡宮)[十一日]、▲三論祖師講(新造屋)[十五日]、三論宗五月講問(新造屋)[十九日]、勧学講[二十五日]、公盛上人忌日・大懺悔・光明真言・理趣経[二十九日]
六月	●萬花会(大仏殿)[十四日]、●千花会(羂索院)[二十三日]、●大掃除(惣寺)[二十五日]、●解除会(講堂)[二十八日]	浄土堂八講[五日]、●万華会(大仏殿)[十四日]、●千華会(法華堂)[二十三日]、三論大師講[二十四日]、▲世親講[二十五日]、●大掃除[十一日]、●解除会[二十八日]	鎧理趣三昧(新造屋)[一日]、龍池八講(勧化院)[二日]、浄土堂八講(浄土堂)[五日]、午貝風呂[五日]、英澄・英経忌講問(念仏堂)[六日]、公憲講問(念仏堂)[十日]、惇信院殿御忌日(念仏堂)[十二日]、有徳院殿御忌日(念仏堂)[二十日]、常応心院御忌講問(念仏堂)[二十一日]、浄実理趣三昧(念仏堂)[二十四日]、地蔵講(念仏堂)[二十四日]、▲夏季世親講(勧学講)[二十五日]、●解除会(大仏殿)[二十八日]、当日西国沙汰所会合[二十八日か]

七月	●節供[七日]、●自恣(大仏殿)[四日]、●伎楽会(大仏殿)[十五日]、夏講結願(大仏殿)[十五日]、●盂蘭盆講(羂索院)[十五日]、●梵綱会(戒壇院北堂)[十九日]	●節供(八幡宮)[七日]、●節供(法華堂)[七日]、三論大師講[六日]、●節供(中門堂)[七日]、●自恣(大仏殿)[十四日]、●伎楽会(大仏殿)[十五日]、●盂蘭盆講[十五日]、●梵網会(大仏殿)[十九日]	経宗十講(念仏堂)[二日、燈油納所結解[五日]、聖宝御忌講問(東南院)[六日]、●星夕可有礼式[七日]、公慶上人忌八講(公慶堂)[十二日]、中元可有礼式[十五日]、隆盛講問(念仏堂)[十六日]、洒玉院忌日・大像悔、光明真言、理趣經(勧化院)[十九日]、慎花院殿御忌日[二十二日]、普賢講問(念仏堂)[二十三日]、宮家中八朔会合[不明]
八月	●功徳経(羂索院)[十一日]、八幡宮御八講(八幡宮)[二十日]、八幡宮彼岸(八幡宮)[二十日]	●功徳講(法華堂)[十一日]、羅什講[二十日]、三論大師講[二十三日]	可有礼式[一日]、温恭院殿御忌日[八日]、修理結解[不明]、新造屋最勝講[十五日]、英乗講(念仏堂)[十六日]、米散在銭散在[十六日]、本僧坊供(天皇殿)[二十日]、春光院御忌日(勧化院)[二十日]、結解[不明]、慎徳院殿御忌日[二十三日]、秋季僧坊講問(新造屋)[二十七日]、西国沙汰所会合[不明]
九月	●手掻会[三日]、●節供[九日]、●般若会(大仏殿)[十五日]	●手掻会(八幡宮)[三日]、●節供[九日]、九日会(八幡宮)[九日]、●般若会(大仏殿)[十五日]、八幡宮御八講(八幡宮)[二十日]	恒例御祈祷(八幡宮)[一日]、講問(八幡宮)[二日]、●御神事(八幡宮)[三日]、俊明院殿御忌日[八日]、●重陽佳節可有礼式[九日]、仁王講(八幡宮)[十一日]、後泰雲院殿講問(九条黄門忌日)[十四日]、秋季因明講[二十五日]、当月八幡宮護摩(八幡宮)[不明]、大般若経転読(八幡宮)[二十八日]、当月年預月番役者、楳本村郷面下向有之[不明]
十月	●龍樹供(東南院)[十八日]、●同法供(講堂)[二十五日]	龍樹供(東南院)[十八日]、受戒会[二十日]、●同法供[二十五日]	康性忌講問(念仏堂)[一日]、午貝風呂[一日]、本僧坊供(天皇殿)[二日]、永宣忌講問(念仏殿)[七日]、実英忌講問(念仏殿)[十四日]、文照院殿御忌日[十四日]、寺中結解[不明]、当月二月堂職更落書[不明]、当月官家免定会合[不明]、西国沙汰所会合[不明]
十一月	千燈会(羂索院)[十四日]、●花厳講(羂索院)[十六日]、冬季神祭[不明]、三十講(政所房)[吉日]	●千燈会(法華堂)[十四日]、●華厳講(僧正堂)[十六〜二十一日]、秋季神祭[不明]	本僧坊供(天皇殿)[二日]、花厳宗祖師講[十四日]、●開山御忌方広会(開山堂(三月堂))[十六日]、懐賢僧正忌講問[二十六日]
十二月	●温室節(食堂)[八日]、●万燈会(大仏殿)[十四日]、方広会(講堂)[十五日]、上政所歳末読経(上政所)[二十九日]、下政所歳末読経(下政所)[不明]、諸神供料[晦日]、山稜読経(山稜)[不明]、造司疫神祭(上下政所)[不明]	●温室節(食堂)[八日]、●法華会(法華堂)[十〜十五日]、●万燈会(大仏殿)[十四日]、世親講三十講[吉日]、歳末読経[二十八日]	恵存講問(念仏堂)[四日]、官家中年始歳会合[不明]、惣等勘会合[不明]、川普請会合[不明]、布施引会合[十九日]、西国会合[二十日]、官家帳披露[不明]、方広衆沙汰所落書[不明]、午貝風呂[二十八日]、歳末可有礼式[三十日]
毎月	布薩(大乗)(講堂)[十四〜二十九日]、布薩(小乗)[十五〜三十日]、望粥[十五日]		御祈祷心経三巻[一日]、行法 金剛界(大仏殿)[二日]、公慶忌勤行(光明真言・釈迦宝号・理趣経)(八幡講)[十二日]、伽陀式、自我偈、講問、唄、散花[十五日]、良弁講(功徳経、如心偈)(開山堂)[十六日]、行法 胎蔵界(大仏殿)[十六日]、法楽(東照宮)[十七日]、観音講(本講・阿弥陀、新講・観音講)[十八日]、文殊講・心経[二十五日]
臨時		大仏殿長日最勝講(大仏殿)	

●は平安時代以来のもの、▲は鎌倉時代以来のもの

展開を容易に読みとることができる点からである。

次に、東大寺の寺領の中で周防国を選んだ理由を述べておこう。東大寺の寺領としては、在地領主制や名・在家など多くの研究がある伊賀国黒田荘が最も著名であるが、その他にも美濃国大井荘や茜部荘、重源が再興した播磨国大部荘、さらに河上荘や櫟荘など大和国の寺領荘園もある。これらにはそれぞれ研究の蓄積があるが、そのほとんどが院政期から南北朝時代までに集中している。大井荘や大部荘の場合はそれよりも少し時代が下るが、それでも永正年間(一五〇四~二一)頃までであり、近世移行期である戦国時代末まで下るものは極めて少ない。実際、現存する東大寺文書を概観すると、寺領経営や財政に関わる史料は南北朝時代から徐々に減少し始め、十五世紀半ば以降になると極端に少なくなっている。

このことから黒田荘以下の寺領はこの頃に徐々に不知行化が進んでいったと考えられ、これらの寺領を分析対象とする限り、中世後期から近世移行期における東大寺の実態を明らかにすることはできない。それに対して、周防国は、中世後期から近世移行期までの間で東大寺による国衙経営の展開を明らかにしうる史料が伝来しており、あわせて当該期東大寺の実態を明らかに出来る数少ない寺領の一つであろう。

なお、本書において中世後期から近世移行期の解明を課題の一つとしたのは、この時代については次のような課題があるからである。

第一点目は、黒田俊雄氏が提唱した顕密体制論や権門体制論は中世前期でこそ有効であるが、中世後期については新たな指標の提示が求められている。(3) 顕密体制論は非領主制論を前提として、寺社のイデオロギーである顕密仏教を中世宗教の基軸として位置付けたもので、権門体制論は公家や寺家といった勢力を中世的権門として捉え直そうというものである。黒田氏が提唱したこれらの学説は、荘園公領を財政基盤とする公家や寺家、武家らを中世社会の主たる要素としているため、荘園公領が全盛期を迎える中世前期までは有効である。ところが南北朝時代以降、荘園公領が大きく変質していくにともない公家や寺社が政治的影響力を失っていき、それに代わって禅宗寺院や浄土真宗など鎌倉新仏教と称される仏教が大きな影響力を持つようになるので、これらを組み入れた新たな指標が必要である。

第二点目は、院政期以来公家や寺社、武家の財政を支えていた荘園公領が、前述のように南北朝時代に入って大きく変質したとし、それ以降を、荘園制の解体期と見なして近年まで十分な検討がなされずに来た点である。というのは、この時期の荘園制について次に挙げるように相対立する二つの学説があって、いずれも荘園制の解体期と見なしているからである。

一つ目が永原慶二氏や佐藤進一氏らが提唱した守護領国制論である。[4]そこでは南北朝時代以降に守護が、在地の諸領主の荘園侵略を後援する見返りとして家臣団に組み込んでいくことで自らの領国支配を展開したとして、当該期を荘園制の解体期と見なしている。[5]

この守護領国制論と対立するのが黒川直則氏の提唱した国人領主論である。黒川氏は、荘園制の解体時期と守護領国制の崩壊時期が同一であったこと、守護役である段銭・守護夫・兵粮米の賦課が荘園制を前提として徴収されていたこと、国人が荘園の請負代官を梃子に荘園内の下級荘官を把握することにより年貢徴収機構と惣荘結合を掌握していったことなどから、守護権力は荘園制的秩序に依拠していたと考え、真に荘園制を解体に導いたのは国人領主であったと主張した。[6]この国人領主論は、荘郷レベルで荘園制が持続されていたことを指摘するなど大きな意義があるが、守護と国人との関係に不明な点があるうえ、国人自身も多くの部分で荘園制の体制に依拠しているなど、なお検討すべき課題がある。

ところが九〇年代末になると、南北朝時代以降の荘園制について真正面から取り組んだ高橋一樹氏を代表とする共同研究の成果が発表された。[7]その報告書に収録された個々の研究をここで検討することはできないが、メンバーの一人伊藤俊一氏は、先行研究では解体期と見なされていた応永年間を再版期とし、応仁の乱以後を解体期とする新たな時代区分を提唱している。[8]その根拠として応永年間の義満・義持政権下に幕府権力が絶頂を迎えて社会的な安定を見せていることと、同じくこの時期に検注帳類が数多く残されていることから、公武寺社が協調したことで荘園の再版が行われたと考えたのである。

高橋氏や伊藤氏らが提唱した室町時代の荘園制論は、鎌倉時代に御家人の知行する所領が、御家人役を負担する武家領と化し、その後の蒙古襲来を経て南北朝時代に半済令などで重層的な領有関係が崩れて、荘園一円化が進行したという、工藤敬一氏や高橋典幸氏によって提唱された寺社本所一円領・武家領体制論を前提としている。[9]確かに、応永年間に荘園の一部が再興したことは確かで魅力的な学説ではあるが、さらに具体的な事例により実証を積み重ねていくことが必要なのである。

また、守護領国制論との関係でいうと、南北朝時代に守護は領国支配を展開するにあたり、国衙の機能を取り込んだと考えられているが、近年になり国衙・在庁官人を分析した小原嘉記氏は、鎌倉時代末期にはすでに国衙機能の有名無実化は進んでいたので、南北朝時代になってそのような国衙機能を守護が取り込むことはないと主張しており、[10]この時期の荘園制にはまだ課題が多く残されている。

本書は、以上述べてきた寺院史研究や荘園制の研究動向を念頭に置きながら、造営料国周防国の歴史的展開について検討していくこととする。その場合、本書の構成は、後述するように時代的展開がより明確になる通史的な構成とした。

第二節　研究史

一　東大寺史研究

続いて本書に関わる研究史について概観していくことにする。まず、東大寺史の研究について概観していく。東大寺の本格的な研究は、竹内理三氏の『寺領荘園の研究』(11)に始まる。竹内氏は、東大寺だけでなく醍醐寺や東寺の荘園を分析し、社会経済史の観点から荘園領主としての大寺院の姿を明らかにした。これにより東大寺は、封建的な性格を有する中世寺院であったと考えられるようになる。

ところが、平安時代から鎌倉時代末迄の伊賀国黒田荘を題材として『中世的世界の形成』(12)を著した石母田正氏が、強制力によって荘民を支配し、また在地領主源俊方（封建的存在）らと対立抗争し、その勢力を駆逐することに成功した東大寺を、「古代的原理に貫かれた一個の南都的世界」を築き上げようとする古代的な荘園領主として描いたため、これ以降東大寺は、中世社会の中に取り残された古代的な遺物というイメージが定着してしまったのである。このような東大寺の評価が大きく変化するのは、黒田俊雄氏の研究によってである。

黒田氏は、冒頭で述べたように、権門体制国家論や権密体制論を提唱することにより古代以来の大寺院を、中世社会を構成する一員として位置付けた。(13)黒田氏の学説は、当時停滞していた中世の寺院史研究に大きなインパクトを与えたのである。

この黒田氏の学説を承けて、東大寺の寺内組織について初めて本格的な分析を行ったのは、稲葉伸道氏の研究である。(14)稲葉氏は、仁和寺御室や醍醐寺座主など他の真言宗寺院の僧侶が東大寺別当に就任する平安時代～院政期に、別当と三綱以下が分離していくと、別当個人の政所が東大寺政所と呼ばれるようになり、一方の三綱以下は公文所を形成すること、別当の政所と公文所はそれぞれ下文を発給して寺務にあたったこと、そして鎌倉時代に入ると寺内の権力の所在は別当や院家と惣寺の二元性を有し、前者から後者へ移行していったことを指摘している。

稲葉氏の研究は、寺内権力の所在を中心に中世寺院の変容を明らかにした画期的な研究であったため、まもなく、久野修義氏により公文所の成立について批判を受けている。それによると、東大寺政所は十世紀に別当・三綱によって整備されるが、十二世紀になって離寺する別当が多数になること、この時期に別当・三綱署判の東大寺政所下文が消滅し、公文所下文が登場することから、政所の成立は別当(=政所)と三綱が分離し、その三綱が公文所を構成するようになってからだと主張したのである。(15)

さらに、この稲葉氏と久野氏の研究を批判的に継承したのが永村眞氏の研究である。永村氏は、平安時代の寺務組織と僧団の形成について分析し、寺務組織については、寺家別当の直状形式の政所下文と奉書文言を有する別当坊下文・公文所下文が併存していたことを指摘して、政所下文の消滅後に公文所下文・別当坊政所下文が出現するという二人の主張を否定した。(16)これにより、別当が寺内にいるか寺外にいるかには関係なく、三綱が独自に成長してきたことを明らかにしたのである。

また、寺僧集団としての五師と年預所については、平安時代後期以降に寺家経営へ強い発言力をもつようになり、鎌倉時代中期以降、寺家別当・所司の実務を漸次吸収するなかで、寺内経営・寺領経営を統轄する寺務組織としての地歩を固め、鎌倉時代後期には寺家別当との機能分掌を行い、広範な寺家経営を主導するに至ったと述べている。これにより、創建期から平安時代・院政期を経て鎌倉時代後期までに、寺家別当・政所(三綱所、公文所)と年預所という寺務組織が、寺内に登場し、それらが「中世東大寺」の寺院組織を形成していく実態が明らかとなった。

永村氏は、さらに寺内止住の寺僧集団として学侶・堂衆・律僧・密衆・俗役についてそれぞれの特徴や、その活動内容について分析するとともに、鎌倉時代初頭以来東大寺の造営修理に深くかかわった大勧進と勧進所、南北朝時代以降その大勧進の下で、寺内の年貢の収納や流通、寺領経営といった経済諸般にわたって重要な役割を果たした油倉について分析し、具体的な活動とその性格についても明らかにしている。

このように永村氏の研究は、創建期から室町時代まで、寺務組織の変遷と僧団の発展をたどりながら、寺院組織の形成を考察し、この時期に権門として成長していく東大寺の実態を明らかにするもので、その内容は多岐に亘っている。そのためこれ以降の東大寺の寺院史研究は永村氏の研究をいかに批判的に検討し継承発展させていくかを課題として進められていった。

最後に寺院史研究以外の研究についても触れておきたい。史料論としては東大寺文書を分析した五味文彦氏の研究(17)や福島正樹氏の研究(18)、また聖教を史料として活用すべきとの永村氏の研究がある。(19)院政期から鎌倉時代初頭における造営・修理について論じた新井孝重氏の研究(20)や院政期における造東大寺長官を論じた岡野浩二氏の研究(21)、東大寺の公人は、惣寺集団だけでなく、政所系列にも属したことを明らかにした平沢悟氏の研究などがある。(22)

本来ならば、以上のような先行研究から導き出される課題をすべて本書で検討すべきところだが、ここでは稲葉・久野・永村三氏の研究に絞っていく。次に稲葉氏ら三氏の研究から導き出される課題を挙げてみよう。

①先行研究は、分析の対象が平安時代から室町時代までと長期間に亘るが、東大寺が中世寺院へ転換していく平安時代末から院政期にかけての分析に集中しており、南北朝時代以降については、学侶僧の活動についての研究や油倉の研究以外ほとんど行われていない。したがって中世の東大寺の諸相について明らかにするためには、中世後期から近世移行期についても分析を行う必要がある。

②先行研究では、寺内組織の分析に終始しており、東大寺をとりまく他勢力、朝廷（公家を含む）や武家（鎌倉

幕府・室町幕府)、そして興福寺などの寺社が、寺家経営にどのような影響力を及ぼしていたのかなどの分析が行われていない。特に権門体制論に代わる新しい指標が必要とされる中世後期については、他勢力との関係について明らかにする必要がある。

③先行研究では、寺内諸集団が並立的・対抗的なものとして捉えられているが、それら諸集団はある時には対立し、またある時には密接に結びつくことによって権門としての東大寺を構成していたのであるから、寺内組織の相互間の関係についてさらに詳細な分析が必要である。

④先行研究では、寺院経営という視点から寺内財政の分析を行い、寺内流通や寺内金融などの物資や資金の流れについては詳細に明らかとなったが、寺領と寺院財政との関係は等閑視されている。本来、財政的な基盤である寺領とそれによって支えられていた寺内の諸組織とは密接な関係にあったと考えるべきであるから、寺領経営からの視点による分析が必要である。

以上の課題の内、②と③については財政基盤の寺領との関係を通して東大寺の寺院としての歴史的発展を明らかにする本書の主題からは外れているので別の機会に検討していくとして、本書では①と④について検討していく。次に荘園制の展開を念頭におきながら東大寺領研究を概観していく。

二　東大寺領研究

東大寺領の本格的な研究は一九二〇年代から始まる。大正九年(一九二〇)に文書の整理を依頼されて東大寺へ入った中村直勝氏は、文書の整理とその後の影写本作成において得た知見をもとに黒田荘についての研究を発表した。中村氏は、その後昭和の初めにかけて諸権門の荘園について論文を執筆し、その中で東大寺領の伊賀国玉滝荘や同黒田荘、美濃国大井荘、同茜部荘、播磨国大部荘について、成立前史から成立、発展、そして衰退といった展開について分析を行い、荘園を生活の場としている荘民について明らかにしている。(23)

この中村氏の研究に続いて竹内理三氏は、社会経済史によるアプローチで黒田荘などの分析を行い、荘民や荘官の実態、名や佃の問題、年貢や公事の実態を明らかにしている。(24)

そして、東大寺領の研究が大きく進展するのは、前述した石母田氏が『中世的世界の形成』を発表してからであった。石母田氏は黒田荘の歴史を、古代的な荘園領主である東大寺とそれに敵対する諸勢力・中世的領主との階級闘争として描き、その中に封建領主制を見出そうとした。(25)

石母田氏の著書は、その豊かな叙述故に影響力も大きく、その後の研究は彼の創り上げた中世社会の姿を払拭することに精力が注がれた。例えば、戸田芳実氏は、成立過程における荘民の性格を、平安時代の国衙と荘園との関係や、あるいは東大寺との負担関係を中心に分析し、東大寺による支配が、荘民の封建領主制を土台として実現されたと批判した。(26) また小泉宜右氏は、黒田荘の悪党を詳細に分析し、悪党の活動が東大寺内部の惣寺などの動きに連動したものだとして、階級闘争と見なす石母田氏説を批判した。(27)

続く五〇年代～六〇年代の荘園制研究は、石母田氏や清水氏の研究を承けて領主制論が基軸となって進められた。領主制論の研究が深化していくと、その研究は国家との関係を究明する内容から内部構造にまで及んだ。在地領主が郡司や郷司、保司などをルーツとしていることから、彼らがこれらの公権に依拠していることが共通認識となり、やがて封建制の成立と国家との関係を明らかにしていくなかで王朝国家論や王朝国家体制論が出てきた。

また戦前より荘園経営の基本的単位である名田畠については、所有や経営の解明が行われていたが、領主制論の影響をうけて、収取形態が荘園内部の階級関係を解明する手段であると理解されると、その分析を通して荘園年貢や公事が有する公的な性格が認識されるようになる。そしてこの内部構造論などが活発化してくると、平安時代から院政期における名田や名主、在家などの農民層の存在形態、その性格についての研究、さらに被支配身分である田堵や下人の問題などの研究が盛んに行われている。

平安時代・鎌倉時代の作手を農民的土地所有とした入間田宣夫氏の研究(28)や十世紀から山間部で開始される集団的な開発と、それによって成立する村落の支配構造を究明した義江彰夫氏の研究などが、黒田荘を題材に発表されている(29)。

その一方で、大和国内の寺領や美濃国大井荘、播磨国大部荘についてもこの時期研究が盛んに行われている。このうち大和国内の寺領は、東大寺の創建当初から大和国司の指揮を受けた郡司らが、大仏などの仏前に供える燈油や香菜、白米などを進納していたが、平安時代に入り東大寺が燈油や香菜、白米などを負担している公田を定免田化し、田堵との間に請作契約を結ぶことで荘田としたものである。これらは散在的な田畠地の集積によって形成されていて、用途負担の内容から大仏御仏聖白米免荘園、大仏仏聖香薬免荘園、大仏燈油料荘園などに分類される。代表的なものとして小東荘や高殿荘、櫟荘などがあって、研究としては名の経営や名主など農民層の性格、内部構造、被支配身分などについてのものがある。

この内、小東荘（現北葛城郡河合町）では、平安時代における名の構造や名の荘園化の過程、そこにおける農業経営や収取のありかたが研究された。白米免田の名が東大寺による直接生産者の把握政策によって生じたことを明らかにした大石直正氏の研究(30)や、名主山村氏の所領の分析を通して名主が家父長的大家族経営であったことを明らかにした松本新八郎氏の研究(31)、名は荘園領主の設定による擬制的なものであり、そこから経営形態を見出すことは出来ないとした阿部猛氏の研究(32)があって、さらに阿部氏が擬制的とした名は給名的な性格を有し、そこの給主は東大寺から土地を安堵され、必要な負役を勤仕する約束の下に名田経営を許されていた領主的名主であると、阿部氏の研究を批判した平岡定海氏の研究がある。(33) また、泉谷康夫氏は、鎌倉時代末期の相論の分析を行うとともに、荘園内部構造について論じている。(34)

このような文献中心の研究に対し、稲垣泰彦氏は、平安時代の名の経営形態について遺跡の現地調査を通して名の耕地の復原を行い、大田犬丸名が小東荘として寺領化していく過程を追うとともに、白米名請人などの分析と内部構造の分析を行うことで、新しく有力な在村地主が名の責任者となって、白米官物の徴収を行うようになったことを明らかにした。(35)

次の高殿荘(現橿原市高殿町)は、大和守源頼親が私領二十五町を東大寺の御油免田としたのに始まる荘園である。本格的な研究は、阿部猛氏の研究に始まり、平安時代から鎌倉時代にかけての在地の状況と、作手や名などの内部構造の分析を通して平安時代末期にすでに用水権などをもつ上位荘民が存在していたことを明らかにした。(36) その後、荘園の成立と名田構造の分析を通して内部構造を明らかにするとともに、興福寺西金堂衆と東大寺との相論を通して上部支配構造を明らかにした平岡定海氏の研究(37)や、同じく成立とその後の変遷について論究した泉谷康夫氏の研究(38)、高殿荘の歴史的展開と室町院領や春日社領の高殿荘について論究した永島福太郎氏の研究が続いている。(39)

最後の櫟荘(現天理市)は、官省符荘としての櫟荘、大仏供白米荘としての櫟北荘、香菜免荘としての櫟北荘、尊勝院領櫟荘、東南院領櫟荘など用途負担の異なる所領が同じ場所に複数混在しており、それらの所領と厳密に区別する必要がある点は注意を要するが、近世末まで東大寺の支配が及んだ数少ない寺領の一つである。その櫟荘については、保延三年(一一三七)の検田帳の分析を通して平安時代の在地の状況を詳述した阿部猛氏の研究(40)や、同じ検田帳の分析を通して内部構造を明らかにするとともに、櫟荘をめぐる相論を分析し、鎌倉時代の荘民の動向を明らかにした泉谷康夫氏の研究がある。(41)

続いて遠隔地の寺領の研究史を概観していく。美濃国大井荘は、天平勝宝八年（七五六）にわずかな田畠が東大寺へ勅施入されたのに始まり、その後近在からの田畠の寄進を受けて、天喜二年（一〇五四）になって美濃国から国免を受けて荘園として成立した。大井荘の研究は、奈良時代の成立から室町時代中頃までの展開を明らかにした中村氏の研究に始まり、(42)荘官であった大中臣氏が鎌倉時代に下司職の帰属をめぐって一族間で相論を繰り返し、それによって没落していく経緯の分析から在地領主制を究明した細川道夫氏の研究(43)や谷口研語氏の研究、(44)奥野義雄氏の研究、(45)折田悦郎氏の研究(46)が続く。在地構造については、南北朝時代から登場する平均十町前後の「公田」に注目し、鎌倉時代には佃負担名であったが、南北朝時代の内乱期に東大寺が再編成を行い年貢徴収責任者に任じたことを明らかにした大石直正氏の研究、(47)大石氏の研究を批判して公田名は東大寺の直轄名で、五反均等の佃から発展したことを明らかにした谷口氏の研究(48)などがある。これら個別の研究論文のほかに『岐阜県史』と『大垣市史』は大井荘が成立する平安時代から終末となる室町時代後期までの歴史的展開を明らかにしている。(49)

また、播磨国大部荘は、一旦荒廃したものを重源が再興し、その後東南院領、そして惣寺領となった寺領である。その大部荘の研究としては、成立から十六世紀初めの変遷を明らかにした中村氏の研究に始まり、(50)室町時代の惣や一揆に焦点を置いた岡本道夫氏、大石直正氏、小西瑞恵氏らの研究が続いている。(51)

以上のように戦後の東大寺領研究は、戦前同様に文書が豊富に残った寺領を中心に進められ、内部構造や収取形態が明らかにされている。しかし、六〇年代に入ると永原慶二氏と村井康彦氏の研究により、荘園の成立と領有、支配の構造が明らかとなる公家領荘園こそが中世荘園の典型であると考えられるようになると、それまでの流れは大きく転換していった。(52)

永原氏や村井氏の研究は、中田薫氏が提起した寄進地系荘園論(53)の理論的枠組みを再構成して、中世荘園の設立過程と領有を結びつけたもので、十一世紀から十二世紀に在地領主が王家や摂関家などに寄進することで成立し、その際に預所や領家などの身分秩序が形成されたとしたのである。

これ以後、この寄進地系荘園論の研究が中世荘園制研究の主流となるが、七〇年代前半に網野善彦氏が、十一世紀半ばの延久令以降の荘園整理令による荘園と公領の分離・領域確定、そして大田文の作成・登録にともなう同質化と体系的な承認などの経緯を分析し、荘園と公領が国家的土地所有と私的土地所有の両側面を併せ持っていて、都市貴族と在地領主の土地所有を有機的に組み込んでいるという荘園公領制論を提唱したことで、寄進地系荘園と国衙領が同質のものとして認識されることになった。(54)

荘園公領制は広く一般に受け入れられ、寄進地系荘園論はここに取り込まれていった。これに対し多くが明確な立荘という形式をとらない東大寺領では、戦後以来の成立時の内部構造や収取体制に関する研究、悪党研究などと、暫く独自の道を歩むことになった。

その一方で荘園制研究は、八〇年代に入ると服部英雄氏や海老澤衷氏、木村礎氏、原田信男氏らが中心となり、景観の復原を通して内部構造を明らかにする研究が盛んに行われるようになる。(55)このような景観復原研究は、前述した稲垣氏による小東荘の研究に見るようにすでに五〇年代には始まっていて、早稲田大学中世史ゼミが備後国大田荘や伊賀国黒田荘の調査を行っているが、(56)本格的な調査が行われるようになるのはこの時期からであった。

大分県宇佐風土記の丘歴史民俗資料館による豊後国田染荘故地の調査を皮切りに、国立歴史民俗博物館による備後国大田荘故地の調査、さらに丹波国大山荘故地や播磨国鵤荘故地、和泉国日根荘故地などで地元自治体から依託された大学によって調査が行われた。また、東京学芸大学の中世史ゼミにより和泉国日根荘や紀伊国荒川荘の調査も行われている。(57)

東大寺領については、服部英雄氏が荘園景観復原の遡及的手法を紹介する研究で大部荘を題材として以来、(58)仁木宏氏や苅米一志氏による景観に関する論考が続き、さらに京都大学や筑波大学中世史研究会により大部荘故地で景観復原の調査が行われている。[59]なお、前述した景観復原の調査や研究が行われるよりも早く、地元の神生昭夫氏により中世の大部荘故地の復原を試みる一連の研究が行われている。[60]

これら景観復原研究と同じ八〇年に発表されたのが前述した永村眞氏による東大寺の寺院史研究である。その中で寺領については、鎌倉時代中期以降に寺内経営・寺領経営を統轄した年預所や学侶僧の研究、南北朝時代から十五世紀半まで造営事業や寺領の年貢等の収納・貯蔵・下行などに携わった油倉の研究の中で言及されている。[61]永村氏による寺領研究は、飽くまでも寺内組織の活動の一つを明らかにすることが目的であるが、寺内の組織や財務と密接に結び付いていることを明らかにしている点は重要である。

さて、永原氏や村井氏らが提唱した寄進地系荘園は、永らく中世荘園の基本型として広く一般に受け入れられていたが、九〇年代後半に入るとこれに異議を唱える研究が出てきた。川端新氏や高橋一樹氏による立荘論である。[62]立荘論の特色は、寄進行為と立荘そのものを明確に区別し、寄進の実態やその意義を立荘の過程に位置付直すことにより、立荘以前に行われる下からの所領寄進が、荘園の成立はもとより受寄進者からの職の補任をともなわず、王家や摂関家による立荘への政治的な接近手段にすぎないことを明確にしたことである。また、所領の寄進者が王家や摂関家により立荘したことで補任される預所職のみが当初の荘園所職であって、寄進地系荘園論で荘園成立時から存在すると考えられている本家職（本所）や領家職は、その後中央権門内部の権力関係によって出現してくることなどを明らかにしている。

これに対して鎌倉佐保氏や上島享氏、守田逸人氏らから批判が出ているが、[63]その中で守田氏は伊賀国の東大寺領などの成立の経緯を分析し、都鄙双方に拠点を持つ領主層の地域経営を重視する姿勢を示すことで、中央権力者からの一方的な働きを強調する立荘論を批判している。

その高橋一樹氏らは、前節で述べたように南北朝時代から室町時代の荘園制の再検討を行い、解体期と見なされていた応永年間を中世荘園の再版期とし、真の解体期は応仁の乱以後とする新しい時代区分を提唱した[64]。以上、荘園制の展開を念頭におきながら東大寺領研究を概観してきたが、ここから本書の問題関心に従うならば、次の二点を課題として挙げることができるであろう。

まず第一点目は、大和国の河上荘や播磨国の大部荘を除くと、概ねその研究は応永年間を下ることがない点である。例えば、最も研究の蓄積のある伊賀国黒田荘の場合、東大寺領として板蝿杣から黒田荘が成立する前史として東大寺による一円支配とその下での名編成、そして鎌倉時代後期の悪党などの研究があって、十一世紀から鎌倉時代末、もしくは南北朝時代末までが対象となっており、それ以降についてはほとんど研究されていない。また、美濃国大井荘の場合は、その成立の経緯や鎌倉時代中期に発生した下司職をめぐる荘官大中臣氏らの相論、そして名の再編が行われる南北朝時代半ば頃までに研究が集中している。

東大寺の寺領研究がこのような傾向を示すのは、東大寺文書の中でも寺領に関する史料が中世後期に入ると極端に減少するという点が直接的な原因であったが、その史料減少の原因としては、恐らく寺領の多くが南北朝時代以降に実際に不知行、もしくはそれに近い状態になっていたからである。このような不知行な寺領の増加は、法会や仏事の用途、そしてそれらに勤仕する僧らの生活を支えていた東大寺の財政に重大な影響を与えたことは確かである。この点については、永村氏が惣寺財務の運営が、借銭によって維持され、その財務を支えていたのが学侶の経済能力であったとして、鎌倉時代後期以降に寺内財務が変化していく様子を明らかにしているが[65]、寺内財務を支える寺領に対する検討も必要なのである。

第二点目は、寺領研究の多くが在地における相論や内部構造を分析しているが、これらを在地独自の現象として捉え、本寺東大寺との関わりについての分析が不十分な点である。つまり、多くの寺領研究は、程度の差こそあれ、竹内氏以来の研究姿勢と変わっていない。この点については、すでに指摘したように永村氏が寺外との関わりを極力排除し、寺院内の分析から中世東大寺の姿を描きだそうとしたことと、全く反対な立場にあるといえる。しかし前述したように、寺院財政を支える寺領と本寺との間には密接な関係があるので、本寺とのつながりを念頭においた寺領経営の分析を行わなければならない。

以上、二点の課題を挙げたが、第一点目の南北朝時代以降を分析するうえで史料が整っているという点では、大和国の河上荘や本書で分析の対象とした周防国がそれに合致している。河上荘は、平安時代の十一世紀半ば以来近世末に至るまでの史料が現存し、一方の周防国の場合は、鎌倉時代初頭に焼失した大仏殿の造営料所として東大寺へ寄進されて以来、やはり同じように近世末までの史料が現存している。

第二点目に挙げた課題、寺領経営という観点から見ると、周防国が合致している。何故ならば、河上荘の場合は、荘内の田畑を売買した売券や、あるいは八ヵ名の納所が作成した結解状、夏安居などに勤仕する学侶僧や堂衆らへ下行する供料の下行切符などと、ほとんどが寺内財政に関わる史料である点や、さらに永仁の再興の際に設定された八ヵ名の体制が近世末まで維持され続けていて、その間の組織上の変化はわずかで、しかも年貢の徴収・進納が納所個人の請負によって行われていて、東大寺の関与がほとんど見られないことから、寺領経営の展開を明らかにすることは困難だと言えよう(66)。

以上のことから本書では、成立時期から近世末までの長年に亘って史料がまとまって現存し、なおかつ東大寺による経営の実態が明らかとなる周防国を題材として検討していくことにする。そこで次に造営料国周防国の研究史を概観していく。

三　造営料国周防国の研究

造営料国とは、東大寺大仏殿造営のための料材とその用途を供出するために、それまであった知行国制を援用したものである。したがって最初に国衙・国衙領と知行国制の研究史を概観した後に、周防国の研究史について概観していく。

（一）国衙・国衙領研究

本格的な国衙・国衙領研究は、清水三男氏や竹内理三氏の研究に始まる。(67)清水氏は、武士が発生する基盤としての在庁官人制について注目し、荘園による国衙領侵食の度合いが思いの外小さく、律令制がいかに変質したとしても国・郡・郷の制度は強度であること、そして在庁官人らが地方行政を分掌していたことから、後に武士が公的な行動を執る根源となったとして、在庁官人制が武士発生の基盤であると位置付けた。これに対し竹内氏は、目代・在庁・所・留守所などの国衙機構を詳細に分析して、その構造を明らかにしたうえ、国司制度の形骸化にともない国衙の行政機関として成立したのが在庁官人による在庁で、その在庁の下で行政執行のために成立したのが武士であると述べ、在地領主形成に在庁組織が重要な役割を果たしたことを指摘している。

清水氏や竹内氏の研究は、やがて戦後になって活発化する領主制研究へと結びつき、それにともない国衙・国衙領の研究も活発に行われた。高田実氏や米田雄介氏は、在庁官人や郡司の構成・性格を分析し、古代豪族の没落と新たな豪族層の台頭という在地の変化に対応して任国支配を強化するために、国司が郡司を国衙機構に編成したのが在庁官人であることを明らかにした。(68)この高田氏や米田氏の研究により国司によって編成された国衙機構が郡司の権限を吸収したと考えられるようになった。しかし、在庁官人という史料上の初見や発給文書の変化などから、両氏が明らかとした十世紀の国衙の姿は、十一世紀半ばの在庁官人を主体として運営される中世的な

国衙機構の前段階であるとの義江彰夫氏や関幸彦氏らによる批判が出た。(69)

さらに領主制研究の盛行に対して、七〇年代に入ると、十一世紀の国司による任国支配体制の研究が進展していった。その代表的なのが入間田宣夫氏の研究で、摂関・院政期の国衙領における「百姓」支配の特質として収納使や検田使など国使による支配を強調し、それまで重要視されてきた郡郷司・刀禰は補助的役割であったことを明らかにした。(70) この入間田氏の研究をさらに進めたのが大石直正氏の研究で、検田使や収納使といった国使や、郡郷司の在地司の機能を検討し、十一世紀半ばに再編された郡郷は受領による行政区画の色彩が強く、国使や在地司の権限は飽くまでも行政権であって領主権ではないと、十一世紀半ばを領主的支配の成立期、国家による編成期とする従来の領主制論を批判している。(71)

以上の在庁官人や郡郷司の研究を承け、国衙の所領構成は郡・郷・別名の集合体で、国衙機構が在地領主共同の権力機構であると理解されるようになった。そしてこの理解を基に、坂本賞三氏は、九世紀後半〜十世紀にかけて国家によって行われた税制や地方行政制度に関する改革により大幅な権限を委譲された国司が、郡司・郷司・保司・別名名主を任命し、彼らの郡郷別名に対する支配権を承認することで在庁官人として編成したこと、そしてそれによって形成された国家体制を王朝国家体制であると提唱した。(72)

坂本氏の王朝国家体制論は広く一般に受け入れられていくが、中央政府の位置付けが不明確なまま田堵の階級的性格を規定しているために、さまざまな方面から批判を受けたが、その一人が森田悌氏である。森田氏は、当初官符類を用いて中央政府の政治を分析し、律令制から王朝国家制へ転換するのは寛平から延喜初めではなく藤原忠平が政権を掌握する延長元年(九二三)からだとして坂本氏の王朝国家体制論を批判した。(73) そして、その後坂本氏と森田氏との間では、不輸租地の不当拡大をふせぐ制度である免除領田制をめぐって論争が行われている。

しかし、このような政治史からの視点ではなく、八〇年代後半に入ると収納使や検田使などの国使が郡司の権限を吸収したという入間田氏や大石氏らの理解を批判する研究が発表された。その一人加藤友康氏は、八世紀と九世紀の土地売券の分析を行い、図帳の勘検など九世紀において郡司が行っていた行政機能を十世紀になっても引き続き郡司が行っているとして、国使による郡司の権限の吸収を否定した。(74)また山口英男氏は、九世紀末から十世紀初頭において国司が在地支配層を国衙の雑色人に編成するなど、国郡行政の一体化がなされていることを理由に、国使による郡司の権限の吸収を否定した。(75)両者に共通する点は、ともに郡司層などの在地勢力に官僚的性格を見いだすことにより国衙支配の担い手として再評価し、彼らが国衙行政に重要な位置を占めていたと判断していることである。そこでは、郡司など在地勢力に官僚としての事務能力があったからこそ、十世紀に起きる郡衙の解体後に在庁官人へと編成されたと結論付けている。(76)

このようにこの時期の国衙研究は、十世紀の郡司の権能を律令国家の支配機構の一端を担う官僚的なものと見なすか、あるいは十一世紀の郡郷司や刀禰の権能を国家公権とは異なった、新たな在地支配秩序の萌芽と見なすかで、議論が交わされた。しかし、このような議論も八〇年代後半を過ぎて国衙自体の研究が低迷するのにともなって停滞していき、代わって議論の中心となってくるのは、十世紀末以降の国司と中央との関係から国衙の性格を明らかにしようとする研究であった。

具体的には十世紀を中心に非国家的都鄙間ルートの形成や運用の分析を通じて地方支配を明らかにしようとするもので、九世紀末以降になって権力が集中してくるといわれる国司の権力の編成原理について、実証面で検証していくことで、院政期への展開も視野に入れた研究がなされた。その代表的な研究が五味文彦氏の研究である。(77)五味氏は、十二世紀の『医心方』紙背文書の分析を行い、派遣された目代の活動から経済活動や在地情報収集の方法などを明らかにすることで、院の近臣である知行国主による任国支配の様相を明らかにした。五味氏が明らかにした知行国支配は、後に紹介する上島享氏も指摘しているように十一世紀の受領による任国支配の延長線

上に、院政期的な人的組織の形成や、社会分業を基礎として成立したことを示すものであった。(78)

ここまで古代の国衙研究について概観してきたが、次に十二世紀以降の中世の国衙研究について概観しておきたい。戦後になると領主制論の研究成果を承けて上横手雅敬氏が、国衙領こそ武士発生の最初の基盤であり、最も一般的な武士としての地頭的領主の淵源は、私営田主的系譜を引く郡司的土豪であったと主張し、地頭武士団の発生母胎を荘園よりもむしろ国衙領に求めた。(79)

この上横手氏の説を批判したのが安田元久氏で、律令制の崩壊後の歴史的過程を奴隷制的経営主である荘園領主と封建領主である武士団との対立として特徴づけ、後者による前者の克服こそが中世封建社会成立のものであるとして、中世封建成立の前史として国衙領を位置付けた。(80)

そしてこのような中世の国衙研究は、石井進氏の研究で到達点を迎える。石井氏は、鎌倉幕府の全国的支配は鎌倉殿と御家人との主従関係だけでなく、国衙の存在は不可欠であり、国衙に対する命令支配権を獲得したことで国衙機構を通して在地支配をはかり、それによって全国的支配が達成したという。さらに、大田文における守護領の在り方を分析し、守護領田数が一国総田数の平均三四%に達していること、それらは国府近傍の国衙領の中枢部分を占めていて、国内交通上の要地を押さえていることから、守護領は国衙在庁名にその淵源が求められると主張した。これは、前述したように守護による国衙機構の支配に対応するもので、改めて国衙のみならず国衙領も鎌倉幕府や守護勢力の支配にとって重要な位置を占めていることを明らかにしたのである。(81)

そして石井氏による幕府と国衙との関係の理解をさらに深化させたのが、田沼睦氏の研究であった。田沼氏は、尾張国の国衙などの分析を行い、西国では南北朝時代になっても国衙領はかなり存在していたこと、在庁官人を中心とした国衙機構が機能していたことを明らかにしたうえで、領域支配の展開を推し進めていた守護により国衙機構や国衙領の吸収は喫緊の課題になっていったと主張した。(82) 石井氏や田沼氏の理解は、その後中世の国衙・

国衙領研究で広く一般に受け入れられていった。

しかし、これ以降、国衙、国衙領を正面から扱う研究は低迷していった。九〇年代に入ると、白川哲郎氏が鎌倉時代中後期の国衙機能を分析し、国衙への支配権や国衙諸職の補任権、訴訟裁定権、一国検注権など様々な権限を国衙が有し、機能していたことを明らかにしたが、(83)石井氏や田沼氏の学説を否定するまでには至っていない。

ところが二〇〇〇年に入ると、井上寛司氏を代表とする中世一宮制研究会による中世一宮制の研究成果が発表された。その内容は多岐に亘るが、国衙研究については、石井氏が流鏑馬などの神事への頭役勤仕が在地領主・地頭御家人層を結集させるうえで重要な役割を果したと一宮の機能を強調している点について、上島享氏は国内で最も重要な宗教的・政治的機能を有する国内鎮守が一宮であり、流鏑馬などの神事は一宮祭祀の中でも主要なものではない、と批判している。(84)しかし、上島氏の石井氏への批判は飽くまでも国衙における一宮の機能について考察したものであって、石井氏の研究全体に対するものではない点は注意が必要である。

また、十二世紀を挟んで平安時代中期までの国衙機構研究とそれ以降の国衙研究との間に大きな断絶があると指摘されている点について、近年小原嘉記氏がその解明に積極的に取り組んでいる。小原氏は、石井氏や田沼氏の理解に対して、西国の国衙の一般的事例として尾張国を分析したうえで、十三世紀末には在庁官人を中心とした国衙機構は支配力を失いつつあったので、それを吸収する必然性は無いとして批判している。(85)さらに十二世紀を挟んだ国衙機構研究の断絶に対し、古代から中世にかけて受領による在庁官人制の編成を軸に、その制度的基盤や受領や地方、中央がどのように連関しながら変化していったのか検討し、受領による在庁官人層の編成の拠り所は従来の在庁名や給免田などの土地にともなう権益にあったのではなく、一国規模の物資徴収の業務得分としての付加税徴収の保証にあったという。(86)小原氏の研究については、すでに中込律子氏による批判があるので、詳しくはそれを参考にしてもらうが、国衙研究には依然として重要な課題が存在していることがわかる。

このような国衙研究とは別に、国衙領そのものを明らかにしようとする研究もある。国衙領の研究は、早くは清水三男氏や竹内理三氏の研究があるが[87]、本格的な研究は松岡久人氏からである。松岡氏は、国衙領の内部構造を、郡郷制を通して分析し、在地領主が十一世紀中期の郡郷制解体以降、国衙と直結した郡郷司を媒介として領主制を発展させていくとした。すなわち、律令制下で国―郡―郷の三段階で構成されていた地方の支配構造が、十一世紀に入って律令制が崩壊すると、郡・郷が相並ぶ国内支配単位となっていく。その時在地の有力者が郷司として登場し、その職権を媒介として領主制を発展させたことを明らかにした[88]。

松岡氏の研究に続き、戸田芳実氏は、律令制度崩壊後の変質した土地制度と収取体系からなる国家を「王朝国家」とし、年貢の納入の主体であり、返抄を取得して結解体制に組み込まれていく負名を基本構造とする体制を「負名体制」と規定した。そのうえで院政成立期になると負名体制から、在庁官人や郡郷司の主導により畿内近国の国衙領では、公郷居住を根拠とする在家別賦課へ転向したことを明らかにした[89]。

その一方で、大山喬平氏は、別名が在地領主制の形成に重要な役割を果たしたと指摘した。具体的には、在地領主制が、律令的地方行政の末端機関である「官庫」をその私的勢力下に取り込むことで、勧農権の確立過程を実証し、在地領主が安定的な領主権を確立するためには、国衙の勧農権を手中する必要があったことを明らかにした[90]。

さらに、河音能平氏や工藤敬一氏は同じように、十二・十三世紀の国衙や一宮の分析を行い、国衙や一宮が別名や公郷を領有する在地領主の社会基盤となっていること、国衙領の所職とそれに付随した権限が在地領主制の形成にとって重要であると指摘している[91]。

そして、坂本賞三氏や高田実氏は、郡郷制が国衙による公領支配として機能していることを明らかにし[92]、鈴木国弘氏は荘園制に対応する支配構造が国衙在庁名の下で存在していることを指摘するなど、国衙による公領支配について言及した(93)。

また、石井進氏は、大田文を詳細に分析し、国衙作成のものと幕府作成のものの二種類あること、しかし国衙作成の大田文も、実際には幕府の命を受けた国衙在庁官人が作成して上申したことを明らかにしている。そのうえで幕府が大田文を作成させた理由として、一国平均役賦課だけでなく、地頭の補任状態の調査や御家人役賦課のために必要であったという。院政期の国家体制のなかに国衙と国衙領の形成過程を位置付け、国衙のみならず国衙領も鎌倉幕府や守護勢力の支配にとって重要な位置を占めていたことを明らかにしたのである(94)。

この石井氏の研究や自治体編纂事業などの成果を承けて、網野善彦氏は六〇年代後半から七〇代前半にかけて若狭・尾張・美濃・常陸の一国単位の荘園公領研究を行った。それを基にして網野氏が提唱したのが前述した荘園公領制論であった(95)。

また、工藤敬一氏は、九州地域に現存している大田文を分析し、建久年間に幕府によって作成されたこと、平家没官領として一部が没収された球磨荘が建久年間に片寄せなどにより王家領・関東御領・公領に分割されて人吉荘・永吉荘などが成立していることから、この時期に中世的支配体制が整備されたことを明らかにした(96)。

このような大田文の分析を通して一国規模の荘園公領制を明らかにする研究としては、この他に九州中南部と若狭国を分析した海老澤衷氏の研究(97)や安芸国や若狭国を分析した錦織勤氏の研究(98)、安芸国を分析した誉田慶信氏や角重始氏の研究(99)、薩摩・大隅国を分析した日隈正守氏の一連の研究(100)などがある。

しかしこのような大田文の分析により一国規模の荘園公領制を明らかにする手法は、大田文が断簡も含めて十六ヵ国二十一種しか現存しておらず、しかも地域的な偏りがあるため、その利用は限られるという弱点があり、従来の国衙領研究を深化させるまでには至っていない。さらに前述したように九〇年代後半に入ると川端新氏や高橋一樹氏らが、中世荘園制の立荘する際に加納や余田などを含み込んで一円化が行われていたという立荘論を提唱したこともあり、[101] 低迷する中世の国衙研究とも相俟って国衙領研究は荘園制研究に取り込まれていったのである。

以上のように国衙・国衙領研究、特に中世の研究は、一九八〇年頃に研究上の到達点を見るが、その後低迷が続いている状況である。

（二） 知行国制研究

続いて知行国制研究について概観していこう。知行国制の本格的な研究は、村田正志氏の研究に始まる。[102] 村田氏は、知行国制の淵源を平安時代中期に上皇や女院が毎年受領を賜る院宮分国と捉え、その成立を十世紀末にまで遡らせた。さらに、鎌倉時代以降長期に渡って同一の知行国を領有した天皇家や東大寺、西園寺家、中院家らの知行国を分析し、国衙から進納される正税や官物など一切の貢納物を取得し、中央政府との関係を完全に断った、知行国主が自由に処分できる私有地として知行国を理解したのである。

それに続く、吉村茂樹氏や時野谷滋氏は、院宮分国を知行国の淵源とした村田氏の説を批判しているが、その一方で知行国の性格については国司の任命権を有し、国衙を通して進納される正税官物が収入となったという村田説を引き継ぎ、知行国主の私有地としての性格を強調したのである。[103]

このような知行国制の研究は、橋本義彦氏の研究で到達点を迎える。橋本氏は、知行国制を国主となる人物がその子弟を国守に申任することで、国務沙汰の実権を握り、国守の所得を家産に取り入れる仕組みであったことを明らかにした。[104]

これに対して、上島享氏は、知行国制の淵源を院宮分国としている点について、十世紀頃から院に与えられた年貢年爵である「院分」により補任した国を院宮分国と規定しているのは誤りであること、その院宮分国も史料上に現れるのは十二世紀後半なので知行国の登場とほぼ同時期であるから、院宮分国を知行国制の淵源とすることはできないと述べた。さらに、成立期から知行国主の私有地として認識していることについては、形態が整った平安時代末期・鎌倉時代の知行国をもとに作られた理解で、村田氏以降に知行国制の成立・発展を論じた研究は、この完成形態を念頭におき、その源泉を探る遡及的方法をとったものとして批判したうえで、国司制度・受領制の展開・変質のなかで成立してきたことを明らかにした。(105)

以上のように知行国を理解するうえで国司制度や受領制への理解が重要であることが明らかとなったが、これに対し、知行国主の任命権者である治天の君である院に注目して知行国制を明らかにしようとする研究がある。その代表的なものとして、石丸熙氏と五味文彦氏、そして遠藤基郎氏の研究である。(106)石丸氏と五味氏は、院政期の知行国制を分析し、院に知行国主の決定権があったこと、その行使によって院近臣に多くの知行国が分配されていたこと、そして知行国制が院権力にとっての権力基盤のひとつであったことを明らかにした。また、遠藤氏は、鎌倉時代中期以降顕在化する知行国の長期相伝が原則的に治天の君の保証の下で可能であったこと、鎌倉時代後期から皇統分裂後すると治天の君らは幕府権力に依存することで保証が可能となったことを明らかにしている。

以上、概観して明らかのように知行国制の研究も、前述した国衙・国衙領研究同様に研究の停滞が続いているのが現状である。(107)

(三)　中世周防国の研究

造営料国としての周防国の研究は、前述した村田正志氏の研究に始まる。(108)村田氏は、大勧進重源や行勇らが進める再建事業について明らかにしたうえで、それを支えた造営料国周防国の実態を明らかにした。

それに続いて造営料国としての周防国について目を向けたのは竹内理三氏の「寺院知行国の消長」であった。(109)

しかし竹内氏の研究は、周防国のように寺院に一国を寄進し、大勧進がそれを経営する造営料国制ではなく、その前段階として国司が寺社の造営を請負う造寺国制や知行造国制を重点的に検討したもので、そのような造営形態が律令制の変化にともなって登場してきたことを明らかにしたが、周防国については、鎌倉時代中期以降にその性質を変えて東大寺の荘園と同質となったとの指摘があるのみである。

これに対し中世の周防国に関する本格的な研究は、古代から幕末までの周防国府の歴史的展開を明らかにした三坂圭治氏の研究が最初である。(110) 三坂氏の研究は、周防国の国府に視点を置き、その国府を取りまく東大寺や大内氏・毛利氏などの諸勢力との関係について分析を行ったところに特質すべき点があり、これにより周防国について古代から近世末までその歴史的発展段階が明らかとなった。

三坂氏以降の周防国研究は、次の三つに大別することができる。第一番目は、在庁官人から守護大名、そして戦国大名へと成長していく大内氏の領国経営の分析を通して中世の周防国の特質を明らかにしようとするものである。鎌倉時代末期の国衙で発生した諸事件を分析した藤本（国守）進氏の研究や松岡久人氏の研究、また南北朝時代から室町時代にかけて大内氏が国衙へ与えた国衙領法度の分析を通して大内氏の守護大名としての発展段階を明らかにした松岡氏の研究である。(111)

第二番目は、周防国が中世を通して東大寺の造営料国であったので、東大寺の寺内組織を通して国衙経営について明らかにしようとするものである。大勧進職の諸活動の分析を通して鎌倉時代の周防国の特徴を明らかにした永村眞氏の研究や、さらに周防国衙領の年貢輸送と油倉を通して、東大寺の寺院組織と経済活動を明らかにした永村氏や本多博之氏の研究、(112) また同じように東大寺の年貢輸送が現物から銭貨、そして為替による支払いに変化したことを明らかにした新城常三氏の研究である。(113) また、重源と在庁官人との間で取り交わした起請文の分析や鎌倉時代に訴訟沙汰の際に下された留守所下文の分析を通して、大勧進・目代と在庁官人との間の権力構造を

明らかにした誉田慶信氏の研究もある。(114)

この分野では、近年になって大勧進関連の史料が相次いで発見され、鎌倉時代の造東大寺大勧進職の研究が大きく進展した。その一つ目は『愛知県史』の編纂の過程で宝生院真福寺文庫所蔵の『因明三十三過記』の紙背文書中から発見された栄西直筆の書状である。稲葉伸道氏が史料紹介をしているが、その中には東大寺の造営に関わるものが含まれている。(115)二つ目は、横内裕人氏が東大寺図書館の史料群の中から発見した史料の断簡（千載家本）で、行勇が大勧進時代のものである。(116)三つ目が、綾村宏氏らが東大寺図書館所蔵の聖教文書の調査を行った際に発見した「東大寺大勧進文書集」（以下、「大勧進文書」と省略）である。特に最後の「大勧進文書」は近世に作成されたと考えられるが、横内氏が発見した史料を含め、行勇が大勧進時代のものを中心に七十九点が集録されており、調査を行った吉川聡氏や小原嘉記氏、遠藤基郎氏らが、史料紹介をするとともに翻刻を行っている。(117)さらに、小原氏は、この「大勧進文書」を分析しながら、栄西や行勇、円照、心源の大勧進時代の造営事業や国衙経営などの特質を明らかにしている。(118)

これらとは別に山脇智佳氏は、従来から中世の周防国を研究する際に利用されてきた「周防国吏務代々過現名帳」の成立について分析を行っている。(119)

そして最後の第三番目が、個別国衙領を含めた所領の研究である。個別国衙領の研究としては、与田保や得善保、末武保、得地保などの研究があるが、この中でも特に与田保は在地構造を明らかにできる史料に恵まれているために多くの研究がある。(120)

以上、周防国に関する先行研究を概観したが、特に本書の課題である東大寺による国衙経営という視点に立つと、三坂氏や藤本（国守）氏、松岡氏の一連の研究、そして永村氏や本多氏の研究、さらに近年の小原氏の研究が先行研究として密接に関わってくる。これらの先行研究を踏まえたうえで、ここから導き出せる課題を次に挙げてみよう。

第一点目は、造営料国として東大寺へ寄進される以前から近世末までを詳述した三坂氏の著書を除くと、断片的にトピックを取り上げて分析を行っているにすぎず、しかもその中で最も下限まで分析を行った松岡氏の場合でも十六世紀の初めまでであって、それ以降の毛利氏が周防国の国主となった後については全く論じられていない。本書では、鎌倉時代初頭東大寺へ造営料国として寄進されてから、近世移行期である十六世紀末までを分析対象とすることで、東大寺による国衙経営の歴史的発展段階を明らかにしていく。

第二点目は、永村氏による油倉に関する研究や本多氏による年貢の輸送などから東大寺の経営に迫った研究は、東大寺内の組織の分析に重点が置かれているのに対し、松岡氏や国守氏らの一連の研究は在地の状況の分析に重点が置かれている。本書では、東大寺による国衙経営の歴史的発展段階を明らかにしていくのが課題なのであるから、東大寺と在地の両方を同じように検討することで、東大寺内の経営組織の変遷や、在地で経営に携わる大勧進や国衙候人の特色などを明らかにしていく。

第三節　構成と個別課題

前節では先行研究から本書の課題を挙げた。次にこの課題の究明を目的とするために本書の構成とそれぞれの課題を挙げておこう。

造営料国として東大寺へ付けられてから、毛利氏により国衙土居八町が安堵される中近世移行期までを通覧すると、東大寺と周防国の国衙との関係は大きく三期に区分できると考える。第一期は、鎌倉時代初期重源・栄西・行勇の三人が造東大寺大勧進であった時期である。彼らは朝廷や幕府の支援を受けて再建事業や周防国の経営を一任されるなど、強大な権限が与えられていた点に特色がある。そのなかでも重源は、在庁官人結集の場である阿弥陀寺の創建や、在地勢力を地頭職に補任するなど最も権限が与えられていたのである。

第二期は、再建事業が一段落した鎌倉時代中期から大内氏により国衙が押領される十五世紀末までの時期である。再建事業が一段落すると、東大寺は国衙からの正税を寺家財政に組み込もうとして大勧進や在庁官人らと衝突を繰り返していく。南北朝時代になると、建武政権下で最有力の在庁官人であった大内氏が守護となって国衙の枠組みから離れ、さらに足利尊氏によって大勧進職の推薦に関わる権限を与えられたことで、寺内の僧を大勧進や目代とし、さらに東大寺の被官を国衙候人として国衙の所職に任ずることで国衙機構そのものの取り込みをはかり、そこからあがってくる正税や得分を寺家財政に組み込んでいったのである。

第三期は、大内氏が十五世紀末に国衙を押領して、国衙及び国衙領が不知行となってから、その後大内氏を滅ぼして新たな周防国の国主となった毛利氏が国衙領を押領したことにより、東大寺の支配が終焉を迎えた十六世紀末までの時期である。大内氏の国衙押領は、東大寺の国衙経営組織を取り込むことで進められたが、毛利氏は国衙領そのものを押領していき、最後に東大寺に安堵したのが国衙土居八町であった。これに対し東大寺は、大内氏から国衙が返付されると、大勧進を置かず、東大寺の学侶僧が目代として直接国衙経営にあたるなど、組織変更を余儀なくされた。学侶僧による直接経営は、毛利氏により国衙土居八町に限定されるまで続くが、その間東大寺内の寺僧組織は中世的な集団経営から近世的な少数による経営へと転換が進められており、所領の減少と寺内組織の変更が密接に関係していたことが明らかとなる。

以上の内容から本書では三部構成に分けて検討していく。

まず第一部である。第一章「重源と栄西による再建事業と周防国の経営」では、重源・栄西の二人の大勧進在任中の東大寺の再建事業や周防国の国衙経営について検討することで、鎌倉時代初期における大勧進と造営料国の実態について明らかにする。この二人は、第二章で分析を行った行勇とともに、鎌倉時代後期に東大寺衆徒らから「三代上人」と尊称されるが、実際には大勧進個人の資質や彼らをとりまく諸勢力、朝廷と幕府との関係によってその実態は異なっており、その点について留意しながら検討していく。

第二章「行勇による再建事業と周防国の経営」では、鎌倉時代初期の三人の大勧進のうち、初代の重源に比べて、第二代栄西と第三代行勇は永らく関連史料の不足によりその実態を明らかにできずにいたが、近年になり行勇を中心に造東大寺大勧進関係の史料を集録した「東大寺大勧進文書集」が東大寺図書館で発見されたことで、研究は新たな段階を迎えている。そこで本書では、この新出の史料集に収録されている行勇が大勧進職時代の史料を分析することで、彼による東大寺の造営事業や周防国の国衙経営について検討していく。

第三章「中世前期における東大寺による国衙支配と在庁官人」では、重源が創建した阿弥陀寺についての先行研究として、浄土教の別所としての機能に注目して彼の宗教的活動の特徴を明らかにしたものと、在庁官人の結集の場としての機能に注目して彼による国衙経営の特徴を明らかにしたものがあるが、後者の国衙経営の機関として担った役割について明らかにする。その際、在庁官人との関係だけでなく、国衙と一宮玉祖社との関係や東大寺と在庁官人らとの関係などもあわせて分析していく。

第四章「中世前期における東大寺の国衙領支配――与田保を中心として――」では、荘園公領制が提唱されてから四十年以上経つが、荘園制研究にくらべて已然として国衙領の研究が不十分なのは関連史料が少なくそれにともない個別事例研究が少ないためと考え、国衙領の中でも比較的史料が残存している周防国与田保を取り上げて国衙領としての実態を検討する。その際、成立時期や開発者など保の成立に関わることをまず明らかにするとともに、重源が下毛野朝俊を補任したのに始まる国衙補任の地頭の実態についても検討していく。

次は第二部である。第一章「鎌倉時代中・後期の周防国と東大寺」では、この時期の先行研究が正応の国庁放火事件や心源罷免事件など大勧進と諸勢力との対立事件の分析に重点が置かれ、在地の変化がどのように国衙経営に反映していったのかという点について検討が不十分なことから、蒙古襲来以降に武家勢力の押妨によって動揺する国衙経営を、どのように乗り越えていったのか、大勧進の施策の分析を通して検討していく。

第二章「建武新政期における東大寺と大勧進」では、建武新政期における後醍醐天皇の対東大寺政策や周防国の国衙経営、衆徒との相論を検討することで、建武新政期における東大寺の大勧進と周防国の性格について明らかにする。建武新政期における後醍醐天皇の施策は、それに続く南北朝時代の内乱の要因となったことは間違いなく、それ故この時期の大勧進と周防国について明らかにすることが、中世後期への転換期を明確にすることと考える。

第三章「南北朝・室町時代における東大寺の周防国衙経営と組織」では、先行研究が油倉の機能や年貢の輸送の分析から周防国の経営について明らかにしているのに対して、中世後期の大勧進や目代、そしてこの時期から登場する国衙候人の分析を通し、東大寺による国衙経営の特徴とその変遷について明らかにする。

南北朝時代から室町時代は、それまで荘園制の解体期と見なされ十分な議論がなされてこなかったが、近年の荘園制研究では、荘園制が応永年間に再版され応仁の乱以降に解体して大名領国制や村町制へと移行したという新たな時代区分が提示されている。また守護領国制の研究と関連し、守護が領国支配強化の際に国衙の機能を取り込むと考えられていたが、近年の国衙研究では鎌倉時代末期には国衙が弱体化していたので、南北朝時代の取り込みを否定されている。したがってこれら近年の研究動向を念頭に置きながら検討していく。

そこで第一節「大勧進・目代」では、中世後期になって造営料国としてどのように展開したのか、大勧進の当該期における実態を明らかにしたうえで、彼らがどのような国衙経営を行っていったのかその特徴を明らかにする。続いて第二節「国衙候人」では、在地に下向して東大寺の国衙経営を支えていた国衙候人について、その出自から、どのような職務を与えられ、そしてどのような役割を果たしていたのかなど、基礎的な事項を明らかにする。

最後は第三部である。第一章「周防国経営における東大寺と守護大内氏」では、周防国で中世社会が解体されるきっかけとなった十五世紀末に始まる大内氏による国衙押領と、東大寺が幕府や朝廷を巻き込みながら行った返付運動、そして返付されてからの東大寺による国衙経営について明らかにする。この時期については詳細な先行研究があるが、前述したように大内氏側に視点を置いてのアプローチなのに対して、本章では東大寺の国衙経営に重点を置きながら当時の動向を検討していく。

第二章「中世後期における官司領と守護大内氏」では、応仁の乱前後地下官人の壬生晴富へ宇佐木保の保司得分が給付されていたが、この得分が給付される由来や、当時東大寺の年貢送進を担っていた油倉が応仁の乱後に機能停止した中で、晴富がどのように守護大内氏に働きかけ守護請を勝ちとったのか、守護大内氏の領国経営の特徴を念頭に置きながら検討していく。

第三章「毛利氏の周防国進出と東大寺」では、大内氏を滅ぼして新たな国主となった毛利氏が、国衙領を押領し、最終的に東大寺へ安堵したのが国衙土居八町であるが、毛利氏と大内氏との戦闘中に国衙領の返付を求めた東大寺側の動きや、毛利氏が国衙土居八町を安堵に至る経緯、その国衙土居八町の内部構造や東大寺側の寺内組織の変化などを明らかにする。戦国時代は、中世社会が崩壊し、その中から近世社会が誕生してくる時代であったが、特に東大寺は寺内組織をどのように近世社会に適応できる形に転換していったのかを注目しながら検討していく。

第四章「毛利氏による国衙土居八町の安堵について」では、毛利氏が東大寺に安堵したのが国衙土居八町や浮米であったが、毛利氏はどうして僅かな所領ながらも東大寺へ安堵したのかという点を検討していく。毛利氏が周防国を領国化するにあたり大内氏の「国」支配を継承したという先行研究の成果については、大筋で異論は無いが、東大寺へ安堵したのが国衙土居八町であるという点や、鎌倉時代以降の東大寺と周防国と、東大寺と大内氏との関係からすると、毛利氏が単純に「国」支配を継承したと言うことはできない。この点も注目して検討していきたい。

以上、簡単にではあるが本書の構成とそれぞれの課題を挙げた。

註

（1）「中世の国家と天皇」（『岩波講座　日本歴史　六』岩波書店、一九六三年、後に『日本中世の国家と宗教』岩波書店、一九七五年に再録、さらに『黒田俊雄著作集　第一巻　権門体制論』法藏館、一九九四年に再々録）。

（2）『中世東大寺の組織と経営』（塙書房、一九八九年）。

（3）註（1）黒田氏論文、同「中世における顕密体制の展開」（註（1）黒田氏著書、後に『黒田俊雄著作集　第二巻　顕密体制論』法藏館、一九九四年に再録）。

（4）永原慶二「守護領国制の展開」（『社会経済史学』一七―二、一九五一年、後に『日本封建制成立過程の研究』岩波書店、一九六一年に再録、さらに『永原慶二著作選集　第二巻　日本封建制成立過程の研究』吉川弘文館、二〇〇七年に再々録）、佐藤進一「幕府論」（『新日本史講座封建時代前期』中央公論社、一九四九年、後に『日本中世史論集』岩波書店、一九九〇年に再録）。

（5）「荘園制解体過程における南北朝内乱期の位置」（『経済学研究（一橋大学研究年報）』六号、一九六二年、後に『日本中世社会構造の研究』岩波書店、一九七三年に再録）、「南北朝～室町期の再評価のための二、三の論点」（『日本史研究』六〇号、一九六二年五月、後に前掲『日本中世社会構造の研究』に再録）。

（6）「守護領国と荘園制」（『日本史研究』五七号、一九六一年十月）、「中世後期の領主制について」（『日本史研究』六八号、一九六三年九月）。

（7）『国立歴史民俗博物館研究報告』（一〇四集、国立歴史民俗博物館、二〇〇三年三月）。
（8）「中世後期荘園制論の成果と課題」（註（7）研究報告）。
（9）工藤敬一「荘園制の展開」（『荘園制社会の基本構造』校倉書房、一九七五年）、高橋典幸『鎌倉幕府軍制と御家人制』（吉川弘文館、二〇〇八年）。
（10）「中世初期の地方支配と国衙官人編成」（『日本史研究』五八二号、二〇一一年二月）。
（11）畝傍書房、一九四二年、後に吉川弘文館で一九八三年復刊、さらに『竹内理三著作集　第三巻　寺領荘園の研究』角川書店、一九九九年に再々録。
（12）伊藤書店、一九四六年、後に東京大学出版会で一九五七年復刊。
（13）註（1）黒田氏論文。
（14）「東大寺寺院研究構造序説」（『年報中世史研究』創刊号、一九七六年五月、後に『中世寺院の権力構造』岩波書店、一九九七年に再録）。
（15）「中世寺院成立に関する一考察」（『史林』六一巻四号、一九七八年七月、後に『日本寺院の中世と社会』塙書房、一九九九年に再録）。
（16）『中世東大寺の組織と経営』（塙書房、一九八九年）。
（17）「平安末期の東大寺文書」（『お茶の水史学』二四号、一九八一年一月、後に『院政期社会の研究』山川出版社、一九八四年に再録）。
（18）「東大寺文書に見える封戸催牒の様式について」（『信濃』四〇巻六号、一九八八年六月）。
（19）『中世寺院史料論』（吉川弘文館、二〇〇〇年）。
（20）「中世成立期寺院修造構造の展開」（『獨協大学教養諸学研究』二四巻、一九八九年十一月、後に『東大寺領黒田荘の研究』校倉書房、二〇〇一年に再録）。
（21）「院政期における造東大寺官」（『古代文化』四一巻五号、一九八九年五月）。
（22）「中世の公人に関する基礎的研究」（『歴史研究』二六、一九八八年三月）。
（23）「荘民の生活」（『史林』八巻一号、一九二三年一月、後に『荘園の研究』星野書店、一九三九年に再録）。
（24）「荘の発展と荘民の生活――東大寺領伊賀国黒田荘――」（『日本上代寺院経済史の研究』大岡山書店、一九三四年、後に『竹内理三著作集　第二巻　日本上代寺院経済史の研究』角川書店、一九九九年に再々録)、註(11)竹内氏著書。
(25) 註(12)石母田氏著書。
(26) 「黒田荘における寺領と庄民」(『日本史研究』三〇号、一九五六年十一月、後に『日本中世の民衆と領主』校倉書房、一九九四年に再録)。
(27) 「伊賀国黒田庄の悪党」(稲垣泰彦・永原慶二編『中世の社会と経済』東京大学出版会、一九六二年)。
(28) 「黒田庄出作地帯における作手の成立と諸階層」(『文化』二九―三、一九六五年十月、後に『百姓申状と起請文の世界』東京大学出版会、一九八六年に再録)。
(29) 「『保』の形成とその特質」(『北海道大学文学部紀要』二二―一、一九七三年)。
(30) 「所謂畿内型荘園の成立と百姓名――大和国小東白米免荘を中心として――」(『文化』一九―五、一九五五年九月)。
(31) 「名田経営の成立」(『中世社会の研究』東京大学出版会、一九五六年)。
(32) 「平安末期における名の性格」(『歴史学研究』一九五号、一九五六年四月)。
(33) 「東大寺領大和国小東庄の性格について」(『南都仏教』五号、一九五八年十月)。
(34) 「鎌倉時代の小東荘」(奈良地理学会編『奈良文化論叢』一九六七年)。
(35) 「初期名田の構造――大和国大田犬丸名について」(『中世の社会と経済』東京大学出版会、一九六二年)、「東大寺領小東庄の構成」(宝月圭吾先生還暦記念会編『日本社会経済史研究』古代中世編、吉川弘文館、一九六七年)。本文で紹介した研究以外の先行研究を次に挙げておく。坂口勉「山村吉則の所領構成について」(『日本社会史研究』五、一九五九年七月)。泉谷康夫「平安末期の畿内の『領主』について」(読史会創立五十年記念『国史論集』二』一九五九年)。阿部猛「平安末期における名の性格――東大寺領大和国小東荘――」(『日本荘園成立史の研究』雄山閣出版、一九六〇年)、同「荘園の発達と社会関係――大和国小東荘を例として――」(古島敏雄・和歌森太郎・木村礎編『古代郷土史研究法郷土史研究講座二』朝倉書店、一九七〇年)、同「畿内荘園――大和国小東荘――」(阿部氏著『日本荘園史』大原新生社、一九七二年)。藤本孝一「東洋文庫所蔵『原無題』文書について(補遺)――東大寺小東荘坪付案――」(『古代文化』三〇―一二、一九七八年十二月)。稲垣泰彦「東

大寺領小東庄の構成」(『日本中世社会史論』東京大学出版会、一九八一年)。『河合町史』一九八一年。朝倉弘「大和国雑役免庄考」(『奈良工業高等専門学校研究紀要』一八号、一九八二年三月)。泉谷康夫「小東庄の領有関係」(『日本歴史』四二八号、一九八四年一月)。坂上康俊「大和国大田犬丸負田結解の世界」(『南都仏教』六三号、一九八九年十二月)。

(36)「平安末期における在地の諸関係——東大寺領大和国高殿荘——」(『史潮』六二・六三号合併号、一九五七年二月、後に註(35)阿部氏著書『日本荘園成立史の研究』に再録)。

(37)「東大寺燈油料荘園としての大和国高殿荘について」(京都大学読史会編『国史論集 一』一九五九年)。

(38)「東大寺大仏殿御油料田の成立と発展」(『奈良学芸大学紀要 人文・社会科学』一四号、一九六六年二月)。

(39)「大和国高殿庄の消長」(橿原考古学研究所編『日本古文化論攷』吉川弘文館、一九七〇年)。

(40)「平安時代における畿内荘園の構造——東大寺領大和国櫟荘——」(『日本歴史』一一七号、一九五八年三月、後に註(35)阿部氏著書『日本荘園成立史の研究』に再録)。

(41)「東大寺領櫟荘について 上・下」(『ヒストリア』三〇号・三一号、一九六一年六月・十二月)。この他に中野栄夫「畿内村落の変貌」(亀田隆之編『古代の地方史』三・畿内編、朝倉書店、一九七五年)や『改訂天理市史』(天理市、一九七六年~八〇年)がある。

(42)「荘園の兵士について」(『国史学』五号、一九三〇年十二月)、同「東大寺領美濃国大井庄」(『史林』一七巻二・三号、一九三二年四月・七月)ともに後に註(23)中村氏著書に再録。同時期に『大垣市史 上巻』(大垣市、一九三〇年)が発表されている。

(43)「美濃国大井荘——領主制の進展をめぐって——」(『岐阜史学』一一号、一九五四年九月)。

(44)「美濃国大井荘における荘官一族の領主制——大中臣氏の下司職相論をめぐって——」(『法政史学』二八号、一九七六年三月)。

(45)「東大寺領大井・茜部両荘における領主権力と国衙公権をめぐって——国衙と領主間にみる四至牓示争論を中心に——」(『佛教大学大学院研究紀要』一四号、一九八六年三月)。

(46)「鎌倉時代前期における一相論について——東大寺領美濃国大井庄下司職相論——」(川添昭二先生還暦記念会編『日本中世史論攷』文献出版、一九八七年)。

(47)「荘園制解体期の農民層と名の性格――東大寺領美濃国大井荘について――」(『歴史学研究』二一五号、一九五八年一月)。
(48)「荘園崩壊過程における領主的対応の一事例――東大寺領美濃国大井荘の佃と公田について――」(『南都仏教』三七号、一九七六年十一月)。
(49)「播磨国大部荘」(註(23)中村氏著書所収)。
(50)『岐阜県史　通史編中世』(岐阜県、一九六九年)、『大垣市史　通史編　自然・原始〜近世』(大垣市、二〇一三年)。
(51)石田善人「室町時代の農民生活について――南北朝内乱の成果――」(『日本史研究』二七号、一九五六年四月)。岡本道夫「播磨国大部庄に関する一考察――室町時代の内検帳から見た身分構成について――」(『兵庫史学』一九号、一九五九年四月)。大石直正「播磨国大部庄における惣と土一揆」(東北学院大学紀要『文化』二四巻二号、一九六〇年四月)。小西瑞恵「播磨国大部荘の農民」(『日本史研究』九八号、一九六八年五月)。
(52)永原慶二「荘園制の歴史的位置」(『一橋大学研究年報　経済学研究』四号、一九六〇年六月、後に註(4)永原氏著書に再録、さらに註(4)『永原慶二著作選集』に再々録)。村井康彦「公家領荘園の形成」(「平安後期の社会構造――とくに雑役免田制・寄人の問題をめぐって――」『日本史研究』四二号、一九五九年、後に加筆修正して「荘園制の発展と構造」岩波講座『日本歴史　古代四』岩波書店、一九六二年に再録、さらに『古代国家解体過程の研究』岩波書店、一九六五年に再々録)。
(53)中田薫「王朝時代の庄園に関する研究」(『国家学会雑誌』二〇巻三号〜一二号、後に『法制史論集』第二巻、岩波書店、一九三八年に再録)。
(54)「荘園公領制の形成と構造」(体系日本史叢書6『土地制度史Ⅰ』山川出版社、一九七三年、後に一部修正して『日本中世土地制度史の研究』塙書房、一九九一年に再録、さらに『網野善彦著作集　第三巻　荘園公領制の構造』岩波書店、二〇〇八年に再々録)。
(55)服部英雄『景観にさぐる中世』(新人物往来社、一九九五年)、海老澤衷『荘園公領制と中世村落』(校倉書房、二〇〇〇年)、木村礎編『村落景観の史的研究』(八木書店、一九八八年)、原田信男『中世村落の景観と生活』(思文閣出版、一九九九年)など。

(56)　早大歴研日本中世史部会編、一九六一年、早稲田大学竹内研究室編、一九七三年。

(57)　『国立歴史民俗博物館研究報告　第九集・第二八集』（国立歴史民俗博物館、一九八六年・一九九〇年）、大分県立宇佐風土記の丘歴史民俗資料館『豊後国田染荘　概報Ⅰ～Ⅲ』一九八三年～八五年、同『豊後國田染荘の調査　Ⅰ・Ⅱ』一九八六年・八七年、大山荘園調査団編『丹波国大山荘現況調査　1～5』西紀・丹南町教育委員会、一九八五年～八九年、『播磨国鵤荘現況調査報告　Ⅰ～Ⅵ・総集編』（太子町教育委員会、一九八八年～二〇〇四年、龍野市教育委員、一九九三年）、『日根荘総合調査報告書』（(財)大阪府埋蔵文化財協会、一九九四年）。なお、大分県立宇佐風土記の丘歴史民俗資料館（県立歴史博物館）は、国庫助成金を受けてこの後も調査を行い、『豊後国都甲荘　1～4　概報』一九八八年～九一年、『豊後國都甲荘の調査　報告書本編・報告書資料編』一九九二年・九三年、『豊後国香々地荘　1～4　概報』一九九四年～九七年、『豊後国香々地荘の調査　報告書資料編・報告書本編』一九九八年・一九九九年、『豊後国安岐郷　1～3　概報』二〇〇〇年～〇二年、『豊後国安岐郷の調査　報告書資料編・報告書本編・資料編補遺』二〇〇三年・〇四年、『豊後国国東郷　1～3　概報』二〇〇五年～〇七年、『豊後国国東郷の調査　本編・資料編・資料編補遺』二〇〇八年・〇年、『豊後国山香郷　1～3　概報』二〇一〇年～一二年、『豊後国山香郷の調査　報告書資料編　1～3』二〇一三年～一五年。東京学芸大学日本中世史ゼミ『和泉国日根荘現地調査報告』一九八六年五月、東京学芸大学日本中世史研究『紀伊国荒川荘現地調査報告Ⅰ～Ⅲ』一九九一年～九九年。

(58)　「調査研究の方法」（『講座日本荘園史　一　荘園入門』吉川弘文館、一九八九年）。

(59)　仁木宏「大部荘の調査」（大分県宇佐風土記の丘歴史民俗資料館編『中世のムラと現代』一九九〇年）、同「播磨国大部荘の調査について」（『日本歴史』五四〇号、一九九三年五月）。苅米一志「荘園村落における寺社と宗教構造――播磨国大部荘を素材として」（『年報日本史叢一九九三』一九九三年十二月）、「播磨国大部荘の開発と水利」（京都大学文学部博物館編『荘園を読む・歩く』一九九六年十月）、関周一「大部荘調査の課題と問題点――大学における調査の事例として――」（『内乱史研究』一六号、一九九五年五月）。『播磨国大部荘現況調査報告書）　1～4』（小野市教育委員会、一九九一年～一九九四年）。筑波大学中世史研究会「播磨国大部荘第一回～第八回現地調査の記録」（『日本史学集録』一〇号～二〇号、一九九〇年三月～一九九七年五月）、『浄谷遺跡・南山古墳群・玉津田中遺跡南大山地点』（兵庫県教育委員会、一九九三年）、『高田小山ノ下遺跡発掘調査報告書』

（兵庫県教育委員会、一九九五年）。
(60)『小野史談』（四号〜二九号、一九八五年一月〜一九九七年七月）。
(61) 註（16）永村氏著書。
(62) 川端新『荘園制成立史の研究』（思文閣、二〇〇〇年）、高橋一樹『中世荘園制と鎌倉幕府』（塙書房、二〇〇四年）。
(63)『中世の国家と天皇・儀礼』（校倉書房、二〇一二年）。
(64) 鎌倉佐保『日本中世荘園制成立論』（塙書房、二〇〇九年）、上島享『日本中世社会の形成と王権』（名古屋大学出版会、二〇一〇年）、守田逸人『日本中世社会成立史論』（校倉書房、二〇一〇年）。
(65) 註（7）報告書。
(66) このような傾向は他の近在寺領でも見られ、寺内の法会や神事などの用途の送進状や下行切符が現存しているだけで、経営の実態を明らかにするのが困難である。
(67) 竹内理三「武士発生史上に於ける在庁と留守所の研究」（『史学雑誌』四八編六号、一九三七年六月、後に「在庁官人の武士化」と改題し『日本封建制成立の研究』吉川弘文館、一九五五年に再録し、さらに『律令制と貴族政権』お茶の水書房、一九五八年に再々録、『竹内理三著作集　第六巻　院政と平氏政権』角川書店、一九九九年に再々々録）。清水三男「国衙領と武士」（『史林』二七巻四号、一九四二年十月、後に『上代の土地関係』一九七五年に再録）。
(68) 高田実「一二〜一三世紀における国家権力と国衙領支配体制」（『史潮』九九号、一九六七年）、同「中世初期の国衙機構と郡司層」（『史学研究』東京教育大学文学部紀要六六号、一九六八年三月）。米田雄介「在庁官人制の成立」（『日本史研究』一一八号、一九七一年、後に『郡司の研究』一九七六年に再録）。
(69) 義江彰夫「国衙支配の展開」（『岩波講座　日本歴史』四、古代四、岩波書店、一九七六年、後に『初期中世社会史の研究』東京大学出版会、一九九一年に再録）、関幸彦『国衙機構の研究――「在国司職」研究序説』（吉川弘文館、一九八四年）。
(70)「鎌倉前期における領主的土地所有と「百姓」支配の特質」（『歴史認識における人民闘争の視点』『歴史学研究』別冊、一九七二年）。

(71)「平安時代の郡・郷の収納所・検田所について」(豊田武教授還暦記念会編『日本古代・中世史の地方的展開』吉川弘文館、一九七三年)。
(72)『日本王朝国家体制論』(東京大学出版会、一九七二年)。
(73)「摂関政治成立期の考察」(『歴史学研究』四三一号、後に『平安時代政治史研究』吉川弘文館、一九七六年に再録)。
(74)加藤友康「八・九世紀における売券について」(土田直鎮先生還暦記念会編『奈良平安時代史論集』上、吉川弘文館、一九八四年)、「九・一〇世紀の郡司について——田地掌握と文書行政との関わりを中心として」(『歴史評論』四六四号、一九八八年)。
(75)山口英男「十世紀の国郡行政機構——在庁官人制成立の歴史的前提」(『史学雑誌』一〇〇編九号、一九九一年九月)。
(76)高橋浩明「伊賀国薦生牧論争と十世紀の郡司制」(『国史学』一三一号、一九八七年)、「国郡制支配の特質古代社会」(『歴史学研究』六五一号、一九九三年十月)。鐘江宏之「八・九世紀の国府構成員」(『国史研究』一〇二号、一九九七年)、「律令国家と国郡行政」(『歴史学研究』七二九号、一九九九年十月)。
(77)五味文彦「紙背文書の方法」(石井進編『中世をひろげる——新しい史料論をもとめて』一九九一年)、「目代を探って」(『武士と文士の中世史』東京大学出版会、一九九二年)。
(78)「国司制度の変遷と知行国制の形成」(『日本国家の史的特質』古代・中世、思文閣出版、一九九七年)。
(79)「武士団成立史の一齣」(『史窓』九号、一九五六年)。
(80)『地頭及び地頭領主制の研究』(山川出版社、一九六一年)。
(81)『日本中世国家史の研究』(岩波書店、一九七〇年)。
(82)「室町幕府・守護・国人」(『岩波講座　日本歴史』七、岩波書店、一九七六年)、「国衙領の領有形態と守護領国」(『日本史研究』八〇号、一九六五年九月、後にともに『中世後期社会と公田体制』岩田書院、二〇〇七年に再録)。
(83)「鎌倉時代の国雑掌」(『待兼山論叢』二七、史学編、一九九三年)、「鎌倉時代の国衙と王朝国家」(『ヒストリア』一四九号、一九九五年)、「鎌倉後期の国衙・知行国主・幕府」(『古代中世の社会と国家』清文堂、一九九八年）。

（84）中込律子「平安期の国衙機構研究の問題と課題」、上島享「鎌倉期の国衙研究をめぐって」（中世諸国一宮制研究会編『中世諸国一宮制の基礎的研究』岩田書店、二〇〇〇年）。

（85）「西国国衙における在庁官人制の解体――安芸国衙関係史料の再検討」（『史林』八九巻三号、二〇〇六年三月）、「南北朝期の尾張国衙と「国衙一円進止之地」」（『日本史研究』五三九号、二〇〇七年）、「中世初期の地方支配と国衙官人編成」（『日本史研究』五八二号、二〇一一年二月）。

（86）「小原嘉記報告を聞いて（二〇一〇年度日本史研究会大会報告批判）」（『日本史研究』五八四号、二〇一一年四月）。

（87）註（66）清水氏論文、竹内氏論文。

（88）「郷司の成立について」（『歴史学研究』二一五号、一九五八年）。

（89）「平安初期の国衙と富豪層」（『史林』四二巻二号、一九五九年）、同「国衙領の名と在家について」（日本史研究会史料研究部会編『中世社会の基本構造』御茶の水書房、一九五八年）、後にともに『日本領主制成立史の研究』（岩波書店、一九六七年）に再録。

（90）「国衙領における領主制の形成」（『史林』四三巻一号、一九六〇年、後に『日本中世村史の研究』岩波書店、一九七八年に再録）。

（91）河音能平「若狭国鎮守一二宮縁起の成立」（一九七〇年、後に『中世封建成立史論』東京大学出版会、一九七一年に再録）、工藤敬一「一宮社領免田の支配構造」（一九六五年、後に『九州庄園の研究』塙書房、一九六九年に再録）。

（92）坂本賞三「大田文からみた郡郷・別名制について（Ⅰ）～（Ⅳ）」（『滋賀大学学芸部紀要』一四～一七号、一九六四年十二月～六七年十二月）、高田実「一二～一三世紀における国家権力と国衙領支配体制」（『史潮』九九、一九六七年）。

（93）「庄園体制と国衙直領」（『日本歴史』二四二号・二四三号、一九六八年）。

（94）「鎌倉幕府と律令制度地方行政機関との関係――諸国大田文の作成を中心として――」（『史学雑誌』六六編一一号、一九五七年、後に『日本中世国家史の研究』岩波書店、一九八〇年に再録、さらに『石井進著作集　第一

巻　日本中世国家史の研究』岩波書店、二〇〇二年再々録）、同「中世国衙領支配の構造」（『信濃』二五編一〇号、一九七三年、同『石井進著作集　第四巻　鎌倉幕府と北条氏』岩波書店、二〇〇四年に再録）。

（95）註（53）網野氏論文、さらに網野氏著作集に再々録。「若狭国における荘園制の形成」（竹内理三博士還暦記念会編『荘園制と武家社会』吉川弘文館、一九六九年）、「荘園公領制の形成」・「荘園公領制の盛衰」（岐阜市編『岐阜市史 通史編 原始・古代・中世』岐阜市、一九八〇年）、「尾張国の荘園公領と地頭御家人」（御家人制研究会編『御家人制の研究』吉川弘文館、一九八一年）、後にともに『網野善彦著作集　第四巻　荘園・公領の地域展開』（岩波書店、二〇〇九年）に再録、同「甲斐国の荘園・公領と地頭・御家人」（『国立歴史民俗博物館研究報告』二五号、一九九〇年、後に『甲斐の歴史をよみ直す 開かれた山国』（山日ライブラリー）山梨日日新聞社、二〇〇八年に再録）、「能登国の荘園・公領と地頭・御家人」（神奈川大学日本常民文化研究所奥能登調査研究会編『奥能登と時国家　研究編Ⅰ』平凡社、一九九四年）、後にともに『網野善彦著作集　第四巻　荘園・公領の地域展開』二〇〇九年）に再録。

（96）『九州庄園の研究』、「九州荘園の成立と源平争乱」（井上辰雄編『古代の地方史1　西海編』朝倉書店、一九七七年、後に『荘園公領制の成立と内乱』塙書房、一九九二年に再録）。

（97）『荘園公領制と中世村落』（校倉書房、二〇〇〇年）。

（98）「別名制に関する一考察――大田文を素材として――」（『史学研究』一四二号、一九七八年、後に『中世国衙領の支配構造』吉川弘文館、二〇〇五年に再録）。

（99）誉田慶信「大田文と国衙領の所領構成」（関晃先生還暦記念会編『日本古代史研究』吉川弘文館、一九八〇年、後に「中世国衙領の成立に関する一考察」『山形史学研究』一八号、一九八二年と合わせ加筆し「大田文と国衙領の所領構成」『中世奥羽の民衆と宗教』吉川弘文館、二〇〇〇年に再録）。角重始「安芸国における荘園公領制の形成」（『日本史研究』二七五号、一九八五年）。

（100）「荘園公領制の形成過程に関する一考察：大隅国の場合」（『熊本史学』六八・六九号、一九九二年十一月）、「薩摩国における荘園公領制の形成過程」（『鹿児島大学教育学部研究紀要　人文・社会科学編』五三号、二〇〇二年三月）、「大隅国における建久図田帳体制の成立過程」（『鹿児島大学教育学部研究紀要　人文・社会科学編』六〇号、二〇〇九年三月）、「大隅国における建久図田帳体制の成立過程――禰寝院の事例を中心に」（『鹿児島大学稲盛アカデミー研究紀要』一、二〇〇九年十二月)。
(101) 註(61)川端氏著書・高橋一樹氏著書。
(102) 「建武中興と国衙領」(『歴史地理』七五―二、一九四〇年、後に「国衙領制度」と改称して『南北朝史論』中央公論社、一九四九年に再録、さらに『村田正志著作集』第一巻、思文閣出版、一九八三年に再々録)。
(103) 吉村茂樹『国司制度崩壊に関する研究』第三編第五章「領国知行制の展開」・第四編第一章「国衙領の私領化」(東京大学出版会、一九五七年)。時野谷滋「知行国制の起源」(坂本太郎博士還暦記念会編『日本古代史論集』下、吉川弘文館、一九六二年)、同「知行国制の成立」(坂本太郎博士古稀記念会編『続日本古代史論集』下、吉川弘文館、一九七二年)、後にともに「御分国・知行国制度の研究」に改称して『律令封禄制度史の研究』(吉川弘文館、一九七七年)に所収、同「再び知行国制の成立について」(『日本歴史』三七八号、一九七九年)。
(104) 「院宮分国と知行国」(竹内理三博士還暦記念会編『律令国家と貴族社会』吉川弘文館、一九六九年)、「院宮分国と知行国再論」(竹内理三博士古希記念会編『続律令国家と貴族社会』吉川弘文館、一九七八年)、後にともに『平安貴族社会の研究』(吉川弘文館、一九七六年に再録)。
(105) 「国司制度の変質と知行国制の展開」(大山喬平教授退官記念会編『日本国家の史的特質』古代・中世、思文閣出版、一九九七年、後に『日本中世社会の形成と王権』名古屋大学出版会、二〇一〇年に再録)。
(106) 石丸熙「院政期知行国制についての一考察」(『北海道大学文学部紀要』二八号、一九七一年)。五味文彦「院政期知行国の分布と変遷」(『史学雑誌』第九二編六号、一九八三年六月、後に『院政期社会の研究』山川出版社、一九八四年に再録)。遠藤基郎「鎌倉後期の知行国制」(『国史談話会雑誌』三二号、一九九一年)。
(107) 既出以外の主要な研究は以下の通りである。小林計一郎「国司検注についての一考察」(『日本歴史』一九七号、一九六二年)、田中健二「大覚寺統分国讃岐国について」(九州大学国史研究室編『古代中世史論集』吉川弘文館、一九九〇年)、福島金治「建武政権期東大寺の東国所領獲得交渉――真福寺所蔵『八生一生得菩提事』紙背文書を通して」(共同研究室町期荘園制の研究)」(『国立歴史民俗博物館研究報告』一〇四号、二〇〇三年三月)、高橋一樹「院御願寺領の形成と展開――中世前期の最勝光院領を素材に」(『国立歴史民俗博物館』開館二〇周年記念論文集)」(『国立歴史民俗博物館研究報告』一〇八号、二〇〇三年十月)、井原今朝男「災害と開発の税制史――日本中世における土地利用再生システム論の提起(共同研究 日本歴史における災害と開発(二))」(『国立歴史

民俗博物館研究報告』一一八号、二〇〇四年二月）、宮本晋平「鎌倉期公家知行国の国務運営」（『史林』八七巻五号、二〇〇四年九月）、畑野順子「平氏と安芸国王家領荘園成立過程――知行国制の推移と共に」（『史学研究』二五〇号、二〇〇五年十月）、大日方克己「平安後期の出雲国司：白河・鳥羽院政期を中心に」（『山陰研究』一号、二〇〇八年十二月）、大澤泉「鎌倉後期の国衙領興行と知行国主の変遷――若狭国を中心に」（『早稲田大学大学院文学研究科紀要』第四分冊五五号、二〇〇九年）などがある。

（108）村田正志「東大寺の造営と周防国衙領」（『国史学』二二号、一九三五年二月）、同「社寺造営料国の研究」（『神社協會雑誌』三六巻一〇号・一一号、一九三七年十月・十一月）、後に『村田正志著作集　第五巻　国史学論集』思文閣出版、一九八五年に再録）。

（109）「寺院知行国の消長」（註（11）竹内氏著書後に復刊、さらに竹内氏著作集に再々録）。

（110）『周防国府の研究』（積文館、一九三三年）。

（111）藤本（国守）進「鎌倉末期周防国衙の一動向」（京都大学文学部『國史論集　二』一九五九年）。松岡久人「鎌倉末期周防国衙領支配の動向と大内氏」（竹内理三博士還暦記念編『荘園制と武家社会』吉川弘文館、一九六九年）、「室町戦国期の周防国衙領と大内氏」福尾教授退官記念事業会編『日本中世史論集』吉川弘文館、一九七二年）、ともに後に松岡久人著、岸田裕之編『大内氏の研究』（清文堂出版、二〇一一年）に再録。

（112）註（16）永村氏著書。本多博之「中世後期東大寺の周防国衙領支配の展開」（『日本史研究』二九六号、一九八七年四月）。

（113）「中世周防国衙領の年貢輸送」（『交通史研究』二三、一九九〇年一月）。

（114）「鎌倉時代国衙領の権力構造に関する覚書」（『鶴岡南高等学校研究紀要』五号、一九七八年三月、後に加筆修正して「国衙在庁官人と起請文」と改称し、『中世奥羽の民衆と宗教』吉川弘文館、二〇〇〇年に再録）。

（115）「大須観音宝生院真福寺文庫所蔵『因明三十三過記』紙背文書」（『愛知県史研究』七、二〇〇三年三月）。

（116）「新出千載家文書にみる造東大寺大勧進と鎌倉幕府」（『鎌倉遺文研究』一二号、二〇〇三年十月、後に『日本中世の仏教と東アジア』塙書房、二〇〇八年に再録）。

（117）綾村宏氏研究代表『東大寺聖教文書の調査研究』（平成十三年度～平成十六年度科学研究費補助金（基盤研究（A）（1））、二〇〇五年三月）。吉川聡「鎌倉時代周防国庁関係文書」（『奈良文化財研究所紀要』二〇〇五年）

も参照。吉川聡・遠藤基郎・小原嘉記「『東大寺大勧進文書集』の研究」（『南都仏教』九一号、二〇〇八年）、吉川聡・小原嘉記「『東大寺大勧進文書集』の書誌的考察」（同前）。

（118）小原嘉記「鎌倉前期の東大寺再建と周防国」（『南都仏教』九一号、二〇〇八年）、「〈重源遺産〉その後」（『日本史研究』五六六号、二〇〇九年）、「東大寺大勧進円照の歴史的位置」（『史林』九三巻五号、二〇一〇年九月）、「鎌倉初期の東大寺再建と栄西」（GBS実行委員会編『論集中世東大寺の華厳世界』法藏館、二〇一四年）、「鎌倉後期の東大寺大勧進をめぐる騒乱事件」（栄原永遠男編『東大寺の新研究2　歴史のなかの東大寺』法藏館、二〇一七年）、「東大寺大勧進の周辺」（『古文書研究』八三号、二〇一七年六月）。

（119）山脇智佳「「周防国吏務代々過現名帳」の成立：中世東大寺と周防国衙」（『史艸』五二号、二〇一一年十一月）。

（120）a、与田保

平岡定海「中世に於ける周防国国衙領の性格」（『南都仏教』一号、一九五四年十一月）。松岡久人「大内氏の発展とその領国支配」（魚澄惣五郎編『大名領国と城下町』一九五七年）。藤本（国守）進「与田保地頭に関する考察（上・下）」（『日本歴史』一三七号・一三八号、一九五九年十一月・十二月）、「弘安八年周防国与田保田検帳」（『赤松俊秀教授退官記念　国史論集』一九七二年）。田村裕「周防国与田保の性格と　国衙補任地頭の成立について」（広島大学史学研究会『史学研究』一一九号、一九七三年八月）、同「中世前期国衙体制下における在地領主の存在形態――与田保公文の場合――」（『広島大学文学部研究紀要』三三号、一九七四年三月）、「与田保」（『講座日本荘園史　九』吉川弘文館、一九九九年）、「中世前期の平生地方」（『平生町史』一九七八年）、服部英雄「用作考――東大寺領周防国与田保故地における荘園関係地名――」（『地理』臨時増刊号――地名の世界、一九八二年七月、後に『景観にさぐる中世――変貌する村の姿と荘園史研究――』新人物往来社、一九九五年に再録）。柳井市史編纂『柳井市史』総論編・通史編。拙稿「保に関する一考察――東大寺造営料国周防国与田保を中心として――」（『日本歴史』五三一号、一九九二年八月）、「中世前期国衙領の支配構造について――周防国与田保の場合」（『板橋区立郷土資料館紀要』九、一九九二年三月、後に本書第一部第四章に再録）。

b、上小野保

兼清正徳編『周防国分寺文書　一～三』（『防府史料』二二～二四、防府市立図書館、一九七四年三月・一九七四年六月・一九七五年二月）。

c、得地保

恵良宏「得地保関係資料及び讃井家文書」（『山口県地方史研究』二六、一九七一年十一月）、国守進「周防杣の伝領と経営――鎌倉期の得地保を中心として――」（『山口県文書館研究紀要』二号、一九七三年三月）、国守進・三坂圭治「第3編、――鎌倉幕府の成立と周防国、3得地保の杣取り、4富田保の動向、5上得地保の動向」『新南陽市史』。貝英幸「室町戦国期における東福寺の所領支配とその変化――周防国得地保の場合――」（『鷹陵史学』一七号、一九九一年三月）。

d、白石寺勝間保

藤本進「白石寺について――周防における東大寺の一末寺――」（『山口県地方史研究』第四号、一九六〇年十月）。岩本修一「東大寺領周防国白石・勝間領の所領経営について――文明年間を中心に――」（『山口県地方史研究』七〇号、一九九三年十月）。

e、得善・末武保

大山喬平「国衙領地頭の一形態――周防国都濃郡得善・末武保――」（『日本歴史』一五八号、一九六一年八月）。

f、防府阿弥陀寺

平岡定海「周防国阿弥陀寺の成立について」（岸俊男教授退官記念会編『日本政治社会史研究　下』塙書房、一九八五年、後に「周防国阿弥陀寺の成立」と改題して『日本寺院史の研究　中世・近世編』吉川弘文館、一九八八年に再録）。

g、国衙

八木充「周防国府と小字図」（『国立歴史民俗博物館研究紀要』二〇集、一九八九年三月）。

h、その他

註（94）石井氏「中世国衙領支配の構造」。

第一部　鎌倉時代初期における大勧進と周防国

第一章　重源と栄西による再建事業と周防国の経営

はじめに

治承四年（一一八〇）正月二十八日、四万余りの軍兵を率いて南都に下向した平重衡は、源頼政の挙兵に応じた東大寺や興福寺の衆徒らとの間で戦闘に及んだ。闘いは両寺の衆徒方の有利で推移していたが、寄せ手が民家に放った火が両寺に燃え移り、東大寺ではたちまち大仏殿・講堂など伽藍を悉く焼失してしまった。この南都焼討事件は、九条兼実が『玉葉』に「七大寺已下悉変灰燼之条、為世為民仏法王法滅盡畢歟」と記した言葉が端的に示しているように、当時の為政者には「仏法と王法の滅亡」として大きな衝撃を与える出来事であった。そのため彼らにとって、仏法と王法の再興のためにも、東大寺や興福寺の再建が最重要懸案事項であったのである。

東大寺の再建事業については、初代造東大寺大勧進に補任されて、大仏や大仏殿の再建を行った重源の活躍はよく知られているが、実際には塔や講堂などの主要な伽藍の再建は第三代の行勇の時代にまでかかっており、少なくとも鎌倉時代前期における東大寺の再建事業全体を俯瞰するためには、行勇までを視野に入れて検討する必要がある。実際、鎌倉時代後期の東大寺の衆徒らは、重源を始めとした三人の大勧進について次のような評価を与えている。

延慶三年（一三一〇）二月、東大寺の衆徒は周防国の年貢を抑留したとして在京黒衣の僧である円瑜を罷免し、代わって関東止住の僧を大勧進に選任するよう訴え出た際の申状では、「重源上人以下三代上人勧進之間、依関東贔屓、国之興行寺之修営」と、重源らが幕府の支援を受けて、寺の修造などを遂げた者たちと述べている。(1) また、元弘三年（一三三三）三月八日に、東大寺衆徒は後醍醐天皇へ八ヵ条について訴えたが、その訴状で「抑此三代上人者、世挙仰徳行人、皆謂権化」と三人を徳行人とか、仏の化身であるとか評している。(2) このように衆徒らは、幕府の支援を受けて平家の焼き討ちによって焼失した東大寺の伽藍の多くを再建した三人を一体のものとして評価していた。したがって、東大寺の造営料国として周防国を分析していくうえで、この三人を一体のものとして検討していかなくてはならない。

三人のうち重源は比較的関連史料が残存しているために、多くの研究がなされ、それにより大勧進としての活動が具体的に明らかとなってきているが、(3) 栄西と行勇については史料的制約により活動の実態は長い間不明であった。ところが近年になって近世に書写されたものであるが、行勇が大勧進であった時期を中心に八十点弱の史料からなる文書集「東大寺大勧進文書集」が発見され、吉川聡氏や遠藤基郎氏、小原嘉記氏らにより紹介されている。そしてその後、小原氏は、それらの史料を分析することで栄西や行勇などの大勧進による造営事業や国衙経営の実態などを明らかにしている。(4) 本章とのかかわりとしては、陳和卿ら宋人工匠らの派遣など、東大寺の再建事業において重源を背後からサポートしていたのが栄西であったこと、朝廷や東大寺衆徒との間で大勧進による東大寺の再建事業や、その材木の供給地や財源であった造営料国が重源一代と認識されていたために、重源の死亡後に重源が東南院々主へ寄進した荘園や勧進所で蓄財していた財産が、東大寺衆徒に奪取されたことなどを明らかにしている。そこで本書では、新出の史料が一番まとまっている行勇を新たに第二章で検討することとし、第一章では重源と栄西の時代の周防国の経営について検討する。

第一節　重源と大仏の再建

本節では、まず重源が手掛けた大仏と大仏殿の再建の経緯について検討する。

灰燼に帰した東大寺の再建に奔走したのが、藤原行隆と重源であった。大仏再建の発願を発した後白河法皇の命を受けた行隆が、治承五年四月九日に検分のため南都へ下向したところに、霊夢を見たという重源が訪れて、再建に微力を尽くしたいことを語った時が、二人の始めての出会いだとされている(5)。しかし、このように重源が何の前触れも無く突然訪れて再建について語るというのはあまりにも不自然なことなので、実際には行隆が下向する以前から面識があったと考えるべきであろう。

法然の伝記では、最初法然が造東大寺大勧進の候補として挙がったが、念仏に専念するとして重源を推薦したために、彼が大勧進に起用されたと記されている(6)。これについても、五味文彦氏は法然の伝記は全くの伝承であると否定したうえで、行隆と重源とそれぞれが接点を持つ僧正房覚や僧正勝憲こそが、重源を大勧進に推薦した人物であろうと推定している(7)。五味氏の推定については史料的な制約のために、真偽の程を明らかにすることはできないが、少なくとも法然以外の第三者を想定した方が間違いない。

さて、養和元年（一一八一）六月二十六日、行隆は造東大寺長官に任ぜられ、あわせて造東大寺大仏長官を兼ねた。この行隆の推挙を得た重源は、大勧進に補任され、後白河法皇より勧進の宣旨を賜った。重源は、六道に因んで一輪車を六輌作成し、先の宣旨と自ら作成した勧進帳を捧げ、先頭に立って浄財を求めて五畿七道を廻国したのである(8)。

その後も、重源自らが奔走して多額な金品を集めたことで、この年の十月六日に大仏の鋳造が開始された[9]。翌寿永元年（一一八二）七月二十三日になると陳和卿を招いて大仏鋳造にあたらせ[10]、寿永二年二月十一日には右手が、さらに同年四月十九日には首の鋳造がなされるなど、順調に鋳造作業は進められていき[11]、寿永三年（一一八四）六月二十三日になって大仏の鋳造を終えた[12]。そして翌文治元年（一一八五）七月二十八日には大仏開眼供養が挙行された[13]。開眼供養には、東大寺や興福寺、西大寺などの僧千人による供養が行われるなか、後白河法皇が臨幸して盛大なうちに行われた[14]。

こうして大仏を完成させた重源は、続いて大仏殿の造営に着手することになったが、その時直面したのは、大仏殿の材木の確保であった。大仏殿のような巨大建築物を造立するためには、良質の巨木を必要としたが、当時畿内周辺の杣山は早くから伐採が行われてきたことで伐り尽くされてしまい、適した材木が入手困難な状況であった[15]。そのため、新たな杣山を探し出さなければならなかったのである。

文治二年（一一八六）三月二十三日に九条兼実のもとを訪れた藤原行隆は、「以周防国被附東大寺、偏可為聖人之沙汰之由、被仰下条々、以庁御下文所被下知」と、後白河法皇が東大寺の造営料国として周防国を与え、重源に国務をさせるよう命じた院庁下文を下したことを伝えた。これに対し兼実は特に反対もせず、あわせて宣旨を下した方がよいであろうと意見を述べている[16]。この時兼実が後白河法皇の提案に反対しなかったのは、東大寺や興福寺の堂宇が平家によって焼失したという報せを聞いた彼が、『玉葉』に「七大寺已下悉変灰燼之條、為世為民佛法王法滅盡畢歟」と記しているのが端的に示しているように、東大寺の焼亡を仏法と王法の滅亡と捉え、再建はそのまま仏法と王法の再興と考えていたからである。

さて、このようにして周防国は造営料国に選ばれたが、その理由については次の二点が考えられている。

第一点目は、重源自身が東大寺の造営以前に周防国の杣山を訪れ、その時の経験により周防国に大仏殿の造営に適した良質な材木があることをすでに周知していたと考えられることである。重源自身が作成した『南無阿弥陀仏作善集』[17]によると、彼はかつて宋の明州、現在の浙江省寧波府にある阿育王山に周防国から運んだ材木をもって舎利殿を建立し、後に修理のために柱四本と虹梁一支を別に運び、またそれとは別に阿弥陀仏の木像と画像の二躰を造って舎利殿に安置した上で、香華を供じていた、とある。この記事から、重源が造営以前から周防国に良材があることを周知していたことがわかる。

二点目は、周防国に選定されるにあたって後白河法皇の意志が働いたと考えられることである。東大寺の造営は、後白河法皇や源頼朝の強力な支援を受けていたが、五味氏が明らかにしたところによると、東大寺の造営料国となる以前周防国は後白河法皇及びその近親者の知行国であった[18]。このことから、当然周防国を造営料国として選定されるにあたって後白河法皇の意志が働いたことは十分に考えられる。恐らく重源からの要請を受けて周防国を造営料国とするよう命じたのは後白河法皇本人であったのであろう。

周防国が東大寺の造営料国となるにあたって最初に問題となったのは、当時の知行国主藤原実教らの扱いであった。後白河法皇から意見を求められた兼実は、周防国を東大寺の造営料国とすることは宣旨で決定したのであるから、国司を任命する必要はないこと、しかし後代のために「仮名の国司」、つまり名国司を任命することも問題ないと回答している[19]。こうして重源が国司として周防国の国務を執り、国内の材木や国衙領からの正税を大仏殿再建に充てる造営料国は成立したが、名国司については、藤原実教が周防国の国主であった時に名国司であった藤原公基をそのまま名国司としている。ただし、後述するように、この時は重源に権限が与えられていて、実際にはほとんど機能していなかったのである。

造営料国を拝領した重源は、早速陳和卿や番匠の物部為里・桜嶋国宗らを率いて周防国へ下向した。周防国に到着した彼らを待っていたのは、源平合戦と飢饉による疲弊から未だ立ち直ることができず、困窮を極めた百姓らであった。重源はまず船中の米を施行するとともに、種子を与えて勧農を行い[20]、さらに文治二年以前の出挙物の破棄を命じるなどして百姓らを扶養している[21]。

その上で、重源は、一本あたり一石の懸賞を設けて材木の探査を杣人に命じ、自らも杣山に入り込み、好木の探査をしている。しかしながら、希望通りのものは容易に発見することはできず、仮に発見できたとしても、その搬出のために多数の人夫を動員し、しかも深山の中に杣道を造作しながらの作業だったために作業は遅々として進まなかった。そのような苦労をして搬出した材木も、中が空洞になっていたり、節が多かったりと建築に適さないものが多く、実際に利用できるのは百本中二〜三十本程度であったという[22]。

しかし、このような自然の障害以上に材木の搬出や国衙経営にとって障害となっていたのは、狼藉を働いたり、臨時米や私出挙を賦課して百姓らの生活困窮の原因となっていた熊野山などの神人、周防国の杣から良質の材木を切り出して沽却してしまう商人[23]、さらに人夫役の妨害を行う地頭らであった。このうち、神人や商人らへの具体的な対応は不明であるが、地頭に対しては次の史料に見るように幕府に協力を求めている。

〔史料一〕

四日、丙午、東大寺造営之間、為引材木、被仰人夫事之処、周防国地頭等及対捍云〻、二品殊令驚中給、可致精勤之由、今日被仰遣彼地頭等中云〻、

〔史料一〕は、『吾妻鏡』文治三年（一一八七）三月四日条の記事で、地頭らが人夫役を対捍していることを知った頼朝が、所課に応じるよう命じたものだが、この場合重源から協力の要請があったと考えている[24]。

また同じく『吾妻鏡』文治三年四月二十三日条によると、重源は在庁官人からの訴えを頼朝へ取り次いでいる。

彼らの訴えとは、得善・末武の地頭である筑前太郎家重が、両保を押領したうえ、都濃郡の官庫を開き、御柱引食料である乃米四十石を押取ったり、所衆の江所高信が、久賀・日前・由良の地頭と号して、官庫を開き、所納米を奪いとり、保司のように振る舞ったりしているというものであった。[25]

さらにこの年の十月三日に、上洛した重源は兼実を訪れ、文治二年と三年で百三十本余りの柱を伐採したが、搬出するための人夫が思うように集まらないため、田数で賦課している人夫役を在家役としたいこと、諸国に賦課した柱を牽引するための麻苧もきちんとしたものを作らせて欲しいこと、そして大仏殿の造営は重大な工事なのであるから成功とするよう奏上したことも伝えている。[26]

しかし、その後も材木の搬出は進まず、それから二年後の文治五年八月三日に再び兼実を訪れた重源は、百五十本余りの柱を伐り出し、その内十本ほどは寺へ搬送したが、朝廷がきちんと対応をしていれば三年の内に大仏殿の造営を終了させることが出来たはずである。しかしそれをしなかったために国中の荘園は人夫役に従わず、対捍も止むこと無く、さらには造営料国となってから周防国内で五〜六ヵ所もの荘園が立荘されてしまい、そして諸国に賦課した麻苧も予定通りには集まって来ないと訴えた。[27]

東大寺の造営は、翌建久元年（一一九〇）になりようやく進展する。同年七月二十七日に大仏殿の柱二本の立柱式が行われ、[28]十月十九日には上棟の儀式が行われた。[29]その後建久二年閏十二月、幕府は長門国守護の佐々木高綱を奉行とし、畿内や西国の地頭に柱四十八本を来年中に牽引させるよう命じて搬出の際の人夫の不足を補わせている。[30]その一方で、朝廷はこれより後の建久四年（一一九三）三月十四日になって播磨国を造営料国とし、[31]さらに同年四月十日には備前国を造営料国として財政面での支援を行っている。[32]同じ頃に周防国でも材木供給地から建造経費の備進地へと性格が転換していることから、播磨国と備前国両国の寄進は、造営の進展に合わせてのものだったのである。[33]

こうして朝廷と幕府の支援を受けて大仏殿が完成し、建久六年三月十二日に供養が挙行された。供養式では、後鳥羽天皇が行幸し、関白以下文武百官が供奉し、さらに軍兵を率いて上洛してきた頼朝がそれに加わり、千人の僧によって大仏殿の完成を祝うとともに源平合戦で倒れた将兵の供養があわせて行われた。(34)

伽藍の造営はその間も続き、御家人に造像を命じていた二体の脇菩薩と四天王像が建久五年になってようやく完成し、(35)建久八年（一一九七）二月二十九日には鎮守八幡宮の上棟式が行われた。(36)同年四月二十四日には戒壇院の造営が開始され、八月二十八日に完成している。(37)正治元年（一一九九）三月八日には、大垣の修理が行われ、(38)六月には南大門の上棟式が、(39)八月八日には法華堂の修造が行われている。(40)そして建仁元年（一二〇一）三月には大仏殿の回廊を完成させている。(41)このような一連の造営が行われてから、建仁三年（一二〇三）十一月三十日に土御門上皇の行幸を仰いで大仏殿の惣供養が行われている。(42)

惣供養が行われて東大寺の再建も一段落したが、これより以前の建仁元年頃から大仏殿の完成後に七重塔（東塔）の造営を始めようとする重源と講堂や三面僧坊の造営を求める衆徒との間で、意見の対立が先鋭化していった。衆徒らが特に講堂の造営を求めたのは、「寺門一擲内堂舎雖多、佛法正継籌者、只以講堂為最、年中所修之講演・法会、恒例臨時之論義・釈経、此堂多為道場之故也」とあるように、講堂こそが仏法を正しく継いでいく上で重要な道場であるのに、治承の焼失以来今日まで講堂が無いために、法華会や華厳会の仏会が正しく行われていないという思いがあったからである。(43)

このような両者の隔たりはその後も埋まることがないまま、重源は元久元年（一二〇四）四月五日に東塔の造営に着手し、(44)続く元久三年（一二〇六）四月十六日には塔内に安置する仏像の造営に着手した。(45)しかし、それが完成する前に重源は建永元年六月五日に死亡する。衆徒らが求めた講堂や三面僧坊の造営は行勇の代を待たねばならなかった。

第二節　重源による周防国の経営

第一節では、重源による大仏と大仏殿の再建について概略を見てきたが、本節では彼がこの間周防国をどのように経営したのかを検討する。

〔史料二〕

（前略）

一、東大寺造営料国

（朱書）『後鳥羽院御宇』

大勧進俊乗聖人重源 勅号南無阿弥陀仏 文治二年四月十日拝任、建永元年六月五日入滅

目代願成房阿念　目代教性房法忍　目代紀左衛門尉季種

目代伊賀法橋証仲　目代重阿弥陀仏重尊　目代春阿弥陀仏

已上自文治二年至建永元年

東大寺大仏殿廿一ヶ年造畢、

（後略）

〔史料二〕は院政期から十六世紀初めまでの知行国主や大勧進と、目代などを時系列に列挙した「周防国吏務代々過現名帳」（以下「吏務」と省略）(46)から重源が国司であった時期の記述を抜き出したものである。これによると、重源は国司として国務を掌握し、願成房阿念以下の六人の目代を指揮して国衙経営を行っていたことがわかる。

ここに見える目代は、近親者やあるいは弟子など彼と私的な関係にある者で、重源は彼ら目代や東大寺内に設置した勧進所を指揮しながら周防国の経営を行っていた(47)。

永村氏は、周防国の経営において袖判を据えた国司庁宣を発給していることから、重源が国司としての立場で国衙経営を行っていたこと、文治五年には下文を発給していたがその後にそのような事例が見られなくなることから、当初勧進所が重源の政所として国衙経営に関与していたが、目代による留守所統轄が進むと、勧進所を介さず重源から直接留守所の目代へ命令伝達が行われるようになった、としている(48)。つまり時代が下るにつれて周防国の経営における重源の権限は、より強くなっていったというのである。

しかしながら、重源に与えられた権限が、重源だけなのか、それとも後代の大勧進も引き続いて同じような権限が与えられていたのかについては全く触れられていない。それは、永村氏が国司としての立場で国衙経営を行っていたとしながらも、重源と目代との私的な関係には注意を払っているが、国司としての立場ではどのように経営を行ったのかという点については、検討していないからである。そこで本節では大勧進が国司として国衙へ指示を与える際に発給した国務文書の分析を通してこの点について検討する。

重源が大勧進在任中に発給した国務文書としては、三点の国司庁宣を確認している。一点目は、正治二年（一二〇〇）、周防国の国衙経営の拠点として国府の東北の地に阿弥陀寺を建立し、田畠を寺領として寄進したが、その際課役免除を命じて留守所へ下した国司庁宣である(49)。これに対して留守所の在庁官人は、檀那として寺領を子々孫々まで護持していく旨を誓約した置文を作成するとともに、寺領田畠の坪付を作成している(50)。二点目は、建仁三年（一二〇三）頃、与田保の地頭朝俊と公文源尊とが対立した際、両者の間に和与を結ばせ、朝俊を地頭職に補任するよう留守所へ下した国司庁宣である(51)。そして三点目は、詳細について不明だが、国衙領である安用の公文職の補任にあたって下したものである(52)。

三点目は案文も残されていないために具体的な内容は不明だが、前の二つの例に限定してみると、いずれも重源が袖判を据えてはいるが、発給者や奉者の署名がなされていない。

富田正弘氏によると、国務文書は、平安時代末期に知行国制が一般的となってくると、国主がその知行国の経営に当たって発給したもので、主なものとして国司庁宣と国宣がある。国司庁宣が公験の保証などのために、それ以外は国宣というように区別して使用されていたが、特に知行国主が目代へ随時の命令を行う時に国宣が使用されていた。(53) さらに、署判について注目すると、国司庁宣は、目代である大介が署判をする場合もあれば、知行国主が袖判を据えるだけの二通りのタイプがあった、というのである。(54) なお、富田氏はこの二通りのタイプの間での機能上の違いはほとんど無いと捉えられているようであるが、大介を介在しない後者の方が、明らかに国司が直接権力を行使できるのであるから、国衙支配についてはより強力なものであったと考えられるであろう。

この時期で同じような働きをしていたものとして、永村氏が重源の政所的な働きをしていたと指摘した勧進所が発給した下文があるが、この場合も重源の袖判は確認できるものの、発給者の署判は見られない。(55) しかも勧進所の下文はまもなく消えていく。これらを見る限りでは、永村氏の指摘の通り、重源に権限が集中していくことも想定できる。しかし、それならば重源以降の大勧進も同じであったのであろうか。

例えば、貞永元年（一二三二）八月に同じ朝兼が押領した与田保内の末松名から地頭の押領を排除して適切な処置をするよう留守所へ命じた国司庁宣の場合は、発給者として大介藤原が署判しているのみである。(56) また同年十一月に与田保の地頭による新儀を停止し、適切な加徴をするよう留守所へ命じた国司庁宣でも、同じように大介藤原が署判したうえで、行勇が袖判を据えている。(57) この時の大介藤原は、詳細については本書第一部第二章で検討するが、当時東大寺の造営事業を支援していた九条道家の家司である藤原頴嗣で、行勇の訴えを朝廷へ取り次ぐなどして、行勇による周防国の経営を支援していた。(58)

さらに時代は下るが、建治三年（一二七七）十一月二十一日に文治・嘉禎の例によって在庁官人の賀陽盛定を安用の公文職に補任するよう留守所へ命じた国司庁宣は、発給者として大介源が署判をしている。[59] 同年七月に左衛門尉重村を得善保の保司職に補任するよう留守所へ命じた国司庁宣でも、同じように発給者として大介源が署判をし、さらに大勧進聖守が袖判を据えている。[60] この大介源は、建暦年間に一宮玉祖社に関して僧経乗から訴えがあった旨を大勧進聖守へ伝達している。[61]

国司庁宣に署判している藤原顕嗣や源某は、いうまでもなく周防国の名国司であった。重源よりも後代の大勧進になると、周防国の国司庁宣は、国司として大勧進の袖判のみのものとは別に、発給者である名国司が署判するものも確認できる。大勧進らは自らの関係者を目代として周防国に下向させて国衙経営に当たらせる一方で、前述した藤原顕嗣の例から判断すると、名国司を通じて朝廷とも密接に連絡を取っていた。その名国司は、朝廷へ持ち込まれた訴訟などを、大勧進へ取り次ぐなどして、国衙経営が円滑に進むように支援していた。つまりこの時期の名国司は決して形式的な存在だったのではなく、積極的に国衙経営に関与していたと言えよう。

このように行勇以降の大勧進による国衙経営は、知行国主の指揮を受けながら名国司が国衙経営を行う従来の知行国制と同じ体制で行われていた。これに対して重源の時は、周防国が造営料国となる際に名国司の扱いが問題となり、結局藤原公基が名国司となっているが、管見の限り国衙経営において名国司の関与が窺えない。このことから公基の補任は形式的で、朝廷や幕府から強大な権限が重源一人に与えられたのであろう。したがって重源の時代の周防国は、知行国制とは異なる支配体制の下で経営が行われていたと考えるべきであろう。[62]

また、これとは別に国衙周辺に新たに寺社を建立するとともに、国衙ゆかりの神社の再建・修理を精力的に行っている点も重源による周防国の経営の特色の一つである。重源は、東大寺や高野山の外、摂津国渡辺、播磨国大部、備前国、備中国、伊賀国に念仏道場である別所を設け、丈六の阿弥陀像を配したことはよく知られているが、周防国では国府の東北の地に阿弥陀寺を建立している。[63]彼がこの地に阿弥陀寺を建立したのは、別所としての役割が第一義であったことは間違いないが、詳細は本書第一部第三章で述べるが、国衙経営を行うにあたり在庁官人を国衙につなぎ留めておく媒体としての働きを期待していたものと考えられる。[64]

さらに、松崎天神宮や一宮玉祖社、遠石八幡宮・小松原八幡宮、末武宮などの国衙ゆかりの神社の再建・修理を含めて考えるならば、在庁官人を意識した行為だったことは間違いない。苅米一志氏は、このような国衙関連の寺社などの修造を重源の信仰心の現れと評価しているが、これだけ幅広く国衙関連の寺社などの修造を行っているということは、重源の個人的な信仰心というだけでは説明することができない。むしろ国司として国内の主要寺社を保護していることを国内に示すことにより、周防国の経営に支援を得ようとしたのであろう。[65]

以上、重源が大勧進としてどのように周防国の経営を行っていたのかを検討してきた。彼は、私的な関係にある目代を通して留守所に指示を与える一方で、自ら下向して陣頭指揮を執るなど精力的に造営を推進していた。彼の周防国の経営は、朝廷と幕府からの支持を得て強大な権限を与えられるとともに、在庁官人の協力を取り付けながら行われていた。

第三節　栄西と周防国の経営

本節では、第二代目の造東大寺大勧進に就任した栄西が周防国とどのように関わったのかを検討する。[66]

最初に、栄西の大勧進補任の経緯について検討しよう。栄西が大勧進に補任されたのは、建永元年（一二〇六）十月十一日に東大寺の造営にあたるよう命じた官宣旨が下されてからであるが、重源が死亡したのは前述したように同年六月五日であるから、この間五ヵ月ほど空白の期間が存在していた。小原氏は、この間に東大寺衆徒らが大勧進へ移ってしまった造営修理の機能を寺家へ戻すべく、勧進所の解散と重源が公的私的な活動によって築き上げた遺産の取り込みをはかっていたことや、重源が死亡した直後に朝廷が後代を補任しなかったこと、造営料国であった周防国を東大寺から取り戻していることから、朝廷としては造東大寺大勧進については重源一代として考えていて、栄西の大勧進職は全く想定していなかったことを指摘している。(67)

たしかに、東大寺衆徒が利権の絡む造営修理事業を寺家へ取り戻そうとしていたことは指摘の通りであるが、朝廷が重源一代として後任を任命せず、造営料国を取り戻したのは、仏法の象徴である大仏とそれを納める大仏殿の再建が既に終了していることや、前述したように重源一人に強大な権限が付与され、従来の知行国制から逸脱した体制で造営料国が経営されていたために、さらなる継続を嫌ったからであろう。しかし、現実には栄西が大勧進に補任されている。

そこで次に、どのような経緯で栄西が大勧進に補任されたのかという点について検討する。この点について、小原氏は、幕府の口利きがあったことは十分に考えられるが、正治元年頃から栄西と重源の関係性は希薄化しており、何よりも重源死没直後には大勧進ポストの存続自体が不確かな状況であったとしたうえで、幕府の積極的な関与も無条件に想定するわけにはいかないと、幕府の関与については否定的である。(68)しかし本当にそうなのであろうか。勧進所を解散して造営機能を寺家に取り戻そうと策動していた東大寺衆徒の反対を押し切って、あるいは説得して栄西を大勧進に推挙して補任することができるのは、栄西が外護を受けた幕府以外考えられないからである。

この当時、朝廷では後鳥羽上皇が治天の君として院政を行って権力を握っており、一方の幕府では、実朝が将軍として北条義時ら有力御家人に推戴されていた。両者の関係は、上皇が「実朝」の名乗りを与え、(69)実朝を取りこむことで幕府内部への影響力拡大をはかり、幕府側も子供のいない実朝の後継に上皇の皇子を迎えて政権を安定させる「宮将軍」の構想が打ち出されていた。さらに実朝は、自らの意思により元久元年（一二〇四）十二月、京より坊門信清の娘・信子を正室に迎えている。信清は後鳥羽上皇の母親殖子（七条院）と姉弟の関係にあるから、信子と後鳥羽上皇とは従兄妹の関係にあった。つまり実朝は正室の信子を通じて後鳥羽上皇とは極めて近い関係となっており、後に甥公暁により実朝が殺害されるまで朝幕関係は安定した関係にあった。

つまり栄西の大勧進補任は、このような朝幕関係の時期だから可能だったのである。恐らく栄西は、外護を受けていた実朝に働きかけて推挙を受け、それにより後鳥羽上皇から補任されたのではないか。ただし、重源の時のような従来の知行国制から逸脱した造営料国を新たに付与するところまで、後鳥羽上皇は認可するつもりはなかったようである。

さて、大勧進となった栄西が最初に対応を求められたのは、重源の生前から懸案であった講堂や三面僧坊、そして元久元年（一二〇四）四月五日に造営が始められていた東塔の造営であった(70)。その中でも特に東塔は、元久三年四月十六日に東塔の造仏が始められており(71)、その工事が最優先とされていた。しかし、財源の裏付けはなく、後述する行勇の時と同じように、勧進と成功による造営を求められていた。その一方で、栄西の大勧進在任時の周防国について、前述した「吏務」では次のように記載されている。

〔史料三〕

（前略）

一、法勝寺九重塔婆造営料国

（朱書）『土御門院御字』一条大相国大宮大納言公経卿　（朱書）『承元元年二月三日』目代豊前〻司国経

建仁寺開山葉上僧正栄西（于時法印）　　目代智性阿闍梨（源祐清法橋）

（朱書）『順徳院御宇』
大宮大納言公経卿　還補

目代藤前司実清　　目代若狭橘前司知宣

已上六ヶ年　　目代橘前司　還補

（後略）

〔史料三〕によると、周防国は、重源の死亡後法勝寺九重塔の造営料国に充てられたうえ、西園寺公経に国務が命ぜられたが、その後栄西が九重塔造営の大勧進に任ぜられると、彼が国務沙汰を執った。やがて造営が終了すると、再び公経が国務沙汰を行うようになった、と読みとれる。

これに対し、三坂圭治氏は当時の周防国や法勝寺九重塔の造営に関する記事がある「元亨釈書」建仁寺栄西伝や「愚管抄」、「明月記」などを比較検討し、「元亨釈書」建仁寺栄西伝の記述は、この書物自体が後世の作成であること、また「去承元二年、洛東法勝寺九層大塔災、勅門下侍郎藤公経監修造、予周二州充其費」とあって伊予・周防両国を法勝寺の九重塔造営料国に充てていたように記載されているが、「愚管抄」の記述に「ヤガテ伊予ノ国ニテ公経大納言ツクレトテ、ホドナクツクリ出ントシタクシケルヲ、是に伊予フタゲラレテ世ノ御大事モカケナシ、葉上ト云上人ソノ骨アリ、唐ニ久クスミタリシ者也トテ、葉上ニ周防ノ国ヲタビテ長房宰相奉行シテ申サタシタリケリ」とあって、両国が同時に料国となったことはないので、信憑性に欠けるものだと断定している。

そのうえで、三坂氏は〔史料三〕を次のように評価している。法勝寺に付されたのが建永元年の末か或いは翌承元元年（一二〇七）の初めの様に記載されているが、法勝寺九重塔が焼失したのが承元二年五月十五日の事なので、それ以前に造営料国であるはずがなく、仮に栄西に周防国が与えられたとしてもそれは塔が焼失した承元三年の頃でなければならないし、「明月記」承元二年五月十五日の条に「或人云、大納言已被承造塔事云々」と見えていて公経に法勝寺九重塔の造立を命ぜられていたことは確実であるが、それは前述したように伊予国であって周防国でないのであるから、第一度目に公経の名が記載されているのは誤りである。またその塔は「愚管抄」によると建暦三年に栄西が完成させているので、この時を以て造営料国でなくなった周防国の国務として栄西に続いて公経の名が挙げられているのは誤りである。そしてこの当時の周防国は、当初建永元年九月に東大寺の大勧進となって栄西が造営料国として与えられて修造にあたっていたが、「元亨釈書」によると大勧進就任後四年を出ずして修造が完成されたとあるので、承元三年の頃にはそれも完成したことになり、そのまま栄西が国務を執ったまま法勝寺の九重塔造営料国となったのであろう、とした。[72]

しかし、三坂氏の理解にはいくつか無理がある。例えば「愚管抄」の記事を根拠として栄西が大勧進となってから四年ほど経た承元三年頃に東大寺の造営が完成したとしているが、前述したように重源の生前から懸案であった講堂や三面僧坊の造営は未だ着手されるに至っておらず、継続中の東塔の造営も承元二年（一二〇八）六月二十日に立柱の儀式が行われたのに過ぎなかった。[73]

また、建暦三年に栄西によって九重塔が完成しているので、造営料国ではなくなった周防国の国務として栄西に続いて公経を挙げていることは誤りであるとした点は、三坂氏の指摘があるように、建暦三年（一二一三）四月二十六日に塔供養が行われ、[74]その際承元三年十月三十日に周防守に任官し、以降国司として法勝寺の九重塔造営にあたっていた藤原長季が「造国司賞」として正四位下に叙せられているので、[75]この時点で周防国は法勝寺九重塔の造営料国としての役割を終えていたことは確かである。

しかしながら、塔供養より三年後の建保四年（一二一六）閏六月二日になって、西園寺公経が、与田保の地頭与田朝兼の濫妨の停止を命じる外題を下しているし、[76]同年七月二日には彼の目代藤原実清が田畠作物の新儀押領の停止を命じる下文を下している。(77)さらに翌建保五年正月になっても同じ藤原実清が、地頭朝兼の非法の停止を命じた下文を下している。(78)

このことから、法勝寺の九重塔が完成して造営料国としての役割を終えた後でも、公経が周防国の国務を執っていたことは間違いない。つまり当時周防国は、公経の知行国であって、法勝寺九重塔が焼失する前に彼の名が挙げられているのも、彼が知行国主であったからである。

それならば栄西はこの時期どのように周防国と関与していたのであろうか。

〔史料四〕

国中河関材木率分事、背先例不弁之由、太以無其謂、已為御塔造営遅怠之基、於』勅免之外所〻者、早任先例可令致沙汰之由、可令下知給者、院宣如此、仍執達如件、

「建暦元順徳院」八月廿八日　　　権中納言　在判

葉上房律師御房(79)

〔史料四〕は、周防国内で行われている河川の流れを利用している材木を運搬する際には、勅免を与えられた者以外は河関で率分を支払うべきだが、その支払いを怠っていることが塔造営の遅れの原因の一つとなっているので沙汰するように、と栄西へ宛てて下された後鳥羽上皇の院宣である。この史料は、二重括弧』で区切られた「勅免之外」以後の部分が『口宣綸旨院宣御教書案』に所収されて以前から知られていた。ところが近年になって小原氏により、「東大寺大勧進文書集」の四五号文書と接続して一通の院宣となることが明らかとなった。

その際、小原氏は、河関で率分の支払いを怠っている勢力として諸権門や地頭を想定したうえで、公経による塔の造営が遅滞した要因の一つであること、国務を担当することになる栄西もこの問題に直面したのであるから、この院宣がその内容から国務初任に関わるものとみるよりも一定期間の国務執行によって浮上してきた問題点を改善するために出されたものと理解すべきだ、として栄西の国務開始をこの院宣から少し遡った承元三年八月と推定している。[80]

前述したように栄西はすでに建永元年（一二〇六）十月十一日に造東大寺大勧進に任命されていたこと、そして当時周防国は東大寺の造営料国ではなくて法勝寺九重塔の造営料国であったことをあわせて考えると、この場合の造営の遅れは法勝寺九重塔の遅れである。

また、ここに見える先例とは、下得地保富田村内の籠山の杣内に入り込んで木を切って新畠を開いている地頭らを禁じるよう、貞和二年（一三四六）十月に訴え出た目代静祐が、貞永元年の宣旨とともにこの院宣を副進文書としていることから判断すると、[81]重源の代の特に杣便宜に関わるものであろう。つまり栄西は、重源の時の例にしたがって、得地保の杣から材木を切り出して、法勝寺の造営に充てていたのである。

以上のことから、記述された日付については検討を要するが、〔史料三〕の「吏務」の記載は概ね信用して良いと考える。建永元年重源が死亡した後、周防国は西園寺公経へ知行国として与えられていたが、法勝寺の九重塔が焼失した後その造営が公経に命ぜられると、そのまま法勝寺の造営料国となった。その際公経に代わって栄西が大勧進として造営にあたり、塔が完成すると再び公経が知行国主として国務を執ったのである。

それでは、東大寺や法勝寺の大勧進職に、同時に任命されて造営にあたっていた栄西は、どのように東大寺の造営を進めたのであろうか。この点について近年稲葉伸道氏が紹介した栄西関連史料から見ていこう。[82]

栄西関連史料は都合二十三点あるが、稲葉氏は紙背文書の中の一点、権右中弁宗行が奉者を勤める後鳥羽上皇院宣を、承元四年（一二一〇）のものとしたうえで、この他の史料もほぼ同時期のものだと推定している。つまりこれらの史料は、将に造東大寺大勧進であった栄西が東大寺と法勝寺九重塔の造営を命ぜられて、それらの造営に奮闘していた時期のものである。その二十三点の内、第三号・同七号・同九号・同一二号・同一三号・同一四号・同一五号・同二一号が特に大勧進に関わるものである。次にこれらの文書を検討していこう。

最初の第三号は年欠五月二十六日付の栄西の言上状で、宛名は無いが東大寺の寺僧宛てであろう。栄西の訴えは三ヵ条からなっていて、第一条目で騒動が落居したことに対して慶びを申しあげ、第二条目では「霖雨之間、瓦焼事遅々候」とあって、塔に葺く瓦の焼成が長雨のために遅れていることを伝えている。そして第三条目では、「御塔第二層成寄御事」と塔の二層目は終了し、三層目の柱は七月頃に立つこと、垂木は今日明日の内には木津へ運上することを伝えている。栄西は、法勝寺九重塔を「九重御塔」と記すことで両寺の塔を区別しており、ここでの「御塔」とは東大寺の東塔を指している。塔の工事は、この書状により、当時七重の内二層目が終了したのに過ぎなかったが、それでも徐々に進展していた様子が窺える。また垂木用の材木が木津へ運上されることを伝えているが、これは小原氏が指摘している宮野荘から産出した材木が運び込まれたのであろう。(83)

次の第七号は年欠九月二日付の栄西の書状である。この書状は造営に関する意見を求められたことに対して、来る六日に推参して直接回答すること、また本意は水無瀬殿、つまり後鳥羽上皇へ細々申しているので定めて勅答があるはずだと記したうえで、「講堂・三面僧坊事、設被領掌十箇国トモ誰人造候哉、故上人雖無智、以不妊之戒力、此程まて作候了、栄西又以不妊梵行之戒力こそ作候、材木のあれハ米のあれハとて、無冥加て造事ハ不候也」と続けている。つまり講堂や三面僧坊はたとえ十ヵ国を領掌していようと造立できるものではなく、仏の加護があって初めて可能なのだと、自分こそが造営に最も適任であることを主張している。ただ、このような書状を書き送っているということは、逆に造営の遅れが朝廷で問題となっていて、罷免の動きがでていたことを窺わせる。

続く第九号は、年欠三月十八日付の栄西の書状で、法華堂夏僧供料と尊勝院三十講の料足の送進に関するもの。栄西は、この書状で、本来は昨年十二月に送進すべき三十講の料足が不勤であったため「周防智性阿闍梨行責遣候、故令進候也」とあるように彼の目代である智性阿闍梨を下向させて督促したところ、送進してきたことを伝えている。

このうち、法華堂夏僧供料とは、夏安居に出仕する法華堂衆への供料のことである。嘉暦四年（一三二九）五月晦日の法華堂夏中食料防州正税物置文によると、周防国の正税十石のうち五石を「唐禅院止住之仁」に充て、五石を「夏中当行食事」と法華堂衆への夏安居の食料に充てられるよう定められている。(84) 夏安居は、夏の三ヵ月の間、僧が一ヵ所にこもって修行することで、僧侶にとっては重要な修行の一つである。

一方の尊勝院三十講は、宗性が建治元年（一二七五）十一月三十日に笠置寺般若院で書写した「華厳宗香薫抄草」第四巻の奥書に「於東大寺尊勝院以探玄記第五巻為充文勤修三十講畢」(85) と記されていることから、正確には尊勝院において探玄記を使用して行われる三十講のことであろう。探玄記は、華厳宗の根本経典である『華厳経』の諸注釈書のなかで最も重要なものであるから、これを使用した三十講も華厳宗において重要な法会であったことは間違いない。ただし、法華堂夏僧供料も尊勝院三十講の料足も、鎌倉時代前期に周防国内で供料田等が設定されているかどうかについて確認できていない。

本来、造東大寺大勧進としての栄西の職務は、東大寺の造営とその用途の確保であったが、当時周防国は東大寺の造営料国ではなかったので、国衙領内に料田を設定することもできない。したがって、この当時それが可能であったのは、東大寺領の宮野荘と椹野荘だけである。ただし、宮野荘の場合は、東南院院主が領家職を有しているのであるから、そこに法華堂夏僧供料や尊勝院三十講が設定されたとは考えにくい。となると該当するのは椹野荘であるが、史料上確認できるのは大仏殿両界供養法と最勝講の供料だけである。[86]小原氏によると、栄西は周防国からの材木を東大寺の造営に流用したために後鳥羽上皇から釘を刺されているので、[87]国衙領からの正税を東大寺の法会供料に流用した可能性もある。しかし、造営用途とは異なり永続的な用途が求められるのであるから、椹野荘には史料上で確認できない未知の供料が設定されていたと考える方が合理的であろう。いずれにしても、この書状は栄西が東大寺の法会の供料についても関与していたことを窺わせるものである。

そして第一二号は、年欠正月二十二日付の栄西の書状で、「栄西九重御塔幷東大寺御塔材木沙汰□無侮無憚候て、今年ハ今日まて不奉□大佛候へと、奉公之至候へハ」と、九重塔ならび東大寺の東塔の材木の沙汰は滞りなく行っている旨を伝えている。

第一三号は、年欠八月十四日付の栄西の書状で、雨のために新座の工が担当する法勝寺九重塔の造営工事が遅れて二十日に及んでいることと、本座の工が担当する東大寺の東塔の造営も雨のために同じ状況であること、それを朝廷が御不審に思っていることを伝えたものである。この書状は、内容からすると、あるいは第七号の書状と関連があるのかもしれない。

第一四号は年月日未詳の栄西の書状で、この文書群の中で最も周防国の状況を明らかにできるものなので、長文であるが次に挙げて検討してみよう。

〔史料五〕

（前略）

抑宮野事、年来日来怖候者、一時事切候了、返〻不便次第也、還糸惜こそ候へ、又別当拝謁之時者、可然之様被仰候かな、公平存候之□、其後不審事候ひき、はて方に如然之事、被申候け□□之状事候歟、人之欲心露顕候了、返〻不便次第□、大講堂・三面僧坊、争以宮野一處杣可被□哉、只是　君子誑惑奉て、宮野許事に申侍てハ□、堂ハ不作ハ不作□候かしと被存歟、如法有若亡□無申限候、者てかたにハ栄西被打殺候ぬとこ□候へ、吉候住持三宝幷八幡執金剛神可令□御候也、九重御塔明後年ニハ必定可畢功候□、可申辞退之由、可示案候へき、七重塔ハ無仁事候了、五年ニハ□ても候へく候也、返〻不便事候けるも、□栄西十二月五日可令入京候也、

（後略）

〔史料五〕は、省略した冒頭で「十月一日御文、同十七日辰時到来」と論念からの書状を十月十七日に受け取ったことを伝えていることと、文中にある「五年ニハ□ても候へく候也」という部分から、栄西が大勧進に就任して五年目の建暦元年（一二一一）十月下旬頃のものと考えられる。文意は判然としないが、栄西は、周防国の宮野荘でトラブルがあったがそれも漸く一段落したこと、しかしながら「大講堂・三面僧坊、争以宮野一處杣可被□哉」と強調しているように、その宮野荘内にある杣からだけでは講堂や三面僧坊の材木を賄うことはできないこと、法勝寺の九重塔の造営は明後年には必ず完成させるが、東大寺の七重塔はその目途が立たないことを伝えている。

ここに見える宮野荘とは、重源が陳和卿へ造寺造仏料及び衣食の資として与えた「宮乃」の地が、大仏殿の完成後に和卿より東大寺へ寄進されて建久六年（一一九五）九月に立券したことに始まる荘園で、[88]荘務権は、当時は重源から東南院院主定範へ与えられて東南院領となっていた。[89]小原氏によると、栄西は、周防国の材木を東大寺の造営に流用しているとして後鳥羽上皇によって釘を刺されたというが、[90]この時期は法勝寺九重塔の完成の見通しが立ったために、栄西は東大寺の造営料国への転換を念頭においていてのことであったのであろう。

第一五号は、年月日未詳の栄西の書状で、横内裕人氏によってすでに守護不設置を示す史料として紹介されている。(91) この書状は「周防国守護人先却了、今又依申庄々守護□かけもかけす被却了、今ハ国聊も無障候□、仍自作罷下材木等、可採之由申候了」とあって、守護の停止に続き荘々への守護役の停止などにより国に於ける障害は無くなったので、自らが下向して材木の伐採にあたる旨を伝えてきている。

以上、造東大寺大勧進としての栄西の活動について見てきたが、彼が東大寺の造営事業のために確保していたのが、宮野荘の杣山だけであったために、造営に必要な財源だけでなく材木の確保も容易でなかった。しかしそれにもかかわらず、朝廷では造営の遅れが問題となっていて、進退問題にまで発展していた。栄西としては、法勝寺九重塔が終了間近なので、周防国を東大寺の造営料国として材木と正税を充てることを望んでいたが、それが認可されなかったことはいうまでもない。

第四節　大勧進と国衙補任の地頭

鎌倉時代初期の周防国において、最も特徴的なものとしては、国衙補任の地頭がある。周防国の国衙補任の地頭としては、重源に補任された与田保の地頭与田氏が早くから知られていたが、(92) 近年になって紹介された大勧進関連の史料集「東大寺大勧進文書集」により、三井村や宇佐木保、曾祢保でも国衙補任の地頭がいたことが明らかとなった。(93) 史料紹介を行った小原氏は、三井村や宇佐木保、曾祢保の国衙補任の地頭を、在庁官人の一族であると推測している。しかし、彼らが在庁官人の一族であったというのならば、何故地頭に補任されたのか、また大勧進が彼らを地頭に補任しなくてはならない当時の在地社会がどのような状況であったのかなど、明らかにすべき課題が残されている。本節ではこの点について検討する。

まず、補任の経緯がある程度明らかとなっている与田保の地頭の例から確認していこう。なお、与田保の地頭については、本書第一部第四章で詳細に分析を行っているので、詳しくはそちらを参照していただくとして、ここでは概略を述べていく。

与田保の地頭は、建仁四年（一二〇四）正月二十三日に重源が国司庁宣を下し、下毛野朝俊を地頭に補任したのに始まる。(94) 朝俊は、院や摂関家の随身を代々勤めた地下官人下毛野氏の一族である。その朝俊と与田保との関係は、白河上皇の随身を勤めていた先祖敦季が、立保に関与したことで院の家司で周防国の国司でもあった藤原経忠から保司職に補任されたのに始まると考えられる。以後敦季の子孫が代々保司職を勤めてきて、敦季から五代目にあたるのが朝俊であった。この間、下毛野氏は、京都で院や摂関家の随身や、鷹飼職を勤める一方で、代官として「惣公文職」を派遣し、その下に隣接する宇佐木保から湛与の先祖を招いて公文職に補任することで、保内の開発を進めていった。(95)

そのような朝俊がどうして保司職を罷免されたのか、直接それを示す史料は現存していないが、彼がこの当時平宗盛の随身であったことと無関係ではないであろう。治承・寿永の乱の頃の周防国は、後白河法皇の近親者の知行国であったと指摘されているが、(96) おそらく乱の際に、当時の知行国主藤原実教によって保司職を罷免されたのであろう。朝俊は、その後関白九条兼実の随身となっているので、兼実の伝手を頼って保司職への還任をはかったと考えられるが、兼実が建久七年（一一九六）十一月に関白を追われて失脚したために実現することはなかった。

その後どのような経緯かは不明ながら、建仁四年正月三日に公文源与との間で和与を結んだことで、朝俊は重源によって地頭として補任された。(97) この時の和与の中身とは、公文側が五町の公文給田を除く公文名である正義名の田畠からの公事徴収権と保内の定田からの段別三升の加徴米徴収権を地頭朝俊に対して承認することであり、一方の地頭側が給田五町と十五宇の在家屋敷地からの公事徴収権、子々孫々まで公文職の世襲を公文湛与に対して承認することであった[98]。

鎌倉時代中期になって朝俊の子朝兼と公文湛与の子源尊、及び東大寺との間で公文職の所有をめぐって相論となった。その際源尊は、朝俊が建仁年間になって初めて与田保に居住したのだと主張しているが[99]、前述した和与の内容からすると、源尊の主張は信用できない。恐らく、先祖敦季以来代々保司職を世襲することで与えられてきた権益があって、在地に下向した朝俊が実力で現任の保司職からそれを奪い返そうとしたのであろう。和与で公文側が承認したということは、少なくともそれが朝俊にとって新儀ではなかったことを示しているのである。

なお、朝俊が周防国に下向してきた時期は、建久六年に東大寺の大仏殿の造営が終了して、造営料国としての性格が変化していること、翌建久七年に主人である九条兼実が失脚していることなどからこの頃であったと考えられる。

それならば保司職への還任ではなくて、何故地頭職であったのであろうか。鎌倉幕府以前の地頭について分析を行った義江彰夫氏によると、この時期の地頭職補任の主体は国衙の場合もあれば、荘園領主の場合もあるが、いずれも所務などをめぐってしばしば武力を行使している者を、地頭職に補任することで年貢公事の徴収を請け負わせるためであった、としている[100]。つまり、地頭への補任は、支配体制に組み込むことでその者の武力を経営に利用しようとするものであった。恐らく朝俊の場合も同様で、大檀那である源頼朝の死亡後幕府からの支援を望めなくなった状況で、保司であった時代の権益を実力で奪い返そうとしたため、重源は公文や百姓らと和与を結ばせて地頭職に補任することで、支配体制に組み込もうとしたのであろう[101]。

それでは新しく明らかになった三井村と宇佐木保、曾祢保はどのよう背景があって地頭の補任が行われたのであろうか。まず三井村について検討する。

〔史料六〕

周防三井村事

右、安家法師幷左馬允資信與地頭民部五郎行朝代舎兄弾正忠行季相論之子細、具被尋聞食畢、所詮行朝父行景充給地頭職事、根元非関東御計、故葉上僧正坊国務之時、得庁宣之後、申給御教書云〻、而行勇律師国務奉行之今、先師僧正返付安家等之子細申之、然則任先例、可為国司進止之状、依鎌倉殿仰、下知如件、

寛喜三年十二月二十五日

武蔵守平在判

相模守平在判

〔史料六〕は、三井村の地頭職をめぐる相論で下された関東下知状である。これによると、安家法師と左馬允資信が地頭職の返付を求めて源民部五郎行朝方を訴えたのに対し、幕府は行朝の親父行景は栄西により地頭補任の国司庁宣を得た後に幕府に御教書を要請しているので、国司進止の地頭は明らかである。したがって行勇が安家へ地頭職を返付すると申していることについては、その意思を尊重するよう命じている。(102)

三井村の地頭職をめぐる相論は、最終的には安家方の勝訴で決着したようで、この後に行朝らは三井村の地頭職の返付、もしくは代替の地頭職の付与を求めて幕府へ訴え出ている。それに対し、幕府は十月二十日に関東御教書を三浦義村へ下し、三井村の地頭職は国司進止なので安家方へ返付したとしても代替の地頭職を給付する理由にはならないが、困窮しているようなので闕所が出来した時に取りはからうよう命じている。(103)

以上のことから三井村の地頭は、鎌倉時代初頭以降、安家→源行景→行朝→安家・資信の順に替わったと考えられるが、彼らはどのような出自であったのであろうか。この点について小原氏は、徳治三年（一三〇八）に与田保の地頭光朝と対立していた大勧進心源が、三井入道元智等を使者にして長門採題の使節の許に遣わしている

と理解したうえで、彼と三井村地頭との関係は不明であるが、同村に本拠を持つと思われる国衙官人がいる点は国衙と三井村の関係の深さをみる、と述べている。[104] 明言は避けているが、彼らも国衙にゆかりがある在庁官人であったと推測しているようである。

小原氏は、与田保地頭光朝陳状案の「次国衙于時、国司尊智聖人雑掌時光・時親等、去徳治参年掠申入三井入道元智・楊井次郎入道于時在俗等於御使之間、光朝依捧此等子細請文」から前述のような理解をされたと考えられるが、三井と楊井の二人は国衙雑掌時光・時親からの訴えを受けて長門探題から派遣された使節であったと考える。というのは、光朝は陳状の中で、幕府の使節には「御使伊藤左衛門尉頼兼奈古中務丞業資」とあるように「御使」と記しているのに対し、国衙方は「国衙雑掌安田兵衛尉兼定当国在庁」と区別して記されているからである。

三井村のもともとの地頭である安家方は、在庁官人の土師一族の中に「助（資）」や「安」の字を通字とする者もいるので、[105] 土師氏の一族の可能性もあるが、資信の官職「左馬允」に注目すると、在庁官人よりも、朝廷に出仕する滝口の武士であった可能性は高い。[106]

一方、地頭職を罷免された源行朝方はどうかというと、周防国で源姓を名乗る在庁官人を確認することができないので、やはり在庁官人の可能性は低い。したがって、国衙に属さない在地領主か、与田保の地頭のように周防国の外から三井村に入って来た者のどちらかであろう。そこで行朝の舎兄行季の官職「弾正忠」に注目してみると、彼は朝廷に出仕する北面の武士であったと考えられる。次に行朝の通称である「民部五郎」に注目してみると、父親や祖父など親族の中に民部省の官職を名乗る者がいたことが窺える。行朝の親父は行景という名乗りなので、民部省の官職か民部の通称を名乗る行景を探してみると、文治三年（一一八七）八月二十日に、使者を送って弓や魚・鳥の干物を頼朝へ献上した土佐国介良荘の地頭で預所の源民部大夫行景が候補としてあげられる。

『吾妻鏡』の記事によると、介良荘は頼朝の弟源希義が配流されていた場所で、頼朝挙兵の際に平家方に討ち取られて死亡したため、頼朝は追善として菩提寺をその地に建立し、介良荘垣光名と津崎の在家を寄附し、さらに毎年供料米として六十八石を施入することとし、行景には芳志を施すよう命じている。(107)ただ、行景の使者が土佐から鎌倉へやって来たことは分かるが、行景本人が土佐にいるのかどうかは明記されていない。しかし行景の官職「民部大夫」は五位相当であること、しかも地頭だけでなく荘園領主の代官としての預所職を兼ねていることから、朝廷に出仕する北面の武士で、幕府御家人でもあったと考えられる。

以上のように三井村の地頭職をめぐって相論となった安家方も行朝方も、ともに中央の北面や滝口に出仕する武士であった可能性は高い。そしてこの仮説が成り立つならば、彼らと三井村との関係は、与田氏と与田保の関係と同じように、歴代の知行国主の関与が想定できるであろう。

続いて宇佐木保と曾祢保について検討する。

〔史料七〕

可早任国宣状、令大野四郎能定領知亡父能成跡周防国曾祢保地頭職事

右、天福二年六月一日国宣偁、能成遺領宇佐木幷曾祢両保内、於宇佐木者、充給嫡子遠保畢、曾祢者所充行舎弟財王丸能定童名也云〻者、早任彼状、可令能定領知之状、依鎌倉殿仰、下知如件、

文暦二年七月十日

武蔵守平在判

相模守平在判

〔史料七〕は、天福二年（一二三四）六月一日の国宣の命に従って大野能成の跡として四郎能定を曾祢保の地頭職に領知せるよう命じた関東下知状である。この下知状に引用された国宣は、能成の遺領である宇佐木保と曾祢

保のうち、嫡子遠保には宇佐木保の地頭職を、能定には曾祢保の地頭職を領知させるよう命じている。[108]田村氏によると、元暦二年（一一八五）正月二十六日に源範頼へ兵糧米を献じた宇佐木保の住人宇佐那木上七遠隆[109]や文治二年（一一八六）に伊保荘や竈戸関などで濫行を行い、建久二年にも隣接する与田保で濫行を行った大野七郎遠正[110]は、ともに在庁官人の上氏の一族であったという。[111]このことから、宇佐木保と曾祢保の地頭であった大野能成父子も、同じ上氏の一族であったと考えられる。

上氏は、建久八年（一一九七）十一月二十二日付の阿弥陀寺所蔵の鉄塔の銘文に留守所在庁官人の一員としてその名が見えているが、[112]これを最後にその名が国衙関連の資料上から見えなくなるので、在庁官人としては没落していったのであろう。[113]この上氏の没落は、治承・治承の乱における動向と密接な関係があったのではないかと考える。

前述したように宇佐那木遠隆は元暦二年（一一八五）正月二十六日に源範頼へ兵糧米を献上しているが、その一方で大野遠正は文治二年に伊保荘や竈戸関などで濫行を行ったと賀茂別雷神社から訴えられ、さらに建久二年にも隣接する与田保で濫行を行ったとして訴えられている。与田保の場合は不明であるが、伊保荘や竈戸関での濫行については、「土肥実平近日致押領之上、土人大野七郎遠正、令滅亡荘内」と訴えられたため、頼朝が実平を召し寄せて問い質したところ、実平は押領の事実は無いと否定したうえ「何者之謀計乎、兼又遠正令滅亡荘内之条、甚以不当也」と自身と大野遠正へかけられた嫌疑をも全面的に否定している。[114]しかし、実平は壇ノ浦の戦いの後にそのまま長門国に滞在し、長門国と周防国の惣追捕使を勤めていたのであるから、遠正の伊保荘や竈戸関での行為は実平の命を受けていたことは間違いない。

つまり、鎌倉時代初頭の上氏は、積極的に幕府方に協力することで、独自に領主支配の展開に努めていたのである。同じく在庁官人である大内氏が在庁内で強大な勢力を獲得したのは、治承・寿永の内乱期に反平家の活動をしたことにより「権介」に任ぜられてからである(115)。したがって、同じく幕府方に付いた上氏も大内氏同様に在庁内で地位の上昇があってもよかったはずである。ところが、実際にはそのようにならなかったのは、大内氏を中心に国府周辺の在庁官人により国衙内の権力体制が形成されたことで、周防国東部を拠点としていた上氏はその権力体制から排除されてしまったのであろう。

以上、三井村と、宇佐木保・曾祢保の地頭について検討してきたが、これに与田保を合わせた四ヵ所の共通点は、周防国東部に位置していて、大内氏を中心に国府周辺の在庁官人によって形成される権力体制からは外れている点である。何故この点に注目するのかというと、治承・寿永の乱直後の周防国内における勢力としては、大別すると四つの勢力に分けられるからである。

その第一が、権介に補されて国衙内で絶対的な権力を獲得した大内氏を頂点とした在庁官人である。第二が、重源の代に在庁官人から濫行をしたと訴えられた内藤盛家、筑前太郎家重、三奈木守直などの国衙領を拠点とする幕府補任の地頭である。なお、本節では言及しなかったが、東国から下向してきて荘園の地頭となった大江広元や平子重経などがいたが、彼らも一緒に考えてよいであろう。第三が、本節で検討してきた与田保の下毛野氏や三井村の地頭になる安家法師のように周防国の外から入部して在地領主として独自に勢力を扶植していたが、治承・寿永の乱により地位を失った者や、上氏のように在庁官人でありながら没落していった者たちである。そして第四が、行勇が大勧進となった際に東大寺の造営事業や国衙経営において妨げとなっているとして問題となった八幡宮や北野神社などの神人や、無断で杣に入って材木を売却している商人らである(116)。

つまり国衙から地頭に補任されたのは、国衙からも、また幕府からも保護を受けられず、治承・寿永の乱を経てその地位を失ってしまう者たちであった。『吾妻鏡』文治三年三月二十三日条に在庁官人から久賀・日前・由良保の地頭と号して官庫を開き、所納米を奪いとり、保司のように振る舞ったとして批判を受けた江所高信も官

職「所衆」に注目すると京都蔵人所の侍であったと考えられ、このグループに入れることができる。(117)

周防国では筑前家重や内藤盛家のように国衙領の地頭となった在地領主もいて、何らかの伝を頼って幕府の御家人となり地頭職を与えられたと思われるが、(118)一方で上氏のように幕府の催促に応じながらも幕府から地頭に補任されなかった者もいる。両者の違いがどこに要因があるのかは不明だが、幕府の勢力が十分西国に浸透していなかったこの当時、幕府と強力なパイプを構築することできた者が地頭となり、そうでない者は自力で勢力維持に務めなくてはならなかったのであろう。その時期については、与田保の地頭与田朝兼が幕府の本補地頭となるのは建暦元年（一二一一）頃で、(119)大内氏が御家人となるのは、それよりも遅く承久の乱前後と考えられている。重源は、このような独自に在地で勢力を扶植しながらも、国衙経営の障害となりつつある者たちを、地頭とすることで、国衙による支配体制に組み込んでいったのである。

しかし、与田保や三井村の例でも明らかなように、国司が交替する度に承認を受けなくてはならず、その地位は不安定であったため、与田保の地頭与田氏は幕府の御家人となり、また宇佐木保や曾祢保の地頭は大勧進だけではなく、幕府の安堵も求めるなど、その後も国衙経営の不安定要素としてあり続けた。

結び

以上、鎌倉時代初頭の二人の大勧進が推進していた東大寺の造営事業や周防国の経営について検討した。最後に本章で検討してきたことをまとめて結びとしたい。

第一節では、重源による大仏の再建について概観した。従来から指摘されているように、重源による大仏再建の成功は、後白河上皇と源頼朝の支援を得たことと、陳和卿など中国の技術者を確保することができたことが、大きな要因であったことが明らかになった。

第二節では、大仏殿の再建事業と造営料国として与えられた周防国の経営について検討した。重源は材木の確保のために、後白河法皇や源頼朝の支持を得て自ら周防国へ下向し、杣山に入って材木の切り出しや搬出を指揮した。東大寺の造営料国は知行国の制度を利用していたが、知行国主の関係者が名国司に任ぜられて国務を執る一般的な知行国とは大きく異なり、重源一人に権限が集中し、かつ領有が長期間に亘った。大勧進が国司となって国務を執る造営料国の制度の継続は、天皇家や摂関家らの財政に多大な影響を与えることであり、また東大寺衆徒にとって造営に関わる利権から外れることなどから、重源一代と限定的なものと考えていたのであろう。

第三節では、栄西が造東大寺大勧進として造営にどのように取り組んだのかについて検討した。栄西は、造東大寺大勧進の在任中には造営料国が与えられなかったために、必要な材木と用途を確保することができず、法勝寺九重塔の大勧進としてその造営料国となっていた周防国からの正税や材木の一部を転用しているが、東塔の造営一つをとっても十分な成果を出すことができなかった。

第四節では重源から行勇の代で活動が明らかな国衙補任の地頭について検討した。国衙補任の地頭として確認できるのは、在庁官人や保司などかつて国衙や国衙領の経営を支えながら、在地で勢力を扶植していたが、治承・寿永の乱を経て国衙からも幕府からも保護を受けられずに、地位を失った者たちであった。重源は、在地で独自勢力を有している彼らが国衙経営の障害となったため、地頭に補任することで、国衙支配体制に組み込んでいったのであろう。ただ、彼らは、国司が交替するたびに国司から安堵をうける必要があるなど、その地位が不安定であったために、その後も国衙経営の不安定要素としてあり続けた。

以上、重源と栄西による造営事業や国衙経営について検討したが、彼らは造営事業や周防国の経営について見るとその成果は大きく異なっていた。しかし、それにもかかわらず第二章で検討する行勇とともに鎌倉時代後期になって東大寺衆徒らから「三代上人」として称えているのは、「はじめに」で述べたように当時幕府方の恩恵に預かることを考えていた東大寺衆徒らが、幕府との関係を殊更に強調したからであろう。ただ、小原氏が推定しているように、重源による大仏殿の再建事業は、幕府からの支援を得られるようになった建久二年（一一九一）以降急ピッチで進むが、その背景に宋の商人を旦那として日本と中国の間で活発な活動を展開した栄西の協力があったとするならば、東大寺衆徒らでは、そのことが伝承となっていたことも考えられる。

註

（1）東大寺図書館所蔵未成巻文書四―二九号（奈良国立文化財研究所編『東大寺文書目録』同朋舎、以下東大寺図書館所蔵文書は「東大寺文書」と省略）。

（2）『鎌倉遺文』三三五一六号（東京堂出版、以下『鎌倉遺文』は『鎌倉』と省略）。

（3）重源の代表的な研究としては、中ノ堂一信「中世的『勧進』の形成過程」（『中世の権力と民衆』一九七〇年、後に『中世勧進の研究――その形成と展開――』法藏館、二〇一二年に再録）、小林剛『俊乗房重源の研究』（有隣堂、一九七一年）、堀池春峰『南都仏教史の研究（東大寺篇）上』（法藏館、一九八〇年）、五味文彦『大仏再建』（講談社、一九九五年）、苅米一志「大勧進事業の展開と荘園社会」（『荘園社会における宗教構造』校倉書房、二〇〇四年、初出一九九八年）、永村眞『中世東大寺の組織と経営』（塙書房、一九八九年）、大山喬平「俊乗房重源の非世俗的経済」（『大谷学報』七八巻一号、一九九九年）、上横手雅敬「東大寺復興と政治的背景」（『龍谷大学論集』四五三号、一九九九年一月、後に『権力と仏教の中世史』法藏館、二〇〇九年に再録）、新井孝重「大仏再建期東大寺経済の構造」（鎌倉遺文研究会編『鎌倉時代の政治と経済』（東京堂出版、一九九九年、後に『東大寺領黒田荘の研究』校倉書房、二〇〇一年に再録）、中尾堯『中世の勧進聖と舎利信仰』（吉川弘文館、二〇〇一年）、中尾堯編『旅の勧進聖　重源』（吉川弘文館、二〇〇四年）、横内裕人「南都と密教」（『国文学』四五号巻一二号、二〇〇〇年）、同「重源の勧進と開発」（『講座　水稲文化Ⅰ　古代・中世仏教寺院の水田開発と水稲文化』早稲田大学水稲文化研究所、二〇〇五年）ともに後に『日本中世の仏教と東アジア』（塙書房、二〇〇八年）に再録。
（4）綾村宏氏研究代表『東大寺聖教文書の調査研究』（平成十三年度〜平成十六年度科学研究費補助金（基盤研究（A）（1））、二〇〇五年三月）。吉川聡「鎌倉時代周防国庁関係文書」（『奈良文化財研究所紀要』二〇〇五年）も参照。吉川聡・遠藤基郎・小原嘉記「「東大寺大勧進文書集」の研究」、吉川聡・小原嘉記「「東大寺大勧進文書集」の書誌的考察」（『南都仏教』九一号、二〇〇八年）。小原嘉記「鎌倉前期の東大寺再建と周防国」（『南都仏教』、A論文）、「〈重源遺産〉その後」（『日本史研究』五六六号、二〇〇九年、B論文）「東大寺大勧進円照の歴史的位置」（『史林』九三巻五号、二〇一〇年九月、C論文）、「鎌倉初期の東大寺再建と栄西」（GBS実行委員会編『中世東大寺の華厳世界』法藏館、二〇一四年、D論文）。
（5）「東大寺造立供養記」（『大日本仏教全書　東大寺叢書第一　一二一巻』大日本佛教全書刊行会、一九三〇年、以下同）。
（6）井川定慶集解『法然上人伝全集』（法然上人伝全集刊行会、一九六七年）。伊藤唯真・玉山成元編『法然』（『日本名僧論集　六』吉川弘文館、一九八二年）。田村圓澄『法然』（人物叢書三六、吉川弘文館、一九八八年）。
（7）五味文彦『大仏再建』（講談社、一九九五年）。
（8）「東大寺続要録　造佛篇」（筒井寛秀監修『東大寺続要録』国書刊行会、二〇一三年、以下同）、「東大寺造立供養記」。
（9）註（4）小原氏B論文。重源の勧進活動の中心となったのは、勧進所であるが、小原氏によると造寺料に限らず、重源の独自の作善や宗教活動に充当するための物資も勧進所は保管していたと考えられる。
（10）註（4）小原氏D論文、小原氏は和卿を重源に紹介したのを始め、その活動を蔭で支援していたのは栄西と指摘している。
（11）「東大寺続要録　造佛篇」。
（12）『玉葉』寿永三年六月二十三日条（国書刊行会、以下同）。
（13）『玉葉』元暦二年七月二十八日条。
（14）「東大寺続要録　供養篇」。

(15) 例えば新井孝重「中世成立期の杣をめぐる地域的構造」(民衆史研究会編『民衆史研究の視点』三一書房、一九九七年、後に註(3)著書に再録)。
(16) 『玉葉』文治二年三月二十三日条。
(17) 東大寺史料編纂所蔵。
(18) 五味文彦『院政期社会の研究』(山川出版社、一九八四年)。
(19) 『玉葉』文治二年四月十三日条。
(20) 「東大寺造立供養記」。
(21) 註(4)吉川氏・遠藤氏・小原氏論文。
(22) 『玉葉』文治三年十月三日条。
(23) 註(4)吉川氏・遠藤氏・小原氏論文。
(24) 『吾妻鏡』文治三年三月四日条。
(25) 『吾妻鏡』文治三年四月二十三日条。なお、江所高信も筑前家重も重源が幕府へ訴えていることから御家人であった可能性がある。
(26) 『玉葉』文治三年十月三日条。
(27) 『玉葉』文治五年八月三日条。
(28) 「東大寺造立供養記」。
(29) 「百錬抄」建久元年十月十九日条(『新訂増補国史大系　第十一巻』、以下同)、「東大寺造立供養記」。『吾妻鏡』建久元年九月二十日条(『新訂増補国史大系普及版』、以下同)。
(30) 『吾妻鏡』建久二年閏十二月九日条。
(31) 『吾妻鏡』建久四年三月十四日条。
(32) 『玉葉』建久四年四月十日条。
(33) 註(4)小原氏A論文。
(34) 『吾妻鏡』建久六年三月十二日条、「東大寺造立供養記」。
(35) 『吾妻鏡』建久五年六月二十八日条。

(36) 「東大寺要録　別当章」。
(37) 「東大寺造立供養記」。
(38) 「東大寺要録　別当章」。
(39) 「東大寺要録　別当章」。
(40) 「法華堂棟札」(『寧楽』(東大寺現存遺物銘記及び文様) 一四号、一九三一年十一月)。この棟札によると、正治元年八月八日に仕事始めが行われ、阿弥号を名乗る工人らが修理を行ったことがわかる。
(41) 東大寺図書館所蔵「春華秋月抄章九」。
(42) 「東大寺続要録　供養篇」。
(43) 『鎌倉』一二〇三号。註(3)永村氏著書。註(4)小原氏B論文。小原氏によると、東大寺の復興を日本顕密仏教の復興と捉え、その象徴である大仏殿よりも塔の再建を優先した重源と、寺家の復興は構成する寺僧、つまり人法まで含むとし、そのハード面で支える法会の場である講堂と止住の場である三面僧坊の再建を急務とした東大寺の衆徒との間で目指す理想像に大きな隔たりがあったという。
(44) 「百錬抄」元久元年四月二十九日条。
(45) 「三長記」元久三年四月八日条(『増補史料大成』臨川書店、以下同)。
(46) 「東大寺文書」一〇四―八五一―一号。
(47) 註(3)永村氏著書。
(48) 註(3)永村氏著書。
(49) 『鎌倉』一一六一号、同一一六二号。
(50) 『鎌倉』一一六三号、同一一六四号。
(51) 『大日本古文書　家わけ第十八　東大寺文書』七九六号(東京大学、以下『大日本古文書　家わけ第十八　東大寺文書』は『大古』と省略)、尊経閣文庫所蔵東大寺文書纂四四号建仁四年下野毛朝俊和与状案。
(52) 『鎌倉』一二九〇九号。
(53) 富田正弘「国務文書」(『日本古文書学講座』第三巻、古代編三、一九七九年)。
(54) 佐藤進一『新版　古文書学入門』(法政大学出版局、一九九八年)。

(55) 出光美術館所蔵手鑑「見ぬ世の友」、註(3)永村氏著書、『鎌倉』補九一号。
(56) 『大古』七九九号(一)。
(57) 『大古』七九三号(七)。
(58) 「大勧進文書」一三号、同一五号。
(59) 『鎌倉』一二九〇九号。
(60) 『鎌倉』一二七八八号。袖判の花押は東京大学史料編纂所影写本「上司家文書」により確認。
(61) 『鎌倉』一二九一四号。
(62) 重源の時代と同じように一般的な知行国制とは、異なる支配体制で経営が行われたのが建武政権下で後醍醐天皇から大勧進に任命された円観の時代であった。本書第二部第二章を参照。
(63) 東京大学史料編纂所所蔵「南無阿弥陀仏作善集」、以下同。平岡定海『日本寺院史の研究』(吉川弘文館、一九八八年)。
(64) 拙稿「東大寺の国衙領支配について」(『民衆史研究』四九号、一九九五年、本書第一部第三章に再録)。
(65) 苅米一志「大勧進事業の展開と荘園社会」(『荘園社会における宗教構造』校倉書房、二〇〇四年、初出一九九八年)。
(66) 東京大学史料編纂所所蔵「霊松一枝　上」。
(67) 註(4)小原氏A論文。
(68) 註(4)小原氏D論文。
(69) 『大日本古記録　猪隈関白記』建仁三年九月七日条(岩波書店)。
(70) 「百錬抄」元久元年四月二十九日条。
(71) 「三長記」元久三年四月八日条。
(72) 三坂圭治『周防国府の研究』(積文館、一九三三年)。
(73) 「探玄記第廿巻義決抄裏文書」。東塔の完成は嘉禄三年(一二二七)十月二十二日のことであった(『明月記』嘉禄三年十月二十二日条)。
(74) 『明月記』建暦三年四月二十六日条。

（75）『公卿補任』建保四年項（『新訂増補国史大系普及版』吉川弘文館）。
（76）『大古』七九三号（二）。
（77）『大古』七九三号（三）。
（78）『大古』七九三号（四）。
（79）東京大学史料編纂所所蔵「口宣綸旨院宣御教書案」、「大勧進文書」四五号。
（80）註（4）小原氏D論文。
（81）「東大寺文書」五―二四号。
（82）稲葉伸道「大須観音宝生院真福寺文庫所蔵『因明三十三過記』紙背文書」（『愛知県史研究』七号、二〇〇三年三月）。
（83）註（4）小原氏D論文。
（84）『大古』一三六七号。
（85）東大寺図書館所蔵「東大寺宗性筆聖教幷抄録本」所収。
（86）建久七年二月七日官宣旨案「古文書纂」所収。
（87）註（4）小原氏B論文。
（88）『防府市史　史料Ⅰ』「上司家文書」一号（防府市、二〇〇〇年所収、以降『防府市史　史料Ⅰ』は『防府市史』と省略）。
（89）「東大寺文書」一〇―二〇号。
（90）註（4）小原氏B論文。
（91）横内裕人「新出千載家文書にみる造東大寺大勧進と鎌倉幕府」（『鎌倉遺文研究』一二号、二〇〇三年十月、後に『日本中世の仏教と東アジア』塙書房、二〇〇八年に再録）。
（92）平岡定海「中世に於ける周防国御領の性格」（『南都仏教』一一号、一九五四年十一月）、松岡久人「大内氏の発展とその領国支配」（魚澄惣五郎編『大名領国と城下町』柳原書店、一九五七年、後に松岡久人著・岸田裕之編『大内氏の研究』清文堂出版、二〇一一年に再録）、国守進「与田保地頭一に関する考察（上・下）」（『日本歴史』一三七・一三八号、一九五九年十一月・十二月、A論文）、同「弘安八年周防国与田保検帳」（『赤松俊秀

教授退官記念国史論集』一九七二年、B論文)、田村裕「周防国与田保の性格と国衙補任地頭の成立について」(『史学研究』広島大学史学研究会、一一九号、A論文)、同「中世前期国衙体制下における在地領主の存在形態――与田保公文の場合――」(『広島大学文学部紀要』三三巻、一九七四年三月、B論文)、同「中世前期の平生地方」(『平生町史』一九七八年三月、C論文)、「与田保」『講座日本荘園史九　中国地方の荘園』(吉川弘文館、一九九九年、D論文)、服部英雄「用作考――東大寺領周防国与田保故地における荘園関係地名――」(『地理』臨時増刊号――地名の世界、一九八二年七月、後に『景観にさぐる中世――変貌する村の姿と荘園史研究』新人物往来社、一九九五年に再録)。拙稿「保に関する一考察」(『日本歴史』五三一号、一九九二年八月、本書第一部第四章に再録)。

(93) 註(4)吉川・遠藤・小原「「東大寺大勧進文書集」の研究」。

(94) 『大古』七九六号。

(95) 註(92)田村氏D論文。

(96) 京都大学付属図書館所蔵「菊亭家本下毛野氏系図」。朝俊については「八嶋内府宗盛烈、府長番長、後九条殿下烈、御鷹飼、後暫番長正、丶補秦頼次」との書き込みがある。

(97) 註(92)田村氏D論文。

(98) 『鎌倉』七〇九二号。

(99) 『大古』内閣文庫一〇六号。

(100) 義江彰夫「鎌倉幕府守護人の先駆形態」(『東京大学教養学部人文科学研究紀要』第六六輯　歴史と文化XII、歴史学研究報告第一六集、後に「鎌倉幕府地頭職の先駆形態」と改称して『鎌倉幕府地頭職成立史の研究』東京大学出版会、一九七八年に再録)。

(101) 註(92)拙稿。

(102) 「大勧進文書」七八号。

(103) 「大勧進文書」七九号。

(104) 『大古』七八四号。

(105) 『防府市史』「阿弥陀寺文書」一号、同「防府天満宮所蔵文書」一二号、同「東大寺図書館所蔵文書」二号、

『鎌倉』二一〇号など。

(106) 天福二年（一二三四）正月八日の鴨御祖社功人所望輩交名注文「三条家本大嘗会部類記三十一裏文書」（『鎌倉』四五九四号）には、鴨御祖社功により左右衛門尉を希望している侍の中に「馬允大江資信」がいる。左馬允と右馬允の違いはあるが、この大江資信の可能性はある。

(107) 『吾妻鏡』文治三年五月八日条・同八月二十日条。

(108) 「大勧進文書」七七号。宇佐木保の地頭は、弘安二年頃に蓮信が確認できる。この蓮信は、前国司の御成敗と国宣に任せて神代保内の嫡女分の延永名田を安堵するよう目代賢舜へ訴えたが、この延永名は嫡女の亡父が未処分のまま死去したため、幕府が配分したことで男女共に地頭となったと述べている（遠藤基郎「「筒井寛秀氏所蔵文書」弘安徳政関連文書」『南都仏教』第七六号、一九九九年二月）。本書第二部第一章も参照されたい。

(109) 『吾妻鏡』同日条。

(110) 『鎌倉』一六九号、『大古』内閣文庫一〇六号。

(111) 註（92）田村氏D論文。

(112) 『俊乗房重源史料集成』（奈良国立文化財研究所、一九六五年）。

(113) 註（92）田村氏D論文。

(114) 『鎌倉』一六九号、『大古』内閣文庫一〇六号。

(115) 梶木良夫「平安来期における西国国衙の権力構造――『一国棟梁』の存在をめぐって――」（直木孝次郎先生古希記念会『古代史論集』下、一九八九年）、関幸彦『国衙機構の研究』（吉川弘文館、一九八五年）。

(116) 「大勧進文書」一三号。

(117) 江所高信については今まで検討されてこなかった。彼は「所衆」という官職であったが、この所衆は蔵人所の所の一つで、御所の清掃を担当する役で六位の侍から任ぜられた。高信と同時代の所衆としては、建久三年（一一九二）二月二十八日に豊前国伊方荘の地頭に補任された中原信房がいる。彼は宇都宮氏の祖宗円の次男で子孫が豊前宇都宮氏として発展していくが、頼朝の下文では「前所衆」と記されている（「宇都宮古文書」源頼朝下文写）。つまり高信はこの中原信房と同程度の者であった。本名は大江所衆高信であったのかもしれない。その彼が地頭と称して濫行していると批判されていることは、この時点では御家人や地頭となっていなかったのであろう。

（118）峰岸純夫氏によると、石清水八幡宮の別宮遠石八幡宮領の末武保の預所で地頭であった内藤盛家は、同じ石清水八幡宮領である武蔵国古尾谷荘の預所を勤めるとともに、鎌倉幕府の成立とともに御家人となっていたという（『富士見市史』通史編上巻、富士見市、一九九四年）。

（119）『大古』七八四号。松岡久人「鎌倉末期周防国衙領支配の動向と大内氏」（竹内理三博士還暦記念会編『荘園制と武家社会』東京堂出版、一九六九年、後に松岡久人著・岸田裕之編『大内氏の研究』清文堂出版、二〇一一年に再録、A論文）。

第二章　行勇による再建事業と周防国の経営

はじめに

造営料国である周防国の歴史的展開を考えるうえで、鎌倉時代初期の重源、栄西、行勇ら三人による造営事業や国衙経営を明らかにすることは、重要なことである。第一章の「はじめに」ですでに述べたが、三人のうち重源についてては早くから研究が行われ[1]、勧進活動や信仰などの実態が明らかとなっているが、栄西や行勇については史料的制約によりその活動はほとんど明らかとされてこなかった。ところが、近年になって栄西の直筆の書状類や[2]、行勇の大勧進時代を中心に[3]大勧進による造営事業や国衙経営に関する史料を集録した「大勧進文書」が翻刻紹介されたことで[4]、栄西や行勇についてもより具体的なことが明らかにできるようになった。重源と栄西については第一章で検討したので、本章では、「大勧進文書」を活用しながら、行勇による造営活動や周防国の経営などについて検討していく。

その際、第一節では、行勇の大勧進補任の経緯や造営料国が付与される以前の勧進や成功による造営事業について、第二節では周防国が付与される経緯と付与後に行った国衙興行について、そして第三節では周防国の経営について具体的に検討していく。

第一節　行勇の大勧進補任と勧進・成功による造営

一　行勇の大勧進補任

本節では、行勇の大勧進補任と造営料国が付けられる以前の造営について検討する。まず大勧進職補任の経緯について検討しよう。

〔史料一〕

　　逐仰
和郷（卿）事、如葉上僧正時、可致沙汰陳和卿之由、可令下知候之由、所候也、
東大寺勧進事、以法橋行勇、可被　宣下者也、且以此旨、可令下知給者、依　院宣、執達如件、
　　建治（保）三年
　　　七月九日　　　　　　　大弁宗行奉
大夫（国宗）史殿(5)

〔史料一〕は、後鳥羽上皇が行勇を造東大寺大勧進に補任した院宣である。年紀は建治三年と記されているが、建保三年（一二一五）の誤写と考えられている。(6)

行勇のこの時期の補任は、行勇の先代の大勧進栄西が七月五日に死亡したことを受けたものである。(7) 注目すべ

きは、栄西が死亡してからわずか四日後に行勇が大勧進に補任されている点である。というのは、重源が高野山新別所で死亡したのは、建永元年（一二〇六）六月四日であったが、(8)後任の栄西が大勧進に補任されるのは十月十一日で、その間四ヵ月の空白期間があったからである。(9)栄西は帰京して建仁寺で死亡しているので、その情報は速やかに朝廷へ伝えられたと考えられるが、これほどに速やかに補任されているのは予め行勇の大勧進補任が決定していたからであろう。

さて、先の院宣を受けて、十月十五日に朝廷は、東海道諸国の国司に「応前権僧正法印大和尚位栄西替、令法橋上人位行勇勧進東大寺塔已下造営事」との太政官符を下し、栄西に替わって東大寺の造営を行う行勇の勧進活動へ協力するよう命じた。(10)現在は、この太政官符のみしか残されていないが、重源が養和元年（一一八一）八月に官宣旨と勧進帳を携えて、六輛の一輪車とともに五畿七道を廻国していることから、(11)行勇の勧進活動が東海道に限定されていたとは考えにくく、東海道諸国以外の五畿六道の国司へも下されたことは明らかである。(12)

翌建保四年になると、幕府は「可早令任官符旨、勧進東大寺塔以下造営事」との将軍家政所下文を八月六日に東海道諸国へ、また八月八日には東山道諸国へ下し、行勇の勧進活動への協力を御家人らへ命じている。(13)このように将軍家政所下文が東海道と東山道の二道分なのは、寿永二年十月の官宣旨で頼朝へ与えられていた東国行政権に由来している。したがって幕府へは東海道と東山道の二道分が送られ、残りの畿内や北陸道、西国方面は朝廷の主導で行われたのである。

ところで、太政官符が下されてから先の将軍家政所下文が下されるまでの間に、幕府は次のような関東御教書を下している。

〔史料二〕

東大寺七重御塔事、院宣・左大弁宰相殿御奉書幷大夫史書状、慥経御覧候畢、如此被仰下之上、勿論事也、早如先師之時、可令勧進給由所候也、仍執達如件、

建保三年
七月廿七日　　陸奥前司大膳大夫広元在判奉(14)

〔史料二〕は、院宣と左大弁宰相の奉書、大夫史の書状を受けて行勇へ下された関東御教書で、東塔の造営のために勧進を行うよう命じている。文中にある院宣とは、前掲の建保三年七月九日付の後鳥羽上皇の院宣であろう。その次の左大弁宰相の奉書とは、五月二十四日に大夫史へ下した藤原宗行の奉書で、「東大寺御塔已下未作事、可被付国也、但且召付任官功、可致其沙汰」とあるように、東塔以下の未作事分は造営料国ではなく、任官功により造営するよう命じている。(15)そして三番目の大夫史の書状とは、宗行の奉書と同じ日に宗行の指示を行勇へ伝えた小槻国宗の書状である。(16)

このタイミングで宗行が行勇へ奉書を下したのは、国宗の書状にある「仍献覧之」や〔史料二〕の「慥経御覧候畢」から、東大寺の造営を造営料国によるのではなく、任官功によって進めていくことを、朝廷が行勇を通して鎌倉幕府へ伝えるためであった。

というのは、当時の造営は勧進だけでなく成功も重要な役目を果たしていたが、御家人もその担い手として朝廷から期待されていた。(17)宗行は、御家人の成功を統括していた幕府へ朝廷方の方針を伝えることで、成功の希望者を推挙させようとしたのである。

この〔史料二〕で問題となるのは、後鳥羽上皇の院宣や宗行の奉書、国宗の書状の発給日付である。というの

は、院宣は前述したように建保三年七月九日だが、宗行の奉書と国宗の書状は共に年欠の五月二十四日である。行勇へ下した宗行の奉書と国宗の書状は、当然院宣より後で、〔史料二〕の関東御教書より前の発給でなければならないので、このままでは明らかに矛盾である。

この点について、筒井英俊氏は、宗行の奉書と国宗の書状を建保三年五月二十四日のものとし、栄西が七十五歳の老年で健康が優れずに帰洛を求めていたことから、すでに師栄西の代理として行勇は東大寺の造営に関係していたのであろうとしている。[18]また、造営料国としての周防国について分析を行った村田正志氏も、筒井氏の説を踏襲している。[19]

これに対し、小原氏は、「陸奥前司大膳大夫広元」と表記されている奉者の大江広元が陸奥守であった時期は、建保四年正月から翌五年十一月の間であるから、この関東御教書は、建保三年七月ではなく、建保四年七月の誤写で、宗行の奉書と国宗の書状も建保四年のものであると推定している。[20]

小原氏の建保四年説は、可能性はあるが次のような疑問点もある。それは、前述した建保三年七月九日の後鳥羽上皇の院宣や同年十月十五日の太政官符では行勇を「法橋」とし、また建保四年八月六日と八日の将軍家政所下文でも「法橋」としているのに対し、その間に発給されたとされる国宗の書状では「荘厳房律師」としている点である。

行勇を「荘厳房律師」とする年代が明確な史料の初見は、管見の限り建保六年七月二十一日の鎌倉幕府政所執事二階堂行光の奉書で、[21]それ以降は「荘厳房律師」となっている。[22]そして貞永元年以降は「荘厳房僧都」、[23]さらに延応二年頃からは「荘厳房法印」と変わっている。[24]鎌倉に在住し、親しい関係にあった行勇の称号を幕府が誤るとは考えにくいので、宗行の奉書と国宗の書状は将軍家政所下文の後に発給された可能性も考えられる。小原氏は前述したようにその根拠とした奉者広元の「陸奥守」から、建保四年と推定したのであるが、陸奥守を称すのは建保四年だけでなく、翌五年もそうであった。したがって宗行の奉書と国宗の書状及び関東御教書は、建保五年七月の可能性もあることをここで指摘しておきたい。

二　勧進と成功による造営

続いて造営料国が付与される以前の造営について検討する。朝廷から太政官符が下され、また幕府からも将軍家政所下文が下されたことで、行勇の造営活動が正式に始まったが、重源と比べると具体的なことは不明である。建保六年（一二一八）四月二日には「東大寺七重御塔材木勧進、訴申状如此、任請文状、可償沙汰之旨、可令下知給候」とあるように、材木の勧進を高野山衆徒から訴えられたため、行勇は後鳥羽上皇から請文に従って代金を支払うよう命ぜられている。(25) 重源は山林修行のために訪れた吉野に赴いて材木を探しているので、(26) 行勇はその故実に倣い、吉野に赴いてそこに隣接する高野山領に入り幕府の権威を背景にして半ば強引に材木の勧進を行ったのかもしれない。

さて、行勇が大勧進となってまず手がけたのは、重源以来続いている東塔と国分門の造営であった。東塔の造営は、建保四年正月二十五日に始まり、(27) 翌々年の建保六年七月晦日になってようやく塔心柱引きが行われた。(28) そして同年十二月十三日には早くも東塔の御仏御衣木加持が行われている。(29) この頃、前述のように行勇は吉野で材木の勧進を行っているので、塔心の柱にはその時の材木が利用されたことは明らかであろう。その後、貞応二年（一二二三）三月十三日になり九輪が懸けられている。(30) これは前年の貞応元年十二月に藤原景直が、東塔の九輪用途料として准絹万疋を東大寺の勧進所へ贈ったことによるもので、(31) その四年後の嘉禄三年（一二二七）十月二十二日にようやく東塔は完成したのである。(32)

一方、国分門は、承久元年（一二一九）十二月十一日に落慶供養を迎えている。(33) この間の具体的な経緯についいては不明であるが、寛喜二年頃に八天王が菅野長邦や内蔵度親らの成功によって完成しているので[34]、東塔の造営同様に勧進と成功による造立を求められていたことが窺える。

こうして東塔と国分門は、勧進と成功により造営を遂げたが、行勇にとっては、このような造営は必ずしも本意ではなかったはずである。というのは、行勇はより大規模造営の用途の拠出が可能な造営料国を朝廷に求めていたが、その要求が退けられていたからである。朝廷が行勇の要求を退けたのは、重源の時のように権限を一人に集中し、かつ長期間に亘り造営料国を領有し続けることを嫌ったからである。知行国が重要な財源でもあった朝廷や公家らにとって、一つの寺社に固定し、しかも長期間継続することは自らの財政基盤を失うことでもあったので、それを嫌ったのである。実際、重源の死亡後、周防国は法勝寺の九重塔や祇園社の造営料国となっているが、いずれもその期間は極めて限定的で、しかも造営自体は国主の西園寺公経や四条隆衡らが関与している[35]。行勇の要求を退け、勧進と成功での造営を推し進め、幕府への協力を要請したのもそのためであろう。

そこで次に、この当時行われた東大寺の造営の中で、東塔や国分門以外で、成功で行われたものについて検討していこう。時代は下るが、貞永二年（一二三三）三月二十一日、後堀河上皇は院宣を下し、「東大寺竈神殿修理事、注進之功程之所及、尋要望輩、以成功之力、相充其用途、可遂彼造営者」と、竈神殿の修理は任官を所望する輩の成功で賄うよう行勇へ命じた[36]。それを受けて幕府は、十一月二十五日に関東御教書を行勇へ下している[37]。その関東御教書の追而書には、「竈神殿功人事、如当時者、雖無所望人、広相尋、逐可被注進也」と、現在は成功を所望する人はいないが、広く相尋ねて注進しなさいと記されている。これは後堀河上皇の院宣が下されてから、行勇が幕府に任官所望の輩の推挙を求めたことに対する回答であった。行勇は数人の具体的な人物を挙げていたと考えられ、その一人が中条光家である。

幕府はこれに対して先の追而書に続けて「出羽四郎兵衛尉光家事、可被付当社功之由、雖令申給、可被召付大嘗会功之旨、最前被注進之間、輒難被上、春日修造用途功人年内可注申之由、依被仰下、先可付彼功之旨被仰旨者」と、光家は大嘗会功としてすでに朝廷へ注進しているので推挙できないし、春日修造用途功人についても年内に注進するよう朝廷から要請されているので、そちらを優先するであろうと回答してきた。この竈神殿の造営については、それに応じる人がいないため、行勇は幕府に伝手を頼んで任官所望の輩の推挙を依頼していた。しかし結果は芳しくなく、行勇の意中の人もすでに別件の成功に応じているなど人選で苦労していたことが窺える。

またその一方で、寛喜三年（一二三一）十二月十四日、行勇は幕府へ書状を送り、「七重御塔九輪成功輩内、申左右兵衛尉紀宗□者、行勇申上関東、蒙御免之者候、而自他方申□之由漏承候、事若実候者、可為後日煩候也、怱可令触申奉行職事御□候」と、九輪の用途を負担した紀某は、行勇が幕府へ申請して許可を得た人だが、他方より横やりがあって選から漏れてしまったと聞いているが、それが事実ならば今後の造営に影響するので奉行職事へ伝えるよう訴えている。(38)

さらに、嘉禄三年（一二二七）に完成した東塔で祀る仏像の用途を寄進した源光清や藤原範経らは、四年後の寛喜三年正月になってようやく叙任されている。(39)その二年後の貞永二年正月二十八日には、平重資が「東大寺七重御塔功」により左衛門尉に叙任されている。(40)光清らの例からは、用途を寄進してから実際に叙任されるまでかなり時間を要していたことがわかる。

この時期の成功は、寛喜三年四月に朝廷が賀茂祭用途料を成功で調達しようとしたところ、「近日之成功有名無実之条、世以無其隠候、就中、今度中宮御産御祈用途成功已後毎事散々、更不可叶之由申之(41)」とあるように、種々の用途が成功によって調達されていたために、予定通りの資金調達が困難を極めていた。仮に集まっても寄進してから叙任されるまで数年を要することもあった。行勇は、朝廷と幕府の協力を得て勧進と成功によって造営を進めたが、検討してきたように成功による用途の調達では困難を極めた。さらに、市場で流通する榑では大規模な講堂の造営には不向きであったため、東大寺の寺僧らは、周防国の返付を求めていくことになった。

第二節　周防国寄進と国衙興行

一　周防国の寄進の経緯

本節では、造営料国として周防国が東大寺へ付与された経緯やその後の国衙興行について検討する。

前述したように行勇は、大勧進に就任するとすぐに造営料国を返付するよう求めたが、朝廷からは成功により進めるようにと、要求を退けている。そのため暫くの間、勧進と成功による造営だったために、東大寺の表だった動きは見られなかった。

ところが、『明月記』寛喜元年（一二二九）十月三十日条によると、「東大寺修理料申一州事、又伊賀荘新補地頭押領事、国事有御沙汰、依申請周防、不被沙汰其替之間、遅〻歟」[42]と、すでに東大寺は周防国一国を要求して訴え出ていた。それに対する対応が遅れているのは、国主である松殿基房との相博がなされないためであろうと、定家は推定している。

その後、定家がこの記事を書いてから僅か二日後の十一月二日に、東大寺の僧綱らは、九条道家邸へ群参し、周防国を付与されない場合は逐電し、寺を閉門させると訴え、さらに同月五日と六日も続けて群参するなどの強硬手段に出た[43]。このような東大寺の僧綱らの行動からは、十月三十日よりかなり以前から東大寺は周防国の返付を求めて朝廷へ訴えていたことは間違いないであろう。

東大寺の僧綱らが道家邸へ群参したのは、道家が安貞二年（一二二八）十二月に近衛家実から交替して関白となって以降、寛元四年（一二四六）に失脚するまでの十八年間朝政の実権を握っていたことも理由の一つである[44]

が、この当時道深法親王の東南院門跡の就任や大部荘の預所をめぐって東大寺衆徒らが対立していた北白河院と政治的に対立していたからであろう(45)。

このような状況が変化したのは、寛喜三年になってからであった。正月十一日、道家は御教書を行勇へ下し、「周防国可被付東大寺勧進所也、但松殿御中陰已後、可有其沙汰、内〻存知、且計其程令上洛、可被蒙修造間事者」と、前年の十二月二十八日に死亡した松殿基房の中陰が終わり次第周防国を勧進所へ付けるので内々に周知しておくこと、また適当な時を見計らって上洛して造営にあたるよう命じている(46)。その前年の寛喜二年には、東大寺が返付交渉している様子が見られないので、恐らく道家邸へ群参した際に、基房の次に東大寺へ返付する確約が結ばれていたのであろう。それでは次に周防国の返付後の国内の整備について検討する。

〔史料三〕

周防国被付東大寺造営畢、存其旨、且可致国務者、依　天気、執達如件、

「寛喜三年」三月廿八日　　　中宮亮　在判

荘厳房律師御房(47)

後堀河天皇は、〔史料三〕の綸旨を行勇へ下し、周防国を東大寺の造営料所とするので国務を沙汰するよう命じた。行勇は、これを受けて四月十日に請文を捧げて国務に励むことを誓約している(48)。その一方、後堀河天皇の綸旨が下されたことで、幕府は、四月八日に下知状を周防国へ下し、守護や地頭、在庁官人に行勇が国務を執るようになったことを知らせるとともに、荘園・公領に関わらず地頭は材木引きに協力するよう命じている(49)。

その後、七月二十日に、朝廷は官宣旨を周防国へ下し、「免除神社佛寺納官對家済物・永宣旨召・官行事所・

蔵人所・後院庁等恒例臨時催事」と、恒例臨時諸役を免除している。[50] この免除は、官宣旨に「得行造東大寺事所去五月廿日奏状偁」とあるように、行造東大寺事所からの要請を受けて下されたのである。

この行造東大寺事所について、永村氏は大勧進が東大寺内部に設置した勧進所であったとしているのに対し、[51] 小原氏は造寺官のことを行事官と称した例があることから造東大寺官を指すとみるのが穏当であるとしている。[52] 恒例臨時諸役の免除の官宣旨は、文治二年（一一八六）三月二十三日に周防国が東大寺の造営料国に付けられた際にも、「被下済物免除宣旨之時、以造寺長官行隆弁上人等連署解状、被下宣旨了」とあるように、造東大寺長官藤原行隆と重源の連署の解状を受けて下されている。[53] したがって、「行造東大寺事所」とは、小原氏が指摘するように造東大寺官と考えるのが妥当である。行隆の時のように造東大寺長官の解状でなかったのは、五月二十日当時造東大寺長官が欠員であったからである。[54] そのため次官らが、造東大寺事所として奏状を作成して奏聞したのであろう。[55]

このような朝廷の動きを見て、十一月二十六日、幕府は関東下知状と関東御教書を続けて下している。この内、関東下知状は周防国の国衙領の地頭や在庁官人へ下したもので、「可早任重源上人幷葉上僧正坊例、相従国務事」と、重源と栄西の時と同様に行勇の国務に従うよう命じている。[56] これを受け、六波羅探題は十二月十九日に施行状を周防国へ下した。[57] 幕府は、すでに四月八日に周防国の守護や地頭、在庁官人に対し材木引きに協力するよう命じているので、[58] 朝廷の動きを確認し、改めてその遵守を命じたのである。

一方の関東御教書は、京都の六波羅探題へ下したもので、国使と地頭とのトラブルは鎌倉へ廻すことなく直接成敗するよう命じている。[59] 六波羅探題は、この御教書を受けて十二月十九日に施行状を行勇へ下した。[60]

以上のように、幕府は、材木引きの際に障害と成りうる勢力に対して協力するよう命じるとともに、六波羅探題には権限を付与してトラブルの処理の迅速化をはかることで、行勇の活動を支援する体制を作りあげていった。

その一方、朝廷は貞永元年八月十二日に九ヵ条からなる官宣旨を[61]、また翌貞永二年四月一日には四ヵ条からなる官宣旨を下している[62]。最初の官宣旨は新たに周防国司となった藤原顕嗣から提出された貞永元年五月の「国司申請雑事」を受けて下されたもので、二度目も同じく顕嗣から提出された貞永二年二月の「国司申請雑事」を受けて下されたものであった。官宣旨の条目については表1でまとめた通りで、詳細については別の機会に改めて検討していくこととして、ここでは簡単な紹介に止めておく。

最初の官宣旨の内容は、表1Aにあるように、寛喜の飢饉で困窮する民衆の撫民を求めた最後の⑨を除くと、正税の増加に関する内容であった。特に④では「重源上人国務之時、依申上子細、差下定使、被追出狼藉帳本(ママ)於塚(堺)外畢」とあり、また⑤でも「重源上人国務之時、一切可停止之由被申下　院宣畢」とあって、重源の時に裁許が下されて一旦解決した案件が再び問題化していたためその処置を命じている。このように一旦解決した案件が問題化するのは、⑧でも同じで「重源上人国務之時、任先例無相違之處、後司之時、漸企掠領之間、建仁寺僧正国務之時、申下　院宣」とあり、重源が国務の時に解決したことが、別の知行国主が国務を執るようになるとふたたび押領されたので、栄西が大勧進になった際に院宣を獲得した、とある。このように国主が交替するたびに国内への施策が変更され、それにともない地下に潜っていた輩がふたたび活動を再開していたことがわかる。

この官宣旨を受け、貞永元年八月十四日に、六波羅探題が施行状を守護代や地頭らへ下して九ヵ条について遵守するよう命じている[63]。しかし、この六波羅探題の施行状では不十分であったため、九月二十九日になって改めて幕府は、関東下知状を周防国の国衙へ下し、官宣旨の趣旨を守るよう命じている[64]。

二度目の官宣旨では、表1Cにあるように四ヵ条について早急な対応を命じているが、①と④は最初の官宣旨の④と⑨にあたり、残りは新しく発生した事案であった。これを受けて六波羅探題は、天福元年六月二十八日に施行状を周防国の荘園・公領の地頭や御家人へ下し、四ヵ条の遵守を命じた[65]。さらに八月二十一日に、幕府は①

表1　国司申請雑事一覧

A　貞永元年八月十二日官宣旨（「大勧進文書」13号）

①	神社仏寺免田追年加増事
②	免田等不差里坪号浮免事
③	諸寺諸社任自由地頭押領事
④	四社〈八幡別宮遠石社・熊野別宮・当国一宮・北野末社天神宮〉神人狼籍事
⑤	杣杣商人交易材木事
⑥	諸郡郷地頭幷在廰官人等、准新補地頭例、掠寵公田事
⑦	諸郡郷書生・公文・田所等為地頭進止事
⑧	為国新進止国中津々関々人等船例物事
⑨	寛喜二年以前私出挙物事

B　貞永二年三月二十一日後堀河上皇院宣（「大勧進文書」50号）

①	熊野・日吉悪僧、伊都岐嶋神人背　綸旨輩可追却事
②	荘公殺生禁断事
③	在廳弘成・盛俊等可被召上其身事
④	寛喜二年以往出挙物可停止其責事
⑤	神社仏寺已下諸荘園人夫事
⑥	地頭等土居・堀内・門田等事

C　貞永二年四月一日官宣旨（「大勧進文書」51号）

①	熊野山悪僧幷伊都岐嶋社神人等事
②	荘公殺生禁断事
③	在廳弘成・盛俊等背国宣不進結解事
④	寛喜二年以往私出挙物事

と②、④の三点の沙汰を命じた関東下知状を周防国の国衙へ下すとともに、[66]③の沙汰を命じた関東下知状を大内介へ下した。[67]

ところで、貞永二年二月の顕嗣の奏状を受けて三月二十一日に行勇へ下された後堀河上皇の院宣によると、顕嗣が提出してきた内容は、表1Bにある六ヵ条であった。[68]後堀河上皇は、その六ヵ条について、①〜④は朝廷で対応し、⑤は継続審議、⑥は幕府へ訴えるよう指示を与えている。そして朝廷が対応したのが前述した四月一日の官宣旨であった。

ここで官宣旨発給の発端となった「国司申請雑事」について触れておきたい。藤原顕嗣が提出してきた「国司申請雑事」について、稲葉氏は、国司が初任の際に提出するもので、鎌倉時代後期には慣行化し、定形化していたと述べているが、[69]顕嗣が提出してきた事案は在地の問題に対応するものであった。これは、小原氏が指摘しているように、行勇からの訴えを受けて「国司申請雑事」を作成したからであろう。(70)しかし、顕嗣は九条道家の家司で、しかも「被寄付東大寺、国司自殿被任歟、周防守藤原顕嗣」とあるように、東大寺の造営料国となるのに合わせて道家の推挙で国司に叙任されていることから、(71)行勇の訴えを単に取り次ぐだけではなく、後述するように材木引きや国衙経営で全面的に行勇に協力するよう命ぜられていたのである。

二　国衙興行

続いて、周防国が造営料国として寄進された後に、行勇が行った国衙興行について検討する。

〔史料四〕

右、如東大寺大勧進了心僧都申状者、以東大寺勧進所申周防国新立荘保国領事

大前新荘・大野本郡・上得(地脱)村・東荷保

右、四箇所東大寺造営之間、先以返付国衙、塔講堂三面僧房已下所〻土木之勤可被終早速之功者、天気如此、仍執達如件、

貞永元年四月四日　中宮大進 在判

行勇僧都禅房(72)

〔史料四〕は、大前新荘・大野本郡・上得地村・東荷保の四ヵ所を、東大寺が造営するあいだ国衙へ返付するので、塔や講堂、三面僧房以下の造営を速やかに終わらせるように後堀河天皇が命じた綸旨で、同年七月三日には同じ趣旨で富海保・大前新荘・大野本郡・吉敷本郡・上得地・東荷保の六ヵ所を国衙へ返付するよう命じた綸

旨が下されている。[73] これらの綸旨は、行勇が国衙への返付を求めて朝廷へ訴え出たのを受けて下された。
二度目の綸旨が下された翌日の七月四日に、六波羅探題は鎌倉へ施行状を送り綸旨のことを伝達した。[74] これを受け、幕府は七月二十八日に関東下知状を周防国へ下し、綸旨に従って六ヵ所の国衙領を国衙へ返付するよう命じ、[75] 九月二十四日には六波羅探題が施行状を周防国へ下した。[76] また、それより前の九月三日に幕府は関東御教書を下し、前述の六ヵ所の所領と後述する末武御領の、計七ヵ所を造営するあいだ国衙へ還付するので、綸旨と北白河院庁下文に従って施行するよう命じている。[77]
このような朝廷と幕府の支持を受けて、行勇は造営の前段階としての国衙興行が可能となった。そこで次にこの時の国衙興行について、七ヵ所の所領の内、煩雑であるが、関連史料が確認できる大前新荘と大野本郡、上得地保、末武御領について検討していく。

（一）　大前新荘

大前新荘は、周防国の一宮玉祖社領であった。[78] 詳細については次章の第一部第三章で検討するのでここでは概略を述べておきたい。

玉祖社領としては、保延三年（一一三七）九月に法金剛院領となった田嶋荘と小俣荘、高墓荘の三ヵ所[79]と国衙領内に散在する免田があった。承久の乱後、玉祖社の領家の勢力が弱まると、国衙が社領内にあった免田への国役等の賦課を足掛りにして社領の支配強化へ転じ、圧力を強めてきた。これに対して玉祖社は、錯綜する社領と免田を片寄せし、それぞれ一円化することを求めた。これを受け承久三年十月に国司の入勘を停止し、社領を一円荘園化とする旨の後高倉上皇院庁々宣と六波羅探題の下知状が下されている。[80] この時国衙返付を命ぜられたのが先の三ヵ所の荘園ではなくて大前新荘であったことから、もともと国衙の進止であった「大前」と呼ばれる玉祖社膝下の地が、(81)片寄が行われた際に社領として立荘されたのが大前新荘だったと考えられる。

しかし、大前新荘は、その後も返付されることはなかった。文永十一年（一二七四）十月、亀山上皇は、大前新荘の返付を求めて訴え出た東大寺へ院宣を下し、大前新荘を折半した上で、植松原郷のみを国衙に返付することを伝えたが、院宣に「且以貞永　綸旨、雖備寺家之規模、彼以後度々被付社家畢」とあって、結局それは実行されることはなかった。(82)その後も東大寺は朝廷への訴訟を繰り返し、正和五年（一三一六）十二月四日に後伏見上皇が、八幡宮神輿の造営料所として大勧進へ寄進したことで、ようやく一円進止となったのである。(83)

（二）　大野本郡

文治二年（一一八六）に伊保荘や竈戸関などで濫行を行ったと賀茂別雷神社から訴えられ、さらに建久二年（一一九一）には隣接する与田保で濫行を行ったと訴えられた大野遠正は、この大野本郡を本拠とする在庁官人上氏の一族と考えられ、(84)前述した国衙補任の地頭となった大野能定も宇佐木保や曾祢保を拠点とする同族と考えられている。(85)その大野氏の本拠地大野本郡が行勇によって国衙興行の対象となっていることから、重源死亡後に立券されて荘園となっていたのであろう。あるいは、上氏の没落は、大野本郡の立荘と関連しているかもしれないが別に検討していきたい。

さて弘安七年（一二八二）～同十年頃に年預五師某が大勧進聖然へ送った書状によると、「宿曜師珍智法眼申周防国大野本郡事、初度訴陳状幷度〻　院宣等披露衆中候之處、此事貞永年中被返付国衙之後、五十餘年之間、当知行無相違、其上定親僧正寺務之時、可支申候之處、了心法印為断向後之濫訴経　奏候之日、康元二年被下安堵院宣候了、仍珍智之謀訴顕然之間、不被下第二度訴状、直被召康元院宣正文候之条、既非次第御之　沙汰奉行之遍頗候」(86)と、貞永元年に国衙へ返付されてから約五十年後に弘安徳政令が出ると、大野本郡の旧主に連なる宿曜師珍智が訴訟してきたという。定親僧正が別当であった康元二年（一二五七）当時の大勧進は、このような事態となることを恐れて後嵯峨上皇から院宣を獲得していた。しかし珍智は、徳政令に頼って訴えてきたというのである。(87) この訴訟のその後については不明であるが、史料が残存していないので、東大寺側の勝訴に終わったのであろう。

（三）上得地保

源頼朝が石清水八幡宮寺へ寄進した得地保は、周防国が東大寺と法勝寺九重塔の造営料国となった際に上下に分割され、下得地保が国衙領となり、上得地保が石清水八幡宮寺領へ残された。貞永元年に綸旨が下ると、「今為行勇僧都被顚倒之、彼僧都之説、可有其替之由、有関東御消息云〻」と、行勇は替わりの所領を与える幕府の証文があると称し、石清水八幡宮寺から上得地保を取り戻した。(88)

その後は、国衙進止の地であったが、嘉禎三年（一二三七）四月十九日に上棟式が行われて講堂の造営が新たな段階となると、(89) 延応元年（一二三九）末頃に九条道家が造営料所として東福寺へ寄進してしまった。(90)

これより早い延応元年八月二日、東大寺は「去月之比寄賜今一州、可被終大功之由、令　上奏之處、于今未蒙分明　勅定、許否之趣尤以不審」と、新たな造営料国を賜うように朝廷へ訴え出た。(91) それを受け朝廷は、延応二年四月十八日以前に肥前国を「大講堂葺瓦用途料」として東大寺へ寄進したのである。(92)

しかし、肥前国の寄進は、朝廷が東大寺の要望を受け入れた訳ではなく、東福寺の造立のために材木供給地として上得地保の獲得を目論んでいた道家と東福寺の禅徒らによって相博を強いられたものだった。延慶元年（一三〇八）頃の東大寺衆徒らの解状によると、貞永元年の国衙返付後、東福寺の禅徒珠海らは道家知行の濫觴を元暦年中（一一八四〜八五）と偽り、道家の権威を借り「多年知行していた」と称して顚倒してしまったというので

ある。(93)

東大寺は国衙返付を求めて訴訟したが、道家は延応二年四月二十三日に、「周防国上得地保者、雖被付国衙、依有相轉(博)之子細重所被荘号也」との御教書を下し、上得地保は相博したため荘園となったので他の国衙領と同一視することなく、引き続き造営を行うよう命じた。(94)この上得地保をめぐり、南北朝以降までも東福寺と相論を繰り広げていくのも、この時の領有権の移動に問題があったからである。

(四)　東荷保

壬生家文書中に正嘉元年（一二五七）十二月五日の某書状があり、そこには「其後何事候乎、抑周防国東荷荘□□三年正月八日被下荘□宣旨、彼符案一通□□□候哉、正文紛失案文□□事候条、所令尋申□□也」と記され、さらに追而書には「抑東荷荘事、承安三年正月八日□□□□□得御意候、恐々、十二月六日」と記されている。(95)これによると、承安三年（一一七三）正月八日に東荷荘について官宣旨を下されている。追而書の「得御意」という文言と合わせて考えると、この時の官宣旨は立荘に関わるものであろう。この頃の周防国は、後白河法皇の側近高階泰経が知行国主であったので、(96)立荘の「御意」は泰経、もしくは後白河法皇自身で、東荷荘も後白河法皇へ寄進されたのであろう。安貞二年（一二二八）八月五日、七条院は所領のうち三十七ヵ所を後鳥羽上皇の后妃修明門院に譲渡したが、その中に「周防国東荷荘」がみえることから、後白河法皇から後鳥羽上皇を経て七条院へ伝領されている。(97)そしてその後、修明門院から建長三年（一二五一）に四辻宮善統へ譲渡された後、弘安四年（一二八一）に後宇多天皇に渡り、徳治三年（一三〇八）に尊治親王へと大覚寺統で伝領されている。(98)

つまり、貞永元年の国衙興行の対象となったのは、修明門院領の時代であった。ただし、この時の国衙興行で対象となるのは、重源が大勧進であった時代に国衙領であったが、重源死後に荘園へ顚倒した所領である。したがって、東荷荘は最初に造営料国となった際に国衙興行されて東荷保となったが、重源の死亡後にふたたび顚倒して東荷荘として修明門院へ返付されたことになる。そのため、ふたたび周防国が造営料国となった際に国衙興行の対象となったのであろう。ただし、十六世紀の史料では、東荷保が国衙支配を受けていることが確認できるので[99]、貞永元年の国衙興行では荘園の一部が国衙へ返付されたとも考えられるが[100]、今後の課題である。

(五)　末武御領

史料上の初見は、文治三年（一一八七）に得善保と末武保の地頭筑前家重が、都濃郡の官庫を押し開いて所納米を押領していると在庁官人が重源上人へ訴えた時である[101]。末武保内には、石清水八幡宮の遠石別宮の所領があって、建久二年（一一九一）内藤盛家が地頭と称して領家・預所の得分を押領したため、石清水八幡宮の別当成清から濫妨を停止するよう命ぜられている[102]。その後、暫くの間史料上で確認できないが、北白河院庁は貞永元年六月十八日に「但造畢之後者、如元可為御領」という条件で国衙返付を容認する下文を幕府へ与えている[103]。それを受けた幕府は、七月二十八日に関東下知状を下し、さらに六波羅探題が九月二十四日に施行状を行勇へ下したのである[104]。

末武保が北白河院領となった時期は、国衙返付の対象となっていることから、それほど遡らない時期であろう。承久三年（一二二一）に茂仁王が後堀河天皇として即位し、守貞親王も後高倉院として院政を始めているので、この頃のことと考えられる。なお、末武御領のその後は、北白河院が造営の途中、嘉禎四年十月三日に亡くなっていることと[105]、その後東大寺と相論となった形跡もないので、そのまま国衙側に留まったのであろう。

以上、貞永元年の綸旨で国衙興行が行われた国衙領のうち四ヵ所の所領について検討したが、これ以外の朝倉保や久賀保も同時期に国衙興行が行われているので、次にそれらを検討していこう。

（六）　朝倉保

朝倉保は、周防国が祇園社の造営料国であった貞応二年（一二二三）に、旬神供幷長日大般若仁王講料所として祇園社に寄進されて朝倉荘となった。ところが「貞永元年当荘被国領之時、為其替被寄付河内国石川東荘、可為永代不輸之神領之由被宣下云〻」とあるように、貞永元年には顚倒されて朝倉保となり、祇園社には天福二年三月十五日に代替地として河内国石河東条荘が与えられている。この場合も、行勇の主導で行われたと考えられる。その後「周防国朝蔵荘濫傷事、建長年間」とあるので、建長年間には祇園社領に戻ったようである。(106)

（七）　久賀保

史料上の初見は、文治三年二月に所衆の江所高信が保司のように官庫を開き、米を押取ったと在庁官人が重源上人へ訴え出た時である。(107) それによると久賀保は、「非指荘号之地、有限国保勿論之公領」という「国衙正税之地」であった。その後、掃部寮領の便補保となったようで、宝治元年（一二四七）以前に出雲国赤江保や備中国永富保とともに国衙領へ顚倒されている。(108) これがいつ頃のことかは明らかではないが、行勇が国務を執っている時期の可能性はある。

以上、国衙返付を命ぜられた所領について検討した。周防国が造営料国となったのは、重源の時は大仏殿の造営ためで、行勇の時は大講堂の造営のためであった。本来は造営が終了すると直ぐに、国主が交替することになっていて、それにともない前述した国衙返付を命ぜられた所領も、北白河院庁が下文で命じているように、旧主へ返付されることになっていた。しかし、造営料国として固定化してしまったため、旧主との関係により、国衙進止に留まった所領もあれば、旧主へ戻った所領もあり、また上得地保のように返付を求めながらも手放すことになった所領もあった。稲葉氏は、鎌倉時代後期の国衙興行や国衙勘落が荘園整理令を目的にしたものだと述べているが、[109]貞永元年の国衙興行は、本来は期間限定であるから、荘園整理令とは別のものと考えるべきである。

第三節　周防国の経営

一　材木の搬出

本節では、行勇による周防国の経営について、材木の搬出と国衙経営の二点から検討する。まず講堂用の材木の搬出について検討する。

前述のように、幕府は、造営料国となって間もない寛喜三年四月八日に、材木引きの協力を地頭に命じている。[110]そのため翌貞永元年二月二十七日には「大講堂棟木始入寺」と、早くも材木が東大寺へ搬入されている。[111]しかし行勇が周防国で材木の伐採に着手するのは、貞永元年も遅くなってからであった。同年十一月十二日の天台座主の尊性法親王の書状によると、「東大寺造営間事、勅願厳重之餘、扶背之齢罷下候、即入杣採材木候之間次第、行勇僧都申状如此、且又重源聖人舊蹤候之間、態不顧八旬之命、罷入杣候云〻」と、行勇が伐採に着手するため周防国へ下り、自ら杣に入るつもりであると伝えてきた。[112]したがって、周防国で伐採した棟木用の大木を、二月二十七日に東大寺へ搬入するということが現実的には困難なのは明らかである。恐らくは、大講堂の棟木は、前述した七重塔の材木を高野山領の山から入手しているように、別の場所から入手したのであろう。

ところで、周防国へ下った行勇にとって最も重大な課題は、伐採した材木の搬出であった。というのは、周防国へ下向した重源は、大仏殿の材木を調達するため、杣山に都合約三百町の道を新たに切り開き、轆轤を使用して引き出しをし、さらに材木を流すために佐波川に百十八ヵ所の堰を造ったように、[113]多くの労力を投入し、多くの時間を費やさなければならなかったからである。そこで、行勇は重源の時と同様に幕府へ協力要請をした。

行勇の協力要請を受けた幕府は、天福元年十一月二十五日に三点の関東下知状を下した。第一点目は、「国務成敗之外、被罷余人之交雑者、民烟住一向之思、造営勵早速之功歟」とあるように、国主としての大勧進と守護が同時に存在すると住民が混乱して造営も速やかに進まないので、重源と栄西の二代の例と同じように守護職の停止を命じている。[114]

第二点目は、「可令早任　宣旨幷先度施行、相従国衙成敗事」とあるように、貞永元年の官宣旨とその施行状に任せて国衙の成敗に従うよう地頭や在庁官人に命じている。[115]これは、本章第二節第一項で検討した貞永元年の官宣旨の⑥に対応するものであった。

そして第三点目は、「可令早任大佛殿造営例、仰周防国御家人幷近隣諸国守護人・地頭等、催促人夫引進大講堂已下材木事」とあるように、周防国の御家人と近隣諸国の守護人・地頭らへ大仏殿造営の時と同じように材木引き人夫を勤めるよう命じている。[116]

これらの関東下知状に続き、十二月十二日に幕府は、石見国・長門国・豊前国・豊後国・伊予国・讃岐国の六ヵ国の守護へ次のような関東下知状を下している。[117]

〔史料五〕

東大寺大講堂材木引人夫事、近隣諸国守護人・地頭等、任勧進所注文、可致沙汰之由、御下知先畢、而被充召人夫事、定不合期歟、随所領分限、可配分材木之旨、所被仰遣也、但於大物者、可為周防国之課役、至小物者、可被充催近国也、仍石見国守護分幷御家人等、以此旨、無懈怠可勤仕之由、〔令脱〕可被加下知状、依仰執達如件、

天福元年十二月十二日　　　武蔵守在判

〔相模守在判脱〕

相馬左衛門尉殿（胤綱）(118)

〔史料五〕は、六ヵ国のうち石見国守護の相馬胤綱へ下した関東下知状で、講堂の材木引き人夫役を石見国守護分と国内の御家人へ勧進所の配分に応じて賦課するよう命じている。(119) これを受け胤綱は、十二月十七日に守護代左近将監へ書状を送り、材木引き人夫役を賦課するよう命じた。(120)

それら下知状と各守護から守護代もしくは守護所へ送った文書を一覧としたのが表2である。それによると、石見国や長門国、伊予国、讃岐国の四ヵ国の守護は、時間を明けず守護代や守護所へ充てて指示を与えていることから、当時鎌倉に在住していたが、豊前国と豊後国の二ヵ国の守護は、守護代や守護所への発給文書が現存していないことから、鎌倉に在住せず、京都や任国に在住していたと考えられている。(121)

表2　近隣六ヵ国守護発給文書一覧（出典の数字は「大勧進文書」の文書番号）

天福元年十二月十二日関東御教書充所	出典	守護発給文書発給日付	充所	出典
石見国守護相馬胤綱	65号	（天福元年）十二月十七日	守護代左近将監	66号
長門国守護天野政景	67号	天福元年十二月十八日	守護代小田村光兼	68号
豊前国守護武藤資能	69号	欠		
豊後国守護大友親秀	70号	欠		
伊像国守護宇都宮頼業	71号	（天福元年）十二月二十一日	守護代兵藤兵衛尉	72号
讃岐国守護三浦義村	73号	（天福元年）十二月二十八日	守護所	75号

幕府は、関東下知状を下したのと同日に関東御教書を行勇へ下し、講堂の材木引き人夫役の勤仕を近隣六ヵ国の守護人と地頭らに命じたので勧進所の使者を送って催促すること、領家や国司方が従わない場合は勧進所から朝廷へ処罰を求めること、人夫役は分担が決定していないので分限に応じて材木を配分すること、そして惣奉行人は各守護へ命じたので別奉行を置かないことを指示している。(122)

幕府がこのような環境整備を進める一方、行勇は材木の運搬に向けて準備を進めていった。天福二年五月二十五日の尊性法親王の書状によると、勧進所は免除の対象となる船の交名を作成し、あわせて法勝寺九重塔の造営の際と同様に「非己船」から起請文を召し寄せることで、関所へ収める升米の免除を求めたのである。(123)

周防国での材木引きはまもなく始まったが、守護や地頭らは人夫役の負担になかなか応じず、行勇は幕府に対して改めて命令を下すよう要請している。嘉禎元年（一二三五）十月二十四日に、幕府は関東下知状を下し、「或少〻引進之、或一向対捍之由、有其聞、于今悔怠之条、甚以自由也、早守先下知之旨、可令勤仕也、若猶有遅引之所〻者、定有後悔歟者」とあるように、人夫役を勤仕するよう命じている。(124)

このような経緯を経てようやく嘉禎二年四月に講堂事始めが行われ、(125)十一月になると講堂の柱立が行われた。(126)そして翌嘉禎三年四月には、講堂の上棟式が行われている。(127)

しかし、その一方で得善保の地頭が造寺用途や済物を押領していると、勧進所が訴え出たのに対し、嘉禎二年五月七日に道家は石清水八幡宮の別当へ成敗を命じたり、(128)また翌嘉禎三年八月六日には、材木引き人夫役が所課された豊後国岐部荘の領家弥勒寺が妨害したため遅れていると、勧進所が訴え出たのに対し、幕府は御教書を下して早く勤仕をするよう地頭の岐部太郎へ命じているように、(129)命に従わない御家人もいたことは慥かである。

二　国衙経営

続いて行勇による国衙経営について検討する。永村氏によると、大勧進が行った国衙経営の内容としては、「国衙之法」の策定や国衙領所職の補任、領内訴訟の裁断などがあったという。(130) 行勇の場合は、国衙領所職の補任と領内訴訟の裁定を史料上で確認することが出来るので、まず国衙領所職の補任から検討していこう。

行勇は、嘉禎三年（一二三七）に国司庁宣を下し、賀陽盛定を安田保の公文職に補任している。(131) このような公文職や書生職、田所職といった所職の補任は国衙進止なので、造営料国の国司でもある大勧進の権限の一つであるが、重源らは本来国衙領の所職ではない地頭も補任していた。この点については、すでに本書第一部第一章で検討しているので、繰り返しになるがここでは概略を述べるに留めておく。

寛喜三年十二月二十五日に三井村の地頭職をめぐる相論で関東下知状が下され、安家法師と左馬允資信が地頭職の返付を求めて地頭の源民部五郎行朝方を訴えたのに対し、幕府は三井村の地頭が幕府進止ではなくて国衙進止なので、行勇の判断通りに安家へ返付することを命じている。(132) この史料により、三井村の地頭職は行朝の父行景が、栄西により地頭に補任されたうえ、行朝が地頭職を世襲していたことがわかる。

同じように宇佐木保や曾祢保の地頭も国衙進止の地頭であった。文暦二年（一二三五）七月十日、幕府は関東下知状を下して、大野能成の遺領のうち嫡子遠保には宇佐木保の領有を、また弟財王丸（能定）に曾祢保の領有を安堵した天福二年六月一日の国宣の命に従い、曾祢保を大野能定へ安堵している。(133) このことから宇佐木保と曾祢保の地頭職も国衙補任の地頭で、やはり世襲されていたことがわかる。

国衙補任の地頭としてより具体的なことが明らかになるのは与田保の地頭である。与田保の地頭は、建仁四年（一二〇四）正月二十三日に重源が国司庁宣を下し、下毛野朝俊を補任したのに始まる。(134) その国司庁宣には「任今年正月三日和与状」とあるので、地頭補任にあたって建仁四年正月三日に朝俊と公文源与との間で和与を結ばれている。[135]朝俊は、院や摂関家の随身を代々勤めた地下官人下毛野氏の一族で、立保に関与した敦季以来五代に亘って保司職を世襲してきたが、朝俊が平宗盛の随身であったため、治承・寿永の乱の際に保司職を罷免された。その後、朝俊は関白九条兼実の随身となり、与田保の保司職など失った権益の回復に努めたが、建久七年（一一九六）十一月に関白を追われて兼実が失脚してしまったため、自ら在地へ下向して実力行使に出たと考えられる。これに対し重源は、地頭職に補任して国衙進止とすることで支配体制へ組み込んでいったのである。[136]

それでは前述した三井村や宇佐木保、曾祢保の場合はどうであったのか。彼らがどのような経緯で地頭職を獲得したのかは、それを直接示す史料を管見の限り確認できないので、与田保同様にその出自から探っていく。

三井村のもともとの地頭である安家らについて、小原氏は、在庁官人の可能性があると述べている。[137]しかし「左馬允」という官職からすると資信が朝廷に出仕する滝口の武士と考えられる。[138]一方、論人側の源行朝方は、周防国で源姓を名乗る在庁官人を国務文書などで確認できないので、在庁官人の可能性は低い。そこで行朝の通称「民部五郎」に注目すると、親父や祖父などが民部省の官職を名乗っていたことになる。さらに行朝の父親の名「行景」で、可能性のある者を探してみると、文治三年（一一八七）八月二十日に、使者を送って弓や魚・鳥の干物を頼朝へ献上した土佐国介良荘の地頭で預所の源民部大夫行景がいる。[139]行景の官職「民部大夫」は五位相当であること、預所職を兼ねていることから、普段は京都にいて朝廷に出仕する北面の武士であろう。また、「弾正忠」という官職から行朝の舎兄行季も北面の武士であったと考えられる。

以上のように三井村の場合は推定の域を出ないが、訴人側も論人側も京都の滝口や北面に出仕する侍であった。

一方、宇佐木保と曾祢保の地頭については、田村裕氏が、源範頼へ兵糧米を献じた宇佐木保の住人宇佐那木上七遠隆や、同じ頃に当時惣追捕使として長門・周防国を軍事的に占領していた土肥実平に与同して伊保荘や竈戸関、与田保で濫行したと訴えられた大野七郎遠正などを在庁官人の上氏だと推定されているが、[140]「遠」という名前の一字や「大野」の姓が共通していることから、大野能成父子も在庁官人の上氏の一族だと考えられる。

在庁官人の上氏は、建久八年（一一九七）十一月二十二日付の周防国の阿弥陀寺所蔵鉄塔の銘文を最後に国務文書からその名が見えなくなるので、この後まもなく没落していったと考えられている。[141]同じく在庁官人の大内氏が在庁内で強大な権力を獲得したのは、治承寿永の乱の際に反平家の活動をしたことで「権介」に任ぜられてからで、[142]積極的に幕府方に協力していた上氏一族も国衙内での地位上昇の可能性があった。しかし実際にはそれとは反対に没落していった。その理由は想像の域を出ないが、大内氏を中心に国府周辺の在庁官人により国衙内の権力体制が形成されたことで、周防国東部を拠点とする上氏一族はそこから排除されたのであろう。

以上のように与田保や三井村、宇佐木保、曾祢保の地頭らは、京都の地下官人や侍、或いは在庁官人など出自は異なるものの、国衙から保護を受けることもできず、また幕府からも地頭に補任されないために、時には武力などを行使しながら独自に領主制の維持をはからなくてはならない者たちだった。大仏殿造営のために周防国へ下向していた重源や栄西にとって、彼らの存在は国衙経営の障害となったので、与田保の例からも明らかなように、地頭に補任して国衙支配体制に組み込むことで、国衙経営の一端を担わせたのである。

ところが国衙補任の地頭は、三井村では行勇が国主となった時を狙って安家らが訴訟を起こしているように、国司の交替ごとに免判を受ける必要があって幕府の地頭に比べるとその地位が不安定であったため、[143]与田氏が地位の保全を行うために幕府に接近して御家人となったように、[144]常に国衙経営の不安定要素であったのである。

続いて訴訟の裁定について検討する。行勇が大勧進の際に訴訟の裁定を行った史料として三点を確認できる。

第一点は、貞永元年（一二三二）八月に留守所へ下した国司庁宣で、地頭与田朝兼が与田保内の保司名である末松名を地頭名と称して押領しているので保司の進止とすることと、百姓相伝の名田と在家を押し取って国役を勤仕していないので、保司の進止とするよう命じたもの。大介の藤原朝臣が作成しているが、行勇の袖判は無い。[145]

第二点は、貞永元年十一月に留守所へ下した国司庁宣で、地頭に許されている加徴米は本田への段別単米三升だけなので、新田への賦課を停止するよう命じたもの。(146)これも大介の藤原朝臣が作成しているが、この場合は行勇が袖に判を据えている。

第三点は、貞永二年頃の九月一日に行勇の目代である玄林房阿闍梨慶鑒へ充てて下した国宣で、百姓が難儀しているならば地頭を召喚して問い糺し、その際に地頭が被陳できなければ直ちに成敗をすること、また煩い成敗となった場合は詳しい内容を上申することを指示している。この場合は、堯全が奉者として作成をし、行勇が袖判を据えている。(147)

このように、行勇による領内訴訟で確認できる事例は、いずれも与田保の地頭与田朝兼に関わるものであった。行勇の周防国経営を考える上で注目すべきは、第一点目と第二点目の国司庁宣を作成した「大介藤原朝臣」である。(148)知行国制下で発給される国務文書としては、国主が留守所へ下した国司庁宣と奉書形式の国宣の二種類がある。(149)この内、国司庁宣は、知行国主が袖判を据え、名義上の国司で大介と書く名国司が奥上署判を据えている。つまり先の国司庁宣を作成した「大介藤原朝臣」はこの当時の周防国の名国司であった。

一般的に知行国制下での名国司は、知行国主の親族や家司が勤めているケースが多い。しかし大勧進が国主となる造営料国では、特に両者の間には関係は見られない。重源が周防国の国主となった時は、藤原公基が名国司となっている。この公基は藤原実教が周防国の国主であった時に名国司であったので、文治二年に周防国が造営料国となると、実教へは替わりに丹波国が与えられたが、公基は後代のために周防国の名国司に残った。(150)しかし、第一章で述べたように権限は重源へ集中していて、公基はほとんど活動していなかったようである。

周防国では、貞永二年四月八日の除目で「周防源教行東大寺国名替」と源教行が新たな国司となっているので、(151)貞永元年当時は前述した道家の家司藤原顕嗣が国司であった。したがって先の国司庁宣を作成し、奥上署判を据えたのは顕嗣だったのである。

国司庁宣が作成された貞永元年は、前述したように九ヵ条からなる官宣旨が下された時期であり、また行勇が材木の伐採のために周防国へ下向していた時期とも重なっている。行勇は、この時期周防国の経営にあたって、幕府からの協力はもちろんのこと、道家からも全面的な協力を受けていたことは明らかであろう。

結び

以上、行勇による造営活動や周防国の経営について検討してきた。これにより行勇の大勧進としての活動が具体的に明らかとなってきたと思われるが、次に各節で検討してきたことを簡単に纏めておこう。

第一節では、大勧進補任時の経緯と造営料国が付与される前の造営について検討した。行勇が大勧進に就任した当時、朝廷は造営料国の付与に消極的で、勧進と成功で造営を行うよう命じていた。これは朝廷が、行勇を通して当時御家人の成功を統括していた幕府に造営の協力をさせようとしたのである。しかし幕府は、朝廷から度々協力を要請されていたこともあり、東大寺の造営に対して積極的な態度はとらなかった。

第二節では、寛喜三年に周防国が造営料国として付与される経緯とその後国内で行われた国衙興行について検討した。造営料国の付与に消極的であった朝廷がその施策を転換したのは、幕府とも密接な関係にあった九条道家が、朝政の実権を握ったからである。道家は、造営料国として周防国を付与しただけでなく、家司の藤原顕嗣を周防国の名国司に補任することで、国衙興行を行っていた行勇を後方より支援していた。

第三節では、造営料国の経営として材木の搬出と国衙経営について検討した。材木の搬出については、重源や栄西の大勧進時代を前例とし、その再現を幕府や朝廷へ求めた。幕府は、それに応じて周防国の守護職を停止するとともに、周防国や近隣六ヵ国に材木引き人夫役を勤仕するよう命じるなどの協力を行った。その一方で、地頭職の補任や領内訴訟などの国衙経営については、幕府だけでなく、道家も支援していたのである。

従来の研究では行勇が幕府の要人を檀那とし、鎌倉を拠点として活動していたことから、幕府との関係が強調されてきたが、朝政を握っていた九条道家からも全面的な支援も受けていたことが明らかとなった。つまり、当時の朝廷と幕府との関係を明らかにしていく上でも有用な事例といえるであろう。

註

（1）重源に関する代表的な研究としては、中ノ堂一信「中世的『勧進』の形成過程」（『中世の権力と民衆』一九七〇年、後に『中世勧進の研究――その形成と展開――』法藏館、二〇一二年に再録）、小林剛『俊乗房重源の研究』（有隣堂、一九七一年）、堀池春峰『南都仏教史の研究（東大寺篇）上』（法藏館、一九八〇年）、五味文彦『大仏再建』（講談社、一九九五年）、荊米一志「大勧進事業の展開と荘園社会」（『荘園社会における宗教構造』校倉書房、二〇〇四年、初出一九九八年）、永村眞『中世東大寺の組織と経営』（塙書房、一九八九年）、大山喬平「俊乗房重源の非世俗的経済」（『大谷学報』七八巻一号、一九九九年）、上横手雅敬「東大寺復興と政治的背景」（『龍谷大学論集』四五三号、一九九九年一月、後に『権力と仏教の中世史』法藏館、二〇〇九年に再録）、新井孝重「大仏再建期東大寺経済の構造」（鎌倉遺文研究会編『鎌倉時代の政治と経済』東京堂出版、一九九九年、後に『東大寺領黒田荘の研究』校倉書房、二〇〇一年に再録）、中尾堯『中世の勧進聖と舎利信仰』（吉川弘文館、二〇〇一年）、中尾堯編『旅の勧進聖　重源』（吉川弘文館、二〇〇四年）、横内裕人「南都と密教」（『国文学』四五巻一二号、二〇〇〇年）、同「重源の勧進と開発」（『講座　水稲文化Ⅰ　古代・中世仏教寺院の水田開発と水稲文化』早稲田大学水稲文化研究所、二〇〇五年）、ともに後に『日本中世の仏教と東アジア』（塙書房、二〇〇八年）に再録。

（2）稲葉伸道「大須観音宝生院真福寺文庫所蔵『因明三十三過記』紙背文書」（『愛知県史研究』七、二〇〇三年三

月）。栄西の主要研究としては、多賀宗準『栄西』（吉川弘文館、一九六五年）、竹貫元勝「栄西と行勇」（『新日本禅宗史』禅文化研究所、一九九七年）などがある。

（3）行勇の大勧進に関する研究としては、筒井英俊「鎌倉時代に於ける東大寺の造営と大勧進行勇【一】」（『寧楽』八号、一九二六年）や三坂圭治『周防国府の研究』（積文館、一九三三年）、村田正志「東大寺の造営と周防国衙領」（『国史学』二二号、一九三五年二月）、御園生翁甫『防府市史　上巻』（防府市教育委員会、一九五六年）、註（1）永村氏著書、国守進『防府市史　通史編』（防府市、二〇〇四年）があり、大勧進補任や周防国寄進の経緯、成功による東塔の造営について言及されている。

（4）吉川聡・遠藤基郎・小原嘉記「「東大寺大勧進文書集」の研究」、吉川聡・小原嘉記「「東大寺大勧進文書集」の書誌的考察」（『南都仏教』九一号、二〇〇八年）。以下、文書番号は、これに拠った。ほか、横内裕人「新出千載家文書にみる造東大寺大勧進と鎌倉幕府」（『鎌倉遺文研究』一二号、二〇〇三年十月、後に註（1）横内著書に再録）。綾村宏氏研究代表『東大寺聖教文書の調査研究』（平成十三年度〜平成十六年度科学研究費補助金（基盤研究（A）（1））、二〇〇五年三月）。吉川聡「鎌倉時代周防国庁関係文書」（『奈良文化財研究所紀要』二〇〇五年）も参照。

（5）「大勧進文書」一七号、東二高峰編『霊松一枝上』（建仁寺両足院原蔵、以下同）。但し、『霊松一枝上』では追而書が欠落している。

（6）註（4）横内氏論文。

（7）『大日本史料』四編十三冊（東京大学、以下『大日本史料』は『大史』と省略）。

（8）『大史』四編九冊。

（9）「大勧進文書」三七号。

（10）「大勧進文書」三〇号、『霊松一枝上』。

（11）「東大寺造立供養記」（『大日本仏教全書　東大寺叢書第一　一二一巻』大日本佛教全書刊行会、一九三〇年、以下同）。

（12）註（4）小原氏解説文。

（13）「大勧進文書」三一号、同四二号。

(14)「大勧進文書」一八号。
(15)「大勧進文書」一九号。
(16)「大勧進文書」二〇号。
(17) 重源の時には、戒壇院や大仏殿の菩薩・四天王像が御家人の成功で造立されている（『吾妻鏡』建久五年六月二十八日条（『新訂増補　国史大系普及版』、以下同））。
(18) 註（3）筒井氏論文。
(19) 註（3）村田氏論文。
(20) 註（4）小原氏解説文。
(21)『大日本古文書　家わけ十八　東大寺文書』東南院文書七五六号（東京大学、以下『大日本古文書　家わけ十八　東大寺文書』は『大古』と省略）。
(22)『吾妻鏡』では、建暦三年三月三十日以降「律師」とされるが信用しがたい。
(23)「大勧進文書」六号。
(24)「大勧進文書」七号。
(25)『大日本古文書　家わけ第一　高野山文書』又続宝簡集三四号（東京大学）。
(26) 註（1）五味氏著書。
(27)「東大寺略縁起抜書」、「仁和寺日次記」同日条（東京大学史料編纂所所蔵影写本、以下同）。
(28)「東大寺略縁起抜書」。
(29)「東大寺略縁起抜書」、『東大寺続要録』造佛篇（筒井寛秀監修『東大寺続要録』国書刊行会、二〇一三年、以下同）。
(30)「百錬抄」同日条（『新訂増補国史大系　第十一巻』、以下同）。
(31)『民経記』寛喜三年正月記紙背文書（『大日本古記録』岩波書店、以下同）。
(32)『明月記』同日条（国書刊行会、一九七〇年、以下同）。東塔の造営については、田中稔「東大寺東塔復興造営についての二三の問題」（『大和文化研究』六巻一号、一九六一年一月）も参照されたい。
(33)「仁和寺日次記」同日条。

(34)『民経記』寛喜三年正月記紙背文書。
(35)「周防国吏務代々過現名帳」(「東大寺文書」一〇四―八五一―一号、以下同)。
(36)「大勧進文書」二六号。
(37)「大勧進文書」二七号。
(38)『民経記』貞永元年七月記紙背文書。
(39)『民経記』寛喜三年正月記紙背文書。
(40)『民経記』同日条。
(41)『民経記』寛喜三年四月五日条。
(42)『明月記』同日条。
(43)『明月記』寛喜元年十一月二日条、五日条、六日条。
(44)本郷和人『中世朝廷訴訟の研究』(東京大学出版会、一九九五年)。
(45)遠藤基郎「鎌倉中期の東大寺」(東大寺編『GBS論集　鎌倉期の東大寺復興』法藏館、二〇〇七年)。
(46)「大勧進文書」五五号。
(47)東京大学史料編纂所所蔵『口宣綸旨院宣御教書案』、以下同。
(48)「大勧進文書」一号・『霊松一枝上』。
(49)「大勧進文書」二号。
(50)東大寺図書館所蔵寶庫文書七四―一七号(奈良国立文化財研究所編『東大寺文書目録』同朋舎、以下東大寺図書館所蔵文書は「東大寺大書」と省略)。
(51)註(1)永村氏著書。
(52)註(4)小原解説文。
(53)『玉葉』文治四月十三日条。
(54)拙稿「中世造東大寺長官ノート」(『國學院大學大學院紀要――文学研究科――』二九輯、一九九八年三月)。
(55)当時は、後鳥羽上皇の院庁の主典代を勤仕する中原俊職が造東大寺判官であった。拙稿「室町期における地下官人領の経営と守護大名」(『地方史研究』二八四号、二〇〇〇年四月、後に本書第三部第二章に再録)を参照されたい。

(56)「大勧進文書」三二号。

(57)「大勧進文書」三三号。

(58)「大勧進文書」二号。

(59)「大勧進文書」三四号。

(60)「大勧進文書」三五号。

(61)「大勧進文書」一三号。

(62)「大勧進文書」五一号。

(63)「大勧進文書」一四号。

(64)「大勧進文書」一五号。

(65)「大勧進文書」五四号。

(66)「大勧進文書」五二号。

(67)「大勧進文書」五三号。

(68)「大勧進文書」五〇号。

(69)稲葉伸道「鎌倉後期の「国衙興行」・「国衙勘落」――王朝と幕府の国衙興行政策――」(『名古屋大学文学部論集』一一〇(史学三七)、一九九一年)。

(70)註(4)小原解説文。

(71)『民経記』寛喜三年四月十四日条。

(72)『口宣綸旨院宣御教書案』。

(73)『口宣綸旨院宣御教書案』。

(74)『大古』一九六四号。

(75)「大勧進文書」四号。

(76)「大勧進文書」五号。

(77)「大勧進文書」六号。

(78) 拙稿「東大寺の国衙領支配について」(『民衆史研究』四九号、一九九五年五月、後に本書第一部第四部に再録)。
(79) 『平安遺文』二三七五号(以下『平安遺文』(東京堂書店)は『平安』と省略)。
(80) 『鎌倉』二八四八号、同二八五〇号。
(81) 『鎌倉』一一六四号。
(82) 『鎌倉』一一七二六号。
(83) 『大古』別集八四号。
(84) 『鎌倉』一六九号、『大古』内閣文庫一〇六号。
(85) 「大勧進文書」七七号。
(86) 東大寺図書館所蔵「中論疏第二抄」紙背文書。
(87) 『口宣綸旨院宣御教書案』。
(88) 『鎌倉』四五一二号。
(89) 「東大寺別当次第」真恵条(角田文衛編『新修国分寺の研究　第一巻』吉川弘文館、一九八六年、以下同)。
(90) 『鎌倉』七二五〇号。
(91) 「東大寺文書」五―七〇号紙背・同一―二五―四〇〇号紙背。
(92) 「大勧進文書」四八号・同四九号。
(93) 『大古』一九六四号。
(94) 「大勧進文書」七号。
(95) 『鎌倉』八一六九号。
(96) 「周防国吏務代々過現名帳」。
(97) 東寺百合文書ミ函二三―四。
(98) 『日本歴史地名大系　三六山口県の地名』(平凡社、一九八〇年)。
(99) 『大古』七五四号。
(100) 『角川日本地名大辞典　三五山口県』(角川出版社、一九八五年)。

(101)『吾妻鏡』文治三年四月二十三日条。
(102)『鎌倉』五〇八号。内藤盛家については『富士見市史』（通史編上巻、富士見市、一九九四年）を参照されたい。
(103)「大勧進文書」六三号。
(104)「大勧進文書」六四号。
(105)『大史』五編十二冊。
(106)「祇園社記録」（『八坂神社叢書第二輯　八坂神社記録下』八坂神社社務所、一九六一年）。
(107)『吾妻鏡』文治三年四月二十三日条。所衆については、本書第一部第一章の註（118）を参照。
(108)『葉黄記』宝治元年三月十一日条（『史料纂集　古記録編』続群書類従刊行会）。
(109)註（69）稲葉氏論文。
(110)「大勧進文書」二号。
(111)「東大寺別当次第」定豪条。
(112)『鎌倉』四四〇二号。
(113)「東大寺造立供養記」。
(114)「大勧進文書」二三号。小原氏は、周防国には重源の初期に守護が置かれなかったので守護停止はなかったとしている（註（4）小原氏解説文）。
(115)「大勧進文書」二四号。
(116)「大勧進文書」二五号。
(117)小原氏は、材木引き人夫の負担を命ぜられた六カ国は、重源期の先例を踏襲したものであるとしているが、さらなる検討が必要であろう（註（4）小原氏解説文）。
(118)「大勧進文書」六五号。
(119)石見国守護については西田友広「鎌倉時代の石見国守護について」（『鎌倉遺文研究』第二〇号、二〇〇七年十月）を参照されたい。
(120)「大勧進文書」六六号。
(121)註（4）吉川氏解説文。

（122）「大勧進文書」二八号。
（123）『鎌倉』四六六四号。
（124）「大勧進文書」二九号。
（125）註（89）「東大寺別当次第」親厳条。
（126）註（89）「東大寺別当次第」真恵条。
（127）註（89）「東大寺別当次第」真恵条。
（128）『鎌倉』四九八五号。
（129）『鎌倉』五一六三号。
（130）註（1）永村氏著書。
（131）『防府市史　史料Ⅰ』「上司文書」一三号（防府市、二〇〇〇年、以下『防府市史　史料Ⅰ』は『防府市史』と省略）。
（132）「大勧進文書」七八号。
（133）「大勧進文書」七七号。
（134）『大古』七九六号。
（135）田村裕「与田保」『講座日本荘園史九　中国地方の荘園』（吉川弘文館、一九九九年）。
（136）拙稿「保に関する一考察」（『日本歴史』五三一号、一九九二年八月、後に本書第一部第三章に再録）。
（137）註（4）小原氏論文。
（138）天福二年（一二三四）正月八日の鴨御祖社功人所望雚交名注文「三条家本大嘗会部類記三十一裏文書」（『鎌倉』四五九四号）には、鴨御祖社功により左右衛門尉を希望している侍の中に「馬允大江資信」がいる。左馬允と右馬允の違いはあるが、この大江資信の可能性は高い。
（139）『吾妻鏡』文治三年五月八日条・同八月二十日条。
（140）「中世前期の平生地方」（『平生町史』、平生町、一九七八年）。
（141）註（140）田村氏論文。
（142）梶木良夫「平安来期における西国国衙の権力構造――『一国棟梁』の存在をめぐって――」（直木孝次郎先生

古希記念会『古代史論集』下、一九八九年）、関幸彦『国衙機構の研究』（吉川弘文館、一九八五年）。

（143）『大古』七九三号（三）。

（144）註（135）田村氏論文。

（145）『大古』七九九号（一）。

（146）『大古』七九三号（七）。

（147）『大古』七九三号（八）。

（148）富田正弘「国務文書」（『日本古文書学講座』第三巻　古代編三、一九七九年）。

（149）瀬野精一郎「庁宣」の項『国史大辞典　第九巻』（吉川弘文館、一九九一年）。

（150）『玉葉』文治二年四月十三日条（国書刊行会）。

（151）『民経記』同日条、『明月記』同月九日条。

第三章　中世前期における東大寺による国衙支配と在庁官人

はじめに

周防国は、中世を通じて東大寺の造営料国として造営事業や寺家・院家の財政を支えていた。東大寺の周防国支配については、すでに詳細な研究がなされ、多くの成果が蓄積されている(1)。それによると、特に在地支配については、在庁官人が重要な役割を果たしていたこと、そして鎌倉時代初頭には、重源上人が創建した阿弥陀寺が、彼ら在庁官人を求心的に結び付ける役割を果たしていたことが明らかとなっている。しかしこれらの研究では、阿弥陀寺を在庁官人の氏寺とするというイデオロギー面からのみ理解し、その背後にある在地領主制の問題に目を向けていないだけでなく、重源の死亡後に政治的地位を失ったとして、その後の東大寺の在地支配における正確な位置づけもしていない。それのみならず、何故阿弥陀寺の下に在庁官人を結集することができたのか、また従来国衙と在庁官人を結び付ける働きをしていた一宮が、東大寺の国衙経営とどのようにかかわっていたのかなどにも目が向けられていない。

本章は、以上の課題について、国衙と一宮玉祖社との関係、阿弥陀寺と在庁官人との関係を中心に検討する。

その場合、まず第一節では、一宮玉祖社が平安時代から鎌倉時代にかけて国衙や在庁官人とどのような関係にあったのかを検討し、第二節では、重源が創建した阿弥陀寺と在庁官人との関係を分析することで、在庁官人が造営事業に協力した理由を明らかにする。そして第三節では、重源死亡後の鎌倉時代の東大寺（国衙）と玉祖社との歴史的展開を検討することで、両者の根本的な対立点について明らかにする。最後の第四節では第一節から第三節までの成果を踏まえて、東大寺が国衙支配にあたり、在庁官人とどのような関係であったのかを検討する。

なお、初稿では、重源が阿弥陀寺を創建した理由の一つに、一宮玉祖社との対立構造にあったと想定したが、周防国に下向した重源によって玉祖社の社殿の修造や神宝類の寄進、そして免田の奉免がされているので、そのような対立構造で捉えるべきでないとの苅米一志氏による御批判を受けていること(2)、また近年になり吉川聡・遠藤基郎・小原嘉記氏らにより重源から円照までの歴代の大勧進関連の史料が翻刻紹介されたので(3)、第三節と第四節ではそれらを踏まえて再検討した。

第一節　玉祖社の性格

本節では国衙との関係から鎌倉時代以前の玉祖社の性格を明らかにしていく。

防府市の西郊外にあたる大字大崎に鎮座している玉祖社（地図1参照）は、社伝によると天孫が日向国に降臨した時供奉して中国を平定した玉祖命を祭神とし(4)、天平八年（七三六）から三年間玉祖社の田租を奉免した周防正税帳が史料上の初見である(5)。この玉祖社が一宮となった時期は、他の一宮と同じ頃であったと思われるが必ずしも明らかでない。一宮の呼称としては『今昔物語集』の中に「周防国一宮玉祖大明神」と見えるのが初見である(6)。『今昔物語集』は、編者など不明の点はあるが、十二世紀初期に成立したと考えられており、玉祖社が一宮化したのはこれより早い時期であったと考えられる。

従来の研究によると、一宮は国衙との関係によって基本的に二つに分類できるという。一つは、国府の近くにあってその国衙との関係で一宮に転化し、中世を通じて「一宮」の呼称をもって呼ばれ、その所領も主に免田形態をとって、国衙支配機構に強く依存しているもの。もう一つが、国府から遠く離れ古代以来の歴史的伝統を背景に独自の所領をもち「一宮」の呼称が定着せず、国衙に対して自立性の高い豪族的性格をもつものである。(7)つまり、国衙と一宮との関係を分類するためのキーワードは、「自立性」である。

それならば一宮の自立性を示す指針とは、具体的にどのようなものなのか。例えば、尾張国の一宮真清田社は、国内に熱田社という有力神社がありながら一宮に選定されているが、これは国衙との物理的距離が近いからである。(8)このような場合、神社内の支配機構が整っていないものもあり、その経営は国衙の支配機構に依存することになるし、国衙も積極的に経営に介入してくる。その一方で中世一宮制が成立する以前からすでに国家神としてその国内における地位を得ていた場合は、国衙に対して自立性を有するようになる。こういった神社は、当然家産の支配機構が整っているので、経営について国衙の介入を排除する方向に向かうという。

以上のように、一宮の性格を解明するためには、一宮に選定された時の状況を明らかにする必要がある。ところが、多くの一宮は、選定時の事情を明らかにできない。そこでもう一つの判断基準である、神社内の支配機構が国衙に依存しているかという点について見てみよう。

国衙に対して自立性がない神社の支配機構とはどのようなものかというと、例えば肥前国河上社の場合、国衙が河上社の社僧の中から経営にあたる別当職を一人選んで任命している。(9)これは、肥前国の国衙が人事権を通して河上社を国衙の支配機構に組み込んでいたことになるが、逆に河上社は国衙に依存することで経営の安定化をはかったとも言える。そしてこのような河上社では、別当職が世襲されることはなかった。

(国土地理院5万分の1地図(小郡・防府、明治32年測量)を元に作成)

地図１　玉祖社領及び国衙関連寺社分布図

一方、国衙に対して自立性を有するといわれている一宮、例えば信濃国諏訪社の諏訪氏や豊前国宇佐八幡宮の宇佐氏、(10)肥後国阿蘇社の阿蘇氏のように有力神社の場合は、神官がある特定の一族の間で世襲されていて、彼らの選出に際して国衙が介入することはなかったのだという。

そこで周防国一宮の玉祖社について見ると、神官は『今昔物語集』に登場する宮司玉祖惟高が史料上の初見である。惟高について「神社ノ司ノ子孫也」とあることから、玉祖氏が代々神官の職を世襲していたことは明らかである。(11)ところがその後長い期間、具体的な神官の名は史料上に現われず、天正年間になってようやく大宮司酒向（佐甲）式部大夫の名が現われ、また同時期神主として土屋蔵人大夫の名も史料上に現われる。(12)その後、江戸時代を通じてこの酒向氏が大宮司職を、土屋氏が神主職を世襲している。

なお、玉祖社の内部組織については、建武二年（一三三五）の玉祖社社領神殿等注進状案によって、大宮司、権大宮司、神主、権神主、祝、権祝、禰宜、権禰宜があったことがわかるが、(13)具体的なことは不明である。

以上のように玉祖社は、内部組織に限定する限り、少なくとも十二世紀初頭には神官が特定の一族で世襲され、またその後も国衙の支配機構に依存していた形跡が見当たらないので、国衙に対してある程度の自立性を有していたと考えられる。この点について次に社領を検討することで確認してみよう。

〔史料一〕

待賢門院廳下　周防国在庁官人幷玉祖社司等

可令早任安藝権介藤原朝臣実明寄文幷公験理、相共使者国使立券、堺四至於定牓示、為法金剛院領玉祖社幷社領三箇所事、

在管佐波郡内

社敷地
四至　東限石辛櫃幷久美河□　南限田嶋荘□
社領参箇所
一處字田嶋荘
四至　東限久布地幷棹立□　南限黒石幷鯖□
一處字小俣荘
四至　東限白石上□　南限□
一處字高墓荘
四至　東限今打幷平井境　西限限大椙　南限大河　北限湯田下大路
副下　本公験幷御廳宣等
右、彼寄文之状稱、件社者白河院御時、以去天治二年五月之比、給廳御下文、所領掌来也、其後于今敢無有牢籠、而猶為募御勢、相副次第公験、永所奉寄法金剛院領也、然者、於預所者、以実明子々孫々、永可令致沙汰之状如件者、任彼公験之理、且立券言上、且堺四至打牓示、可為法金剛院之領也、但於御年貢者、任所進註文之旨、追年可令進納彼院政所之状、所仰如件、在廳官人幷玉祖社司等宜承知、依件行之、敢不可違失、故下、

保延三年九月　日　　主典代散位中原朝臣
別當権大納言兼陸奥出羽按擦使藤原朝臣　在判　　判官代散位藤原朝臣　在判
権大納言藤原朝臣　在判　　常陸介藤原朝臣　在判(14)

〔史料一〕は、待賢門院庁下文で、安芸権介藤原実明が玉祖社の敷地と田嶋・小俣・高墓の三ヵ所の社領を法金剛院に寄進したことを、周防国の在庁官人と玉祖社の社司らに伝えたもの。この内、田嶋荘は現在の防府市大字田嶋に、小俣荘も現在の防府市大字台道に比定することができる（地図1）。残りの高墓荘だけは、現在の防府市字大塚の地に比定する説[15]と、現在の山口市内に比定する説の二説があり[16]、確定にまで至っていない。仮に比定地が前者ならば、玉祖社の社領は神社周辺に分布していたことになり、膝下の地が荘園化したと考えられる。一方、後者の説ならば、玉祖社の勢力は十二世紀初頭にはすでに防府平野を越えて隣接する山口盆地まで及んでいたことになる。

そこで前述の待賢門院庁下文の中に記載された高墓荘の四至を見てみると、「東限今打弁平井境、西限大椙、南限大河、北限湯田下大路」とある。この内、平井と湯田はいずれも現在の山口市内にある地名（地図1）である。平井は椹野川の左岸の沖積平野に立地し、川を挟んで湯田と対峙している。ということは、南境の「大河」とは椹野川ということになる。つまり高墓荘は、東で平井と接し、北には湯田下大路が走り、南に椹野川が流れる地、山口盆地の南端に立地していたことになる。恐らく、十二世紀初期の玉祖社の社領は、このように防府平野を越えて山口盆地にまで及んでいたのであろう。

さらに法金剛院へ寄進された社領以外にも免田があって、次に見るように各国衙領内に散在していた。例えば、地頭与田朝貞と公文源尊との相論に対して、建長元年（一二四九）七月二十日に鎌倉幕府から下された関東下知状によると、当時与田保内には「天神田五反、惣社宮田四反、同社三反、御館講田二反、野寺一町、一宮一町五反、駅家一町」との諸免田が設定され、その中に一宮の免田もあったことがわかる[17]。与田保は国府から遠く、安芸国に近い玖珂郡内にあった国衙領でもこうなのであるから、当然この他の国衙領内にも免田が設定されていたと考えられる。

時代は下るが、文明十一年（一四七九）十二月八日、玉祖社の社官らは、国衙が沙汰する神用米の在所注文を作成し、守護大内政弘から裏書を得ている。[18]それによると大前村の二十九町八反六十歩を筆頭に、宇野令十一町四反、湯田保一町三反、黒河保七反小などと、主に国府や山口の周辺にある都合十ヵ所の国衙領が書き上げられている。この注文がどのような経緯で作成されたのかは明らかでないが、大内政弘が裏書きしていること、また分米が平均役によって算出されたと考えられることから、大内氏によって社領の興行がなされた際に作成されたと考えられる。一般的に、所領の興行をする場合、全く由緒の無い場所で興行を行うとは考えられないので、先の注文に書き上げられた国衙領は元々玉祖社の免田が設定されていた場所であったのであろう。

以上のように、玉祖社の社領や免田は、国府と山口を中心に、遠くは安芸国に近い玖珂郡にも及んでいた。このことは玉祖社が周防国内において卓越した地位にあったことを示している。

それでは国衙に対して自立性を有し、経済的にも国内において卓越した地位を有していたと考えられる玉祖社は、実際のところ国衙や在庁官人とどのような関係にあったのであろうか。そこでまず前掲した〔史料一〕を再度検討していく。

玉祖社の寄進は、まず天治二年（一一二五）五月頃に安芸権介藤原実明に寄進されたことに始まる。[19]この時の寄進主は明らかではないが、おそらく宮司玉祖氏一族が国衙の介入を排除する目的で行ったと考えられる。その後数年間実明が領掌していたが、保延三年（一一三七）になって「為募御勢」に、実明の子孫が預所職を伝領するという権利を留保したまま法金剛院に寄進したのである。

玉祖社のように中央権門に対して寄進が行われた一宮について、井上寛司氏は、十一世紀末に中世諸国一宮制が成立するが、この時すでに地域で国家神としての地位を得ていた有力一宮は、国衙の介入を排除するために自らを荘園制支配関係の中に投ずるのである、と述べている。[20]つまり、一宮が中央権門に寄進される経緯は、一般の寄進地系荘園のそれと同様であり、中央権門の擁護によって始めて一宮は国衙の介入を排除することが可能となったというのである。このことは玉祖社の場合も同様と考えられ、法金剛院領となることで国衙の介入を排除して自立化を目指したのであろう。

しかしこのことで玉祖社が国衙や在庁官人を排除していたわけではない。前述の建武二年の注進状によると、玉祖社では御供神事祭礼として一月の白馬節会、四月・十一月の九坎祭礼、五月の御霊会、八月の放生会などが執行され、そこに国衙祭使や在庁官人が出仕していたことが記されている。(21)

ただし、注意しなければならないのは、建武二年の注進状が作成された経緯である。建武二年の注進状は、社領の書上や神事・仏事、神官・供僧など五つの書上を合体したもので、第二紙と第三紙との紙継目の裏に毛利隆元の花押が据えられている。(22)このことから、弘治三年（一五五七）に大内義長を滅ぼして防長両国を統一した毛利元就・隆元親子が本陣を置いた松崎天満宮の本坊大専坊に出向いた玉祖社の別当らが持参したのがこの注進状で、隆元はその裏に安堵の証として花押を据えたと考えられる。(23)社領以下の安堵という極めて重要な場面で証書として使用されていることから、この注進状は当時玉祖社にとって極めて重要な存在であったことは間違いない。詳細については第二部第二章で検討しているが、建武二年の作成という点からすると、この注進状は後醍醐天皇の対一宮政策に関連して作成されたと考えられるのである。

周防国からの正税を国家財政へ組み込もうと目論み、信頼の篤い円観を大勧進とした後醍醐天皇は、この前年の建武元年に本家職・領家職を廃止し、全国の一宮・二宮を国衙に付けるよう命じている。(24)したがって、この注進状は、後醍醐天皇の政策を受けたもので、玉祖社にとって理想的な姿で書かれている可能性があり、総て額面通りに受け取ることはできない。

そこで他の史料を見てみると、建治年間（一二七五〜七八）のものと考えられる佐波俊貞の申状によると、朝夕の大小神事の勤仕奉公を同輩以上に勤めたことで、彼は文永年中（一二六四～七五）に周防本郡の書生職に補任されたが、多々良貞弘によってそれを横取りされ、代わりに与えられたのが有名無実の島末や牟礼令なので、周防本郡の書生職に還補するよう訴えている。(25)この場合俊貞が勤仕した神事が具体的にどこの神社のものなのかは不明であるが、それを勤仕したことにより国衙領の所職を給付されていることから、国衙関連の神社で、しかも主要な神社であったことは明らかであろう。その主要な国衙関連の神社が玉祖社かどうかは、これだけでは明確にできないが、仮に玉祖社であるならば、鎌倉時代中期に国衙祭祀に関しては国衙との関係が維持されて、そこに在庁官人も関わっていたことがわかる。

以上、玉祖社は一宮に選定される以前から地域神としての地位を確立し、国衙に対して自立性を有していたが、国衙の介入を排除するために、実明へ寄進をしたことでさらに自立性を強めた。しかし法金剛院領となった後も玉祖社と在庁官人との関係は継続していて、国衙祭祀は在庁官人の参仕によって行われていた。

第二節　阿弥陀寺と在庁官人

本節では、在庁官人との関係を通して重源が創建した阿弥陀寺が、国衙経営でどのような機能を果たしていたのかを検討する。

鎌倉時代初めの重源の造営事業は、周防国から大仏殿の材木調達とその搬出・輸送が主なものであったが、在地領主などの妨害により困難を極めた。(26)しかしそれが無事に完成したのは、後白河法皇と源頼朝が大壇越となって支援したからだが、周防国内については重源が在庁官人の協力を取り付けたからであろう。

周防国が東大寺の造営料国に寄進され、大勧進重源が自ら下向して、大仏殿の材木の選定から搬出作業を行っていた建久二年（一一九一）閏十二月九日、守護佐々木高綱を奉行として「東大寺四十八本、明年中可引進」と、鎌倉幕府から畿内と西国地頭等に命ぜられたが、[27]大内介弘成はそれに応じないと訴えられている。翌建久三年正月に鎌倉へ下向してきた重源の使者によると、「於周防国、引東大寺柱之間、大内介弘成、聊所成違乱也、可被糺行歟者有沙汰」と、材木引きを違乱する大内介弘成を処罰するよう訴えた。これに対して幕府は、弘成が御家人ではないので速やかに朝廷へ奏聞するようにと回答している。[28]

この弘成については、大内弘盛のことであるとの指摘があって不明な点はあるが、[29]少なくとも源平の騒乱を通じて在庁官人の最高位へと上がった大内氏が、この当時重源による造営事業に非協力的であったことは明らかであろう。同じように他の在庁官人も造営事業に対し、積極的に協力していたとは考えにくく、大内氏ほどではないにしても、非協力的な者もいたはずである。そのような在庁官人に協力させるため、重源は当初浄土信仰を前面に推し出していたのである。

文治五年（一一八九）十月九日、重源は東大寺勧進所の下文を下して、在庁官人の為助を馬屋河内保の公文職に補任したが、その下文には為助が「成阿弥陀仏」という名号を称していたことが記されている。重源は、弟子である東南院院主定範に含阿弥陀仏の名号を与えたのを始め、[30]彼が率いる念仏衆や結縁を結んだ者へ「阿弥陀」号を与えている。[31]在庁官人の中にも、浄土信仰により彼と結縁を結んだ者がいて、為助もその一人であったと考えられる。

ただし、このような浄土信仰だけでは在庁官人の協力を得ることは不十分であったため、一宮玉祖社や松崎天満宮などの国内の主要神社に対して社殿の修造や神宝類の寄進などの興行を行ったのである。[32]そのうえで重源は、別所の一つとして、また後白河法皇の後生安穏を祈願するため、国衙の東北の地（地図1）に新たに阿弥陀寺を創建したのである。[33]

阿弥陀寺は、重源ゆかりの別所の一つではあったが、その後国司上人管領の寺として東大寺の目代が別当職を勤め、中世を通じて国衙との関連が深い寺院であったことから、重源は国衙経営の拠点としての役割も念頭に置いていたと考えられる。(34)

その阿弥陀寺が重源と在庁官人との関係にどのような役割を果たしたのかを検討する前に、周防国同様に東大寺の造営料国であった肥前国では、東大寺と在庁官人とがどのような関係にあったのかを検討しておこう。

肥前国では、河上社領の給主でもあった在庁官人との間では良好な関係を築くことはできなかった。従来、国衙の例役で河上社の造替が行われていたが、東大寺の造営料国となった延応二年（一二四〇）以降その儀がなかったことから、弘安四年（一二八一）に在庁官人と河上社の社僧は新たな手段として、一国平均役による造替事業を行おうとしたが、実現することはなかった。その理由は東大寺の造営科国となり国衙領への賦課が厳しくなったためで、在地領主でもあった在庁官人が新たな賦課に応じられなかったからだという。さらに正応五年（一二九二）以降河上社の免田の給主による年貢未進が頻繁に発生するが、それは同年に造替の一国平均役が賦課されたことが原因であったともいう。(35)

このように肥前国の在庁官人にとって東大寺は、自己の権益を侵害する単なる簒奪者と見なされていたことは明らかである。国司と在庁官人との関係について、中世一宮制について研究をする伊藤邦彦氏によると、非在庁官人との競合・対立の中で国衙機構を利用することで領主制を優位に推し進めようとする在庁官人と、これら在庁官人を自らの手足として国衙支配の枠内に取り込もうとする国司の志向が結合したところに一宮が成立するという。(36)伊藤氏の指摘に従うならば、国司と在庁官人との間を円滑にさせるためには、精神的な紐帯としてだけでなく、在庁官人の権益も擁護する一宮のようなものが不可欠ということになる。つまり肥前国では、東大寺が在庁官人との間で良好な関係を構築できなかった理由の一つには、一宮に代わり権益を擁護するシステムがなかったからであろう。

一方の周防国では、新たな国司として周防国へ入国してきた重源が、阿弥陀寺を創建し、それを媒介にして在庁官人の権益を擁護することで彼らを国衙支配の枠内に取り込み、そして造営事業への協力を得ようとしたと評価できる。そしてその媒介となったのは、彼らが阿弥陀寺へ寄進した免田であった。

阿弥陀寺の寺領は、免田の集合で史料上料田と称していて、所当官物以下国役万雑公事が免除される不輸一色免田である。[37] 平岡定海氏は、このような阿弥陀寺の料田について、「重源が国司上人に任じられ、また国司職を掌握している関係上、知行国内に散在する公田を荘園化する方法しかなかったのであり、(中略)そこで名主・作人をして年貢を請け負わせるという東大寺が大和国内に有した雑役免や仏聖田白米免田等の免田荘園を流用したのであろう」と述べている。[38]

しかし阿弥陀寺の料田が、不輸一色免田の集合であるからといって、その成立を大和国内の免田荘園に引き付けることは問題である。というのは同時期に重源の手によって立荘された宮野荘は、広大な領域よりなる一円型荘園であったからである。つまり、彼はこの時点において一円型荘園を立荘することが可能であったのである。

前述の在庁官人の置文では、料田について「令差募申請坪〻之間、不能一円、所散在于諸郷郡也」と記されている。[39] 平岡氏は、この部分から先程のような判断をしたのであるが、ここを「(在庁官人が)申請した坪々を集めさせたので一円化することはできず、そのため諸郷郡に散在している」と解するのならば、政治的な配慮によってあえて散在型免田の形態を採用したとも考えられる。

前述した肥前国河上社の社領も、在庁官人が河上社に寄進した免田から成るもので、彼らは免田を寄進することで国司から国役を免除され、そして給主職の補任権を獲得することで免田に対する権益を確保することができた。逆に国司は、河上社の免田を通して在庁官人を国衙の支配下に組み込むことができたのである。[40] 重源があえて在庁官人の私領と化していた国衙領の中に料田を設定したのも、このような意図が含まれていたと考えられよう。そこで続いて鎌倉時代の阿弥陀寺の料田と在庁官人との関係について検討する。

〔史料二〕

周防国在廳官人等敬白

可早任本願御素意、且瞻先祖加署、弥奉崇敬阿弥陀寺間事、

右、當寺者、忝為　後白河禅定法皇御祈願所、而本願聖人當国御執務之初、文治二年御建立之後、鑑未来之邪正、検當山之安寧、而正治二年十一月八日被定置種〻記試、如其状者、以代代留守所在廳官人、為壇越、而宜興行寺務之由、惑加炳誡之詞、惑載寿福之字、令記置給、彼銘文厳蜜之上、下国眼代在廳末葉帰伏越先規、老若絶偏執之處、今度下向承元目代、得天魔之諌歟、乍為末代凡卑之身、不顧涯分、不恐冥顕、難中権化本願之条、聞人殆洗耳畢、誹謗之至、還可謂有若亡、其上忽可令滅亡當寺之結構、敢匪直也事、依之、悪行亘諸事、不可堪人愁之際、不可従承元政務之旨、寺家幷在廳官人等一同所及厳重之起請文也、至向後者、伽藍静謐、在廳繁昌時剋已到来、併為守護善神御加護哉、然者、一事以上、可奉崇敬当寺也、若背此状者、大佛・同守護善神八幡大菩薩・春日御宮十八善神王、別者、当国鎮守二百余社・一宮・二宮・天満天神宮神罰冥罰、於連判在廳官人等、毎毛穴可罷蒙之状如件、

正和二年三月十日

位所不同　散位土師遠綱判

散位胡　成正判

散位土師兼貞判

（以下在庁官人三八人の署判省略）(41)

〔史料二〕は正和二年（一三一三）三月に在庁官人が、心を合わせて阿弥陀寺を崇敬していくとして作成した起請文である。その中で彼らは、大勧進心源の目代承元を阿弥陀寺の存続に危機的状況を作りだした犯人として非難し、承元の政務に従わないよう誓っている。この起請文だけでは具体的に承元のどの行為が非難の的となったのかは明らかでないが、この起請文が作成されてまもない七月二十日、そして翌年九月十六日に周防国中の諸寺社を国衙に沙汰付けするように命じた鎌倉幕府の御教書が周防国へ下されているので、[42]心源が推進していた国衙興行が在庁官人との対立の原因であったことは明らかである。

このような国衙の強行に対して、大内氏ら在庁官人は国衙への出仕をサボタージュして国務を混乱させたり、放火追捕などの悪行をしたり、さらに東大寺内では与同する寺僧らに閉籠合戦を引き起こさせて大勧進の交替をはかるなど、[43]心源に対して徹底的な敵対行為を行った。

このように、在庁官人が何故心源の国衙興行に対し激しく敵対したのかを理解するためには、さらに前代の大勧進円瑜の時にまで遡らなければならない。

東大寺内では、延慶三年（一三一〇）から翌年四年にかけて衆徒と円瑜一派の間で大勧進職改替をめぐる騒動が発生していた。衆徒らは、円瑜一派が寺の造営を怠り、あまつさえ年貢を掠盗り、自己の欲心を満たすことに力を注いでいるので、円瑜を追放し、代わりに「能治之仁」を大勧進に補任するよう訴えている。[44]

衆徒らの主張によると、周防国内の状況は「徒党類宛満于国中代官重色杣山、沽却国領之田畠」したという。この場合の彼党とは、被官目代と庁奉行であったが、[45]国衙領の田畠を買得した輩や在庁官人も含まれていたと考えられる。[46]それは、東大寺が延慶三年十二月に小綱と公人を周防国に下向させ、庁奉行以下を追放し、年貢正税の失墜を無くし、国衙の牢籠をいたさず、造寺の料足を全うするよう、在庁官人に命じたにもかかわらず、[47]彼らは東大寺の命に従わなかったために「不承引寺門之下知、引汲遷替之凶賊、不禁無道之濫吹之条、悪党同意之企」(48)と厳しく非難されたからである。

松岡氏は、在庁官人が東大寺の命に従わなかった理由として、円瑜の周防国支配の正当性が院宣によって朝廷から承認されたことと、国衙に彼の被官目代らが居座っていて在庁官人がその指揮下にいたからである、と述べている。(49)朝廷から円瑜が安堵されたことは慥かであるが、それだけで在庁官人が従ったというのであれば、重源や行勇の時に在庁官人とトラブルが発生することはなかったであろう。さらに、大内氏を始めとした在庁官人が、円瑜に代わって大勧進となった心源を東大寺内部に手を回してまで排斥する必要もなかったはずである。つまり、実際は、松岡氏の説明とは真逆で在庁官人の方から円瑜に対して積極的に与同していたと考えるべきである。

稲葉伸道氏によると、鎌倉時代後期に全国で行われた国衙興行・国衙勘落において新立の荘園の中で特に問題となったのは、諸国の一宮・二宮などの有力な神社や寺院に寄進された国衙領であった。これらは在庁官人が自己の私領と化している国衙領にもつ権益を保全するために寄進したからであるという。(50)

また、本書第一部第二章で述べたように、大勧進行勇が周防国で講堂用の材木の搬出にあたり円滑な事業遂行にむけて、現地の対抗勢力への調整を求めて訴えたことに対して下された、貞永元年（一二三二）八月十二日の官宣旨を分析した小原嘉記氏によると、第一ヵ条の「一応停止国中神社仏寺免田追年加増事」は、在庁官人が目代・国使等と結託し国衙領の収益を実務担当者間で利益配分するような構図が存在していて、公田興行は、かかるあり方を規制・停止して国主のもとに求心的に位置づけし直す試みであったとしている。(51)このことから、貞永元年に荘園化した国衙領に対して行われた国衙興行や、永仁二年（一二九四）に地頭のために所務が不履行となった国衙領に対して行われた国衙興行において、在庁官人はほとんど反発しなかったのに対し、周防国内の寺社を対象にした心源の国衙興行に対してのみ過剰な反応をみせたのは、この時の国衙興行が、特に阿弥陀寺の免田に有している彼らの権益を奪うものであったからに他ならない。つまり重源による阿弥陀寺料田の設定は、将に在庁官人の権益を護ることで、寺に結衆させようとするものであった。

先の承元の寄進状では「彼下作人等、頃年以来、動募武威、対捍土貢、不従寺役」と、当時寺領を実際に耕作していた下作人らを、心源は幕府に訴えている。(52) この場合の「彼下作人」とは、心源の国衙興行に対する在庁官人の過剰な反応から判断すると、彼らの縁に連なる者であろう。在庁官人は、阿弥陀寺への寄進行為で獲得した権益を足掛りにして独自の在地領主制を展開していたのであり、円瑜はそのような在庁官人の権益（おそらく作人などの補任権）を積極的に保護することで、自己の利益追及に彼らの協力を得ていたのである。

このように阿弥陀寺は、国衙と在庁官人とを結ぶのに重要な役割を果たしていたことは明らかである。ただし従来から言われているイデオロギーによる結び付きだけでなく、阿弥陀寺の料田を介在にして両者が結び付いていた。そしてこのような料田をめぐる国衙と在庁官人の関係は、重源の時にまで遡ることができる。

以上のことから、鎌倉時代初頭在庁官人が重源上人の造営事業に協力したのは、それが国家的事業であったからではなく、新たに国司として入国してきた重源に自らの領主権擁護を期待していたからである。そして彼らは、阿弥陀寺の料田成立時に、作人の補任権を確保したまま私領の一部を寺領の免田として寄進することで私領全体に対する国役の免除を得たものと考えられる。一方、重源はこのような在庁官人の志向を容認し、積極的に取り込むことで造営事業を成功させ、自己の念仏道場でもある阿弥陀寺をもりたてていこうと考えたのであろう。

第三節　東大寺と玉祖社との相論

第二節では阿弥陀寺と在庁官人との関係を検討してきたが、本節では、鎌倉時代に繰り返された社領をめぐって東大寺と玉祖社との相論を通して、両者の関係を検討する。

前述したように玉祖社が一宮として鎌倉時代以前の性格を確定したのは、保延三年（一一三七）九月に藤原実明が敷地と田嶋・小俣・高墓の三ヵ荘を法金剛院に寄進した時であった。この寄進によって玉祖社は、国衙の関与を排除し、代わって上級権力として法金剛院から庇護を受けることとなった。法金剛院領は、待賢門院の没後その娘の上西門院に譲られ、後白河法皇を経て宣陽門院に伝領される。(53)法金剛院への寄進から鎌倉時代初頭までの間の史料がないのでどのような状況にあったのかは明らかでないが、十一世紀中期以降院や院に近い人物が周防国の知行国主を勤めており、(54)かれらの庇護を受けて玉祖社は安定的な経営が行われていたものと考えられる。その後、東大寺の造営料国となると、建久六年（一一九五）に下向してきた重源は、造寺造仏の功を終えたのも玉祖大明神の加護によるとして、神殿等の建物を造営し、合わせて神宝を寄進するとともに、日別御供料田として十町を奉免している。(55)ただし、重源の玉祖社への行為は、決して苅米氏が指摘するような信仰からだけではなく、前述したように在庁官人から協力を得るための手段の一つでもあった。

その後、玉祖社は特に国衙との間でのトラブルは確認できないが、承久の乱後に法金剛院領が一旦幕府に収公されてしまうと、玉祖社は国衙から圧力を加えられるようになった。

〔史料三〕

院廰下　周防国玉祖社司等

可早任　待賢門院保延・康治両度下文、且引募免田於公領、且四至内田畠等為一向不輸神領事

右、去正月日彼社司等解状稱、当社領者、白河院御時去天治二年被荘号之緩怠、保延三年被下　待賢門院廰御下文、永堺四至被打牓示畢、其後聊有違乱之時、重康治元年同被下院廰御下文畢、仍久為不輸之社領、更無国役煩之處、伺領家御中絶隙、指無由緒、国衙依成妨、去年被下　院宣幷御室御教書及武家副下文等、任

舊跡被打定牓示畢、然者於今者、雖不可有国衙煩、彼堺内免田少少相入之間、向後自有違乱歟、仍差募件免田於公領、於四至内田畠者、一向可為神領之由、重可被仰下也、望請廳裁、早任度〻廳御下文幷去年　院宣、永為一向不輸之神領、於四至内免田者、仰国司可引募公領之由、重欲被成下廳御下文上者、任彼廳下文幷去年　院宣等引募免田於公領、且四至内田畠等可為不輸神領之状、所仰如件、社司等宜尋知、不可違失、故下

承久四年三月十八日　　主典代織部正安倍朝臣在判

判官代右少井藤原朝臣(56)

〔史料三〕の後高倉院庁下文によると、承久の乱のために領家の勢力が弱まると国衙は社領に対する圧力を強め、社領内にあった免田(57)に対する国役等の賦課を足掛りにして支配強化へ転じようとしたという。これに対して玉祖社は、錯綜する社領と免田を片寄せして、免田を公領に引き募りそれぞれ一円化することを求めて朝廷へ訴えた。

これにより、承久の乱以前の玉祖社の社領は、ある一定度の領域性を有していたが、その内部に他の在庁官人や寺社によって設定された免田が存在していたことがわかる。国衙としては、免田への国役賦課を通して隣接する社領へも支配権の拡大を目論んだのであろう。それを嫌った玉祖社の社官らは、後高倉上皇へ訴え出た。これを受けた上皇は、承久三年（一二二一）十月に国司の入勘を停止し、一円荘園化とする旨の院庁々宣を下し、これを施行するように六波羅探題の下知状が下された(58)。そして、これを受けて翌年三月に下されたのが〔史料三〕の下文で、これにより玉祖社の社領は一円荘園となった。

ところが、国衙による玉祖社への攻勢は、寛喜三年（一二三一）に周防国が東大寺の造営料国となると再び激しくなった。当時大勧進であった行勇は、就任すると荘園化した国衙領を国衙に返付させるよう朝廷に訴え出て

いる。朝廷は、行勇の訴えを受けて翌貞永元年（一二三二）四月と七月の二度後堀河天皇の綸旨を行勇へ宛てて下している。

最初の綸旨は、東大寺勧進所からの訴えを受けて貞永元年四月四日に下されたもので、大前新荘、大野本郡、上得地保、東荷保の四ヵ所を「先以返付国衙」して、塔・講堂・三面僧坊以下所々の土木の勤を終わらせよと命じている。これに続いて、朝廷は七月三日にも綸旨を下し、前述の四ヵ所に富海保と吉敷本郡を加えた六ヵ所を国衙へ返付するよう命じたのである。(59) さらに、これら六ヵ所とは別に、当時北白河院領となっていた末武御領も国衙返付を求められており、この時の国衙興行は都合七ヵ所が対象となっていた。(60)

その七ヵ所の一つ大前新荘は、大前が玉祖社の鎮座している地名「大崎」のことであるから、玉祖社の社領を指していることは間違いない。なお、この新荘には、田嶋・小俣・高墓の三ヵ荘が含まれるという説もあるが、前述したように、高墓荘は山口盆地にあったと考えられること、応永十一年（一四〇四）五月畠山基国の施行状には大前新荘とではなく「玉祖社領田嶋以下村々」(61) とあること、さらにこの時の国衙興行が、重源の死亡後に周防国が東大寺の造営料国から離れた元久三年（一二〇六）以降に国衙領から荘園となった所領が対象であったと考えられることから、古くから玉祖社の社領であった先の三ヵ荘はこの時の国衙興行の対象外であった。恐らく〔史料三〕に見えるように、玉祖社の周辺地で片寄せによって一円化した社領が大前新荘だったのであろう。こうして、玉祖社は新荘の返付を求める国衙からの圧力を受けるようになった。

さて、行勇は荘園化した国衙領の国衙返付を求めて朝廷へ訴えたが、国衙興行は朝廷だけでなく鎌倉幕府と共に進められていった。というのは先の二通の綸旨のうち少なくとも二度目は鎌倉幕府へも下されていて、翌日の七月四日に六波羅探題は施行状を鎌倉へ送って綸旨のことを伝えている。(62) これを受けて、幕府は同年七月二十八日に、綸旨の命に従って沙汰するよう命じた御教書を行勇へ下している。(63) さらに続けて六波羅探題は、国衙への返付を命じた関東御教書を遵守するよう施行状を行勇へ九月二十四日に下している。(64) これは末武御領の場合も同じで、北白河院は、貞永元年六月十八日に「但造畢之後者、如元可為御領」と造営が終了した際には院領へ戻すという条件で容認する院庁下文を幕府へ与えている。(65) 幕府は、七月二十八日に関東下知状を下し、さらに六波羅探題が九月二十四日に施行状を行勇へ下している。(66)

以上のように行勇の訴えを受けて後堀河天皇綸旨や関東御教書が下されたが、その結果はどうであったのか。まず、大野本郡は弘安徳政の際に東大寺が旧主にゆかりがある宿曜師珍智法眼と相論となっているので、この時は国衙へ返付されたことは間違いない。(67) また、末武御領は、講堂の造営が終了する前の嘉禎四年（一二三八）十月三日に北白河院が亡くなっていることと、(68) その後東大寺と領有権をめぐって相論となった形跡もないので、これも国衙進止となったのであろう。

上得地保は、源頼朝が石清水八幡宮寺へ寄進した得地保が、周防国が東大寺と法勝寺九重塔の造営料国となった際に上下に分割され、下得地保が国衙領となったのに対し、石清水八幡宮寺領へ残された所領である。貞永元年に綸旨が下ると、「今為行勇僧都被顛倒之、彼僧都之説、可有其替之由、有関東御消息云〻」と、行勇は替わりの所領を与える幕府の証文があると称し、石清水八幡宮寺から取り戻している。(69)

東荷保は、承安三年（一一七三）正月八日に立荘して、皇室領の東荷荘となって以降、(70) 後鳥羽上皇、七条院と伝領して、安貞二年（一二二八）八月五日には七条院から修明門院に譲渡されている。(71) 貞永元年に国衙興行の対象となっていることから、恐らく重源が大勧進であった時代には国衙領で、重源死後に荘園へ顛倒して東荷荘として修明門院へ返付されていたのであろうか。東荷荘は、建長三年（一二五一）に修明門院から四辻宮善統へ譲渡された後、後醍醐天皇まで代々の大覚寺統で伝領されている。(72) その一方で、十六世紀の史料では東荷保として国衙支配を受けていることが確認できるので、(73) 貞永元年には荘園の一部のみの国衙興行が行われたものと考えら

れる。(74)

残りの三ヵ所のうち、富海保、吉敷本郡の二ヵ所については、貞永元年以降国衙領として国衙支配を受けていることが確認できるので、(75)国衙へ返付され、その後も国衙進止であったのであろう。

最後の大前新荘は、前述したように承久の乱後法金剛院領が一旦鎌倉幕府によって収公されるが、それをきっかけに国衙の圧力が強まったために、それを反らすために行われた片寄せによって成立したと考えられるが、玉祖社は行勇の国衙返付要求にも、宣陽門院の権力を背景に拒否したのであろう。そのため東大寺は、繰り返して大前新荘の返付を求めて朝廷に訴えているが、その都度玉祖社が勝利を勝ち取っている。ところが文永十一年（一二七四）十月に亀山上皇は大前新荘を折半したうえで、植松原郷（地図1）のみを国衙に返付する裁決を下した。(76)これにより大前新荘の植松原郷のみが国衙へ返付された。ただし、この時国衙支配下となったのではなく、別相伝として円照上人が領有し、譲りをうけた賢舜法眼の時東大寺鎮守八幡宮に寄進され、神用を勤めるようになった。(77)

植松原郷を除いた大前新荘は、その後も玉祖社領であったが、東大寺が返付要求を続けた結果、正和五年（一三一六）十二月四日になって後伏見上皇が、八幡宮神輿の造営料所として大勧進へ寄進したことで国衙の支配地となった。(78)さらに建武三年（一三三六）十二月に足利尊氏は大前村の地頭職を東大寺鎮守八幡宮に寄進している。(79)

この地頭職は、同じ足利尊氏によって康永元年（一三四二）越中国の高瀬荘の地頭職と相博されるが、(80)下地に関してはその後も国衙領として東大寺の支配を受けていた。このことは正平十五年（一三六〇）十二月日の年貢支配状の中に、大前公文分十石が伯耆阿闍梨御房宛に送進されていることからも明らかである。(81)そして、その後も公文名得分は、東大寺内に宛てて送進されていた。(82)

また、文明十一年（一四七九）十二月玉祖社の神用米が大内氏の指導の下に国衙領へ平均役として賦課されているが、その中に大前村二十九町八段余りが見えており、少なくとも十五世紀後期まで大前村は国衙の支配を受けていた(83)。

その一方で、天文二年（一五三三）の法金剛院領目録には「玉祖社百廿八町五段六十歩」と記されている(84)。田嶋荘以下の所領は、十四世紀の末には大内氏の家臣平井備前入道祥助の所領となっており、祥助が応永の乱で主人大内義弘に従って没落すると、その所領は幕府によって没収されて幕府の料所となり、その後小早川則平に預け置かれている(85)。応仁の乱以降、周防国内の荘園・公領の多くは、大内氏やその家臣等による諸課役賦課の強化や在地領主層の押領行為のために所領支配や年貢徴収が次第に困難となっていく傾向にあったから、この目録がどれだけ当時の在地の状況を現わしているのかは疑わしい。恐らく、法金剛院領としては、有名無実になっていたのであろう。

以上のように社領をめぐる相論を中心に東大寺と玉祖社との関係について検討した。玉祖社は、社領の寄進以来、本所法金剛院の権力を背景に独自な領主制の構築に努めた。重源の時代には、造営事業が後白河法皇の協力のもとに進められていたことや、社殿の修理や神宝の寄進を受けたこともあり、東大寺との関係は比較的良好であった。ところが、承久の乱の後に国衙が社領の整理に乗り出したことに対して大前新荘を立荘させたところ、国衙興行を推進する大勧進行勇や東大寺から国衙返付を求めて相論となる。以降社領をめぐって法廷闘争をくり返し、まず亀山上皇の裁決により一部が国衙領となり、最後に建武の新政崩壊後に残りの部分についても国衙支配となったのである。

第四節　東大寺の国衙支配と在庁官人

第二節にて述べたように、重源は東大寺の造営事業に際して、周防国の在庁官人の協力を重要視していたのである。そこで第四節では、何故重要視していたのか、東大寺による在地支配と在庁官人との関わりについて検討していく。

国衙領には支配形態によって、国衙に正税を納入する国衙正税地と国衙周辺に主に分布して国衙の直接支配下にある国衙一円地とに分類されるが、先行研究によると、周防国では鎌倉時代中期に東大寺戒壇院の円照が大勧進に就任して以降、これとは別に国衙の支配を受けずに直接東大寺の内部組織と結びつく所領がでてきたという。(86)円照は大勧進となると、前述したように大前新荘植松原郷を学侶僧へ寄進し、与田保を三面僧坊へ寄進している。(87)

その後、室町時代に入ると、東仁井令や白石寺・勝間村は、学侶方が直接掌握している。例えば東仁井令は応永三十四年（一四二七）に学侶方が直接在地領主である江口氏を代官職に補任し、年貢を請け負わせているし、(88)また白石寺・勝間村も、永享四年（一四三二）に周防国の目代が代官職に任ぜられて以来、目代の管理の地となっていた。(89)

もっともこのような例は、周防国の国衙領でも例外な方で、むしろ多くは国衙の支配を受け、三職を通じて国衙に正税や雑役などを納入していた国衙正税地、もしくは国衙一円地であった。南北朝時代の正平十五年（一三六〇）の年貢支配状によると、油倉が国衙領から集めた正税は、得善保司分が方丈に、大前村の公文分が伯耆阿闍梨御房に配分されていた。(90)このように国衙領からの得分が東大寺内部の特定の人物に配分されているのは、彼らと国衙領との直接的な結びつきは見られないとはいえ、彼らがそれぞれの国衙領の所職を与えられ、その得分を給付されていたからである。そこで次に東大寺による国衙支配と国衙領の所職の関わりについて検討する。

一般的に、租税徴収確保のため古代的な郡・郷から中世的な郡・郷・保などの所領単位に再編にされると、在庁官人はこれを支配経営する郡司・郷司・保司に任ぜられるが、周防国の場合は、管見の限り在庁官人の補任が確認できるのは書生・公文・田所の三職である。

文治五年（一一八九）十月九日に重源が、在庁官人と思われる為助を馬屋河内保の公文職に補任したのを史料上の初見とし、[91]嘉禎三年（一二三七）には行勇が、賀陽盛定を安田保の公文職に補任している。[92]また、建治年間（一二七五〜七八）には、多々良貞能が周防本郡や吉木本郡、湯田保、上小野保などの書生職を領有し、相伝しており、[93]また同じ一族の多々良貞弘は、土師吉安が領有していた勝間村の書生職と佐波俊貞が領有していた周防本郡の書生職を掠盗ったと訴えられている。[94]そして弘安二年（一二七九）六月頃には土師基安は立野・高野両保の書生職であったが、別の所領の書生職に補任してくれるよう訴えている。[95]年代は不明だが、賀陽資成が切山保の書生職を、[96]沙弥覚阿が平井保の公文職を領有していたことも確認できる。[97]

このように在庁官人が、国衙領の郷司や保司ではなく、書生職以下の三職に拘ったのは、これらが国衙領内で在地の管理・支配を担う重要な所職で、これに拠って領主制の形成を推し進めようとしたからである。

一方、東大寺もこれら三職の重要性を認識していて、鎌倉時代を通じて維持に努めている。例えば、弘安十年（一二八七）与田保の公文職をめぐって周防国雑掌と地頭与田氏との間で相論に発展しているが、東大寺は「当国諸郷保書生・公文・田所等、可為国務進止之旨、去貞永元年被成下宣旨弁関東御下知」と、国衙領の三職の進止権は国衙に認められていると主張し、公文職の返付を求めた。[98]

東大寺がこの相論で根拠とした貞永元年の官宣旨とは、本書第一部第二章で検討した貞永元年八月十三日の官宣旨のことで、特にそのなかの第七ヵ条の「一應同停止諸郡郷書生・公文・田所等為地頭進止事」を指している。そこでは、新補地頭として国衙領へ入部してきた地頭に対して、諸郡郷の書生・公文・田所は、領家もしくは国司の進止であって地頭が妨げるものではなく、また地頭がそれらの職を兼帯したとしても領家や国司に従うようにと命じた関東下知状を引用し、その遵守を行勇に伝えている。

小原氏によると、この第七ヵ条は新補地頭を対象とする鎌倉幕府の追加法十二条を、ほとんどそのまま載せたもので、国衙一円地の支配強化を目指すものであるが、条令そのものが必ずしも周防国を対象としていないと述べている。(99)しかしながら、この官宣旨は行勇からの要請に応じて下されたものであるから、史料上確認できないとはいえこの条令を加えなくてはならないような事案が発生したと考えられる。

また、小原氏の説明のように国衙が三職を掌握することで、その地が一円支配となることには間違いないが、それら三職には前述したように在庁官人もしくは在庁官人に連なる在地領主が補任されていることから、三職を掌握することにより在庁官人を統率することに主眼があったと考えるべきであろう。当時、国衙と国衙領を結びつけるのは在庁官人であったから、東大寺はこれら所職の補任権を掌握することにより、国衙の下に在庁官人を求心的に結び付けるとともに、彼らを通じて国衙領を支配していこうとしたのである。そこで、次に国衙と在庁官人との関係について検討していこう。

周防国の在庁官人で鎌倉時代を通して強大な勢力を有していたのは大内氏であった。大内氏が強大な勢力を獲得したのは、治承・寿永の乱の際に反平家の活動をしたことで「権介」に任ぜられてからである。(100)その後鎌倉時代を通して大内氏は、常に在庁官人の最高位「権介」を保ち続けた。

また、鎌倉時代前期と推定される大内介知行所領注文によると、惣追捕使や案主所職にも任ぜられている。(101)特に惣追捕使は、朝廷や幕府の命令を受け一国内の追捕活動にあたる職なので、当時大内氏は、国内の在地領主に対する指揮命令権を掌握していたのである。さらに鎌倉時代後期の史料であるが、一族の多々良経貞が検非違使の兄部職を、また同じく一族の右田八郎が健児所の兄部職を領有しており、(102)国衙における軍事・警察権所管の「所」を大内氏一族で分掌していた。

このように、大内氏は独自の領主制の形成を推進めていたが、その過程で次に見るように大勧進や東大寺と衝突している。

最初は、重源が下向してきて、材木の選定から搬出作業を行っている時で、建久二年（一一九一）閏十二月九日に材木曳きの役を命ぜられたのにも関わらず、それに応じないと大内介弘成が訴えられた。[103]このことから、当時の大内氏が重源による造営事業に非協力的であったことは明らかである。他の在庁官人も造営事業に対し積極的に協力していたとは考えにくく、大内氏ほどではないにしても非協力的な者もいたはずである。

このような非協力的な在庁官人を協力させるために、重源は当初浄土信仰を前面に推し出していたが、それでは不十分であったので、あわせて一宮玉祖社や松崎天満宮など国内の主要神社に対して社殿の修造や神宝類の寄進などの興行を行っている。[104]さらには第二節で述べたように、自ら創建した阿弥陀寺を国衙と在庁官人との精神的な紐帯とするとともに、私領を寄進させて料田とし、それを国役免除することで、彼らの領主権も保護していった。こうして、重源は在庁官人に東大寺の造営事業に協力させようとした。

ところが、重源の努力も彼の死後に周防国が造営料国から離れると、また元の関係に戻ってしまった。寛喜三年（一二三一）に周防国を造営料国として与えられた行勇は、在庁官人の弘成と盛俊が命に背いて正税・官物などの結解を遂げないので、その身を召し上げるよう訴えている。[105]この弘成は、大内介弘成のことで、盛俊は一族右田盛俊と推定されている。[106]大勧進から訴えられたという点では重源の時代の弘成と同じであるが、先の弘成が材木の搬出に協力していないと訴えられたのに対し、行勇の時代の弘成は正税・官物を官庫に納め、結解を遂げていないと訴えられていて、彼らが行勇による国衙経営そのものに挑戦していたことが窺える。

大内氏が、この時代にこのような行為に出たのは、すでに幕府の御家人となり、在庁の枠組みを顧みる必要がなくなったからと考える。鎌倉幕府は、天福元年[107]（一二三三）八月二十一日に在庁官人の弘成と盛俊の召し上げを命じた御教書を大内介へ宛てて下していることから、天福元年にはすでに幕府の御家人となっていたのである。[108]ただし、与田保の地頭与田朝兼は、建暦元年（一二一一）には鎌倉幕府の本補地頭に補任されているので、[109]大内氏が御家人となった時期も、天福元年よりもさらに遡る可能性がある。恐らく、大内氏は、遅くとも承久の乱後には御家人となり、新たに京都に設置された六波羅探題に出仕したのが始まりであろう。そして建長四年（一二五二）以降は在京が恒常化し、重弘の時には六波羅探題の評定衆を勤めるなど、徐々に幕府内でも有力な地位を獲得していった。[110] 大内氏は鎌倉幕府との繫がりを深めていくことで、国衙に拠らない独自の領主制の形成を目指したのである。[111]

これ以降、大内氏ら在庁官人は、彼らの権益を擁護するかどうかを判断基準にして大勧進に対する対応を変えていった。前述した円照は、正嘉二年（一二五八）に大勧進に任ぜられると、具体的な内容は不明ながら、「周防国地頭在庁等不従国衙成敗由事」と行勇の例に準じて国務に従わせるよう幕府に訴えていて、それを受けた幕府から御教書が下されている。[112]

また、延慶三年（一三一〇）から四年にかけて円瑜と彼の罷免を求める東大寺の衆徒らと衝突する事件が発生したが、国衙にいる円瑜被官の目代や庁奉行などの追放と年貢正税の点定を命じたのに対し、命に従わないだけでなく、積極的に敵対している。[113]

円瑜に続いて大勧進に任ぜられた心源が、国衙興行を実施すると、正和二年（一三一三）三月に下向した目代承元に対して、大内氏ら在庁官人は阿弥陀寺の存続に危機的状況を作りだした犯人として非難し、承元の政務に従わないよう誓約書を作成するだけでなく、国衙への出仕をサボタージュして国務を混乱させたり、放火追捕などの悪行をしたり、さらに東大寺内では与同する寺僧らに閉籠合戦を引き起こさせて大勧進の交替をはかったりしている。[114]

こういった在庁官人に対して、東大寺が執れる手段は、前述したような周防国経営の拠点である阿弥陀寺を紐帯として結集をはかる他に、国衙が領有する所職の補任権を梃子にする方法しかなかったのである。

このような東大寺や大勧進と在庁官人との関係は、南北朝時代に入ると変化していった。詳細については本書第二部第二章で検討するが、在庁の最高位にありながら国衙に拠らない独自の領主制の形成を目指していた大内氏は、長弘が元弘三年（一三三三）に周防国の守護職を獲得すると、国衙を離れて独自の領主制を展開し始め、それにともない国衙の国務文書から多々良姓が消えている。(115)

一方、東大寺は、これに対応するように国衙組織の取り込みを始める。まず建武三年（一三三六）六月六日に東大寺内の戒壇院長老俊才が大勧進に任ぜられるが、それ以降大内氏によって国衙が押領される十五世紀末まで代々の戒壇院長老が大勧進職を独占している。また、実際に周防に下向して国衙経営にあたる目代も、戒壇院と本末関係にあった東大寺油倉の坊主が独占するようになるのも南北朝時代後期頃からである。(116)鎌倉時代には、東大寺外の僧が大勧進に補任されることが多く、必ずしも東大寺の意向に応じた国衙経営が行われていなかったので、寺内の戒壇院長老が大勧進を独占することにより、東大寺の意向が国衙経営に反映されやすくなった。

さらに、同じ建武年間に得富資長が検非違使に補任したのを皮切りに、応永年間には竹屋氏が小目代となり、遅れて寛正年間には上司氏が同じく小目代となっている。(117)彼らは、東大寺と主従関係にある世俗の者たちで、周防国へ下向して国衙に出仕することから、国衙候人と称された。目代が国務に際して発給する留守所下文を見ていくと、永和五年（一三七九）二月九日付までは目代と在庁官人が連署しているが、これを最後に在庁官人は署名されなくなり、(118)寛正二年（一四六一）十一月付以降は、目代一人が署名したものとなる。(119)同じく宝徳元年（一四四九）九月の阿弥陀寺の収納在所注文では、目代玉祐とともに竹屋国澄、得富資明、竹屋禅長ら国衙候人が連署しており、在庁官人に代わって国衙候人が留守所を形成して国務を担当していることが窺える。(120)在庁官人の存在自体は、宝徳二年の安楽寺の湯屋免田の寄進状で確認することができるので、(121)国衙内から彼らが消えてしまったのでなく、永和五年から寛正二年の間に相対的な地位が低下し、国衙候人がそれに代わったのであろう。東大寺は、主従関係にある国衙候人を、小目代と検非違使などの国衙所職に補任し、世襲させることにより国衙支配の強化をはかったのである。

以上、東大寺による在地支配に在庁官人がどのように関わっていたのかを検討してきた。鎌倉時代、東大寺は、在庁官人に対して阿弥陀寺を通して結集させるとともに、国衙領の所職補任を通して主従関係を形成することで国衙経営に協力させようとしたが、しばしば利害が対立して衝突を繰り返していた。南北朝時代に入り、大内氏が周防国の守護に任ぜられて国衙から離れると、東大寺戒壇院の長老に大勧進職を独占させ、国衙で経営にあたる目代に戒壇院の被官油倉の坊主を任じ、さらに東大寺被官の国衙候人を下向させて、国衙所職や国衙領の所職に任じて、国衙機構の取り込みと経営強化をはかることで国衙経営を推進しようとした。

結び

以上、東大寺による国衙経営について阿弥陀寺と玉祖社、在庁官人とのかかわりを中心に検討してきた。最後に検討してきた内容をまとめることで結びとしたい。

東大寺の造営料国となって重源が下向した時には、すでに周防国では大内氏を初めとした在庁官人だけでなく、一宮玉祖社のような寺社も国衙から自立した独自の領主制を形成していた。そこで重源は、在庁官人に対しては別所として創建した阿弥陀寺の料田に彼らの私領を寄進させ、それを不輸一色免田として権益を保護する一方で、玉祖社を初めとした主要な寺社に対しては社殿の修理や神宝の寄進、免田の寄進などを行って、大仏殿の造営事業や国衙経営への協力を求めたのである。

その後の大勧進と在庁官人や玉祖社らとの関係は、大勧進の施策が自己の権益にとってプラスになると思われる場合は協力するが、権益を損ないそうな場合は徹底して抵抗している。そのような在庁官人が、大勧進の下で結集したのは、彼らの私領を阿弥陀寺の免田とし、重源が阿弥陀寺を通してそれらを保護したからである。つまり、それは国衙経営に協力を求める重源と、自分らの権益の擁護を求める在庁官人との利害が一致したからである。

大勧進や在庁官人、玉祖社と東大寺との関係は、鎌倉時代寺外僧が大勧進に任命されることが多くて、国衙経営に東大寺の意思が反映しないことも多かったため、極めて複雑であった。そのような状況が変化するのは、建武政権から南北朝時代で、大内氏が周防国の守護職を獲得して国衙から離脱していく一方で、東大寺は、戒壇院長老が大勧進職を独占し、油倉が目代職を独占、そして東大寺と主従関係にある国衙候人を国衙の所職に補任させるなど、国衙独占をはかっていったのである。東大寺にとって鎌倉時代の周防国と南北朝・室町時代の周防国とでは別のものとなっていた。

註

（1）　東大寺の周防国支配について代表的な研究を挙げておく。村田正志「東大寺の造営と周防国衙領」（『国史学』二二号、一九三五年）、同「寺社造営料の研究」（『神社協会雑誌』三六―一〇・一一、一九三七年、ともに後に『村田正志著作集　第五巻　国史学論集』思文閣出版、一九八五年に再録）。三坂圭治『周防国府の研究』（積文館、一九三三年）。藤本（国守）進「鎌倉末期周防国衙の一動向」（京都大学文学部『国史論集』一九五九年）。松岡久人「鎌倉末期周防図衙領支配の動向と大内氏」（竹内理三博士還暦記念会編『荘園制と武家社会』東京堂出版、一九六九年、A論文）、同「室町戦国期の周防国衙領と大内氏」（福尾教授退官記念事業会編『日本中世史論集』吉川弘文館、一九七二年、B論文）、松岡氏A・B論文とも後に松岡久人著・岸田裕之編『大内氏の研究』（清文堂出版、二〇一一年に再録）、本多博之「中世後期東大寺の周防国衙領支配の展開」（『日本史研究』二九六、一九八七年四月）。永村眞『中世東大寺の組織と経営』（塙書房、一九八九年）。横内裕人「新出千載家文書にみる造東大寺大勧進と鎌倉幕府」（『鎌倉遺文研究』一二号、二〇〇三年十月、後に『日本中世の仏教と東アジア』塙書房、二〇〇八年）。小原嘉記「鎌倉前期の東大寺再建と周防国」（『南都仏教』九一号、二〇〇八年、A論文）、「〈重源遺産〉その後」（『日本史研究』五六六号、二〇〇九年、B論文）、「東大寺大勧進円照の歴史的位置」（『史林』九三巻五号、二〇一〇年九月、C論文）。

（2）苅米一志「大勧進事業の展開と荘園社会」（『荘園社会における宗教構造』校倉書房、二〇〇四年、初出一九九八年）。

（3）吉川聡・遠藤基郎・小原嘉記「「東大寺大勧進文書集」の研究」（『南都仏教』九一号、二〇〇八年十二月）。以下、文書番号は、これに拠った。

（4）式内社研究会編纂『式内社調査報告　二二巻』（皇學館大學出版部、一九八〇年）。

（5）『寧楽遺文　上巻』（東京堂出版、一九六二年）。

（6）「今昔物語集」一七巻（『今昔物語集　二』日本古典文学全集二二、小学館、一九七二年）。

（7）井上寛司「中世諸国一宮制と地域支配権力」（『日本史研究』三〇八号、一九八八年四月、後に『日本中世国家と諸国一宮制』〈中世史研究叢書〉、岩田書院、二〇〇九年に再録）。

（8）伊藤邦彦「諸国一宮・惣社の成立」（『日本歴史』三五五、一九七七年十二月）。

（9）工藤敬一「一宮社領免田の支配構造――肥前国河上社領について――」（『九州荘園の研究』塙書房、一九六九年）。

（10）宇佐神宮の場合、本所近衛家が大宮司の補任権を掌握していたことが明らかとなっている。

（11）大前は古くは玉祖郷といい、玉造部及び玉造連の本拠地であった。神官玉祖氏は、玉造氏の子孫であったと考えられる。

（12）『防府市史　史料編中世Ⅰ』「玉祖神社文書」六号（防府市、二〇〇〇年、以下『防府市史　史料編中世Ⅰ』は『防府市史』と省略）。

（13）『南北朝遺文　中国・四国編』一六九号（東京堂出版、以下『南北朝遺文　中国・四国編』は『南北』と省略）。

（14）『平安遺文』二三七五号（東京堂出版、以下『平安遺文』は『平安』と省略）。

（15）『山口県の地名』（日本歴史地名体系三六巻、平凡社、一九八〇年）。

(16)『角川日本地名大辞典　三五　山口県』(角川書店、一九八八年)。
(17)『大日本古文書　家わけ第十八　東大寺文書』七八九号(一)(東京大学、以下『大日本古文書　家わけ第十八　東大寺文書』は『大古』と省略)。
(18)『防府市史』「玉祖神社文書」三号。
(19)安芸権介藤原実明が、何故玉祖社から寄進を受けたのかは明らかとすることはできない。後考を待ちたい。
(20)註(7)井上氏論文。井上氏の指摘通りに一宮の中には在京の権門を本所と頂く例が見られるが、たとえば肥前国河上社のように後宇多天皇領でありながら国衙に内部の人事権を掌握していたものもあり、さらに検討を要する。また、中田薫氏以来院・女院・摂関家の寄進地系荘園は、在地領主が国衙などの介入を排除するために寄進が行われ、それを受けた院庁や女院庁、摂関家政所が下文などを下して立券が行われると考えられてきたが、近年になって川端新氏や高橋一樹氏の研究により、むしろ上部の主導による立荘が多かった事が明らかとなってきた(川端「院政初期の立荘形態」『日本史研究』四〇七号、一九九六年七月、後に『荘園制成立史の研究』思文閣出版、二〇〇〇年に再録。高橋「中世荘園の形成と「加納」——王家領荘園を中心に」『日本史研究』四五二号、二〇〇〇年四月、後に『中世荘園制と鎌倉幕府』塙書房、二〇〇四年に再録)。玉祖社の場合も、あるいは待賢門院の方から働きかけがあった可能性もある。
(21)『南北』二八九号。国衙に対して自立性をもつ一宮の内、常陸国の鹿島社、出雲国の杵築大社、信濃国の諏訪社では、国衙在庁や国内の御家人の頭役制による神事の運営が実施されていた(水谷類「鹿島社大使役と常陸大掾氏」『茨城県史研究』四二、一九七九年八月)。しかし周防国の場合同じ国府内にある松崎天神宮や国分寺では、鎌倉時代から南北朝時代にかけて神事の運営や社殿などの造営事業に国衙や在庁官人がかかわっていたことが確認できるが、玉祖社では、建武二年の注進状以外史料が無いため具体的なことは不明である。
(22)東京大学史料編纂所所蔵「松崎天満宮文書」の写真帳で確認。
(23)御薗生翁甫編『防府市史　上巻』(防府市教育委員会、一九五六年)。
(24)「建武年間記」(続群書類従完成会『群書類従　雑部一第二五輯』、一九六〇年)。
(25)『防府市史』「上司家文書」一七号。
(26)『鎌倉遺文』二〇九号、同二一〇号(東京堂出版、以後『鎌倉遺文』は『鎌倉』と省略)。

(27)『吾妻鏡』建久二年閏十二月九日条（『新訂増補国史大系普及版』、以下同）。
(28)『吾妻鏡』建久三年正月十九日条。
(29)註（3）小原氏史料解題。
(30)『鎌倉』九二〇号。
(31)『鎌倉』一一六三号。
(32)東京大学史料編纂所所蔵『南無阿弥陀仏作善集』。
(33)『鎌倉』一一六三号。
(34)『南北』一五一八号。
(35)註（9）工藤氏論文。
(36)註（8）伊藤氏論文。
(37)『鎌倉』一一六三号。
(38)平岡定海「周防国阿弥陀寺の成立」（岸俊男教授退官記念会編『日本政治社会史研究』下、一九八五年、後に「周防阿弥陀寺の成立」と改題して『日本寺院の研究　中世・近世編』吉川弘文館、一九八八年に再録）。
(39)『鎌倉』一一六三号。
(40)註（9）工藤氏論文。
(41)『鎌倉』二四八二〇号。
(42)『鎌倉』二五七三九号。嘉暦二年（一三二七）七月十二日目代下文によると目代覚順房覚恵が寄進した阿弥陀堂と免田二町四段は関東の下知により一旦国衙に付けられたものであった。
(43)東大寺図書館所蔵未成巻文書四―一九号（奈良国立文化財研究所編『東大寺文書目録』同朋舎、以下東大寺図書館所蔵文書は「東大寺文書」と省略）、『大古』成巻二七三号。
(44)「東大寺文書」五―四八号、同五―四九号。
(45)「東大寺文書」五―四八号。
(46)「東大寺文書」一―二四―六八七号。
(47)「東大寺文書」五―三九号。

(48)「東大寺文書」五―四〇号。
(49) 註（1）松岡氏A論文。
(50) 稲葉伸道「鎌倉後期の「国衙興行」と「国衙勘落」――王朝と幕府の国衙興行政策」（『名古屋大学文学部研究論集』史学三七、一九九一年三月）。
(51) 註（1）小原氏B論文。
(52)『鎌倉』二四八二〇号。
(53) 中井真孝「法金剛院」の項『国史大辞典』。
(54) 竹内理三「寺院知行国の消長」（『寺領荘園の研究』畝傍書房、一九四二年、後に吉川弘文館で一九八三年復刊、さらに『竹内理三著作集　第三巻　寺領荘園の研究』角川書店、一九九九年に再々録）、五味文彦『院政期社会の研究』（山川出版社、一九八四年）。
(55)『防府市史』「玉祖神社文書」一号。
(56)「東大寺文書」寶庫文書七四―三〇号。目録では後鳥羽上皇院庁下文とされているが、承久四年はすでに隠岐島へ遠流となっているので、ここでは後高倉上皇とした。
(57) 鎌倉時代初頭、大前には阿弥陀寺の料田一町一段が設定されていた（『鎌倉』一一六四号）。
(58)『鎌倉』二八四八号、同二八五〇号。
(59) 東京大学史料編纂所所蔵『口宣論旨院宣御教書案』所収貞永元年四月四日後堀河天皇綸旨案、同七月三日後堀河天皇綸旨案。四月四日の綸旨には、大前新荘・大野本郡・上得地村・東荷保の四ヵ所が、七月三日の綸旨には、このほかに富海保と吉敷本郡の二ヵ所を加えた六ヵ所が記載されている。
(60)「大勧進文書」六三号・同六四号。
(61)『大日本古文書　家わけ第十一　小早川家文書』三三号（東京大学、以下『大日本古文書　家わけ第十一　小早川家文書』は『小早川家文書』と省略）。
(62)「東大寺文書」一―一四―一三五号。鎌倉時代末期に上得地保をめぐって東福寺と相論となるが、その際に具書として「一通　六波羅施行状案同七月四日」と六波羅探題からの施行状が提出されている。
(63)「大勧進文書」四号。

(64)「大勧進文書」五号。
(65)「大勧進文書」六三号。
(66)「大勧進文書」六四号。
(67)「東大寺文書」一〇四―一三号紙背文書。
(68)『大日本史料』五編十二冊・嘉禎四年十月三日項（東京大学）。
(69)『鎌倉』四五一二号。嘉禎三年（一二三七）四月十九日に上棟式が行われて講堂の造営が新たな段階となると（「東大寺別当次第」真恵条、角田文衛編『新修国分寺の研究　第一巻』吉川弘文館、一九八六年所収、以下「東大寺別当次第」と省略）、延応元年（一二三九）末頃に九条道家が造営料所として東福寺へ寄進してしまった（『鎌倉』七二五〇号）。以降、東大寺は国衙返付を求めて南北朝時代まで東福寺と相論を繰り返している。
(70)『鎌倉』八一六九号。
(71)東寺百合文書ミ函二三―四。
(72)『日本歴史地名大系　三六山口県の地名』（平凡社、一九八〇年）。
(73)『大古』七五四号など。
(74)『角川日本地名大辞典　三五山口県』（角川出版社、一九八五年）。
(75)『鎌倉』一八六七三号。
(76)植松原郷は、現在の防府市大字植松にあたる。このことにより、大前新荘が佐波川を挟んだ対岸の地までがその範囲であったことが明らかである。
(77)『大古』二〇三〇号（一）、同二〇三〇号（二）。
(78)『大古』別集八四号。
(79)『南北』五五四号。
(80)「東大寺文書」三―一―一五号。
(81)『大古』一四五七号。
(82)『大古』一四三九号。
(83)『防府市史』「玉祖神社文書」三号。

(84) 天文二年十一月八日法金剛院領目録案（『新修香川県史　第八巻資料編　古代・中世史料』香川県、一九八六年）。
(85) 『小早川家古文書』三二号、同三三号。
(86) 註（1）本多氏論文、永村氏著書、小原氏C論文。
(87) 『鎌倉』一三二一五号、『大古』二〇三〇号（一）、同二〇三〇号（二）。
(88) 「東大寺文書」三―六―三三号、同三―四―一〇〇号、同三―五―九号、『大古』八三一号。
(89) 『大古』一四三九号。
(90) 『大古』一四五七号。
(91) 『鎌倉』九二〇号。
(92) 『防府市史』「上司文書」一三号。
(93) 遠藤基郎「「筒井寛秀氏所蔵文書」弘安徳政関連文書」（『南都仏教』第七六号、一九九九年二月）。
(94) 『鎌倉』一二九一一号、同一二九一二号。
(95) 『鎌倉』一二九一三号、同一二八〇六号。
(96) 『鎌倉』一二七八九号。
(97) 『鎌倉』一二九八〇号。
(98) 註（3）小原氏史料解題。
(99) 註（3）小原氏史料解題。
(100) 梶木良夫「平安来期における西国国衙の権力構造――『一国棟梁』の存在をめぐって――」（直木孝次郎先生古希記念会『古代史論集』下、一九八九年）、関幸彦『国衙機構の研究』（吉川弘文館、一九八五年）。
(101) 「東大寺文書」一―二四―七〇三号（二）、註（101）梶木氏論文。
(102) 『大古』二〇三五号。
(103) 『鎌倉』一二九一一号、同一二九一二号。
(104) 『吾妻鏡』建久二年閏十二月九日条。
(105) 「大勧進文書」五〇号、同五一号。

（106）註（3）小原氏史料解題。
（107）「大勧進文書」五二号、同五三号。
（108）註（3）小原氏史料解題。
（109）『大古』七八四号。
（110）註（1）松岡氏A論文。
（111）註（100）梶木氏論文。梶木氏の指摘のように周防国の場合、国衙から大内氏の排斥が不可能であったために、幕府は周防国内の在地領主を西国御家人に編成することができず、大内氏を通してのみ把握が可能であった。
（112）「大勧進文書」六一号・同六二号。
（113）「東大寺文書」五─三九号、同五─四〇号。
（114）『鎌倉』二五七三九号。
（115）註（1）本多氏論文。
（116）詳細は本書第二部第二章・第三章参照。
（117）「周防国吏務代々過現名帳」（「東大寺文書」一〇四─八五一─一号）。
（118）『防長風土註進案』「防府天満宮文書」二六一号。
（119）『防府市史』上司家文書三六号。
（120）『防府市史』阿弥陀寺文書二六号。
（121）『防府市史』寺社証文所収国分寺文書一号。

第四章　中世前期における東大寺の国衙領支配
――与田保を中心として――

はじめに

国衙領に関する研究は、荘園制研究にくらべると決して十分なものとはいえない。それは荘園制研究のような個々の事例研究が国衙領の場合少ないからである。そこで本章では、国衙領の中でも比較的史料が豊富に残存している周防国の与田保を取り上げて、国衙領の実態について検討する。

与田保に関しては、既に平岡定海・松岡久人・国守進・田村裕・服部英雄氏による研究がある。(1)本章では、これらの研究成果を踏まえつつ、与田保の保としての特徴を明らかにするとともに、そのような特徴に大勧進や領主としての東大寺がどのように関与していたのかを明らかにしていく。

与田保は、現在の行政区画では山口県柳井市余田に比定することができる。余田の地は北の大平山と南の赤子山に挟まれた低地に位置し、そのほぼ中央を西から東へ堀川が流れ、土穂川となって柳井湾に流れこんでいる。与田保の田地は両山の山裾の平野部と、大平山の北部の山間の谷々に存在していたと考えられる。与田の地名の由来については、「和名抄」の玖珂郡十郷のうちの余戸郷に充てるという説もあるが確定的ではない。

第一節　保に関する先行研究

保に関する研究は、松岡久人氏が保と別名の近似性を指摘して以来、保の発生については別名との関係を中心に論じられてきた。(2)松岡氏のこの視点は、大山喬平・河音能平・竹内理三・坂本賞三氏等により受け継がれ、(3)義江彰夫氏の研究に到達した。(4)義江氏は、松岡氏以下の研究成果を基にして、保の歴史的性格を在地構造との関連から捉えようと試みられたが、それらの研究成果をまとめると次のように要約できる。

①保の発生は、十一世紀の中頃畿内地方に始まり、暫時遠隔地まで広がっていった。
②保は、田地別の支配だけでなく、雑役を通して直接的に住人の把握、組織化することによって在家支配が可能となった。
③保は、別名同様在地領主、その他国司の近臣、在京領主等が、荒野等の未墾地の開発を目的とした申請を国司にし、それに応じた国司から別符を受けて立保する。
④保は、租税収取体系の面から見ると、通常の保と便補保の二種類に分類できる。
⑤領有者の面から見ると、在地領主や国司が保の領主となり、そこからの官物が国衙に納められる国保と在京及び在京の官人寺社に連なり、官物がその官人寺社に納められる京保の二種類に分類できる。便補保は京保の代表的な例である。
⑥保全体における国保と京保との割合を比較すると、十二世紀以降各地の状況や知行国制が一般化する傾向を考慮に入れると、京保の方が多かったと考えられる。
⑦国保と京保の所在地は、畿内周辺地域では国保が多く、遠隔地になると京保の方が多くなる。

これらが保に関する研究成果であるが、必ずしも保の内部構造や諸特徴を明らかにしたとはいえない。また、従来の研究では、保は別名の一形態として考えられているが、果たして何れの場合も当てはまるものなのであろうか、かかる疑問が生じてくるのである。この疑問を解決する手段の一つは、出来得る限り個別の実証的研究を行ない、それによって保の特徴を明確にし、一般化していくことである。本章は、そのための実証的研究の一例である。

第二節　与田保の成立と下毛野氏

前述の義江氏は、保の形成と歴史的位置を在地という舞台を通して内在的要因と外在的環境、経済的実態と法制的形態の関連から捉えるために、次の二つの視点を考慮しつつ行なう必要がある、と指摘している。(5)

①保の形成過程を知り得る史料の中から法制的形態と経済的実態との諸特徴を可能な限り抽出し、特にその両側面を知り得るケースについては出来得る限りその関連を把み出すこと。

②名・別名・一円領有型荘園など保と前後して形成される土地所有の諸形態とそれらが出現する在地の経済的諸関係及びそれを土台とした政治的諸行動との関連を可能な限り史料的に裏付けていくこと。

本節では義江氏のこの指摘を承けつつ、与田保の成立やその特徴などを明らかにする作業を進めていく。

一　与田保の開発者

与田保の地頭与田朝兼は、公文源与や東大寺との間で公文職をめぐって相論となったが、訴状の中で与田保の公文職の由緒について次のように述べている。[6]

〔史料一〕

右、朝兼之先祖敦賢、当保知行之時、下遣代官学壷取次郎守信之刻、守信依不弁黒白、相尋物書之處、尋出他領宇佐木保住人良与法師畢、仍召仕之間、守信申云、当保□(無)公文以□(汝)補公文職如何、良与即成喜悦之間、補彼職畢、其後良与・行与・湛与・厳尊四代已為公文職、

この〔史料一〕によると、朝兼は与田保の公文が地頭の先祖により補任されたのであるから、公文は地頭と主従関係にあるべき、と主張した。これに対し、公文源尊は寛元二年（一二四四）四月に申状を差し出して、次のように反論している。[7]

〔史料二―①〕

於当保公文職、為源尊重代相伝所職事、言上先畢之上、重所進証文□、地頭進止之由、御成敗之上者、不及子細哉云々、

と公文職の正当性について主張した後、さらに続けて、

〔史料二—②〕

次当保自方領ト申者、自嘉応年中之比歟、蓮花王院御領被立加楊井荘内畢、楊井新領是也、而依為相伝私領、於件公文職者、源尊之伯父僧重与知行之、彼子息覚与見存也、地頭職者、楊井太郎知行之、今覚念先祖保司之時、開発之地ト申者在此内、保司田ト申坪同在此内、与田本村之許ヲ依湛与之和与、朝俊為地頭職、可稱申先祖開発之地者、先可望申彼領者也、

この〔史料二—②〕では、地頭朝兼が先祖の開発の地であると主張している田地は、隣接する蓮華王院御領となった楊井新領内にあり、与田保における権利はない、というのである。このように、両者の主張は全く相対するものであったが、注目すべき点が三点ある。

まず第一点は、源尊の主張によると、地頭朝兼の先祖の開発地が楊井新領の内部にあるという点である。楊井新領は、嘉応年間（一一六九〜七二）に蓮華王院領楊井本荘に立ち加えられたことで楊井新領と称されるようになった所領である。したがって、それ以前に属していた所領を明らかにすることで、地頭朝兼の先祖と与田保の関係を明らかにすることができる。

楊井新領は、現在の行政区分では柳井市新荘に比定され、同じく楊井本荘は、柳井市柳井に比定されている。三ヵ所の地理的位置は、余田の東に隣接して新荘があり、さらにその東に柳井がある。つまり新荘は、余田と柳井の間に位置しているのであるから、楊井本荘に立ち加えられる以前の楊井新領は、与田保に属していたと考えるのが自然であろう。源尊が、その訴状の中で与田保を、わざわざ「与田本村」と述べているのは、楊井新領が与田保と元々一つの所領であったことを、間接的に示しているのである。それ故、源尊の主張のように地頭朝兼の先祖の開発地が、楊井新領内にあったということは、それが旧与田保内（分裂前の原与田保）にあったと同じこ

とである。そしてその開発地は、与田保の当初の開発に由来する地と考えられる。

第二点は、楊井新領の公文職を源尊の伯父重与が知行し、その子覚与が現在もその職に就いている点である。つまり源尊一族である重与とその子覚与が、楊井新領の公文職に補任されるのは、前述のように与田保と楊井新領が元々同一所領であったことと、代々与田保の公文職を勤めたという由緒によるのであろう。楊井新領の荘園領主蓮華王院も、荘園の経営を任せるものとして、旧与田保にて公文を勤めている源尊一族を選び出したと考えられる。

第三点は、源尊が地頭の先祖の開発地を与田本村ではなく楊井新領にあると、地頭の主張を否定しながら、地頭先祖が与田保の保司であったことは否定していない点である。このことは、地頭の先祖が原与田保を開発して知行していたということを裏付けていると考えられる。

以上の三点から、与田保と楊井新領は元々一つの所領であり、与田保の開発は、地頭朝兼の主張通り、地頭の先祖の主導により行なわれたと考えられる。そこで、次に地頭の先祖を明らかにしていく必要があるが、そのためにまず初代の地頭である朝俊について明らかにしていこう。

朝俊に関する史料として、建仁四年（一二〇四）正月二日付の与田保公文職幷地頭和与状案幷具書案（以下建仁四年具書案と省略）と朝俊が与田保の地頭職を朝兼に譲渡した際の年未詳の譲状がある。このうち建仁四年具書案では「左近衛府生下毛野朝俊」と署判しており、また譲状では「左近衛符生下野朝利」と署判している。(8) この署判から、朝俊は下毛野氏の一族であったと推定できる。

下毛野氏の系図としては、京都大学付属図書館所蔵の菊亭家本下毛野氏系図（以下下毛野氏系図と省略。系図1）がある。この下毛野氏系図は、網野善彦氏や中原俊章氏により、その記事内容の信憑性が高いと指摘されている。(9)

系図1の下毛野氏系図は、この下毛野氏系図から作成した略系図である。下毛野氏系図を概観すると、下毛野氏

系図1　下毛野氏略系図（京都大学付属図書館所蔵菊亭家本下毛野氏系図より作成）

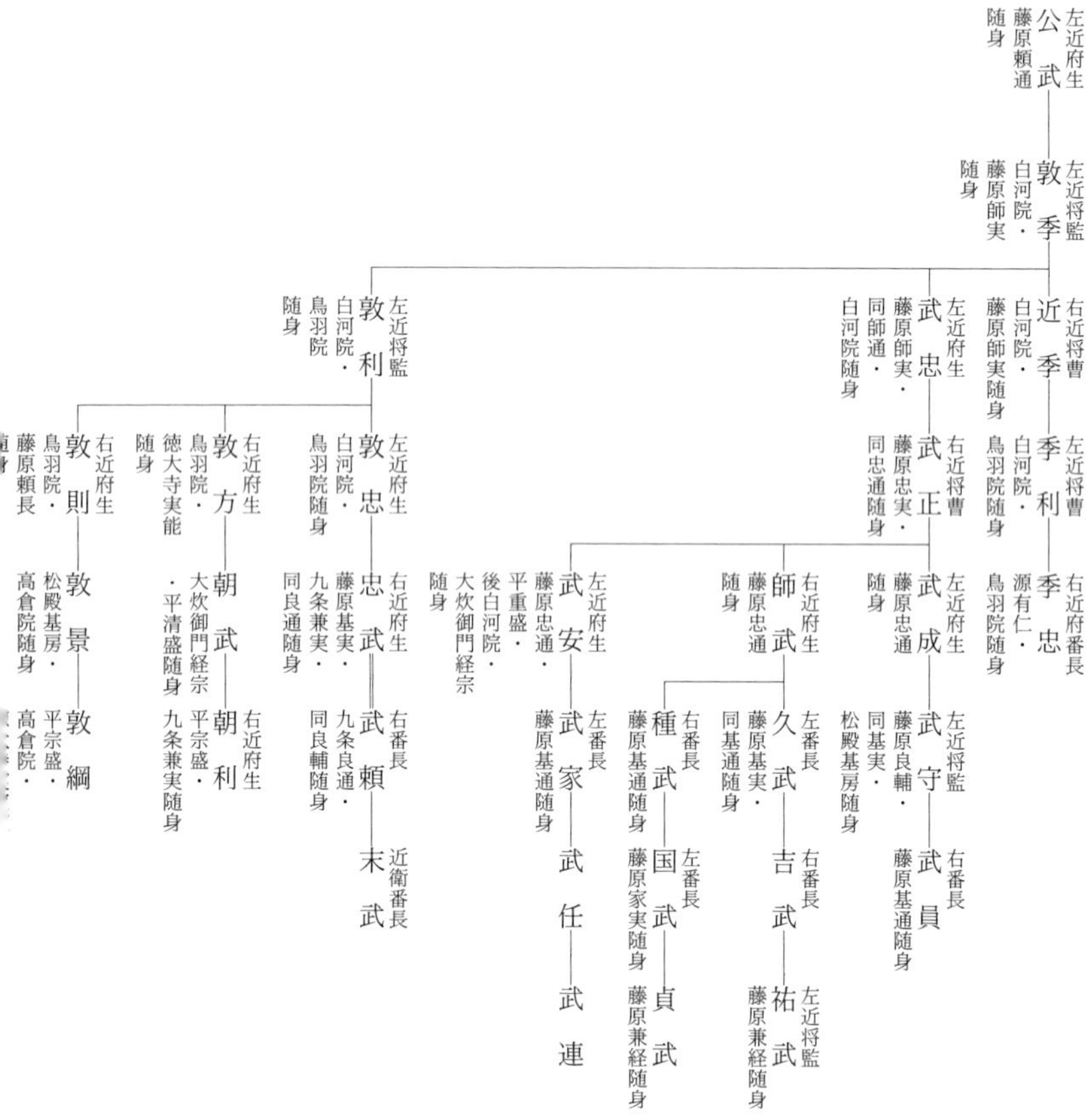

（凡例　＝養子もしくは婚姻関係、…推定　以下同）

系図2　与田保地頭系図（丸数字は与田保地頭の伝領を示す）

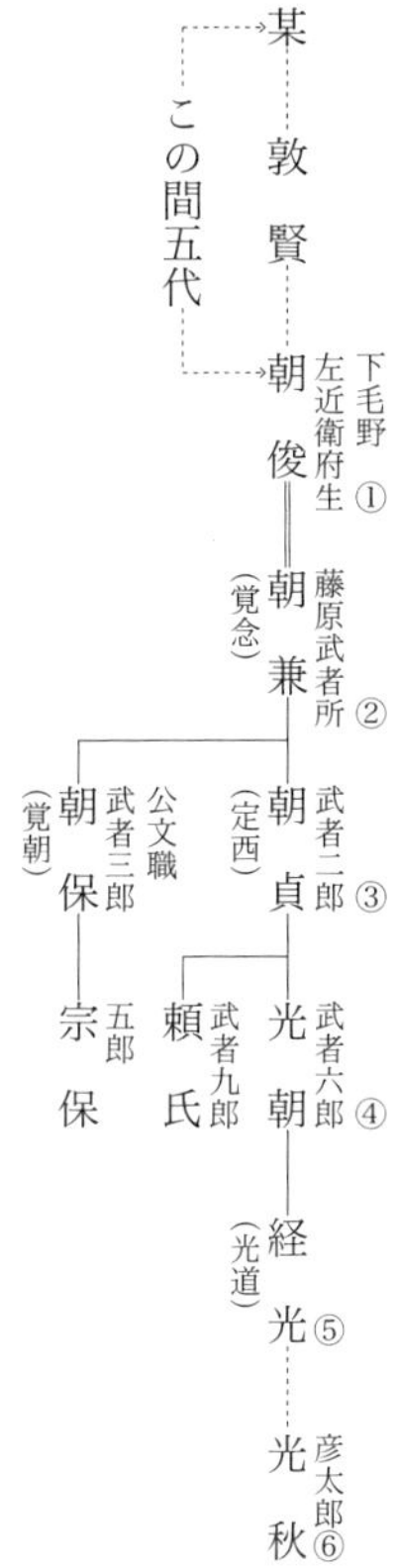

系図3　公文一族系図

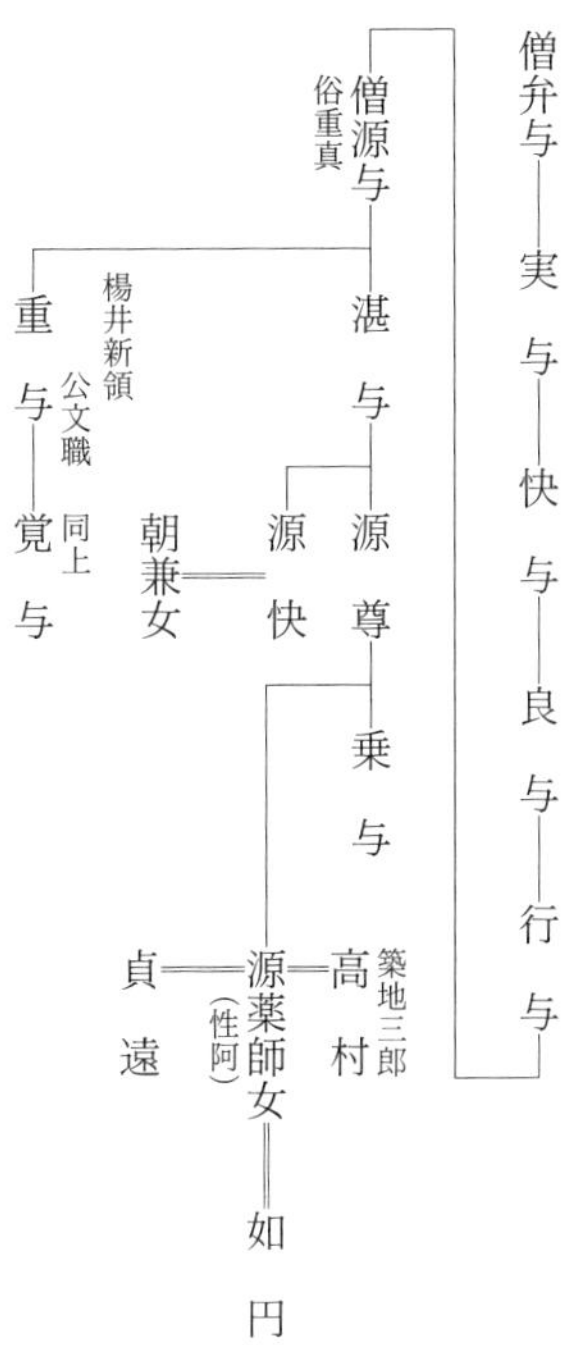

には「敦」の字を通字とする者、近衛官人となっている者などが見てとれる。

一方、系図2の与田保地頭系図は、与田保関係の史料から作成した。この与田保地頭系図によると、与田保の地頭は初代朝俊以来その曾孫光朝に至るまで「朝」の字を通字としている。つまり与田保の地頭一族は、下毛野氏の中でも「朝」の字を通字とする一族であったのである。そこで先の下毛野氏系図の中で「朝」の字を通字とする一族を捜してみると、朝武とその子朝利に行き当たる。そこで次に、その朝利と地頭の朝俊との関係について検討していく。

最初が朝利である。記録などによると、朝利は、文治二年（一一八六）三月には九条兼実の随身を勤め、(10) 同年五月には兼実の他の随身と共に競馬へ出場している。(11) また、建保六年（一二一八）四月の蔵人所牒写によると、朝利の譲状に任せて養子朝武が鷹飼職に補任されている。(12) さらに、下毛野氏系図には朝利に次のような記載がされている。

〔史料三〕

八嶋内府宗盛烈、府長番長、後九条殿下烈、御鷹飼、後暫番長正、〻補秦頼次、

これによると、朝利は九条兼実の随身や鷹飼職となる以前に平宗盛の随身を勤めたというのである。

一方、地頭の朝俊について見ると、前述の建仁四年の具書案と、年月日未詳の与田保重書等注進状案の中にある重源による地頭職補任の下文案の日付が、共に建仁四年であることから、この頃地頭の朝俊は周防国で活動していたと考えられる。

この建仁四年は、先の建保六年とでは十四年の開きがあり、また周防国と京都とでは大きく離れているうえ、下毛野朝利は右近衛府生で、地頭朝俊は左近衛府生と官職も相違している。しかし、このような相違点はあるが、史料上に現われる時期はほぼ同時期であり、官職も誤写誤読の可能性があることから、両者が同一人物であると考えて間違いない。

このことをさらに裏付けるために、地頭朝兼が前述の訴状案の中で与田保を知行していたと主張した先祖敦賢

について見てみよう。

前述のように敦賢が与田保の保司として、宇佐木保より招き寄せた先祖良与法師は、公文源尊の曾祖父に当たる。源尊の父湛与の史料上の初見は、養和二年（一一八二）四月二十八日の野寺僧弁慶申状案である。[13]この時湛与は、すでに、与田保の公文であったから、その祖父良与は逆算すると十二世紀前期より半ば頃に生存していた人と推定することができる。公文源尊の申状によると、地頭朝兼の訴訟に対抗するため幕府へ訴状に添えた証文の一つに、久安二年（一一四六）二月付の惣公文職に関する留守所下文がある。この下文が公文一族に伝来してきたことと、久安二年の日付から、良与が公文職に補任された際に、周防国の留守所より与えられたものと考えられる。このことから、敦賢が良与を宇佐木保より招き寄せたというのは久安二年以前のこととなり、敦賢も十二世紀初期より半ばの人と考えることができるであろう。

一方、系図1の下毛野氏系図によると、朝利の祖父に敦方がいる。この敦方は、記録によると、元永二年（一一一九）に白河上皇の随身を勤めて以来、[14]鳥羽上皇の随身も勤めている。また、大治五年（一一三〇）には兄敦忠に代わって右近衛府生に任ぜられ、[15]翌年正月十九日には藤原忠通の大饗において鷹飼渡の儀式を執り行なっている。[16]さらに、保延三年（一一三七）八月六日には、日吉御幸における競馬の内競いの二番で競馬をし、[17]そして仁平二年（一一五二）正月には、藤原頼長の随身として大饗の儀式に従い、[18]同年八月には馬を牽いており、[19]翌年三月の節会でも牛を牽いている。[20]久寿二年（一一五五）には徳大寺実能の随身を勤め、[21]そして永暦元年（一一六〇）になって子の朝武に御鷹飼職を譲っている。[22]下毛野氏系図でも、敦方が院の随身や徳大寺の随身を勤めたことが記されている。以上のように記録や系図の記述から、敦方は少なくとも元永二年から久寿二年の間で活動していたことは間違いない。

このように、敦賢と敦方は活動時期がほぼ重なることと、敦賢と敦方と名前の表記は異なるが発音が同じであることから、両者は同一人物で、朝俊の祖父であったと考えてよいであろう。

さて、与田保の開発者を推定することのできる史料として、前述の朝俊の譲状があるが、そこには次のように記載されている。

〔史料四〕

ゆつりわたすゝわうのもんその□□与田保のほうちとう、朝利か世まてハ五代相伝所也、[23]

与田保の地頭職が朝俊を含めてすでに五代に亘り相伝してきたとあるが、この場合地頭職の正統性を述べているから、総てを額面通りには受けとめられない。しかし少なくとも先祖から朝俊までの間、与田保と何らかの関連があったと考えられる。朝俊が五代目ならば、前述の敦賢は三代目に当たり、さらに初代は下毛野氏系図によると敦季となる。朝俊の譲状の記述内容に従うならば、与田保の開発者は敦季になる。

記録によると、敦季は、承暦三年（一〇七九）四月に藤原師実の賀茂社参詣に際して、馬出しをしている。[24]寛治二年（一〇八八）には、白河上皇に将曹の随身として召され、寛治八年（一〇九四）には将監に補任され、[25]下毛野氏発展の基を築いて、承徳元年（一〇九七）年閏正月十五日に亡くなっている。[26]敦季は、このように貴人の随身を勤めていたから、在地において自ら開発を行なうことはできない。おそらくは代官を派遣して開発を行なったか、あるいは在地領主にその開発を委ねたものと考えられる。

二　与田保の認可者

前項において、東大寺文書と下毛野氏系図を中心に、与田保の開発者を推定してみたが、この項ではその結果を承けて与田保立保の認可者について検討する。

一般的に立保の認可者は、国司である。国司は立保に関し強大な権限を持っていたと考えられている。したがって、立保の認可者も周防国の国司であろう。与田保の開発者敦季が記録上に現れる時期で、周防国の国司は判明しているだけでも四名もいる。(27)この内一名は、姓のみで名前が不明なので除外し、残りの三名について検討する。その三名とは、承暦四年（一〇八〇）に見任された藤原通宗と、応徳二年（一〇八五）に補任された藤原敦基、寛治三年（一〇八九）に補任された藤原経忠である。

この内、藤原通宗は、尊卑分脈によると、応徳元年（一〇八四）四月十二日に死亡している。又、藤原敦基は摂関家の家司であり、いわゆる家司受領であった。(28)一方、藤原経忠は、院の近臣である。『公卿補任』の天治元年の項によると、寛治三年正月六日の周防守補任の記述には、「院分」という注記がある。(29)この院分とは、周防国が院の分国ということであるから白河上皇の分国となった時に、経忠が国司であったことを示している。さらに、嘉保二年（一〇九五）には、院司の受領十人の一人として経忠の名が現われている。(30)経忠は承徳元年（一〇九七）までの八年間周防国の国司を勤めていた。

以上、三名の国司について見たが、残念ながらいずれも与田保の立保の認可者として特定するだけのものがない。しかしながらこの三名の中から強いて立保の認可者を選ぶとすると、白河上皇の近臣経忠の可能性が高い。というのは、河音氏によると、敦季が記録上明らかなこの時期は、白河上皇が巨額な財政的支出を各国司への負担増大という形で解決しようとしたために、その負担を請負うことのできなくなった国司により、その御封代としての便補保が数多く立保された時期だと考えられているからである。(31)一方、与田保は、約一世紀後になるが建永二年（一二〇七）三月付の与田保藤原某下文案の中で(32)「別納」の地であると述べられている。別納とは別納保のことと考えられ、官物・雑役のいずれか一方が通常の収納から独立し、直接国司に得分として付与される租税上の特権を有していた。(33) 別納保はその給主が国司とはいえ在京領主であることから、従来の研究では京保に分類されている。与田保は、成立時から別納保であったことを示す史料がないので詳細は不明だが、義江氏の研究によると、別納保から便補保に移行することはあってもその逆は見出せないという。(34) このことから、与田保も別納保として立保されたと考えてよいであろう。

このように与田保が白河上皇の財政的支出の負担を、国司が支えることを目的として立保したものの一つとするならば、その時の国司は白河上皇の近臣藤原経忠であったと考えることができよう。しかも、下毛野氏系図には、敦季は法勝寺の造営に際して、池を掘り、石を建てるなどの造作を行なったと記されている。この記事については、法勝寺の造営という性格上、藤原師実の随身の時ではなく、白河上皇の随身の時のことであったと考えた方が自然であろう。このように敦季の白河上皇へ忠節を尽くしていたことと経忠が院の近臣であったこと、そして与田保が別納保であったことから考えると、立保に際して認可を与えたのは、国司の経忠であった可能性が高い。

三　与田保の成立期

続いて、与田保の成立時期について考えてみよう。与田保は立保に関する史料が残存していないので、立保の正確な時期を示すことはできない。そこで傍証史料を利用することで、与田保の成立期を検討する。

与田保の史料上の初見は、天仁二年（一一〇九）十月八日付の薬師堂棟札である。(35) 保は、前述したように、十一世紀中頃に畿内周辺地域において発生し、十一世紀末期にかけて遠隔地に及んだと考えられており、この棟札の日付をもって与田保の成立期を推定することも可能である。しかし、この棟札には「下野寺」と記されている点が問題である。というのは、野寺が上・下に分かれたことが明らかとなるのは、この棟札以外では、正和四年

（一三一五）十月二十一日付の与田保野寺院内弁得行・延次両名境注進状案まで時代を下がらなければならないからである。野寺が上下に分かれた時期が、同時代の史料で確認できないかぎり、残念ながらこの棟札の銘文を傍証史料とすることはできない。

先に与田保の開発には下毛野敦季が関与し、立保に際して認可を与えたのは藤原経忠の可能性が高いと述べた。このことから与田保の成立期は、この敦季の死亡した承徳元年（一〇九七）以前であり、経忠の任期期間内でなければならない。敦季は、承暦三年（一〇七九）から記録上に見え、承徳元年に死亡している。一方、経忠が周防国国司であった任期は、寛治三年（一〇八九）から承徳元年の間であった。つまり両期間の重なる寛治三年から承徳元年の間が与田保の成立期であったのである。

四　与田保の領有者

次は与田保の領有者について検討する。

義江氏は、保の領有者をその形態から次のように四種に分類している。(36)

①保本来の領有者が在地領主であるもの。
②元来の領有者は在地領主であったが、ある段階で国司又は在京領主が領有者に代わったもの。
③最初から国司又は在京領主が領有者として登場するもの。
④元来在地領主の私領であったものを、立保に先立って国司又は在京領主が領有者となるもの。

そこで、与田保の領有者について、時代を追って見ていきたい。

与田保の成立時は、国司経忠が領有者であったと考えられる。この時、開発者の敦季は、保司を勤めていたのであろう。敦季の子敦利は、寛治八年（一〇九四）に院の随身として記録上に見え、(37)さらには院の北面となるなど、院との関係が深かったことは窺い知れるが、与田保との関係は不明である。これに対し、与田保と下毛野氏との関係が史料上明らかとなるのは、敦季の孫敦方からである。

敦方は、前述したように元永二年（一一一九）に白河上皇の随身として記録上に登場して以来、鳥羽上皇や藤原頼長、徳大寺実能の随身と、院や公卿の随身を勤めた。さらに、御鷹飼職にも任ぜられていて養子の朝武へ譲渡していたことが確認できる。与田保と敦方の関係は、前述の地頭朝兼訴状案の中に見えるが、それによると、敦方は与田保を知行していたが保内には在住せず、代官を派遣して支配を行なったという。(38)

その後、嘉応年間（一一六九～七一）になると、与田保の一部が蓮華王院領楊井荘に立ち加えられて楊井新領となる。このことから、蓮華王院又は蓮華王院の発願者であった後白河法皇と関係の深い者が、この時期与田保を領有していたと考えられる。これに該当する者としては、当時国司であった高階信章の可能性が高い。信章は、同族であり後白河法皇の近臣であった高階泰経の名国司であった。(39)敦利や敦方の時の与田保の領有者は不明であるが、与田保が別納保であったことと、嘉応年間には知行国主高階泰経が領有していたと考えられることから、代々の国司が与田保を領有し、やがて知行国制が一般化してくると知行国主が領有者となっていたのであろう。

高階信章以降、周防国は後白河法皇の院分国になったり、院の近臣の知行国になったりしているから、与田保は院の近臣の人々に受け継がれていったと考えられる。そして文治二年（一一八六）周防国が東大寺の造営料国になると同時に、与田保は国主である重源が領有するようになったのであろう。

一方、下毛野氏は、前述のように敦方が鷹飼職を養子朝武へ譲渡した後、朝武は記録上から消えてしまうが、下毛野氏系図によると、大炊御門経宗の随身や平清盛の随身を勤めたと記されている。また、その子朝利も、平宗盛の随身、後に九条兼実の随身を勤めたと記されている。この間、朝武・朝利が与田保の保司であったかどうか確認できないが、院の随身でなくなったとはいえ、経宗以下宗盛に至るまでは、鳥羽上皇・後白河法皇と関係の深い公卿であることから、その後も下毛野氏が保司職を勤めていた可能性は高い。ところが治承・寿永の乱により平氏が滅亡すると、宗盛の随身であった朝利は、保司職を罷免されたのであろう。

周防国が東大寺の造営料国となると、大勧進職の重源が国務を執るが、朝利は九条兼実の随身となり、兼実の権力を借りて保司職などの回復をはかったと考えられる。しかし、兼実が建久七年（一一九六）十一月に関白の地位を追われて失脚してしまうと、朝俊は周防国へ下向して権益の回復をはかるため武力などによる実力行使に出た。これに対し重源は、朝俊を地頭職に補任してある一程度の権益を認める代わりに、国衙支配体制に組み込むことで、経営の安定化をはかったのであろう。

東大寺の造営は、建仁三年（一二〇三）に諸天総供養が行なわれ一応の完成を見た。そのため、建永元年（一二〇六）に重源が死亡すると、周防国は東大寺の造営料国から離れ、西園寺公経に与えられた。公経は知行国主となるが、承元二年（一二〇八）に法勝寺の九重塔の造営料国に充てられると、栄西が大勧進としてこれを担当した。法勝寺の九重塔が完成すると、引き続き承久二年（一二二〇）より感神院の造営料国となり、四条隆衡が知行国主としてこれに当たった。そして安貞二年（一二二八）から寛喜二年（一二三〇）の間、松殿基房が知行国主となった。知行国主の交替にともなって与田保の領有者も替わった。

寛喜三年（一二三一）、周防国は再度東大寺造営料国に付与された。これにともなって与田保の領有が大勧進行勇へ渡ると、与田保の支配体制は変化した。すなわち、それまで国衙の支配を受けない一種の不入の状態であったが、造営料国となると国衙の権限を利用した支配が行なわれるようになった。貞永元年（一二三二）八月、[40] 同年十一月、[41] 文暦二年（一二三五）閏六月と、[42] 少なくとも三度、周防国の名国司藤原顕嗣と大勧進行勇が、周防国の留守所に対して地頭の濫妨を停止させるよう命じている。(43)これに応じた留守所は、嘉禎二年（一二三六）四月十四日、与田保へ下文を下して、地頭の濫妨を停止するよう命じている。この時多分に国司と対立する傾向にある在庁官人を国衙経営の場で協力させたのは、鎌倉幕府と九条道家の支援があったからであろう。

しかし、このような大勧進が留守所を通じた国衙領支配は、間もなく転換していく。それは、与田保に関する史料が、東大寺文書の仁治三年（一二四二）五月十日の六波羅問状御教書案を境にして留守所から発給されなくなり、代わって鎌倉幕府からの発給文書のみとなるからである。(44)恐らく大勧進は、留守所による支配では地頭の濫妨を停止することができないために、鎌倉幕府に協力を仰ぐことにしたのであろう。

さらに正元年間（一二五九〜六〇）になると、「則於当保者、永代可為僧坊衆供料所」との院宣が下され、(45)三面僧坊による与田保領有が公認された。従来の研究では、この院宣により与田保が三面僧坊学生供料所となったと理解されている。(46)しかし、史料上では、すでに正元年間以前に地頭が留守所の支配を排除する動きが見られる。

例えば、前述した建長元年（一二四九）の関東下知状案の中では、「保司重善法僑」と「預所重善法僑」と、同じ重善法橋が異なる職名で記されている。(47)具体的には、東大寺側の具書として引用されている安貞二年（一二二八）の文書では、重善法橋を保司と記している。それに対して地頭朝貞の主張を引用した部分では、重善法橋を預所と記している。貞永元年（一二三二）に末松名に対する地頭の濫妨を停止するように訴えていたのは保司代である(48)し、嘉禎二年（一二三六）の周防国留守所下文によると、殺人未遂を犯した地頭朝貞を定使合力法師と共に保司代宝樹が取り調べを行なっている。(49)このことから、嘉禎二年当時現地では保司による支配が行われていたことは明らかである。

それにもかかわらず、前述の建長元年の関東下知状で、地頭朝貞が重善法僑を預所と称しているのは、朝貞が留守所の支配を嫌って、「別納の地」として古くから国衙支配の国衙領ではないことを強調するためとも考えられるが、実質的に学生供料所として三面僧坊による支配に移行していたからである。つまり、正元年間（一二五九〜六〇）の院宣は、それを公認するだけのものであったのであろう。

永和二年（一三七六）十月七日に大法師俊賢らが納所得分を沽却した与田保新僧坊供納所得分売券の中で、与田保が「新僧坊供料所」と記されており、(50)これ以降も実質的に三面僧坊学生供料所として存続していたのである。

しかし、与田保は三面僧坊学生供料所となったとはいえ、その支配の一部と租税の収納は、大勧進など東大寺の国衙経営組織を通して行なわれていた。しかも、暦応四年（一三四一）十月の周防国雑掌定尊申状の中で、「当保者国領也、正税已下悉造寺要脚也」と雑掌定尊は述べていることから、(51)実態は国衙領の性格と荘園としての性格を兼ね備えていたと考えるべきであろう。つまり与田保は荘園としては三面僧坊の支配下にある一方で、国衙領としては東大寺寺家の支配下にあった。東大寺寺家と三面僧坊との与田保を巡る関係は、本家と領家の関係と同じと考えられ、与田保を直接領有し支配していた三面僧坊が領家、東大寺が本家の関係であったのであろう。

以上、与田保の領有者について時代を追って検討した。与田保の領有形態は、義江氏の分類方式に従うならば③の分類に該当し、成立時代から在京領主であった国司が領有者として現われ、以降知行国主、東大寺へと受け継がれた。更に領有者の代官として成立以来保司職であった下毛野氏は、源平の内乱により改易されてしまったが、重源上人により地頭職に補任され、再び与田保の支配機構に組み込まれたのである。

第三節　与田保の内部構造と領域性

本節では内部構造と領域性について検討する。まず内部構造であるが、保は未墾地の開発を前提として成立する所領であるから、その内部には田畠及び荒野が含まれている。与田保の場合は、前述の建長元年の関東下知状案によると、定田五十五町七反小、畠九町一反、この外に国司奉免の地といわれる天神田五反、惣社宮田四反、同社三反、御館講田二反、野寺一町、一宮一町五反、駅家□町の都合約五町以上の免田があった。(52) さらに年月日未詳の中納言法橋重善書状写では、この定畠の他に荒野があったことが明らかとなっている。(53)

また、弘安八年（一二八五）十月二十八日の周防与田保開田検帳に記載された坪付面積の合計は、五十八町八反三百四十歩があって、(54) 鎌倉時代前期の定田数の近似値であった。この数値を見る限り与田保の開発は、鎌倉時代前期以降それ程進展しなかったことになる。しかし、既に田村氏が指摘されたように、この間田検帳に記載された「里」の外に三里の存在が想定できるので、与田保の開発は史料上に現れないが確実に進められていたと理解できよう。(55) なお、田村氏は弘安八年の間田検帳記載の定田の半分以上が損田の状態であるという結果から、当時の与田保は耕地化率が低く、不安定な状況にあったと述べている。(56) しかし、次の理由により与田保は不安定な状況下ではあったが、耕地化率が低いとは断定することはできないと考えている。

第一点は、弘安八年の間田検帳の田地記載が最低六十歩で、六十歩刻みで記載されていることである。これは、東大寺が農民の再生産を期待して六十歩以下の田地を免除していたとも考えられるので、実際には間田検帳に記載されていない耕地があったと考えられる。

第二点は、嘉禄元年（一二二五）の公文加徴散用によると、公文名は田地二十六町三反小であったことである。公文名の内訳は、定田十一町六反百歩と除田六町九反、そして給田を中心としたと考えられる田地七町八反二十歩より成り立っていた。(57) つまり与田保は、間田検帳に記載されて領主に把握されている定田や除田と、記載されない私領的性格の田地により構成されていた。

以上の二点から、間田検帳に記載されない田地が与田保にあったことは明らかであり、その分を考慮に入れなければならない。史料的制約により明らかではない点はあるが、与田保の場合も中世特有の双方性の耕地であったのあろう。

田村氏は、保の領域性について「別名には明らかに仮名名主の名が冠されていたと思われる。これに対して保は主に地名を冠していたものであるからその領域性はある一定程度存在していたと思われる」と述べている。(58) しかし、もともと保には散在的傾向がある別名的性格もあるのだから、田村氏が述べたような名称だけで領域性を断じることは危険なことであろう。

そこで次に領域性について検討していこう。与田保の領域性を知るうえで重要な所領として末松名が挙げられる。末松名は、元々楊井荘の地頭楊井太郎の名田であったが、建保年間（一二一三～一九）に楊井太郎が与田保の堺を越えて横領行為をしたために国司より収公され、(59) その後与田保の保司が直接沙汰管理するところとなった名田である。(60) 前述の弘安八年の間田検帳によると、この末松名は都合二町六反の田積があって、国上里内の五ヵ所に散在していた。この末松名の管理については、公文が毎年二十六石を納入する旨を沙弥某（源尊カ）がさかうのえもん入道（目代酒匂左衛門入道如寂カ）(61) に約束していることから、大勧進行勇の時には公文が管理を任せられていたことがわかる。(62) さらに末松名は正税が反別一石で、名全体が賦課対象となっていることから、保領有者の佃と同様の性格を有していたと考えられている。(63)

この末松名の由来が前述の通りであるならば、他領主の名田が与田保の内部にも存在していたことになる。すなわち与田保は、十三世紀初頭の時点においては、排他的な領域性を有していなかったことになる。義江氏は、しばしば保が領域的な纏まりがありながら、保の内部に他領主の所領が存在する理由は保固有の法に起因する、と述べている。(64) つまり、保において住人別の雑役免除が法的に保護されていたのは、居住地・住人の把握に限られていたのであり、その限りでは山野を取り込んだ領域体が形成されるが、外部からその領域を侵略するものが現われても、保固有の法ではそれを排除することができなかったというのである。

与田保と末松名との関係も同様なことが考えられる。末松名の名主であった楊井氏は、楊井氏系図によると多々良氏の一族であり、玖珂郡司に任ぜられ、玖珂郡内において抜きん出た勢力を有していたことが窺える。(65) 楊井氏は、このような伝統的権力を利用しつつ、末松名を原与田保の故地に成立させ、そして領有していったのであろう。下毛野氏は、この勢力を排除することができず、それを包摂するかたちで与田保を開発していったのであり、末松名は与田保にとって別名的存在であったのである。さらに、この末松名が散在的であったことは、弘治二年（一五五六）四月二十九日付の毛利家家臣連署奉書の中に(66)「新荘末松名」と、楊井新荘にも末松名があったと記されていることからも明らかである。楊井新荘は楊井新領の後身であるから、末松名は原与田保の所領全体に散在していたと考えられる。

以上の検討により、与田保はある一定度の領域体であったが、決して排他的なものでなく内部に別名所領が存在していたのである。

第四節　保務から見る与田保の支配体系

保における保務は、その支配体系を通して実行されていた。久保田和彦氏は、保司の保務の内重要なものとして勧農、検田・収納、検断の三点を挙げている。(67) そこで本節では与田保の保司（預所）、公文、地頭のそれぞれが領有した保務について勧農、検田・収納、検断の三点を中心に検討する。

保司は、一般的に大別すると在地開発領主系と在京領主の代官系の二種類があり、それぞれ権限が異なっていたと考えられるが、田率官物の納入義務（検田・収納）と保民を使役しての開発については共通していた。(68) 保司の保務の中で重要なものは、勧農と検断である。(69) その内勧農の具体的内容は、斗代増減、種子・農料の下行、保田満作といった勧農全般に亘るものである。

与田保の勧農に関する史料は少ないが、建永二年（一二〇七）保司散位藤原朝臣が与田保の保民に耕作を専ら行うよう命じた下文がある。(70)その中で保司は、保民等は勧農を企て安堵を励めと命じているが、これは保司が与田保の勧農に関して指導的立場にあったからである。勧農は支配者側からの奨励であるが、最終的にも年貢の収納が目的であるから、(71)支配者が積極的になるのは当然のことであろう。

この外に与田保全体に対する勧農について明らかになる史料は確認できないが、末松名と為重名といった個々の名田に対するものはある。末松名は保司が直接沙汰管理する佃的性格を有していて、藤原基房の知行国の時には保司中納言法橋重善が地頭に耕作させていた。(72)一方、為重名は、もともと公文が相伝してきた名田であって、所従延友の下人為重が下作していたが、為重が二ヵ年分の年貢を未進したとして保司重善に収公されたうえ、(73)地頭与田氏に耕作と勧農を命じられている。このように保司重善が両名田を地頭に耕作させたのは、地頭が重善に従う年来の家人であったからだという。(74)

続いて保司の検田・収納について検討する。この場合もやはり直接それらを明らかにする史料は確認できないが、間接的ではあるが、弘安八年（一二八五）の二種と正和五年（一三一六）の一種の都合三種の検注取帳が残されている。(75)このうち弘安八年の両検注取帳については、その作成された由来を直接示す史料はないが、その年代から前年に鎌倉幕府によって発せられた弘安徳政との関係があったことは間違いない。

遠藤基郎氏によると、弘安七年（一二八四）五月に鎌倉幕府が徳政令を出したことを受けて、当時不知行となっている封戸や顚倒してしまった寺領や諸末寺、または当知行はしているが係争状態にある寺領などを書き上げた注進状を、東大寺が幕府へ提出していて、そこには「同国与田保三面僧坊学侶僧食料所也、而地頭幷公文名主等、年貢所済不全之間、所名無実也」と記されている。(76)これによると、当時与田保は公文職も実質的に掌握していた地頭与田氏が年貢を納めていない不完全な状態にあったために、法廷で対決していくにあたり基礎的な史料として検注取帳を作成させたのであろう。なお、史料上確認できないが、いずれの場合も、与田保が三面僧坊学生供料所となった際に保司に代わって保務を勤めるようになった預所が、検注帳作成にも関与していたと考えられる。収納については、その預所が公文と共に正税を徴収していることが明らかとなっているのみである。(77)

以上検田・収納の例は共に預所による支配が行われていた時の事例ではあるが、預所は保司の権限を引き継いだものと考えられるので、遡って保司の検田・収納に関する権能を示しているといってもよいであろう。

次に保司の検断について検討する。保司の検断に関する史料として、養和二年（一一八二）四月二十八日の野寺住僧弁慶申状案(78)と文暦二年（一二三五）閏六月の造東大寺勧進行勇下文案(79)の二例がある。前者は野寺院主職の補任を巡る相論で「当時保司代彼此對決之庭、猶弁慶有理□裁許之間」とあり、又後者では、朝定の源尊殺害未遂事件を巡る相論で「保司代宝樹定使合力法師等相交、彼庭令見知云〻」とあって、いずれも保司代が検断に担当している。このことは、保司に保内に関しては検断権があることを間接的にではあるが示している。

三面僧坊学生供料所となった際に、保司に代わって預所（所務雑掌）が保務を担当することになるが、史料的に保司以上不明な点が多くて判断できない点もあるが、保司の持つ保務全般の権限を引き継いでいたことは明らかであろう。

次に公文の保務について保司同様に勧農、検田・収納、検断の面から検討する。国衙領の公文職の有する職務は、交分・交料という僅少な加徴と、百姓人夫、定使を賦課することにすぎず、公文名の農民に対しては、さらに加徴得分と検断得分を賦課することができただけである。また勧農における公文の役割は、灌漑設備のために百姓を労働力として編成することである。(80)

与田保の場合公文の保務の内、勧農、検田・検断については何も明らかとなっていない。唯一収納に関して、前述のように預所と共に正税を徴収していたことがわかるのみである。史料上の制限があるとはいえ、公文の保務が間接的にでも史料上に現れないのは、それ程重要な保務は担っていなかったからであろうか。しかし、公文職をめぐって鎌倉時代中期から後期にかけて激しい相論をくり返していることからすると、田村氏の指摘通りに公文は保住民達の共同的結合の中核として重要な存在であったことは間違いないから[81]、領主側の保民への意志伝達の中継的役割を果たしていたという点については考慮に入れるべきであろう。

次に地頭の保務について、やはり勧農、検田・収納、検断の面から検討したい。地頭が勧農において果たす役割には、一般的に散田・浪人招居、色・一色、荘田満作などがある[82]。建保五年（一二一七）十月地頭朝兼が鎌倉幕府に承認させた四ヵ条の内に「可迯亡・死亡人諸田畠為地頭領掌」という条項が含まれているが[83]、この条項は与田保の地頭の勧農に関するもので、迯亡・死亡した百姓の田畠は地頭が領掌し、勧農するという勧農権を鎌倉幕府が承認したことを示している。

この条項については、初代地頭朝俊と公文湛与の間で結ばれた和与の契約条項には見えないので[84]、地頭の勧農権は建保五年以前には認められていなかったのであろう。地頭と東大寺及び公文は、この四ヵ条を巡って相論を繰り返すが、建保五年以後この条項のみは論点に挙がらなくなる[85]。東大寺にとって最も関心があったのは収納であるから、当然百姓の迯亡・死亡による不作田の発生は避けねばならず、公文であろうが、地頭であろうが正税を進納するかぎりにおいて東大寺は強いて反対をしなかったのであろう。一方の地頭は、荒廃した田畠を勧農する時、土民・浪人を招き寄せて耕作させ、そして彼らを家人として自身の在地領主制下に組み込むと同時に、この行為を通して下地進止権の獲得を考えていたようである。

なお、地頭の検田・収納及び検断については史料的制約により確認できていない。ただし地頭は、地頭名の正税を未進していると訴えられているので[86]、地頭名の正税に関して最終的な責任を負っていたことは間違いなかろう。

与田保の内部にはこの外に刀禰司が史料上に見えている。前述の野寺の院主職を巡る争いの中で弁慶の要求に応じた在庁官人の加判に続いて加署をしている。(87)それによると与田保の刀禰司には越智、清原、加茂等の名前が見えていて、彼らが与田保において有力な名主であったことは明らかである。しかし具体的に与田保の保務でどのような役割を果たしていたのかは明らかでない。

以上、与田保の保務について検討してきたが、与田保において保司の果たした役割は大きく、勧農、検田・収納、検断といった保務全般に及んでいたことは明らかである。それに比べると、公文は収納等の保務の一部を分担しているに過ぎなかったが、保民の共同体的結合の中核及び領有者の意志を保民に伝達する役割を果たしていて、経営上在地において重要な存在であったと考えられる。一方、地頭は勧農権の一部においてのみ保務分担をしていたと考えられる。これは地頭が与田保で新しく設置された職なので、従来の保務体系には入り込む余地がなかったからである。そのため、地頭が独自の領主権の確立を目指そうとした場合、保内において諸権限を有し、また広大な名田を所有し、なおかつ保民紐帯の中心にいた公文職を取り込む必要があった。

結び

与田保の開発・成立を中心に検討した。そこで最後に検討により明らかになったことを纏めて結びとする。なお、第一節では、先行研究をまとめたものであるから、第二節から述べていく。

第二節では、与田保の成立について、開発者や認可者、その時期、領有者などを検討した。それにより明らかとなったのは次の四点である。

①開発者は、下毛野敦季であったと考えられる。与田保と下毛野氏との関係は、史料・記録等の制限のため推

測の部分が多いが、敦季の五代の孫の朝利が与田保の初代地頭の朝俊と同一人物であったと推定されるから、敦季から光朝まで約二百五十年間も続いたことになる。

②立保の認可者は、開発者が下毛野敦季であったので、敦季が随身を勤めた白河上皇の近臣藤原経忠であったと考えられる。

③成立期は、藤原経忠が認可者であったので、経忠が周防国の国司の任期中であろう。

④領有者は、藤原経忠と下毛野敦季との関係や、与田保が別納の保であったということから、国司であった経忠が成立時の領有者であった。この時、敦季は代官として保司を勤めた。これ以降、国司（後に知行国主）が領有者、下毛野氏が保司という関係は、治承・寿永の乱により朝俊が保司を罷免されるまで続いた。与田保の領有は、東大寺造営料国に周防国が選定された後も、松殿基房等の在京領主が領有者として現れ、保司職は領有者の代官が任命されていた。建長元年頃に東大寺の三面僧坊学生供料所となると、東大寺寺家の本家と三面僧坊の領家という二重の領有形態を持つようになった。この領有形態は南北朝・室町時代を通して変わらなかった。

第三節では、与田保の内部構造と領域性について検討した。与田保は定田と定畠、国司奉免の地、そして荒野などから成り立っていた。もともとは、未墾地の開発を前提として成立したが、開発の過程で他領主の名田を包摂していったと考えられる。地頭と公文の相論の的となった末松名がそれである。それ故、与田保が排他的一円領域でなかったことは明らかである。

最後の第四節では、与田保の保務から支配体系について明らかにした。与田保の経営を見ていくと、保司の果たした役割は大きく、勧農、検田・収納、検断といった保務全般に及んでいたことが明らかとなった。それに比べると、公文は収納等の保務の一部を分担しているに過ぎなかったが、保民の共同体的結合の中核及び領有者の意志を保民に伝達する役割を果たしていたことが窺える。一方、地頭は勧農権の一部においてのみ保務分担をしていたと考えられる。このように保内において絶対的な権力を有していた保司職を、朝俊は罷免されたため、実力で自身の権益を確保しようとしたのであろう。重源は、朝俊を新たに地頭職に補任してある程度の権益を承認する代わりに、国衙経営体制に組み込むことで、国衙支配の安定化をはかった。しかし、その後地頭一族は独自に生き残る道を突き進み、広大な名田を所有し、保民紐帯の中心にいた公文職を取り込んでいった。そのため南北朝時代まで東大寺は保務をめぐって地頭一族と相論を繰り返さなくてはならなかったのである。

以上の検討により与田保の保としての性格は明らかとなったと考える。しかし前述した保が別名の一形態であったかという疑問点や、考察を進める過程で新たに生じた便補保と別納保との相違、院分国と近臣の関係といった疑問点を明らかにすることはできなかった。これらについては、今後の課題として更に究明していきたい。

註

（1）平岡定海「中世に於ける周防国御領の性格」（『南都仏教』一一号、一九五四年十一月）、松岡久人「大内氏の発展とその領国支配」（魚澄惣五郎編『大名領国と城下町』柳原書店、一九五七年、後に松岡久人著・岸田裕之編『大内氏の研究』清文堂出版、二〇一一年に再録）、国守進「与田保地頭一に関する考察（上・下）」（『日本歴史』一三七・一三八号、一九五九年十一月・十二月、A論文）、同「弘安八年周防国与田保検帳」（『赤松秀教授退官記念国史論集』一九七二年、B論文）、田村裕「周防国与田保の性格と国衙補任地頭の成立について」（『史学研究』広島大学史学研究会、一一九号、A論文）、同「中世前期国衙体制下における在地領主の存在形態――与田保公文の場合――」（『広島大学文学部紀要』三三巻、一九七四年三月、B論文）、同「中世前期の平生地方」（『平生町史』一九七八年三月、C論文）、「与田保」『講座日本荘園史九　中国地方の荘園』（吉川弘文館、一九九九年、D論文）、服部英雄「用作考――東大寺領周防国与田保における荘園関係地名」（『地名の世界』（地理）一九八二年七月臨時増刊号、後に『景観にさぐる中世――変貌する村の姿と荘園史研究』新人物往来社、一九九五年に再録）。
（2）松岡久人「百姓名の成立とその性格」（竹内理三編『日本封建制成立の研究』吉川弘文館、一九五五年）。
（3）大山喬平「国衙領における領主制の形成」（『日本中世農村史の研究』岩波書店、一九七八年）、河音能平「院政期における保成立の二つの形態」（『中世封建制成立史論』東京大学出版会、一九七一年、後に『河音能平著作集　第一巻　中世の領主制と封建制』文理閣、二〇一〇年に再録）、竹内理三「保の成立」（『対外関係と社会経済』森克己博士還暦記念論集、塙書房、一九六八年）、坂本賞三「郡郷制の改編と別名制の創設」（『日本王朝国家体制論』東京大学出版会、一九七二年）。
（4）義江彰夫「「保」の形成とその特質」（『北海道大学文学部紀要』二二（一）、一九七四年三月）。
（5）註（4）義江氏論文。
（6）『大日本古文書　家わけ第十八　東大寺文書』七八六号（東京大学、以下『大日本古文書　家わけ第十八　東大寺文書』は『大古』と省略）。
（7）『大古』内閣文庫一〇六号。
（8）『大古』七九六号。
（9）網野善彦『日本中世の非農業民と天皇』（岩波書店、一九八四年、後に『網野善彦著作集　第七巻　中世の非農業民と天皇』岩波書店、二〇〇八年に再録）、中原俊章『中世公家と地下官人』（中世史研究選書、吉川弘文館、一九八七年）。
（10）『玉葉』文治二年三月十六日条（国書刊行会、以下同）。
（11）『玉葉』文治二年五月九日条。
（12）『鎌倉』二三七一号。
（13）東大寺図書館所蔵未成巻文書一―二四―七〇三号（一）（奈良国立文化財研究所編『東大寺文書目録』同朋舎、以下東大寺図書館所蔵文書は「東大寺文書」と省略）。
（14）『長秋記』元永二年四月十九日条。
（15）『長秋記』大治五年十二月十日条。
（16）『長秋記』天承元年正月十九日条。

(17)『古今著聞集』十　保延三年八月六日条。
(18)『兵範記』仁平二年正月二十六日条。
(19)『兵範記』仁平二年八月二十九日条。
(20)『兵範記』仁平三年三月三日条。
(21)『台記別記』久寿二年四月三日条。
(22)『山槐記』永暦元年十二月十八日条。
(23)『大古』七九六号。
(24)『為房卿記』承暦三年四月条。
(25)『中右記』寛治二年正月十三日条、同寛治七年十二月十八日条。
(26)『中右記』承徳元年閏正月二十八日条。
(27)『日本史総覧Ⅱ　古代二・中世一』(新人物往来社、一九八四年)所収「国司一覧」。以下、周防国国司の任期間はこの「国司一覧」に拠るものとする。
(28)柴田房子「家司受領」(『史窓』二八号、一九七〇年)。
(29)『新訂増補　国史体系　公卿補任』(吉川弘文館)。
(30)『中右記』嘉保二年七月五日条。
(31)註(3)河音氏論文。
(32)『大古』八〇一号(一)。
(33)註(4)義江氏論文。
(34)註(4)義江氏論文「図表Ⅰ諸国保一覧」。
(35)福楽坊文書は、柳井市余田にある福楽寺に伝来した文書である。福楽寺は、平安末期頃から大きな伽藍を構えていた寺院野寺の僧坊の一つ福楽坊の後身である。他の僧坊が廃されていくなかで唯一残り、独立した寺院となった。
(36)註(4)義江氏論文。
(37)『中右記』寛治八年四月十六日条。

(38)『中右記』康和四年閏五月十五日条。
(39)竹内理三『寺領荘園の研究』(畝傍書房、一九四二年、後に吉川弘文館で一九八三年復刊、さらに『竹内理三著作集　第三巻　寺領荘園の研究』角川書店、一九九九年に再々録)。
(40)『大古』七九九号(一)。
(41)『大古』七九三号(七)。
(42)『大古』七九三号(九)。
(43)『大古』七九三号(一三)。貞永元年の名国司は九条道家の家司である藤原顕嗣であった(吉川聡「鎌倉時代周防国庁関係文書」(『奈良文化財研究所紀要』二〇〇五年)、吉川聡・遠藤基郎・小原嘉記「「東大寺大勧進文書集」の研究」、吉川聡・小原嘉記「「東大寺大勧進文書集」の書誌的考察」(『南都仏教』九一号、二〇〇八年)。以下、文書番号は、これに拠る。
(44)『大古』七九〇号(一)。
(45)『鎌倉』一三一一五号。
(46)註(1)田村氏A論文、『中右記』嘉保二年七月五日条。
(47)『大古』七八九号(一)。
(48)『大古』七九九号(一)。
(49)『大古』七九三号(一三)。
(50)「東大寺文書」三—五—一一号。
(51)『大古』七九二号(三)。
(52)『大古』七八九号。
(53)尊経閣文書所蔵東大寺文書纂五三(二)「年月日未詳中納言法橋重善書状写」。
(54)『鎌倉』一五七一四号。
(55)註(1)田村氏A論文。
(56)註(1)田村氏C論文。
(57)『大古』七八九号。

(58) 註（1）田村氏A論文。
(59) 『大古』七八九号。
(60) 『鎌倉』一六八〇四号。
(61) 「周防国吏務代々過現名帳」（「東大寺文書」一〇四―八五一―一号）。
(62) 『大古』七九九号（二）。
(63) 註（1）田村氏A論文。
(64) 註（4）義江氏論文。
(65) 宝賀寿男『古代氏族系譜集成　下巻』（古代氏族研究会、一九八六年）所収「多々良公（二）系図」。
(66) 『萩藩閥閲録』所収高井小左衛門家文書一四。
(67) 久保田和彦「十一～十二世紀における国司・国衙権力の国衛支配――保司に関する一考察――」（『日本歴史』三八七号、一九八〇年八月）。
(68) 註（4）義江氏論文。
(69) 註（67）久保田氏論文。
(70) 『大古』八〇一号（二）。
(71) 山本隆志「鎌倉時代の勧農と荘園制支配」（『歴史学研究』四四〇号、一九七七年一月）。
(72) 『大古』七八九号、同七九九号（一）。
(73) 『大古』七八九号。
(74) 『大古』七九九号（一）。
(75) 『鎌倉』一五七一四号、同一五七四二号、『大古』別集七九号。
(76) 遠藤基郎「「筒井寛秀氏所蔵文書」弘安徳政関連文書」（『南都仏教』七六号、一九九九年二月）。
(77) 『大古』八〇七号。
(78) 「東大寺文書」一―二四―七〇三号（一）。
(79) 『大古』七九三号（九）。
(80) 註（67）久保田氏論文。

（81）註（1）田村氏C論文。
（82）註（67）久保田氏論文。
（83）『鎌倉』補七二三号。
（84）『大古』七九六号（二）。
（85）『大古』七九三号（三）。
（86）『鎌倉』一三一〇二号。
（87）「東大寺文書」一―一二四―七〇三号（一）。

第二部　東大寺と周防国の経営

第一章　鎌倉時代中・後期の周防国と東大寺

はじめに

南北朝時代の内乱期は、社会システムが大きく変容する時期として日本における画期の一つであるが、鎌倉時代中・後期は、その前段として変容の萌芽を見出すことができる。特に二度の蒙古襲来が当時の社会に与えた影響は大きく、その後の社会が大きく動揺したことは改めて述べるまでもない。戦場に近い周防国では蒙古襲来が与えた社会的影響はさらに多大なものであったと考えられるが、当時期に関する従来の研究は、例えば正応の国庁放火事件や心源罷免事件など大勧進とそれをめぐる諸勢力との対立事件に重点が置かれており[1]、在地社会の変化が周防国の経営にどのように影響を与え、それをどのように乗り越えていったのかなどについては、検討されていない。

また、近年になって鎌倉時代中・後期の大勧進について分析をおこなった小原嘉記氏の論考が出た。重源以来寺外僧を大勧進としてきた伝統を破って、寺内僧の円照が大勧進となった意味や、鎌倉時代後期になって頻繁に発生する大勧進をめぐる騒乱の要因やその背景について明らかにするとともに、大勧進心源が国衙興行を遂行す

ることが出来た要因について所属する円通寺に連なる人脈から明らかにしている。(2)

そこで本章では、蒙古襲来後の社会的な変化、特に武家勢力の台頭を受けて東大寺がどのようにそれを乗り越えていったのかを、大勧進による経営強化をキーワードにして検討する。その場合、第一節では弘安徳政の際に東大寺が幕府へ差し出した注進状の分析から、当時東大寺が周防国の経営において直面していた問題点を明らかにし、第二節では東大寺や大勧進が武家による請所化など直面した問題をどのような対応して乗り越えていったのかを検討する。そして第三節では、この時期の東大寺の周防国経営に幕府がどのように関与し、そしてそれによってどのような成果がでたのかを検討する。

第一節　弘安徳政と周防国

本節では、鎌倉時代中期に東大寺が周防国の経営でどういった問題に直面し、それをどのような方法で乗り越えていったのかを検討する。まず当時の状況を示している史料を次にあげてみよう。

〔史料一〕(3)

（前略）

周防国

宮野荘為地頭故大内介弘貞、押領公田等之間、本所年貢十分之九者減失了、度〻雖有其沙汰、未事行矣、

（中略）

周防国同為造国之処、為地頭・名主等、本所年貢減失了、其上代〻前〻勧進等、割分国領等、号土居門田充行之間、造寺料闕之、尤可被改付于国方者哉、又地頭等号請所、不従于国衙之所務、同尤可被停止者也、

同国与田保三面僧坊学侶僧食料所也、而地頭弁公文名主等、年貢所済不全之間、所名無実也、

（後略）

〔史料一〕は、遠藤基郎氏によって紹介された、弘安七年（一二八四）五月に鎌倉幕府が徳政令を出したことを受けて、東大寺が幕府へ提出するために、当時不知行となっている封戸、顚倒してしまった寺領や諸末寺、当知行はしているが係争状態にある寺領などを書き上げた注進状の一部、周防国について書き上げた部分である。

いわゆる弘安徳政をうけて東大寺が作成した注進状として従来から知られていたのは、弘安八年八月のものだが、(4) 近年遠藤氏によってその前年の弘安七年十一月にも注進状が作成されていたことが明らかとなった。二種の注進状の関係は、遠藤氏の分析によると、弘安八年の注進状は朝廷へ提出したもので、弘安七年のものは幕府へ提出したものだという。周防国については、管見の限り弘安八年のものには無く、弘安七年の注進状だけなので、遠藤氏の分析に従えば前述の内容について幕府へ解決を求めて訴えたことがわかる。

さて、〔史料一〕によると、当時東大寺にとって周防国における懸案事項としては、次の三点があったことがわかる。第一点は、地頭大内弘貞が宮野荘の公田を押領しているため、年貢が滞っていること。宮野荘は、重源が宋の工人陳和卿へ宮野の地を与え、建久六年（一一九五）九月に立券したのに始まる荘園で、大仏殿の完成後に東大寺へ寄進された。(5) 大内氏の所領を書き上げた鎌倉時代前期の所領注文にも記載されていることから、宮野荘は大内氏にとっても主要な所領の一つであった。(6)

第二点は、国衙領でも地頭が請所と号して所務を押妨し、また名主も同じように年貢を減少させ、さらに、本来経営に専念すべき大勧進自身が、土居門田と号して国衙領を割いて私領化して年貢を減少化させていること。

先の第一点とこの第二点とを合わせて考えると、当時周防国内では武士らによる所務押妨が広範に見られ、そ

れが周防国の経営上重大な懸案となっていたことが窺える。さらにこれより早い弘安四年（一二八一）正月十日に、大勧進による国衙経営の拠点であった阿弥陀寺の四至内への甲乙人の乱入を停止するよう命じた太政官牒が下されており、(7)武士らによる所務押妨が国衙関連の寺社領にも及んでいたことがわかる。

なお注目すべきは、武士による所務押妨が請所という合法的な手段によって行われていることである。文永の役後の建治元年（一二七五）五月、幕府は長門国の警固役に長門国の御家人だけでなく、周防国と安芸国、備後国の御家人を充てるよう武田信時へ命じ、(8)さらに弘安四年（一二八一）閏七月九日には、寺社権門領本所一円地荘官以下を戦場に動員することを朝廷に求めて許可されたように、軍事体制の強化をはかっていた。(9)

松岡久人氏によると、長門国に近い周防国では早くから本所一円地の住人が動員されていたが、武士による請所という方法によって所務押妨が広汎に見られたのも本所一円地に対する軍事動員に関連する諸賦課と、それにともなう守護支配権の介入とに深い関係があるのであろう、と述べている。(10)つまり、蒙古襲来とそれ以降の長門国の警固役などに本所一円地の住人を動員するにあたって、幕府は彼らの軍費を請所という手段によって調達することを公認したことになる。

ところが武士による請所化は、東大寺が訴えた所務押領に止まらず別な形で東大寺の国衙経営に影響を与えていた。例えば、国衙領の切山保の書生職であった賀陽資成は、建治三年（一二七七）七月、地頭が請所を申立てようとしているため書生職が無足となっているので、切山保を別納とするよう訴え出ている。(11)また土師基安は、弘安二年（一二七九）六月、立野・高野両保の地頭が請所を要求し、書生職の関与を排除しようとしているので、別の所領の書生職に補任してくれるよう訴え出ている。(12)彼ら在庁官人は、留守所の構成員として大勧進による国衙経営を支える存在であった。その彼らの経済的基盤である国衙領が武士らの請所によって浸食されるということは、それは大勧進による国衙経営そのものに影響を与える重大な懸案事項となっていたといえよう。

次に大勧進が土居門田と号して国衙領を私領化していることについて検討する。注進状の中で東大寺が、国衙領を私領化していると非難した大勧進とは、具体的には誰だったのであろうか。詳細については次節で検討するが、例えば大勧進と国衙領との関係を見てみると、円照は大前新荘内植松原郷や与田保を東大寺へ寄進しているし、また延慶四年（一三一一）当時の円瑜は、彼の被官が造営にとって不可欠な杣山に入り込んだり、国衙領の田畠を沽却しているとして東大寺の衆徒から非難を受けている。(13) このことから、当時大勧進は、寄進や沽却などの方法により国衙領の領有権を容易に移動できたことがわかる。特定することはできないが、初代重源から当代の聖然の前任者聖守まで全員が該当者となりうるのであり、(14) しかも〔史料一〕に「代〻前〻」とあるので一人ではなく複数の大勧進であったことが考えられる。

そして最後の第三点は、地頭と公文が所務を未進している三面僧坊学生供料所の与田保についてである。与田保は、建仁四年（一二〇四）重源が下毛野朝俊を地頭職に補任して以来、彼の子孫の与田氏が地頭職を世襲していた。(15) 朝俊の子朝兼は、建保五年に鎌倉幕府から公文職の進止権を含めた四ヵ条の権限を承認されたが、寛元元年（一二四三）になって第二子朝保に公文職を譲渡し、幕府から安堵を受けている。(16) その後与田氏は、東大寺や元公文一族との間で公文職を巡って相論を繰り返していた。(17) 一旦は幕府の裁定により公文職の進止権は、与田氏の手を離れて国衙へ戻るが、文永五年（一二六八）になって再び与田氏の手に戻っている。(18) つまり弘安七年の段階では、与田氏へ戻った公文職の進止権を巡る相論の最中だった。

以上のように武士らが請所という手段で所務を押妨し、名主も年貢の進納を未進するだけでなく、大勧進自ら国衙領を私領化するなど、周防国では従来通りの所務の確保が困難な状況となっていた。そのため弘安徳政が発せられたのを受けて公家政権や幕府へ訴え出たのである。しかし東大寺は、この時の徳政で次のように国衙領の元の領有者から逆に訴えられている。

〔史料二〕

宿曜師珍智法眼申周防国大野本郡事、初度訴陳状幷度〻　院宣□披露衆中候之処、此事貞永年中被返付国衙之後、五十餘年之間、「餘当」(異筆以下同)当知行無相違、其上定親僧正寺務之時、一〻支申候之処、了心法印為断向後之濫□経　上奏候之日、康元二年被下安堵院宣候了、仍珍智之謀訴顕然之□不被下第二度訴状、直被召康元院宣正文候之条、既非次第「候之条、既非次第」御沙□奉行之遍頗候、於此条尤可被申開□候之処、度〻被尋下正文候之条、存外□、如此之文書代〻令伺寺庫重書之後、□無返納紛失事候之間、輒不可出之由、□満寺衆「猶」議事切候畢、所詮被究次第沙汰被懸訴陳之後、「下御使可被候歟、」於可有御不審者、下御使可被実検候歟、大方度〻□事舊、年〻知行無相違候之上者、令□依彼濫訴不可及御沙汰候哉、次下輩重直申同国得善保〻司職事、云開田地、云相伝之文書、彼此無其実候之□、直掠賜院宣令濫妨保内之由、去比以飛脚触申候之間、「申之候之間、」不可叙用之由、依衆中下知候了、両条共以可令申沙汰「沙汰」給□、於不事行候者、差上寺官等、可経　□由評定之候也、恐〻謹言、

八月四日　　　　　年預五師實□

謹上　大勧進上人御房(19)　「大勧」

〔史料二〕は、年預五師某が大勧進某に対して、宿曜師珍智法眼と相論となっている大野本郡と、重直と相論となっている得善保の保司職について衆議の結果を伝えたうえで、朝廷へ訴え出ること、それでもうまくいかない時には寺官を上洛させて奏聞することを伝えた書状である。年欠ではあるが、弘安十年（一二八七）十一月七日に三論宗徒によって撰述された東大寺図書館所蔵「中論疏第二抄」の紙背文書の一つなので、弘安十年十一月以前に書かれたことは確かである。その内容は弘安徳政に関するものと考えられるので、恐らく弘安七年八月か

ら同十年八月の間のものであろう。

さて、〔史料二〕によると、この時の相論は、珍智法眼が大野本郡の領有をめぐって院へ訴え出たことに始まり、彼の訴えを受けた院から数度にわたって院宣が東大寺へ下されていた。これに対して東大寺は、大野本郡が行勇の大勧進在任中の貞永年中に国衙へ返付されて以来五十年間余り当知行していること、この間定親僧正が別当であった仁治二年（一二四一）〜文応元年（一二六〇）頃にも訴えられたが、当時の大勧進了心が院へ安堵を求めたところ、康元二年（一二五七）に安堵の院宣が下されていることから、珍智の訴訟は謀訴である、と主張したうえで、第二度の訴状が下される以前に康元元年の院宣の正文を要求してくる担当奉行の裁判の進め方について、問題があると非難している。

また、得善保々司についての重直の訴えは、彼が主張する開発田地も、また相伝を裏付ける文書についても、いずれも実の無い嘘であるにもかかわらず、院宣を掠賜ってしまったことはすでに伝えているので、重直の訴えを叙用しないよう、伝えている。

寛喜三年（一二三一）、周防国は東大寺の造営料所として行勇へ付与されたが、この時国衙の支配下から離れて権門勢家の領有に帰していた国衙領の返付が重要な問題となっていた。大野本郡は、貞永元年四月と同年七月の二度後堀河天皇の綸旨が下された際に、「塔・講堂・三面僧坊已下所〻土木之勤」として大前新荘・富海保・吉敷本郡・上得地村・束荷保とともに返付が命ぜられた国衙領である。[20]

また、得善保については、石清水八幡宮の別宮である遠石神社が保内にあったため、地頭職が石清水八幡宮に与えられている。[21]当保の保司職については、これより少し前年の建治三年（一二七七）七月に左衛門少尉重村が大勧進によって保司職に補任されているので、[22]この補任に反対する勢力であったのであろう。

以上のように鎌倉時代中期、特に弘安徳政前後を中心に周防国の国衙経営について検討したが、東大寺は所務を押妨する地頭や名主らを訴え出る一方で、かつて国衙興行によって確保した国衙領を巡って訴えられるなど、多方面にわたって法廷闘争を展開していた。

第二節　周防国の経営における東大寺と大勧進

前節では、地頭や名主らによる所務押妨が、周防国の経営において深刻な問題となっていたことを明らかにしたが、本節では当該期の東大寺及び大勧進が周防国をどのように経営したのかを検討する。

造東大寺の大勧進は、初代重源以来鎌倉時代末までで二十四代二十三人を数えるが、永村眞氏はこれを共通した性格により次の五つのグループに分けている(23)。

第一群は、栄西・行勇と、その法脈に連なり、両者が開創した建仁寺・浄妙寺・金剛三昧院などの住持を勤めた円琳・隆禅・慶鑒・了心と円爾。

第二群は、戒壇院再興開山の円照とその法脈に連なる聖守・聖然・俊才ら。

第三群は、忍性・心恵・聡遍・順忍・俊海ら、「関東止住名誉僧」と称すべき、関東所在の諸寺院の住持・長老ら。

第四群は、円瑜・心源・知義・円観ら、「住京黒衣之僧」と呼ばれる、京都所在諸寺院の長老ら。

第五群は、以上の各群に属さない、重源・定親・円乗など。

この分類の当否については別の機会で検討しなければならないが、当該期の周防国の経営を見ていく上で注目すべきは第二群であろう。

何故この第二群を注目しなければならないかというと、造東大寺大勧進には重源以来寺外の僧が補任されていたが、円照らは遁世したとは言え寺内の戒壇院や真言院・新禅院に止住する僧であったこと、さらに彼らの法脈に連なる俊才が建武三年（一三三六）に大勧進に就任して以降、戒壇院長老が大勧進を独占することなど、鎌倉時代中期以降の東大寺による周防国の経営を考える上で重要な大勧進だからである。

さて、東大寺止住の僧として初めて大勧進となった円照については、「即企営造、作業無絶、任十四年、国務静謐、至禅林法皇在位御暦文永七年庚午、辞退上表、十四年間所造寺宇、三面小子房之内二面半、二月堂・法華堂拝殿、戒壇西室七間、鐘楼、千手堂、又惣寺処〻修理、三面僧坊内作、如是等事不能具載」と、十四年間の任期中周防国を何の問題もなく経営したうえ、三面小子房以下の伽藍の造営・修理を行ったとされている。(24)この場合はあくまでも東大寺の伽藍の造営・修理に関することで、周防国の経営についてはそうではなかった。

円照は、大勧進に補任されると、まもなく幕府へ地頭と在庁官人が国衙の沙汰に従わないので、協力を求めている。円照までは、行勇以降円琳・慶鑒・円審・了心の四人の大勧進を数えるが、重源以下三代の例に従って殺生禁断を要請していて、円照のように国衙経営に深く関わる内容はなかった。このことは、円照が先任の四人とは、異なった対応をしていたことを窺わせる。そこで、本節では、この円照の国衙経営を中心に検討する。

彼が行った周防国の経営で注目すべきは、次の二点である。

第一点は、国内の司法警察権を行使する検非違使所を大勧進の経営組織に取り込んだことである。歴代の知行国主や大勧進、そして彼らの被官を書き上げた「周防吏務代〻過現名帳」には、円照が大勧進に就任すると同時に検非違使所の名が記載されるようになり、以降十六世紀にまで続いている。

従来の研究では、このことを以て円照が新たに検非違使所を設置したとしている。(25)しかし九世紀以来、各国の留守所の下に検非違使所が設置され、国内における司法警察機関として機能していたことは明らかである。(26)周防国の場合も他国同様に平安時代に留守所の下に検非違使所が設置されていた。例えば、円照の就任以前の建保六年（一二一八）八月二十三日、検非違使所の使者が罪科の軽重に関わらず、また所犯の有無も確認せず与田保内に乱入するため、土民らがそれを理由に所当の進納を渋るので、今後は実犯の者が保内にいた場合はまず保司に連絡をしてから沙汰するよう、当時の知行国主の西園寺公経は留守所へ命じているし、(27)また円照以後であるが建治年間頃には、在庁官人の多々良経貞が検非違使所の兄部職となっている。(28)このように周防国では、早くから検非違使所が司法警察機関として機能していたのであるから、新たに別組織を創設したというよりも、既存の検非違使所を大勧進による支配組織に取り込んだと考える方が自然であろう。

続いて第二点は、国衙領の一部を東大寺へ寄進したことである。

〔史料三〕

周防国植松原郷為当寺鎮守八幡宮領、賢舜法眼得円照上人之譲、多年已知行云々、向後永為別相伝之地、神用之勤、不可致懈怠之由、可令下知給者、

院宣如此、仍執達如件、

弘安五
十月八日　　　　　　　参議頼親

謹上　東大寺別当僧正御房(29)

〔史料三〕は、弘安五年（一二八二）十月八日、賢舜が実兄円照の譲りをうけて植松原郷を永年知行していることに対し、今後も別相伝の地として東大寺八幡宮へ神用の勤を怠らずに勤行させることを別当へ命じた亀山上皇の院宣である。ここに見える植松原郷とは、〔史料二〕で見た大野本郡同様に、貞永元年（一二三二）年に国衙興行によって国衙への返付が命ぜられた大前新荘の一部で、一宮の玉祖社との間で相論を繰り返していたために文

永十一年（一二七四）頃に亀山上皇の裁許によって大崎新荘から分割されて国衙に付けられている。(30) その後、円照の譲りを受けた賢舜が植松原郷を東大寺八幡宮へ寄進した。(31)

また、円照は、与田保を学生供料として東大寺の三面僧坊へ寄進し、正元年間（一二五九〜六〇）にそれを承認する後嵯峨上皇の院宣を獲得している。(32) 与田保は、本書第一部第四章で検討したように地頭与田氏との間で公文職の進止をめぐって寛元元年（一二四三）以来相論を繰り返してきた国衙領である。(33)

これにより与田保は三面僧坊学生供料所となったが、この時彼へは納所職が与えられた。永和二年（一三七六）十月二日に千手院俊賢らが与田保の納所職得分を売却した際の売券によると、「件納所職者、祖父賢舜法眼自拝領院宣以来、三代相伝之所職由緒異他者也、依之供料所下四分一之分預支配、令領納」とあり、祖父賢舜へは与田保の納所職と僧坊へ下行される供料の四分一が与えられ、安堵の院宣が下されたことがわかる。さらに、同じ売券によると与田保内にあった野寺の別当得分についても「野寺別当得分近年被結僧坊供畢、其内又為納所得分同預四分一之配分者也」とあり、先の納所職同様得分の四分一が与えられていた。(34)

賢舜が有していたこれら得分は、彼が納所として与田保の供料や野寺別当得分の進納を請負うことに対する反対給付であるから、〔史料三〕にあるように神用の勤、具体的には用途料の進納を命じられていた植松原郷についても同様な関係が想定できる。そして賢舜が与田保で得分を得たのも植松原郷同様に円照からの譲渡であったと考えられる。

以上の植松原郷と与田保は、いずれも領有権や公文職の進止権をめぐって相論を繰り返している論所であった。このことから、円照による東大寺への寄進は、東大寺領として領有権を固定化することにより、支配の強化をはかったことは間違いない。そして寄進行為により円照自身に納所職と得分が与えられ、さらにそれが一族で伝領されていることは、両所が国衙の枠内にありながらも東大寺の寺領と同質となっていたことを示している。

円照以降も寺領化する国衙領は増加していったと考えられる。延慶三年（一三一〇）から翌四年にかけて東大寺の衆徒らは、年貢を抑留しているとして大勧進円瑜との間で衝突事件を起こした。(35)円瑜が周防国からの正税等を兵庫関において奪い取ろうとしているとの情報を得た衆徒らは、公人らを兵庫関に下向させたが、延慶四年二月九日に下文で下知の通りに対応するよう命じた。その下文で「防州今度到着済物内、於当寺寺僧分保司得分者、不可有抑留」と、寺僧への保司得分については抑留をさせるなと特に強調している。(36)このことから十三世紀末には、周防国の保司得分が東大寺寺僧へ宛行われていたことがわかる。

この時期の国衙領と寺僧との関係を具体的に示す史料は残されていないので、十四世紀半ばの正平十五年（一三六〇）十二月に、目代が大前船籍の塔婆丸で進納する正税等とその配分先を書き上げた支配状を次にあげてみよう。

〔史料四〕
（端裏書）
「延文六年
　　塔婆丸差荷正二百七十石支配状　正平十五」
注進　南都運送御米大前船差荷公私支配目安事
　　合
正米百二十石　　油倉進
同三十石　　方丈進
同七石 得善保司分　　同所
同十石 大前公文分 但銭足　　伯耆阿闍梨御房

同十二石上小乃公文分以下　大行事法眼御房
同三石安田保司分　土佐公在京末光殿
同二十石佐波令公文分以下　千手院法眼御房
同十五石千代丸御年貢　同所
（中略）
同三石曾祢保司分　転害大夫公
同三石宇佐木公文分　同所脇坊侍従公
以上正米二百七十石
（中略）
右、大前塔婆丸船差荷支配状如件、
正平十五年十二月　日
延文五
目代（花押）(37)

〔史料四〕の支配状は、大勧進の下で直接周防国の経営を担当する目代が作成したものである。これによると、この時送進される正税は都合正米二百七十石であったが、内訳として油倉へは百二十石、戒壇院長老へは正米三十石と得善保保司分の七石が送進されていた。さらに寺僧として、例えば伯耆阿闍梨御房へは大前荘の公文分十石が、大行事法眼御房へは上小野保の公文分十二石が、そして賢舜の一族である千手院法眼御房へは佐波令の公文名や千代丸保の年貢の三十五石など、都合十四ヵ所の国衙領の所職得分と三ヵ寺の末寺、三ヵ所の別名からの得分が送進されていた。

ここに見える千手院法眼や転害大夫らは、寺領の所職を複数領有する有力な寺僧で、前述した与田保の納所賢舜の事例から、国衙領の保司職や公文職に任ぜられてその得分を与えられる一方で、正税の送進を請負っていたものと考える。尤も彼らが個々に直接経営していたとは考えられず、実際には目代が彼らからさらに請負っていたのであり、彼らは何らかの理由によって正税の進納が滞った時などに不足分を負担することになっていたのであろう。

このように国衙領の所職得分が寺僧に宛行われるのは、前述した植松原郷や与田保の例からすると、東大寺衆徒らの要請を受けた大勧進によってなされたことは明らかである。さらに〔史料四〕で注目すべきは、前述したように延慶四年の際には寺僧得分として「保司得分」のみであったのに対し、在地で実際の経営に携わっている公文得分が記載されていることである。東大寺は、武士による下地の押領化が顕著となる鎌倉時代中期以降、下地支配の強化をはかるために貞永元年の宣旨を拠り所として、在地経営に直接携わる諸郷保の三職（書生・公文・田所）の補任権が国衙の進止下にあるとの主張を法廷闘争の場で繰りひろげ、その取り込みをはかっていた。[38]したがって、〔史料四〕で公文名の得分があげられていることは、鎌倉時代後期以降東大寺による国衙及び国衙領の支配がさらに進展したことを示しているのである。

以上のように円照以降、東大寺の要請を受けた大勧進は国衙領の所職を東大寺の寺僧に与えるなどとして、周防国の支配強化を推し進めていった。このような動きに対して、大内氏ら在庁官人は東大寺との対立姿勢を鮮明化していった。

延慶三年から四年にかけて円瑜と彼の罷免を求める東大寺の衆徒らと衝突する事件が起きた。東大寺の衆徒は、延慶三年の十二月頃小綱と公人を周防国へ下向させ、在庁官人に国庁にいる円瑜被官の目代や庁奉行などの追放と年貢正税の点定を命じた。[39]しかし、この時東大寺の命に在庁官人が従わなかったため、さらに翌延慶四年正月

に再度彼らへ円瑜に従わないよう命じている。(40)

松岡氏は、この時在庁官人が東大寺の命に従わなかったのは、円瑜自身が院宣によって安堵されたからだと述べている。(41) 確かに円瑜の地位が院によって保全されたことも要因の一つだと考えられる。しかし、後任の心源が国衙興行を行った際には大内重弘ら在庁官人は、東大寺僧へ賄賂を贈ったり、また国庁への出仕を止めて国内の公事を停止させたりして、心源と目代承元の罷免を画策するなど、(42) 激しく抵抗していることからすると、むしろ積極的に従わなかったと考えるべきであろう。

というのは、在庁官人が心源や承元に対して激しく抵抗したのは、承元が、守護使節の入部を得て阿弥陀寺の免田を国衙へ付けるという強行策に出たからであった。その免田は、本書第一部第三章で検討したように、在庁官人が権利の一部を留保したまま寄進した田地よりなっていて、そこを耕作する下作人は彼らと密接な関係にあったと考えられている。(43) すなわち心源が推進した国衙興行とは、このような在庁官人の権益を否定するものだったのである。したがって、在庁官人が東大寺の年預所の命に従わず円瑜に与同したのは、彼の執る国務が在庁官人の経済的利益に資するものであったからであろう。

以上、周防国の支配強化をはかる東大寺の要請を受けた大勧進は、国衙領を寄進するなどの手段によって寺領化を推進したが、その結果在庁官人との間で経済的利害での対立が生じ、それが原因となり両者の間で激しく対立した。このことで、国衙経営は不安定となったのである。

第三節　周防国と鎌倉幕府

前節では、鎌倉時代中期以降、東大寺―大勧進が周防国の支配強化をすすめたところ、経済的な対立により大内氏ら在庁官人との対立が先鋭化していったことを明らかにしたが、本節ではこの時期の周防国の経営に鎌倉幕府がどのように関与したのかを検討する。

第一節でみたように、東大寺は弘安七年の徳政をうけて、その年の十一月に幕府へ訴え出たが、その翌年の弘安八年（一二八五）十月二十八日には与田保の検注帳を作成し、さらに同年十一月には同保内の畑分の検注帳を作成している。(44)この内弘安八年十月の検注帳は、地頭名と公文名を中心に坪々を書き上げたものである。与田保では、公文職を兼帯する地頭一族との間で、公文職の進止権や在地支配に関して激しい相論が展開されており、(45)この検注帳は、幕府における裁判に備えて、特に公文名の実態を把握するために作成されたと考えられる。

ところが、弘安十年（一二八七）十月十三日、幕府が下した裁定は、東大寺が証拠として提出した貞永元年の宣旨が、地頭一族の公文職領掌を否定するものとはならないというものであった。(46)同じように東大寺が幕府へ訴え出ていた宮野荘や国衙については、審理した形跡すらなかった。このような幕府の対応はどのように考えるべきであろうか。

海津一朗氏によると、幕府は先に徳政令を発して宇佐神領や伊勢御厨において別相伝や甲乙人の領有を禁止したが、弘安九年閏十二月になって宇佐と伊勢において、非分押領と新儀濫妨以外は旧来通り甲乙人の神官管領を認めるという弘安の修正令を発行した、という。(47)つまり幕府は、一旦弘安徳政令で決定した体制を一部に限って撤回させた、というのである。周防国の場合は、長門国の警固役が守護役として賦課されていたが、この時期になっても先の軍事体制が維持されていて、それが与田保の裁定に影響を与えていたことは間違いない。

このような方針が転換されたのは、永仁元年（一二九三）に入ってからであった。(48)同年十二月七日には、宮野荘以下の寺領で地頭らが濫妨をしているとの東大寺からの訴えを受けて、幕府は六波羅探題へ御教書を下して、速やかに調査を行うよう命じている。(49)翌永仁二年にも、国衙領の地頭らが所務を押妨しているとして、大勧進忍性が貞永元年の宣旨を根拠としてその対応を幕府に求めたところ、三十三ヵ所の国衙領の地頭へ所務押妨を停止するよう命じた関東御教書が、七月二十七日に守護の北条実政へ宛てて下された。それを受けて実政は十月十日に施行状を在地へ下している。(50)

また永仁三年十一月九日には、阿弥陀寺の四至内の地頭ならびに甲乙人による濫妨の停止を求めた訴えを受け、その停止を命じた伏見天皇の綸旨が大勧進忍性に宛てて下され、(51)さらに同年十二月七日には先の綸旨を施行した関東御教書が忍性へ下されている。そして翌永仁四年二月十七日に目代円心がそれを在地で施行している。(52)

このように幕府は、永仁年間に入るとそれまでの不介入の態度を一転し、公家政権に協力して積極的に周防国の国衙興行に関与するようになった。このような変化はどのような理由によるのか。永仁元年当時は、三度目の蒙古襲来が予想されるなど、依然として軍事的緊張が続いていた時期であり、しかもこの後間もなく太宰府の地に鎮西談義所に代わってより強力に軍事・行政・裁判を統轄する鎮西探題が設置されることから、(53)幕府の施策の転換が軍事的な理由でなかったことは明らかであろう。

当時の執権北条貞時は、永仁元年に内管領の平頼綱を排除すると、引付などの改革を進めていたが、(54)永仁三年（一二九五）五月二十九日に、寛元の例に任せて不知行となった国衙領を国衙へ返付するよう諸国へ命じる追加法を発行している。(55)この追加法は、全国規模で国衙興行を支援するものとしては、幕府で始めてのものであった。この時期にこのような追加法を幕府が発行したのは、二度の蒙古襲来を経て公家政権と肩を並べる全国政権となったことにより、支配基盤としての国衙及び国衙領を重要視するようになったからであるとされている。(56)つまり、永仁年間に入ってから周防国に対する幕府の施策転換は、このような背景があったからである。そして幕府の介入はその後さらに積極的となっていった。

延慶三年（一三一〇）末から翌四年にかけて、年貢進納を巡って大勧進円瑜と東大寺衆徒とが衝突したが、この時周防国の在庁官人は、円瑜に与同して抵抗している。このことから、円瑜の後任の心源に求められたのは、衝突によって混乱した国衙の興行だった。正和元年（一三一二）六月十一日、心源は国衙興行に尽力をつくす請文を出したが、国衙興行の進め方については、東大寺から借りうけた正安の十三ヵ条からなる関東下知状で国衙興行に対する幕府の考え方を確認し、さらにその外の肝要な下知状や御教書を所有している元の大勧進観一へ問い合わせし、その回答を得てから決定したい旨を伝えている。(57)

正安の十三ヵ条の関東下知状とは、永仁六年（一二九八）十二月に大勧進となった鎌倉覚薗寺の長老心恵が、その在任中に周防国の興行に関して幕府から下された下知状と考えられるが、詳しい内容については不明である。また観一へ問い合わせた肝要な下知状や御教書とは、彼の在任中の徳治三年（一三〇八）に、守護北条時仲が三井入道元智と楊井次郎入道らを使節として与田保に入部させているので、あるいは与田保に関するものだったのかもしれない。(58)

このような準備をしたうえで、心源は目代の承元を下向させ、「貞永　宣旨・御施行幷正安御下知状等」を拠り所として国衙興行にあたらせた。この内、「貞永　宣旨・御施行」とは、「国中諸寺社」と「諸郡郷書生・公文・田所職等」とを国衙の進止とするという裁断を下した官宣旨と、それをうけて幕府が下した関東下知状を指しており、(59)一方の「正安御下知状」は、前述した正安の十三ヵ条の関東下知状のことである。つまり心源の目指していた国衙興行とは、在地において直接国衙領の経営に携わる書生・公文・田所といった三職や、国衙領内の寺社を国衙の進止下に置き、それを通して国衙領の支配強化をはかろうとするものであった。そこで阿弥陀寺の免田と与田保を事例として、この時の国衙興行の具体的な内容について、検討する。

まず、牟礼令内の阿弥陀寺の免田で行われた興行である。この時に阿弥陀寺の免田が興行の対象となったのは、目代承元の寄進状によると、「彼下作人等頃年以来動募武威、対捍土貢、不従寺役」と、武威を背景に年貢を未進するなど免田の下作人らが寺役に応じないので、彼らを排除するためであった。

これに対して在庁官人は、翌正和二年三月十日に正治の起請文に従って阿弥陀寺を崇敬していくことを誓約したうえで、「今度下向承元目代、得天魔之諌歟、悪行亘諸事、不可堪人愁之際、不可従承元政務之旨、寺家并在庁官人一同等所及厳重之起請文也」と承元を激しく非難して国衙興行に抵抗している。(60)

しかしながら心源らは国衙興行を強行し、同年七月二十日には関東御教書が下されている。ところが、十一月になって国衙雑掌の行詮が国衙領で惣検を実施しようとしたところ、在庁官人の強固な抵抗にあって実施することができなかった。そのために再度幕府へ訴え出たところ、翌三年九月十六日に関東御教書が下され、さらに正和四年七月になると守護使節である奈古業資と伊藤頼兼が、牟礼令内の公文名ならび諸寺社免田畠の打渡状を地頭代に作成させたうえで、翌八月に入部して実検を行い、国衙進止の地を確定している。(61)

このように在庁官人の強固な抵抗を受けながら国衙へ付けた免田を、正和五年二月九日に、承元は再び阿弥陀寺へ寄進している。(62)その後も大内重弘ら在庁官人は、心源らの罷免を画策していることからすると、承元らの国衙興行は土貢対捍・寺役不従の下作人の排除という当初の目的を達成したことがわかる。(63)

一方、与田保は、前述したように地頭与田氏と公文職の進止権をめぐって相論を繰り返していたが、正和年間に入ると、保内の野寺及びその寺領得行・延次両名を地頭が押領しているとして、この野寺の帰属も相論の対象となった。徳治三年（一三〇八）には、守護使節三井入道元智と楊井次郎入道らが入部し、国衙雑掌の時光・時親と地頭光朝らからそれぞれの主張を聞き取りしているが、その後何の対応もなされなかった。

ところが正和元年になって心源が国衙興行を始めると、様相は一転する。前述のように正和二年十一月に国衙領で惣検の実施を求めたところ、地頭光朝は守護代伊藤弘兼を通して与田保が国衙領でないので惣検の対象から外すよう訴え出ている。しかし、正和三年九月十九日になると、東大寺の主張を受け入れ、幕府は地頭の兼帯する公文職の進止が国衙にあるとの裁決を下し、それをうけた守護が正和四年八月に伊藤頼兼と奈古業資の二人を使節として入部させ、野寺の敷地である上下院内と寺領の得行・延次両名の実検を行った上で、注進状を作成している。(64)

このような攻勢に対して地頭光朝は、正和五年五月に与田保が正元年間に三面僧坊学生供料所となっているので、公文職や保内の寺社を他の国衙領同様に国衙興行の対象とすることは不当である、と鎌倉へ訴え出た。しかしこれ以降地頭による公文職や野寺の領有が問題となっていることから、地頭の訴えは否定され、東大寺の主張が承認されたものと考える。そして、幕府による公文職の進止が国衙にあることを確認する裁決を受けて、正和五年十月に与田保では、公文名である正義名のみを書き上げた坪付が作成されて国衙への返付の準備がはかられ、(65)また野寺とその寺領は、その後国衙進止となり、他の国衙領同様に独立した所領単位として国衙に掌握されるようになった。(66)

以上、周防国の経営に幕府がどのように関与したのかを検討してきた。弘安徳政の際に東大寺から注進状を受け取った幕府は、当初は長門国警固番役などの軍事体制の維持を優先していたために、全く有効な手だてを講じなかった。このような幕府の態度が大きく転換したのは、北条貞時が政権を掌握し、全国規模で国衙興行を支援するようになってからであった。幕府は、東大寺の意を受けて国衙興行を推進していた大勧進の要請に応じ、度々守護使を入部させて国衙興行を成功させた。幕府の協力の下での国衙興行の強行は、結果として前述したように東大寺と在庁官人との間で深刻な対立を生み出し、そして国衙経営に動揺を生み出してしまった。在庁官人が円瑜に積極的に与同したのは、東大寺による支配強化に対抗するためであった。

結び

以上、鎌倉時代中期から後期にかけて東大寺による周防国の経営について検討した。最後に本章で検討してきたことをまとめて結びとする。

第一節では、弘安年間頃に東大寺が国衙経営において直面していた課題について明らかにした。東大寺が幕府へ送った注進状によると、蒙古襲来とそれ以降の長門国警固番役などの軍役に、本所一円地の住人を動員するにあたって、請所という手段による調達を幕府が公認したことで、大内氏ら武家による国衙領所務の押妨が頻発して、年貢の減少が問題となっていた。そのため東大寺は徳政令が発令されたのを受けて幕府へ訴え出たが、その一方でかつて国衙興行によって国衙へ返付された大野本郡では、旧領主の系譜に連なる人に訴えられるなど、東大寺は訴人論人両方の立場で法廷闘争を行わなければならなかった。

第二節では、地頭や名主らによる所務押妨を受けて、東大寺や大勧進らがどのようにその苦境を乗り越えていったのかを検討した。鎌倉時代中期の大勧進円照は、国衙において司法警察権を行使していた検非違使所を大勧進の経営組織に取り込むとともに、当時領有権をめぐって相論となっていた大前新荘植松原郷と与田保とを東大寺へ寄進することで領主権の確保を行い、支配強化をはかった。円照は、それだけでなく先の所領を東大寺へ寄進した際、自らが納所職を獲得し、それを子孫に相伝させているように、国衙領の東大寺領化・別相伝化も進めた。鎌倉時代後期に入ると、国衙領の保司職が東大寺僧へ与えられるようになったが、それは円照同様に東大寺の要請を受けた大勧進が支配強化を目論んだのであろう。ところがこのような支配強化は、同じように国衙領を基盤としていた在庁官人との間で、経済的な利害関係を生じさせることになり、そのために両者の間は深刻な対立を引き起こすことになった。

第三節では、鎌倉時代中期・後期の周防国の経営に幕府がどのように関与し、どのような影響を与えたのかを検討した。第一節で見た弘安徳政の際に東大寺から注進状を受け取った幕府は、当初は長門国警固番役などの軍事体制の維持を優先していためにに、有効な手だてを講じなかった。そのような幕府の態度が大きく転換するのは、北条貞時が政権を掌握し、全国規模で国衙興行を支援するようになってからであった。幕府は、東大寺の要請を受けて国衙興行を推進していた大勧進の要請に応じ、度々守護使を入部させていて、その結果として一部ではあるが国衙興行を達成したのである。幕府の協力の下での国衙興行の強行は、結果として前述したように東大寺と在庁官人との間で深刻な対立を生み出し、そして国衙経営の動揺の原因となった。在庁官人が円瑜に積極的に与同したのは、東大寺による支配強化に対抗していたからである。

以上、鎌倉時代中期以降東大寺の意を受けた大勧進により国衙経営の強化、そして国衙領の寺領化が推進されることにより在庁官人との対立は、深刻なものとなっていき、やがて南北朝時代に入ると大内氏が国衙より独立していった。

註

（1）藤本（国守）進「鎌倉末期周防国衙の一動向」（京都大学文学部読史会『国史論集一』一九五九年）、松岡久人「鎌倉末期周防国衙領支配の動向と大内氏」（竹内理三博士還暦記念会編『荘園制と武家社会』東京堂出版、一九六九年、後に松岡久人著・岸田裕之編『大内氏の研究』清文堂出版、二〇一一年に再録）、永村眞『中世東大寺の組織と経営』（塙書房、一九八九年）。

（2）小原嘉記「東大寺大勧進円照の歴史的位置」（『史林』九三（五）、二〇一〇年九月、E論文）、「鎌倉後期の東大寺大勧進をめぐる騒乱事件」（栄原永遠男他編『東大寺の新研究2　歴史のなかの東大寺』法藏館、二〇一七年、F論文）、「東大寺大勧進心源の周辺」（『古文書研究』八三号、二〇一七年六月、G論文）。なお、F論文とG論文は初校終了後に接したために、本章では検討できなかった。
（3）遠藤基郎「「筒井寛秀氏所蔵文書」弘安徳政関連文書」（『南都仏教』七六号、一九九九年二月）。
（4）東大寺図書館所蔵未成巻文書一―二四―四八七号（一）～同一―二四―四八七号（三一）（奈良国立文化財研究所編『東大寺文書目録』同朋舎、以下東大寺図書館所蔵文書は「東大寺文書」と省略）。
（5）『防府市史　史料Ⅰ』「上司家文書」一号（『防府市史　史料Ⅰ』防府市、二〇〇〇年所収、以下『防府市史　史料Ⅰ』は『防府市史』と省略）。
（6）『大日本古文書　家わけ第十八　東大寺文書』二〇三五号（東京大学、以下『大日本古文書　家わけ第十八　東大寺文書』は『大古』と省略）。
（7）『鎌倉』一四二三三号。
（8）追加法第四六六条・第四六七条、第四七七条（『中世法制史料集　第一巻鎌倉幕府法』岩波書店、一九九三年、以下鎌倉幕府法の出典は同じ）。
（9）追加法補遺第四号。
（10）註（1）松岡氏論文。
（11）『鎌倉』一二七八九号、『防府市史』「上司家文書」八号。
（12）註（3）遠藤氏論文。
（13）「東大寺文書」五―四八号。
（14）「周防国吏務代々過現名帳」（「東大寺文書」一〇四―八五一―一号）。
（15）田村裕「与田保」（『講座日本荘園史　九』吉川弘文館、一九九九年）、拙稿「保に関する一考察」（『日本歴史』五三一号、一九九二年八月、本書第一部第四章に再録）。
（16）『大古』内閣文庫一〇六号、『鎌倉』補遺一三一二号。
（17）『大古』四八六号、『大古』内閣文庫一〇六号。
（18）『鎌倉』一〇二六〇号。
（19）「東大寺文書」一〇四―一三号。

(20) 貞永元年四月四日後堀河天皇綸旨写・同年七月三日後堀河天皇綸旨写（『口宣綸旨院宣御教書案』所収）。貞永元年に行われた大野本郡の国衙への返還については、近年明らかになった東大寺大勧進文書集を参考されたい（吉川聡・遠藤基郎・小原嘉記「「東大寺大勧進文書集」の研究」（『南都仏教』九一号、二〇〇八年）、吉川聡・小原嘉記「「東大寺大勧進文書集」の書誌的考察」（同前））。
(21) 『鎌倉』四九八五号、同七七七五号、同七八〇一号。
(22) 『防府市史』「上司家文書」七号。
(23) 註（1）永村氏著書。
(24) 凝然『東大寺円照上人行状』（東大寺図書館、一九七七年）。
(25) 註（1）永村氏著書。
(26) 渡辺直彦「諸国検非違使・検非違所の研究」（『日本古代官位制度の基礎的研究』吉川弘文館、一九七二年）、黒田紘一郎「神宮検非違使の研究――国郡検非違使との関係において――」（『日本史研究』一〇七号、一九六九年九月）、五味文彦「留守所」項『国史大辞典』（吉川弘文館）。
(27) 『大古』八〇一号（二）。
(28) 『防府市史』「上司家文書」一五号。
(29) 『大古』二〇三〇号（二）。
(30) 『鎌倉』一一七二六号。
(31) 『大古』二〇三〇号（一）。大前新荘の残りの部分については、東大寺がその後も返付の要求を続けた結果、正和五年（一三一六）十二月四日に後伏見上皇が、八幡宮神輿の造営料所として大勧進へ寄進したことで一円支配となった（『鎌倉』二六〇四一号）。
(32) 『鎌倉』一三一一五号、『大古』三八四号、同七八四号。
(33) 註（15）田村氏論文、同拙稿。
(34) 「東大寺文書」三―五―一一号。
(35) 註（1）松岡氏論文。
(36) 『大古』一四〇四号。

(37)『大古』一四五七号。この支配状はあくまでも送進予定を書き上げたと考えられ、実際の送進は翌年正月に梶取朝阿が作成した送進状から知りうる(『大古』成巻九三五号)。
(38)『鎌倉』一六三六六号。
(39)「東大寺文書」五―三九号。
(40)「東大寺文書」五―四〇号。
(41)註(1)松岡氏論文。
(42)註(1)松岡氏論文。
(43)註(1)松岡氏論文、稲葉伸道「鎌倉後期の「国衙興行」と「国衙勘落」――王朝と幕府の国衙興行政策」(『名古屋大学文学部論集』一一〇号(史学三七号)、一九九一年三月)。
(44)『鎌倉』一五七一四号、同一五七四二号。
(45)註(15)田村裕論文、同拙稿。
(46)『鎌倉』一六三六六号。
(47)海津一朗『中世の変革と徳政』(吉川弘文館、一九九四年)。
(48)註(43)稲葉氏論文。本多博之「中世後期東大寺の周防国衙領支配の展開」(『日本史研究』二九六号、一九八七年四月)。
(49)『大古』一八二号。
(50)『鎌倉』一八六〇五号、同一八六〇六号、同一八六七三号。
(51)「東大寺文書」寶庫文書七四―一六―一号。
(52)『防府市史』「阿弥陀寺文書」一三号、『鎌倉』一八九九三号、同一八九九四号。
(53)瀬野精一郎「鎮西探題」項『国史大辞典』(吉川弘文館)。
(54)新田英治「鎌倉後期の政治課程」(『岩波講座　日本歴史　六』岩波書店、一九七五年)。
(55)追加法六五四号。
(56)註(43)稲葉氏論文。
(57)『大古』東南院文書七一四号。

(58)『大古』七五四号。
(59)『鎌倉』一六三六六号、同二五七三九号、「大勧進文書」一三号、同一四号、同一五号、同六号、同二六号、同五〇号、同五一号。
(60)『鎌倉』二四八二〇号。
(61)『鎌倉』二五五八二号、『防府市史』「阿弥陀寺文書」三三号、『大古』七五四号。
(62)『鎌倉』二五七三九号。
(63)註(1)松岡氏論文、註(43)稲葉氏論文。
(64)『鎌倉』二五七三九号、『大古』七八四号、同七九一号、同七九二号。
(65)『大古』別集七九号。
(66)『大古』一四五七号。

第二章　建武新政期における東大寺と大勧進

はじめに

中世において寺社の造営を考える場合、大勧進の果たした役割は大きい。大勧進の重要性に最初に着目したのは、中ノ堂一信氏であった。中ノ堂氏は、一連の研究によって大勧進が寺社の造営を指導するだけでなく、経済的な基盤である造営料国の経営や材木・正税の輸送など幅広く活動していたことを明らかにした(1)。また永村眞氏は、中ノ堂氏の研究を展開し、初代の重源から建武新政の円観に至る鎌倉時代の東大寺の大勧進を分析し、京や鎌倉の禅律系寺院の寺僧が大勧進に補任されていたこと、補任に際して鎌倉幕府の口入と朝廷の承認が必要であったことなどを明らかにした(2)。また網野善彦氏は、東寺の大勧進願行上人憲静の事績、及び大勧進による造営料国安芸国の経営を検討している(3)。そして松尾剛次氏は、鎌倉時代後期から南北朝期までの大勧進を分析し、彼らが寺家と公家・武家とを繋ぐパイプ役を果たしていて寺社にとって重要な存在であったが、その反面大勧進による恒常的な造営修理の出現は、百姓らにとっての恒常的な税の出現となったと社会的な影響を指摘している(4)。

ところで、東大寺の大勧進を知りうる基本的な史料として、「周防国吏務代々過現名帳」(5)（以降「吏務」と省略す）

がある。この「吏務」は、院政期から十六世紀初頭までの周防国の知行国主や大勧進などの経営組織を書き上げたもので、それを概観すると、前述したように鎌倉時代では京や鎌倉の禅律系寺院の僧が大勧進に就任していたが、建武新政期の円観を最後に南北朝時代以降は主に東大寺内の戒壇院の長老が代々就任している。つまり建武の新政は、東大寺の大勧進にとっても画期の一つであったと考えられる。この点については、永村氏が注目をしているが、永村氏は具体的な検討を行っていない。(6)また、建武新政期の円観については、国守進氏もその活動について紹介をしているが、東大寺の大勧進職の中での位置づけについては、検討が不十分である。(7)

一方、松尾氏は、後醍醐天皇の帰依を受けて倒幕にも参画した円観が進めた北嶺系の円頓戒を復興運動について詳細に分析をし、律僧としての性格を明らかにしているが、そのうえで延暦寺の修造などに携わった経歴から、東大寺が東大寺大勧進として円観に求めたのは修造の手腕とその用途調達に関わるネットワークであったと述べた。(8)また、福島金治氏は真福寺所蔵の『八生一生得菩提事』の紙背文書の紹介と分析を行い、建武新政期に東大寺が佐渡国の知行国化や称名寺領であった信濃国太田荘の獲得交渉を朝廷との間で行い、円観もその交渉の窓口役を勤めていたことを明らかにした。(9)

そこで本章では、後醍醐天皇の対東大寺政策や周防国の経営、そして衆徒との相論を検討することで建武新政期における東大寺の大勧進と周防国の性格について明らかにする。(10)具体的には、まず第一節で円観と東大寺との間で生じた相論について検討したうえで、第二節では大勧進として実際どのように国務を執っていたのか、その実態を明らかにする。そして第三節では、後醍醐天皇が周防国をどのように扱っていったのかを検討することで、東大寺衆徒が批判する円観の国務の意味について明らかにする。最後の第四節では、戒檀院長老である俊才が大勧進に就任する際の経緯を検討することで、中世後期に戒壇院長老が大勧進を独占する理由について明らかにする。

第一節　円観上人と東大寺衆徒との相論

本節では、建武新政期における東大寺の大勧進について検討する前提として、円観と東大寺の衆徒との間で起きた相論について検討する。

円観と衆徒との相論は、造営修理の有無を朝廷に注進するよう、衆徒が別当の東南院聖珍へ訴えた次の〔史料一〕に始まる。

〔史料一〕
（端裏書）
「大勧進事　建武元」

就寺門興隆可被経御沙汰篇目事

条々

一、当大勧進恵鎮上人造寺興隆有無任実正可注進由事

右、天平以来建久以往之事者、暫閣之、自七八《頃年》十年以降《来》於不法不治之勧進者、未見聞如此之輩者也、其

故者、自去々年当職補任之後、防州之国務収納既依及両年一葉之着岸（貼紙）「既及数ヶ度之間、年貢之員数又以

不知其数」多少寺門曾不知之、假令一千余石間、□運上之毎度正税雑物○過■《等悉》自淀津運取京都之後《間》、所

残之雑穀等、雖済納于油倉、依无要脚云修理云新造一事以上不及其沙汰《造寺》、但大講堂北軒廊柱二本朽損之

間、切続之畢、其沙汰次第仮名矯飾比興、不可説之間、見聞之輩皆反唇畢、次三面僧坊者、学侶止住之依

所、佛法弘通之浄場也、而悉破損之間、法門聖教被侵于雨露、止住之僧侶无所于處坐座、然間連々可加修

理之由、雖相觸之、終以不及承引之間、住侶失為方之處、此両三日驚　勅問、俄東室集会所上及差瓦企之条、矯飾之至、比興之次第也、其外神社佛閣三面築垣以下更不及修理之沙汰、此条若被貽御不審者、速被下憲法之御使、可被遂実検者也、所詮、早改不法之勧進、被廉直上人、欲被○遂寺門之修造矣、
自餘略之(11)

これによると、円観は周防国の正税・雑物を淀津で京都へ運び去り、その結果造営修理を滞らせただけでなく、自己の非を粉飾しようとしたという。これに対し衆徒は、「頃年以来於不法不治之勧進者、未聞如此之輩者也」と非難したうえで、彼を罷免して廉直な人間を大勧進とするよう訴えた。この時の衆徒の訴えは、別当の聖珍から後醍醐天皇へ差し出されたと考えられるが、聞き入れられることはなかったのであろう。その後も衆徒の訴えは続いた。

建武二年五月、衆徒はふたたび天皇へ訴えるよう聖珍へ申し入れた。それに対し聖珍が衆徒へ回答してきたのが次の〔史料二〕である。

〔史料二〕
（端裏書）「仰　勧進以下事　建武二」
建武二年五月廿五日御披露
一、大勧進事、当職補任之後、雖経両三年、云修理、云新造、不致其勤之条、勿論歟、但楚忽之儀、太不可然之上者、所詮差遣寺使、先遂結解有勘謀之子細者、速経　奏聞、宜致次第之沙汰矣、
（後略）(12)

それによると、聖珍は、使者を派遣して結解を遂げ、その結果円観の勘謀が明らかになった場合、天皇へ訴えるように、と回答している。この回答を受けた衆徒は、円観の罷免要求の申状を天皇へ差し出している。ところが、同じ頃に後醍醐天皇の政策に不満を持った興福寺が神木を動坐させて嗷訴していたため奏聞はできないと、造東大寺長官の三条実治が取次ぎの拒否を伝えてきた。そのため衆徒は、六月二十三日に、再度奏聞するよう実治へ訴えた。(13)

以上のように円観の就任以来二年以上を費やしながらも、後醍醐天皇が衆徒の要求を聞き入れることはなかった。ところが建武三年（一三三六）六月になると状況は急展開することになる。それが次の〔史料三〕である。

〔史料三〕

（端裏書）「大勧進事戒壇院長老交申状案　建武三年六月七日」

□□（東大）寺群議稱、夫当寺再興者、

□□（後）白河院御治世時、源右幕下殊依有御□（執）奏、重源上人含知識之　宣旨、勧緇素之□□、致昼夜常住之奉行、

遂寺社興隆大営畢、勧進之職 其勤在茲矣、而近□（年）以降、或假権威、或属施縁、正員依居□《年》所、不検■■《仏閣》之□（依）

敗壊、代官当所雖住当寺、不致藍院之修治、■■可謂寺之朽損□職之陵怠也、爰当寺戒壇院十達上人者、□

為常住之器用、尤■当営作之勧進□、就中　仙洞聖運、武家栄昌、専寺衆侶之懇篤、偏致公武之御祈之上者、

被恩補大勧進職於彼上人之様、可有御執　奏之旨、可有中御沙汰之由、可令披露給之旨所候也、恐々謹言、

六月六日　　　年預五師、、

謹上　但馬律師御房(14)

これは、建武三年六月六日に衆徒が円観に替えて戒壇院長老の俊才上人を大勧進として朝廷へ推挙するよう、別当の西南院良性へ要請した申状である。この申状は、端裏書によると翌六月七日に別当良性の許に届いていて、それから僅か二日後の六月九日には、光厳上皇が周防国の国衙別名である重任名に対し守護段銭等を免除する旨の院宣を俊才に宛てて下している。重任名とは、国司得分の別名で、当時大勧進に与えられていたので[15]、これにより俊才が正式に大勧進として補任されたことがわかる。

以上、円観と衆徒との相論の経緯について見てきた。永村氏は、この相論について「この訴訟の経緯については未だ明らかではないが、後醍醐天皇の支持を背景に不正を強行する円観上人も、建武新政の崩壊する建武三年（一三三六）に解任され、後醍醐天皇の意思から解き放たれたところで、後任に戒壇院長老俊才上人が補任されたのであった。」と述べている[16]。しかし永村氏の指摘のように、円観は本当に不正行為を行っていたのであろうか。というのは、彼は大勧進として次のような実績を遺しているからである。

彼の自伝的記録の「五代国師日記」[17]によると、円観が寺院造営に携わるようになったのは、嘉暦元年（一三二六）に法勝寺の大勧進に補任されてからであった。元徳二年（一三三〇）三月二十七日には、延暦寺の修造が終了したため後醍醐天皇が行幸して供養を遂げたが、この時供養料を申沙汰している。その後、天王寺の大勧進を勤め、元弘三年（一三三三）十一月には東大寺の大勧進となり、建武三年（一三三六）六月まで勤めた[18]。建武政権の崩壊後は、持明院統に接近して戒律の弘通に務めるとともに、暦応五年（一三四二）法勝寺が火災で堂社の大部分を焼失すると、康永元年（一三四二）に再度大勧進に補任され、観応元年（一三五〇）までその任にあたった[19]。

このように大勧進としての経歴を概観すると、前述したようなトラブルは、東大寺の大勧進在任中だけだったことがわかる。二度にわたり法勝寺の大勧進を勤めたり、後伏見・花園・後醍醐・光明・光厳天皇らの戒師を勤めて「五朝戒師」と称され、天皇家の帰依を受けたことは、円観が造営に関して律僧としての公正さと能力を兼

ね備えていたことを示していると言えよう。(20)

また、建武政権期に東大寺は佐渡国の国務や信濃国太田荘の所領を求めて後醍醐天皇との交渉にあたったが、その窓口役を円観が勤めている。福島氏によると、円観は称名寺との律僧との間で交流があったというが、後醍醐天皇は律僧の間で張り巡らされたネットワークを見込んで彼に交渉の窓口役を命じたのであろう。(21)

以上のように衆徒との対立は、彼個人の資質ではなく、別の要因を考えなければならない。そこで次節では、円観が実際に周防国をどの様に経営していたのかを検討していこう。

第二節　円観による周防国の経営

円観による周防国の経営を直接知りうる事例としては、管見の限り建武元年（一三三四）に阿弥陀寺の敷地に対して後醍醐天皇が下した禁制に関与した一例だけである。

〔史料四―1〕

周防国阿弥陀寺住侶等申、当国守護乱入狼藉幷甲乙人狩猟事、
奏聞之処、事実者不可然、向後可停止之旨可令下知給旨、天気如此、仍上啓如件、

（建武元年）七月廿五日　左中将春光（具）判

左大弁宰相殿

〔史料四―2〕

（裏打紙押紙）
「綸旨副申状」

（端裏書）
「国宣」

（押紙）
「左大弁宰相実治卿」

（花押）

当国阿弥陀寺住侶等申、守護乱入狼藉幷甲乙人狩猟事、綸旨副申状具書如此、子細見状候歟、早任被仰下之旨、可被致其沙汰之由、国宣所候也、仍執達如件、

（建武元年）八月二日　　散位親弘

謹上　周防国御目代殿

〔史料四―3〕

（裏打紙押紙）
「法勝寺円観上人沙門恵鎮在判」

（押紙）
「法勝寺円観上人」

周防国阿弥陀寺住侶等申、当国守護乱入狼藉幷甲乙人狩猟事、国宣如此、早任被仰下之旨、可有其沙汰候也、恐々謹言、

建武元年八月三日　　沙門恵鎮（花押）

御目代殿

〔史料四―4〕
（裏打紙押紙）「建武元年阿弥陀寺、目代源蔵人豊宗勅宣之趣」
（押紙）「目代源蔵人豊宗」
周防国阿弥陀寺住侶等申、当国守護乱入狼藉幷甲乙人狩猟事、任今年七月廿五日綸旨・同八月二日国宣幷大勧進上人御文之旨、向後可停止之者也、仍執達如件、
建武元年八月廿日　　　目代源（花押）(22)

〔史料四〕は、阿弥陀寺の住持らが敷地内への守護乱入や甲乙人らの狩猟を禁じるよう訴えたのに対して、後醍醐天皇が下した命令がどのように伝達されたのかがわかる一連の史料である。そこでまずこの史料に則って事件の経緯について見ていこう。

まず阿弥陀寺の住侶らの訴えを受けた後醍醐天皇は、七月二十五日に甲乙人らの濫妨を停止するよう命じた綸旨を、当時左大弁宰相であった造東大寺長官の三条実治へ宛てて下している（〔史料四―1〕）。それから六日後の八月二日に、散位親弘が国宣を奉じて天皇の命を目代某へ伝え（〔史料四―2〕）、翌三日には円観が天皇の命を同じように目代某へ伝えている（〔史料四―3〕）。そして同月二十日に目代源蔵人豊宗が守護乱入狼藉を禁じる施行状を阿弥陀寺へ下した（〔史料四―4〕）。

阿弥陀寺へ禁制が下された経緯は以上の通りであったが、次にこの時の命令伝達を明確にするため差出人と宛名を整理しておこう。まず七月二十五日の綸旨は、前述した様に後醍醐天皇から三条実治へ宛てたものである。また散位親弘が奉じた八月二日の国宣の差出人は、袖判と押紙から実治だと考えられる。この国宣と八月三日の円観書状の宛名の目代某は、いずれもその実名が明記されていないが、八月二十日の目代源豊宗の施行状による

と、豊宗の許には七月二十五日の綸旨と共に、八月二日の国宣と八月三日の円観の書状が下されていたので、目代某とは豊宗であったことがわかる。また、円観の書状にも「国宣如此」とあり、実治から円観へ宛てた国宣もあった。

以上のことを改めて整理すると、周防国の経営における命令伝達の流れは、後醍醐天皇↓三条実治↓源豊宗というものと、後醍醐天皇↓三条実治↓円観↓源豊宗という二通があったことになる。建武新政において、後醍醐天皇は国司制度の興行を行い、公卿を各国の国司に任命し、実務官人を目代として実際の経営にあたらせた。三条実治が目代豊宗に宛てた国宣は、まさに天皇が興行した国司制度によるものであり、一方実治が円観に宛てて下した国宣は、造営料国として造東大寺長官が大勧進へ宛てたものだった。

鎌倉時代、周防国では、大勧進が留守所へ発給する国務文書として、名国司が作成して大勧進が袖判を据える国司庁宣と奉書の形態をとる国宣の二通りがあった。いずれの場合も国務において大勧進が最高責任者には変わりない。[23]このことから、建武新政下の周防国は、形式的には鎌倉時代同様に造営料国ではあったが、その実態が異なっていたことは明らかであろう。

重源以来大勧進に対する指揮権は、東大寺になくて任命権者の朝廷や幕府にあった。命令伝達の流れで確認したように、後醍醐天皇は円観への指揮権を握ったうえ、周防国の国衙に対しては従来よりはるかに強力な支配をしていこうと考えていたのであろう。このことから円観の大勧進としての一連の行為は、後醍醐天皇の意志を反映していたことは間違いない。このような後醍醐天皇と円観との関係を念頭に置くと、次の事例も円観が何らかの形で関与していたと考えるべきであろう。

現在、防府市大崎に鎮座する一宮玉祖社では、社領や社殿等を書き上げた建武二年九月の注進状が伝来している。[24]この注進状は、大内弘幸が玉祖社の造営を行った時に作成した目録だと考えられてきた。[25]しかし一般的に一宮の造営は、中世前期までは宣旨によって行われるが、中世後期になると幕府や守護の命によって行われ、しかもその用途は、一国平均役で徴収した税が充てられていた。このことから在庁官人の最高権力者ではあったが守護ではない大内弘幸が、玉祖社の造営を行ったとする従来の説明には、無理がある。そこで次にこの注進状の記載内容を検討していく。

建武二年の注進状には、最初に田嶋荘など三ヵ所の社領が書き上げられ、それに続いて宝殿や中殿などの社殿や什物類、さらに末社の浜宮御祖社や神宮寺、神事・仏事、神官・供僧の順に、ほぼ網羅的に書き上げられている。玉祖社には、建久六年（一一九五）に重源が社殿等を造営した際に作成した注進状が遺されているが、彼が造営・寄進したものが書き上げられているのみで、社領や神事・仏事などの情報は書き上げられていない[26]。つまり建久六年の注進状の記載内容と比較しても、建武二年の注進状が社殿の造営に関わるものでなかったことは明らかである。

それではこの注進状は何のために作成されたのであろうか。作成理由を考えるうえで注目すべきは、この注進状の構成である。というのは、社領の書上の後や神事・仏事の後、神官・供僧の後にそれぞれ書止文言があり、さらに末社や神宮寺等の書き上げの後にある「此外神殿佛閣寶物等雖多、依繁略之」を書止文言とするならば、最後のものを含め都合五ヵ所の書止文言が存在している。これに従うならばこの注進状は、五点の書上を一つにまとめたと考えられる。

この注進状は、その内容が鎌倉時代末以前の玉祖社の様子を伝えていると考えられる点、また写真帳で確認する限りでは、その書体が鎌倉時代から南北朝時代のものと考えられる点など、建武二年頃に作成されたと考えて間違いないであろう。しかし、五点の書上を一つにまとめたという点や、建久六年に重源が作成した注進状に比べて書体が見劣りする点などから、玉祖社によって作成された下書きであった可能性は高いと考える。

さらに、この注進状の由来を考えるうえで注目すべきは、第二紙と第三紙との紙継目の裏にある花押である。この花押は、当該地域の史料から毛利隆元の花押だということがわかる。[27] 毛利氏は弘治元年（一五五五）から大内氏の領国周防国へ攻め込み、弘治三年に大内義長を滅ぼして防長両国を統一したが、この時元就・隆元親子は松崎天満宮の本坊大専坊に本陣を置いた。[28] 紙継目の裏にある花押は、社領以下の安堵を求めて本陣に出向いた玉祖社の別当らが持参したこの注進状に、隆元が安堵の証として据えたものであった。

二百年以上も前の注進状で安堵を得ようとしたのは、この時たまたま玉祖社に社領以下をまとめた書上がなかったからかもしれないが、社領以下の安堵という重要な場面で利用されていることから、この注進状には玉祖社の理想とすべき姿が示されていたからに違いない。つまりこの点と先に見た建武二年に作成されたという点とを合わせて考えると、この注進状は後醍醐天皇の対一宮政策に関連して作成されたとも考えられる。

後醍醐天皇の対一宮政策として直ぐに想起されるのは、「建武記」の建武元年五月七日条の「武者所輩可存知条〻」に見える次の条文である。

〔史料五〕

一、諸国一二宮事、

本家幷領家職事、可停止其號之由、以前治定了、於社敷地幷神職収公地頭跡者、被尋究可被停止之、至神領地頭職者、随事之體、追可有其沙汰矣、[29]

これによると、後醍醐天皇は一宮二宮の本家職領家職の称号を停止し、神社の敷地や収公された地頭職跡については一宮二宮に付け、そして神領の地頭職については個々の状況に応じて対応するよう命じていたことがわかる。このうち、本家職・領家職の称号停止については、すでに元弘三年六月に豊前国宇佐八幡宮の本家職の称号を停止し、牢籠の神領を悉く返付するよう命じた宣旨が下されたのを始めとし、その後も肥後国阿蘇社領や出雲国杵築大社領、そして筑前国宗像大社領へも同じような命が下されている。(30)

黒田俊雄氏によると、後醍醐天皇はこの法によって地方寺社を王権の下で統治し、それによりその地方を統治していこうとしたのだという。(31)とすると建武二年の注進状は、一宮二宮といった地方寺社の統治を通して地方の統治を目指していた天皇が、円観らに命じて玉祖社の社領等を調査させて、提出させた注進状の写しと考えられる。(32)しかも、前述したように玉祖社に関して網羅的に書き上げられていることから考えると、注進状の提出は、宇佐八幡宮や阿蘇社同様に玉祖社の興行を実施する予備調査だったのであろう。

以上のように、後醍醐天皇は国司と大勧進とを併用しながら周防国の経営を強力に押し進め、さらに在地に対しても玉祖社や阿弥陀寺の統治を通して影響力を及ぼしていこうとしていたのである。政権自体は短期間で崩壊してしまったが、次の例からある程度彼の目指していたものは達成することができたと考える。

円観が大勧進を罷免されると、円観の下で小目代を勤めた摂津公清尊と検非違使所の助法眼教乗らは、石見国の国人小笠原蔵人三郎長光ら数千騎と共に、反足利方の旗を掲げて国府から約二・五キロ北にある矢筈岳山腹の敷山城に立て籠った。(33)そこへ足利方の長門国の国人永富季有や安芸国の国人吉川恒明らの軍勢が攻め寄せ、七月四日に戦闘が始まり、その日の内に城は落城、清尊らは城を枕に討死してしまった。(34)円観の大勧進としての在任期間は僅かに二年余であったが、このように国衙が後醍醐天皇方の拠点となったのは、天皇が周防国を重要視して国衙の掌握に意を注いでいたからにほかならないのである。

以上、状況証拠を積み重ねに終始したが、東大寺の衆徒が申状の中で非難した周防国の経営における円観の施策は、彼自身の意志ではなく、彼の外護者後醍醐天皇の意向が強く反映したものであった。そこで次節では後醍醐天皇の対東大寺政策、特に周防国をどのように経営していこうとしたのかを検討していく。

第三節　後醍醐天皇の対東大寺政策――特に周防国の経営を中心に――

黒田氏によると、後醍醐天皇の宗教政策の特徴は、宗教上最高の統轄者の地位に彼自らがおさまり、宗教的勢力を親政の傘下に置こうとしたことにあったという。(35)東大寺の場合は、前述したように後醍醐天皇が自ら帰依する円観を大勧進に補任しただけでなく、側近の三条実治を造東大寺長官に補任している。(36)彼が造東大寺長官へ就任した時期は明らかでないが、同じ側近の一人であった坊門清忠が造興福寺長官に就任した元弘三年七月と同じ頃であったと考えられる。(37)鎌倉時代の造東大寺長官は、東大寺が朝廷へ訴訟する際に必ず窓口となって取次ぎをし、また造営に際しても大勧進を指導する立場にあって、朝廷と東大寺を結びつける重要な存在であった。(38)実治は、円観への指導や別当の補任、東大寺内の犯過人の捕縛、さらに第一節で見たように興福寺の襲撃に対する東大寺からの嗷訴の窓口となっていた。(39)つまり実治は、後醍醐天皇と東大寺を結びつける役割を果たしており、後醍醐天皇の対東大寺政策を支えていたと言っても過言ではない。

後醍醐天皇は、実治を通して東大寺をその統治下へ組み込んでいこうとしたが、自らの理念を貫く余り、逆に東大寺と対立してしまった。円観を巡って東大寺の衆徒と対立する以前の元弘三年八月、東大寺の衆徒は次の七ヵ条について訴えた。(40)

第一条、一万町の水田及び五千戸の御封の寄進要請。
第二条、討幕の際の恩賞要請。

第三条、兵庫嶋の升米及び置石の召し上げの撤回要請。
第四条、伊賀国吏務職の召し上げの撤回要請。
第五条、美濃国茜部荘の年貢進納要請。
第六条、造営料国周防国と肥前国の召し上げの撤回要請。
第七条、三箇津（神崎・渡部・兵庫）の商船目銭の召し上げの撤回要請。

後醍醐天皇の対東大寺政策を明らかにするためには、本来ならばこの七ヵ条総てについて検討しなければならないが、本節は彼が周防国の経営についてどのように考えていたのかを明らかにすることが目的であるから、この中から特に第六条目について検討する。

鎌倉時代末において、東大寺の造営料国は周防国と肥前国の二ヵ国であった。周防国は、途中一時の中断があったとはいえ、院政期末から鎌倉時代末まで造営の材木や用途の供給地であった。一方の肥前国は、延応二年（一二四〇）四月十八日に大講堂の瓦用途料国となって以来、鎌倉時代末まで用途の供給地として大勧進が経営にあたっていた。(41) ところが、建武の新政が始まると後醍醐天皇は、知行国主が国務を私領化することを嫌い、特定の家が特定の国を相伝する知行国制を否定していて、中院家の上野国や持明院統の播磨国、西園寺家の伊予国といった国が召し上げられている。(42) つまり彼の理論によれば、永年東大寺の造営料国である両国は、当然召し上げの対象であった。

これに反対する衆徒からの召し上げの撤回要請に対し、後醍醐天皇は、「凡諸国平均被停止永代之国司之間、非獨限于防州、事之子細追可有御沙汰云〻」と、永代の国司は全国的に停止するつもりなので、周防国もこの例に洩れないであろうと、彼らの要請を拒否している。一方の衆徒は、永年大和国を知行している興福寺を例とし

て挙げ、周防国の召し上げを撤回するよう重ねて訴えている。(43)

このあと周防国や肥前国が後醍醐天皇によって召し上げられたのかというと、当時この両国同様に造営料用途の重要な財源であった兵庫嶋の升米や置石、三箇津の商船目銭は実際に停止され、そのため東大寺の衆徒から嗷訴されているのに対し、(44)両国に関して同様のトラブルが史料上確認できないので、東大寺の強い反対にあって中止としたのであろう。

しかしその後も後醍醐天皇は周防国を諦めたわけではなかった。建武元年正月十二日、天皇は議定を開き、富小路の里内裏に代えて新たに大内裏を造営することとし、その用途として周防国と安芸国両国の国衙からの正税と諸国地頭領からの二十分一税、同じく十町毎に一ヵ日の仕丁を充てることで決定している。(45)これは、嘉禄三年（一二二七）四月二十二日に大内裏が焼失して以来、(46)天皇が里内裏に仮住いのままだったので、大内裏を造営することにより天皇の絶対性を具体的に示めすためであった。(47)

その後、同年十月には雑訴決断所が、諸国の国衙へ対し、地頭以下所管の田数を注進し、正税以下雑物の二十分一を御倉へ進納し、併せて仕丁を供出するよう命じている。これを受けて同年十一月には伊賀国の国司岡崎範国が、東大寺領の黒田荘に対して田数を注進するよう命じている。さらに東寺領備中国新見荘や肥前国武雄社領、そして近江国吉見荘などでもこの時期に検注が行われていることから、(48)この検注は全国的に実施されたものと考えられる。

このように後醍醐天皇は、財政上の整備を進めていったが、大内裏の造営自体は、翌建武二年六月十五日になって、ようやく外記庁に造大内裏の行事所が設置されて行事所始が行われたように、(49)その後も遅々として進まず、結局建武政権が短期の内に崩壊したため実現することはなかった。

このことから判断すると、〔史料一〕で衆徒から周防国の正税を淀津から京へ運び去ってしまったと非難された円観の行為は、後醍醐天皇の命に従った行為だったことは明らかであろう。

周防国同様に大内裏の造営料国となった安芸国では、永仁五年（一二九七）三月に東寺の造営料国として泉涌寺七世長老覚阿へ寄進されて以来、経営は大勧進があたっていた(50)。安芸国が大内裏の造営料国となった同じ建武元年に、後醍醐天皇の信任篤い文観上人が東寺の大勧進に補任されている(51)。後醍醐天皇は、文観が造営に関与することで大内裏の造営料国となった安芸国の経営を行わせていた。文観による安芸国の経営の実態は不明であるが、天皇は文観を通して国衙を掌握し、造営料国としての実をあげることに意を注いだことは明らかであろう。

以上のことから、後醍醐天皇が信任篤い円観や文観を大勧進としたのは、東大寺や東寺の造営事業に積極的に介入することで、両寺の造営料国の正税を国家財政に組み込んでいくためであった。東大寺の衆徒が、円観の行為を非難し、彼の罷免を要求しても、天皇がそれを聞き入れなかったのは、周防国の経営において天皇の意向を実現するために彼が必要だったからである(52)。

それでは後醍醐天皇は、何故周防国や安芸国を大内裏の造営料国としたのであろうか。この点については史料的な裏付けはないが、前述したように両国は、ともに永年寺院の造営料国であったことから、大内裏の造営用途を調達するための正税徴収システムが既に構築されている点に着目したのであろう(53)。

第四節　俊才上人の大勧進職就任

本節では、円観の後任である俊才上人の大勧進就任の意義について検討していく。

俊才の大勧進就任は、第一節で見たように建武三年六月六日に衆徒が俊才の推挙を求めて別当良性へ申状を差し出したのに始まり、良性がそれを奏上し、それを受けて六月九日に光厳上皇が俊才を大勧進に補任した。この時の補任で注目すべきは、衆徒の訴えから光厳上皇による補任まで、僅かに四日で処理されている点である。というのは、これ以前、衆徒が円観の罷免を求めて何度も後醍醐天皇へ訴訟を起こしながらも、二年余りの間全く解決する気配がなかったからである。それでは、何故この時はこの様に早く決定したのであろうか。

その理由としては、当時の東大寺を取り巻く政局の変化が考えられる。衆徒が申状を別当へ差し出した前日の六月五日には、足利直義率いる足利軍が、後醍醐天皇の立て籠もった比叡山への攻撃を開始していた。足利尊氏は、箱根竹の下の戦いで敗れて敗走する新田軍を追って入京する直前の建武三年正月八日、尊勝院の院主定暁を通して、両国の軍を率いて参陣するよう要請している。(54)さらに同月二十三日には摂津国椋橋荘を尊勝院へ寄進したが、(55)これも衆徒の軍事力を期待しての寄進だったと考えられる。もっともこの時は、尊氏が奥州から上京してきた北畠顕家軍と戦い、敗れて九州へ下向してしまったため、衆徒が実際に出兵することはなかった。

尊氏は、早くから東大寺の衆徒を軍事力として期待していたので、当然六月五日の直義による比叡山攻撃に先立って参陣の要請を行っていたはずである。一方の衆徒は、足利軍による比叡山攻撃の開始に合わせて別当へ申状を差し出している。このことから俊才の大勧進補任がこの時速やかに行われたのは、衆徒の軍事力を期待した尊氏が、光厳上皇へ要請していたからであろう。

なお、尊氏が尊勝院を窓口としたのは、当時の東南院々主聖尋が元弘の乱の際に笠置寺へ行幸した後醍醐天皇の先導役を勤めているように、天皇と極めて近い存在であったのに対し、(56)東南院と並ぶ伝統と権威を有しながら、東大寺以外の真言僧が兼務する東南院々主とは異なり、寺内に専住しながら鎌倉時代後期以降惣寺と協調関係を築いていたからであろう。さらに、七月十六日に光厳上皇が尊勝院の院主定暁を東大寺の別当に補任したが、これは尊勝院を東大寺の対外的な窓口として寺内組織上明確化するためであって、これも尊氏の要請によると考えられる。(57)

このように衆徒を軍事力として期待するのは、何も尊氏だけでなく後醍醐天皇も同じであった。比叡山に立て籠っていた建武三年七月二十二日、天皇は尊勝院の法眼実暁を東大寺の別当に補任している(58)。しかし天皇が足利軍から攻撃を受けている最中に、実暁が別当としての職務を果たせたとは考えられない。それにもかかわらず天皇が彼を別当としたのは、窮地に陥った戦況を衆徒の支援を得て打開しようと考えたからであろう。

以上、俊才の大勧進補任が速やかに行われた理由について検討したが、続いて衆徒が俊才を大勧進に推挙した理由について検討する。

衆徒が俊才を推挙した理由は、〔史料三〕によると、彼が重源のように「常住之器用」で営作の勧進にあたれる人物だからだという。このように寺内常住を大勧進の条件として主張するようになるのは、建武三年の時からで、〔史料一〕に見えるように建武元年の時には、単に廉直の僧を補任するよう主張しているのみであった。このことから必ずしも「寺内常住」とは、大勧進にとって絶対的な条件ではなかったことが窺える。それでは何故衆徒は、建武三年になって寺内常住を大勧進の条件として主張するようになったのであろうか。この点を考えていく前に、衆徒が考える理想の大勧進の条件とは、どのようなものであったのかを確認しておこう。

正応四年（一二九一）十二月、前大勧進の聖然派と現大勧進の円乗派が対立し、周防国の国庁放火事件が発生した(59)。この時、聖然派の衆徒は、「凡非禅律之僧、依為不調之仁、不恐罪障、不思興隆、両国土貢多成悪僧児童之謀、棟別銭貨悉為酒宴賄賂之縁、周防材木者、於淀河尻令沽却」と、円乗が悪党行為をする原因として、彼が非禅律の僧だからだと決めつけている(60)。

また延慶三年（一三一〇）二月、衆徒は周防国の年貢を抑留したとして在京黒衣の僧である円瑜を罷免し、代わって関東止住の僧を大勧進に選任するよう訴え出た。何故、関東止住の僧なのかというと、在京黒衣の僧は「皆以卿相雲客為檀那、各属専寺傍寺強縁、捧追従賄賂、憑引級許容、為達己之欲心□無寺之興隆」と、公卿などを大檀那として寺の興隆に意を払わないからで、これに対し関東止住の僧は「有興隆之大功、其例蓋多」とあるように、興隆を行った前例が多いからだという。そして関東止住の僧の例として、重源、栄西、行勇、そして忍性、心恵の五人を挙げている。(61)

このように大勧進の条件は、正応四年段階では単に禅律僧であったが、延慶三年になると関東止住の禅律僧と変化している。このような変化について、永村氏は衆徒の罷免運動に対抗し、大勧進の地位を保全するために、円瑜が伏見上皇の院宣を獲得してしまったからだという。(62) つまり衆徒は、本来大勧進の任命権を有する朝廷が円瑜の地位保全をしたため、禅律僧に対して指導力を持ち、かつ朝廷に対しても対抗しうる幕府の支持を得ることで、円瑜に対抗していこうとした、というのである。(63) したがって、延慶三年の申状で、重源以下五人の実績を殊更に強調しているのは、重源ら同様に造営において実績がありながら幕府との関係が希薄であった円照や聖守、聖然(64)の名を挙げていないことから考えると、幕府の推挙を得た関東止住の禅律僧を大勧進として迎えるために幕府の歓心を得ようとしていたのであろう。

これ以降、在京黒衣の僧である心源が、正和年間に周防国の国衙興行を行ったことで、衆徒から評価を得たと(65)いう例外はあるが、幕府の支援を受けた極楽寺長老の順忍や俊海が造営に務めており、(66) 衆徒にとって関東止住の禅律僧が理想的な大勧進であることは変わらなかった。

このように見てくると、衆徒らが建武三年になって「常住之器用」を主張して、戒壇院長老の俊才を大勧進に推挙したのは、鎌倉時代後期に戒壇院が油倉を被官化することで寺内の造営を沙汰するようになったことも理由(67)の一つと考えられるが、大勧進に影響力があった鎌倉幕府が滅亡してしまったことが最大な理由であったことは明らかであろう。鎌倉幕府に代わる持明院統や足利尊氏に、関東止住の禅律僧に対する指導力が期待できない以上、衆徒の意志を直接伝えることができ、造営や用途の調達で公正さと能力が期待できる寺内止住の戒壇院長老を大勧進として求めるしかなかったのである。

最後に、衆徒は、何故〔史料三〕の申状で重源を前例として挙げたのか見ておきたい。前述したように重源を前例としたのは、彼が寺内に常住して昼夜奉行した結果寺の再建を成し遂げたからだという。しかし寺内常住の僧を大勧進に求めるならば、同じように実績がある円照らも前例とすべきであろう。しかも重源は、建仁元年（一二〇一）大仏殿四面回廊の完成後に、七重塔の造営を進めようとしたため、三面僧坊や講堂の造営を優先的に行うよう求めていた衆徒との間で対立を起こしており、(68)必ずしも衆徒側に立った造営を行っていたわけではなかった。

しかしそれにもかかわらず、衆徒が、寺内常住でない重源を、常住だと称してまで前例として挙げたのは、彼でなければならない理由があったからである。恐らく、衆徒は重源が後白河法皇と源頼朝の支援を受けて再建事業を完成させている点に注目し、彼同様に俊才に対しても朝廷（光厳上皇）と武家（足利尊氏）の支援を期待していたのであろう。

以上、俊才の大勧進補任の事情について検討してきた。俊才の補任の背景には、鎌倉幕府の滅亡により、従来通りに関東止住の禅律僧を大勧進として迎えることが難しくなったという理由があった。そのため衆徒の意志が伝わり易い寺内止住の律僧を大勧進として推挙したのである。さらに申状で重源を前例としたのは、衆徒が朝廷と武家の支援を期待していたからであろう。

結び

以上、後醍醐天皇の対東大寺施策の分析を通して建武政権における大勧進と周防国の位置付けについて検討してきた。最後に本章で検討してきたことをまとめて結びとする。

第一節では、円観と東大寺衆徒との間で生じた相論について検討した。東大寺の衆徒は、円観が周防国から正税・雑物などを淀津で京都へ運び去って、造営修理を滞らせていると訴えたが、円観は、実際には後醍醐天皇の命を受けて、それに従っていたのに過ぎなかったことが明らかとなった。

第二節では、円観が実際にどのように周防国を経営していたのかを検討した。建武元年に後醍醐天皇が阿弥陀寺に対して禁制を下した際の一連の発給文書を分析したことにより、周防国は天皇が興行した国司制による円観を介さない支配と、従来通り造営料国として円観を介す支配が並列して行われていたことが明らかとなった。さらに同年五月に天皇は、全国の一宮・二宮の興行を命じるが、周防国ではこの命を受けた円観が、一宮玉祖社に社殿や神領などの書上を差し出させて興行の準備を進めていた。このように、円観が周防国で執った国務は、いずれも後醍醐天皇の意向を強く反映したものであった。

第三節では、後醍醐天皇が東大寺をどのように処遇したのか、特に周防国の経営を中心に検討した。天皇は、自らが帰依した円観を大勧進とするとともに側近の一人三条実治を造東大寺長官に補任するなど、東大寺を自らの支配下に組み込もうとした。当初、後醍醐天皇は周防国を同じく造営料国である肥前国と同様に停止するよう命じたが、東大寺衆徒の強い反対にあうと停止を撤回し、代わって大内裏の造営料国とした。第一節で見たように、淀津から正税・雑物を京都へ運び去ったと東大寺の衆徒から非難された円観は、実は後醍醐天皇の命を受けて正税を天皇のもとに送進していたのである。恐らく当初の目的とは異なり、天皇は信任篤い円観を大勧進としているこ ともあり、周防国の正税を国家財政に組み込むことに政策の転換をはかったのであろう。

第四節では、俊才上人が大勧進に就任した経緯とその意義について検討した。俊才が大勧進への就任は、建武三年六月六日に東大寺の衆徒が彼の大勧進補任を求めて当時の別当良性へ事書を差し出したからだが、それから三日後の九日には大勧進に補任を命じる光厳上皇の院宣が下されている。このような早さで彼が大勧進に補任されたのは、当時比叡山に籠もった後醍醐天皇を攻めるにあたって東大寺の衆徒らの協力を期待した足利尊氏による働きがあったからである。

その一方、俊才が推挙されたのは、鎌倉時代後期に理想的な大勧進とされた関東止住の禅律僧に対して最も影響力をもっていた鎌倉幕府が滅亡したため、直接意志が伝えやすく造営などで公正さを期待出来る寺内止住の戒壇院長老だったからである。そして、この俊才の補任が前例となり、これ以降惣寺は大勧進を推挙する権限を獲得したと考えられ、それを通して大勧進への影響力を有するようになった。室町時代に、戒壇院長老が大勧進職を独占することができたのは、推挙権を惣寺に与えられたからであろう。つまり、後醍醐天皇の対東大寺政策は、戒壇院長老による大勧進職独占の切っかけとなったのである。

註

（1）中ノ堂一信「中世的『勧進』の形成過程」（『中世の権力と民衆』創元社、一九七〇年）、「東大寺大勧進職の成立」（『日本史研究』一五二号、一九七五年）、ともに後に『中世勧進の研究――その形成と展開』（法藏館、二〇一二年）に再録。なおこれ以外、勧進聖による寺社の造営に関する代表的な研究は以下の通りである。五来重『増補高野聖』（角川書店、一九七五年）、和島芳郎「西大寺と東山太子堂および祇園社との関係」（『日本歴史』二七八号、一九七一年）、細川涼一「中世唐招提寺の律僧と斎戒衆」（『ヒストリア』八九号、一九八〇年、後に『中世の律宗寺院と民衆』吉川弘文館、一九八七年に再録）。

（2）永村眞「東大寺大勧進職と油倉の成立」（『民衆史研究』一二号、一九七四年、A論文）、「鎌倉期東大寺勧進所の成立と諸活動」（『南都仏教』四三号・四四号、一九八〇年、B論文）、「東大寺大勧進職と「禅律僧」」（『南都仏教』四七号、一九八一年、C論文）、B論文とC論文はともに後に『中世東大寺の組織と経営』（塙書房、一九八九年）に再録。

（3）網野善彦「東寺修造事業の進展」（『中世東寺と東寺領荘園』東京大学出版、一九七八年、後に『網野善彦著作集　第二巻　中世東寺と東寺領荘園』岩波書店、二〇〇七年に再録）。なお、東寺の造営に関する研究には以下のものがある。毛利一憲「東寺修造略史」（『中央大学文学部紀要』史学科、二一号、一九七六年五月）、橋本初子『中世東寺と弘法大師信仰』第四章東寺の造営事業と大師信仰（思文閣出版、一九九〇年）、榎原雅治「山伏が棟別銭を集めた話」（『遥かなる中世』七号、一九八六年）、後藤治「中世東寺における造営の様相」（『普請研究』一八号、一九八六年）。伊藤俊一「室町時代における東寺修造勧進」（東寺文書研究会編『東寺文書にみる中世社会』東京堂出版、一九九九年）。京都府立総合資料館編『東寺の造営』（第三回東寺百合文書展、一九八六年）。

（4）「勧進の体制化と中世律僧――鎌倉後期から南北朝期を中心にして――」（『日本史研究』二四〇号、一九八二年、後に「勧進の体制化と中世律僧――鎌倉後期から南北朝期を中心に――」と改題して『勧進と破戒の中世史――中世仏教の実相――』吉川弘文館、一九九五年に再録）。

（5）東大寺図書館所蔵東大寺文書一〇四―八五一―一号（奈良国立文化財研究所編『東大寺文書目録』同朋舎、以下東大寺図書館所蔵文書は「東大寺文書」と省略）。

（6）註（2）永村氏C論文。

（7）「恵鎮と周防国」（『南北朝遺文　中国四国編』第五巻月報、東京堂出版、一九九三年、以下『南北朝遺文　中国四国編』は『南北』と省略）。

（8）「恵鎮円観を中心として戒律の「復興」」（『三浦古文化』四七号、一九九〇年、後に註（4）同氏著書へ再録）。

（9）「建武政権期東大寺の東国所領獲得交渉――真福寺所蔵『八生一生得菩提事』紙背文書を通して」（『国立歴史民俗博物館研究報告　共同研究室町期荘園制の研究』一〇四号、二〇〇三年三月）。

（10）建武政権における対東大寺政策については稲葉伸道氏の研究がある（「建武政権の寺社政策について」『名古屋大学文学部研究論集』史学六三、二〇一七年三月）。稲葉氏は寺社政策として東大寺以外の寺社についても検討しており本章の内容とは密接に関わっているが、入稿後に接したため検討することができない。改めて別の機会に検討していく。

（11）「東大寺文書」五―二六号。
（12）「東大寺文書」五―四六号。
（13）「東大寺文書」四―一〇九号。興福寺の嗷訴について、詳しくは勝野隆信『僧兵』（日本歴史新書、至文堂、一九五五年）を参照されたい。
（14）「東大寺文書」二―五七号。
（15）『南北』三七二号。「殊東大寺領周防国国衙重任者、殊国司土居敷弁家司也」とある。
（16）註（2）永村氏C論文。
（17）『大日本史料』第六編之二十（『大日本史料』は以後『大史』と省略）。円観の年譜については、小木曾千代子「恵鎮（円観）上人年譜稿」（『太平記の成立』軍記文学研究叢書八、汲古書院、一九九八年）を参照されたい。
（18）「東大寺文書」一〇四―八五一―一号。
（19）「光明院宸記」康永元年三月二十日条、「中院一品記」康永元年三月二十日条、同康永元年十月二十一日条（『大史』第六編之七）。
（20）註（8）松尾氏論文。
（21）福島氏は、円観が所領獲得交渉の際に東大寺からの信頼を得ていたと述べている（註（9）福島氏論文）が、東大寺衆徒が大勧進職の罷免を求めたのは彼の執る周防国の国務が東大寺にとって不利益となっていたからである。それに対し所領獲得交渉は大勧進の職務ではないので、飽くまでも関東の律寺にもコネクションを有している律僧として天皇から窓口役を命じられていたので、東大寺衆徒の対応が異なっていたのであろう。
（22）『南北』五〇号、「東大寺文書」寶庫文書七四―一二―一号、同七四―一三―一号、同七四―一五―一号。
（23）重源の在任中については、註（2）永村氏B論文を参照されたい。貞永元年以降は次の通りである。『大日本古文書　家わけ第十八　東大寺文書』七九九号（一）（東京大学、以下『大日本古文書　家わけ第十八　東大寺文書』を『大古』と省略する）、同七九三号（七）、『鎌倉遺文』一二七八八号、同一二九〇九号（以後、『鎌倉遺文』は『鎌倉』と省略）、「東大寺文書」一―二五―三一三号。国務文書については、富田正弘「国務文書」（『日本古文書講座』第三巻古代二、雄山閣出版、一九七九年）を参照されたい。
（24）『南北』一六九号。

(25) 長門滝長愷弥八識の寛延元年（一七四四）「周防国佐波郡大崎一宮玉祖大明神社略記」に大内弘幸による造営の記述が見える（兼清正徳編『周防一宮玉祖神社史料集録』防府史料二十七集、防府市教育委員会、一九七八年）。
(26) 『鎌倉』八一三号。
(27) 東京大学史料編纂所所蔵「松崎天満宮文書」の写真帳で、例えば弘治三年四月二十一日毛利隆元書状や永禄二年三月十五日毛利隆元書状、永禄四年閏三月二十五日毛利隆元書状などで確認。
(28) 御薗生甫翁編『防府市史　上巻』（防府市教育委員会、一九五六年）。
(29) 「建武記」（『大史』第六編之一、東京帝国大学、一九〇一年）。
(30) 元弘三年九月六日太政官符（「到津文書」『大史』第六編之一、二〇七頁）、元弘三年十月二日後醍醐天皇綸旨（「阿蘇文書」『大史』第六編之一、二二四頁）、元弘三年十二月十日後醍醐天皇綸旨（「千家文書」『大史』第六編之一、三二四頁）、建武元年十月十一日後醍醐天皇綸旨（「宗像文書」『大史』第六編之二、三四頁、東京帝国大学、一九〇一年）。
(31) 黒田俊雄「建武政権の宗教政策――諸国一宮二宮本所停廃に関連して――」（時野谷勝教授退官記念会編『日本史論集』清文堂、一九七五年、後に『日本中世の社会と宗教』岩波書店、一九九〇年へ再録、さらに『黒田俊雄著作集　第七巻　変革期の思想と文化』法藏館、一九九五年に再々録）。
(32) 先に建武二年付の注進状と大内弘幸との関連を否定したが、大勧進円観もしくは目代源豊宗の命を受けた弘幸が玉祖社を調査し、記録を作成した可能性はある。
(33) 「東大寺文書」一〇四―八五一―一号、『角川日本地名大辞典　35山口県』（角川書店、一九八八年）。
(34) 『南北』四三二号、同四三三号、「東大寺文書」一〇四―八五一―一号。
(35) 黒田俊雄「王法仏法相依論の軌跡」（『大系仏教と日本人』春秋社、一九八七年、後に『黒田俊雄著作集　第二巻　顕密体制論』法藏館、一九九四年に再録）。同『寺社勢力』（岩波新書（黄版）一一七、岩波書店、一九八〇年、後に『黒田俊雄著作集　第三巻　顕密仏教と寺社勢力』法藏館、一九九五年に再録）。
(36) 本郷和人『中世朝廷訴訟の研究』（東京大学出版会、一九九五年）。
(37) 「大乗院記録」（『大史』第六編之二）、「公卿補任」元弘三年条（『新訂増補　国史大系』（吉川弘文館）。

（38）拙稿「中世東大寺長官ノート――朝廷訴訟と造営事業を中心にして――」（『國學院大學大學院紀要――文学研究科――』二九輯、一九九八年三月）。
（39）『大古』東南院文書七〇一号、「東大寺文書」三―一―二一号、同三―一―二三号。
（40）「東大寺文書」八―六号。
（41）『大古』一九六四号。
（42）佐藤進一『日本の中世国家』（日本歴史叢書、岩波書店、一九八三年）。
（43）「東大寺文書」八―六号。衆徒らが肥前国の召し上げに対して周防国同様の反対をしなかったのは、肥前国が周防国に比べて東大寺の寺内財政上の比重が軽かったことと、「肥前国者、為遼遠堺之上、依地頭御家人等之濫妨、国務如無歟」と早い時期から東大寺による経営が困難となっていたからであろう。
（44）後醍醐天皇は、三箇津料の代所として伊福荘と古山荘の年貢を東大寺へ与えた（「東大寺文書」三―六―一九号）。しかし、その後も衆徒が訴訟を続けたため、天皇はさらに周防国の富田保の地頭職を三ヵ年に限って与えた（『大古』一三八一号）。ところがこれでも鎮静化しなかったので、「諸関一同被停止上者、限当関可為難儀、若雖為一所有傍例之時者、不可有予儀」と命じている。一方衆徒は、淀関が返還された興福寺と湖上関が返還された園城寺の例に従って、返還を要求するよう別当に伝えている（『大古』一四三七号）。なお新城常三『中世水運史の研究』（塙書房、一九九四年）第六章第二節後醍醐天皇と関所を参考されたい。
（45）「太平記」建武元年正月十二日条（『大史』第六編之一）。
（46）「百錬抄」嘉禄三年四月二十二日条（『新訂増補国史大系　第十一巻』吉川弘文館、一九六五年）。
（47）佐藤和彦『南北朝内乱史論』（東京大学出版会、一九七九年）。
（48）建武元年十一月晦日雑訴決断所牒写（「東大寺旧蔵文書」）、建武元年十二月備中国新見荘東方地頭方損亡検見幷納帳（「東寺百合文書」ク函一号ノ四）、建武元年十二月十二日肥前国武雄社建武元年検注目録（「武雄社文書」）、建武元年十二月高野山領荘園検注目録（「又続宝簡集」）、建武元年十二月近江国吉見荘検注目録（「南部普所蔵文書」）、以上『大史』第六編之一。なお網野氏は、この時に若狭国太良荘でも検注が実施されていたことを指摘している（「建武の所出二十分一進済令」『歴史読本』六〇〇号、一九九三年八月、後に『悪党と海賊』法政大学出版局、一九九五年に再録、さらに『網野善彦著作集　第十三巻　中世都市論』岩波書店、二〇〇七年に再々録)。
(49)「建武二年六月記」建武二年六月十五日条(『大史』第六編之二)。
(50)永仁五年三月五日伏見天皇綸旨(東寺百合文書ヒ函一九号)、同年九月十二日官宣旨で永代東寺へ寄付する旨を伝えている(「東宝記」第三当寺代々修造事の項)。
(51)註(3)網野氏論文。
(52)福島氏は、東大寺衆徒らが円観を罷免した理由を「聖珍の後醍醐天皇への罷免要求が実行されなかったこと」と解されている(註(9)福島氏論文)が、これは読み誤りで、東大寺衆徒としては、円観を罷免することにより後醍醐天皇が推進している政策を止めさせようという意図があったと理解している。
(53)本郷恵子氏は、知行国主にとって重要な事は、知行国の規模や豊かさよりも経営体制の整備の方がよほど重要であると指摘している(『中世公家政権の研究』第二部第二章公家政権の経済的変質、東京大学出版会、一九九八年三月)。
(54)(建武三年)正月八日足利尊氏書状(「尊勝院文書」『大史』第六編之三)。
(55)「東大寺文書」寶庫文書六九—二号—一。
(56)「笠置寺縁起」(五来重編、山岳宗教史研究叢書一一『近畿霊山と修験道』名著出版、一九七八年)。新井孝重氏によると、東南院院主聖尋は醍醐寺の座主を勤め、文観とは相弟子だったという(「南北朝内乱戦力論ノート——中世軍事力構成の二期型——」『獨協中学・高等学校研究紀要』八号、一九八四年、後に「南北朝内乱期の戦力」と改題して『中世悪党の研究』吉川弘文館、一九九〇年へ再録)。
(57)「東大寺別当次第」(角田文衞編『新修国分寺の研究　第一巻』吉川弘文館、一九八六年、以下同)。
(58)註(57)「東大寺別当次第」。実暁は、洞院公賢の弟公敏の息子で、兄弟の実清や姉妹の後醍醐院大納言局など、一族には南朝方の者が多い(「尊卑分脈」『新訂増補　国史大系』吉川弘文館)。
(59)藤本(国守)進「鎌倉末期周防国衙の一動向」(京都大学文学部『国史論集一』読史會、一九五九年)、松岡久人「鎌倉末期周防国衙領支配の動向と大内氏」(竹内理三博士還暦記念会『荘園制と武家社会』吉川弘文館、一九六九年、後に松岡久人著・岸田裕之編『大内氏の研究』清文堂出版、二〇一一年に再録)、註(2)永村氏C論文、註(38)拙稿。

(60)「東大寺文書」寶庫文書七四―二七号。
(61)「東大寺文書」四―二九号。
(62)「東大寺文書」五―四〇号、註（2）永村氏C論文。
(63)相田二郎『中世の関所』（畝傍書房、一九四三年、吉川弘文館より一九八三年再刊）、註（44）新城氏著書第六章第一節鎌倉時代の関所、網野善彦「文永以後新関停止令について」（『年報中世史研究』九号、一九八四年五月、後に註（48）同氏著書に再録、さらに同著作集に再々録）。
(64)円照は、三面僧坊や二月堂、法華堂拝殿などの造営・修理を行っている（「東大寺円照上人　行状」『続々群書類従　第三史傳部』続群書類従完成会、一九七〇年）。聖守は周防国や肥前国の国衙領経営に務めている（『鎌倉』一四二四七号、『防府市史』「上司氏文書」一七号・同一八号）、遠藤基郎「「筒井寛秀氏所蔵文書」所収の弘安徳政関連文書」（『南都仏教』七六号、一九九九年二月）を参照されたい。聖然は、八幡宮の造営を始め数多くの造営や修理を行った（『大古』成巻八九号）。
(65)『大古』成巻二七三号、「東大寺文書」四―一七九号。心源については、小原嘉記「東大寺大勧進心源の周辺」（『古文書研究』八三号、二〇一七年六月）を参照されたい。
(66)『兵庫県史　史料編中世五』（兵庫県、一九九〇年）兵庫関五〇号、註（44）新城氏著書第六章第一節。
(67)註（2）永村氏B論文。
(68)『鎌倉』一二〇三三号。

第三章　南北朝・室町時代における東大寺の周防国衙経営と組織

はじめに

南北朝時代から室町時代は、荘園制の解体期と見なされていたため、六〇年代以来近年にいたるまで荘園制について十分な検討がなされないままに来た。それはこの時期の荘園制の評価で二つの学説が対立したままであったからである。その一つが、南北朝時代以降に守護が、在地の諸領主の荘園侵略を後援する見返りとして家臣団に組み込んでいくことで自らの領国支配を展開したとする永原慶二氏や佐藤進一氏らが提起した守護領国制論である(1)。もう一つが逆に荘園制を解体に導いたのは国人領主であった、とする黒川直則氏の国人領主論であった(2)。

ところが近年、このような状況を乗り越えるため、当該期の荘園制を真正面から取り組む高橋一樹氏を代表とする共同研究が行われ、南北朝時代に荘園制が再編されていたことが明らかとなった(3)。しかしながら、その報告書に収録された共同研究を見ると畿内から東海、東国にある荘園が主で、中国・四国や九州の荘園は全く分析されていない。

本章では、このような荘園制の研究状況を踏まえ、南北朝時代から室町時代の周防国の国衙経営について検討する。周防国は本来造営料国として東大寺へ与えられたが、前章までで明らかにしたように鎌倉時代中期から国衙領の寺領化が始まり、当該期にはそれがさら進展していったと考えられるので、荘園制の枠内で分析することも有効と考える。

さて、周防国における南北朝・室町時代を対象とした先行研究としては、松岡久人氏や本多博之氏、永村眞氏の研究がある。この内、松岡氏は、守護大内氏が守護領国制を確立し、さらに戦国大名に成長していく過程について大内氏が国衙へ与えた国衙領法度を世代毎に分析することで、大内氏が或る時には強制的に、また或る時には妥協をしながら東大寺が保有していた国衙及び国衙領の統治権を侵害していく様を明らかにした。また本多氏は、国衙領の支配構造を目代と油倉の機能から明らかにし、それに年貢輸送形態の変化を連関させることで、造営料国を荘園公領制の中に位置づけようとし、永村氏は東大寺内の流通や金融・造営修理を担当していた油倉を詳細に分析し、その中で周防国の経営の分析を行っている(4)。

松岡氏の研究は、前述した永原氏らの守護領国制論に沿ったものなので、東大寺が大内氏の領国制の展開にどのように対応して国衙経営を行っていったのかという点についてはほとんど検討されていない。一方で、本多氏は国衙領の支配構造を明らかにし、また永村氏は油倉による年貢輸送の分析により国衙及び国衙領経営について明らかにしているが、当該期において国衙経営がどのように展開したのか、また国衙経営の担い手であった大勧進やそれを在地で支えた国衙候人についても分析が不十分だといえる。

そこで第一節では、経営の主体であった大勧進が中世後期においてどのような経営を行っていったのかを検討することで、造営料国として付与された周防国の国衙領がいかにして東大寺の寺領へと変わっていったのかを明らかにする。まず第一項では、周防国が造営料国としてどのように展開していったのかを、材木の供給地「杣便宜」としての機能と造営用途の供給としての機能を中心に検討する。そして第二項では、南北朝時代以後の大勧進が戒壇院長老によって独占されているが、彼らの法脈や履歴など基本的な事項を検討することで、周防国の経営における特色を明らかにする。最後の第三項では、大勧進の国衙経営について検討することで、周防国の国衙領がいかにして造営料所から寺領へ変化していったのかを明らかにする。

続く第二節では、先行研究を踏まえつつも、中世後期の国衙経営において重要な存在でありながらほとんど分析対象とされてこなかった国衙候人（得富氏・竹屋氏・上司氏の三氏）について、国衙経営における職務や登用された意味などを明らかにしていく。

この国衙候人について、永村氏や本多氏らが大勧進による国衙経営を分析する中で触れてはいるが、正面から分析を行った先行研究はまだない。したがって国衙候人が国衙経営における職務や彼らが国衙経営に登用された意味などを明らかにすることは、当該期の国衙経営の実態を明らかにするうえでも重要なことと考える。

その場合、第一項では、国衙候人が国衙経営においてどのような職務に携わっていたのか、基本的なことを検討する。そして第二項では、国衙候人が段階的に登用されていく点と実際の活動が史料上具体的となってくることが十五世紀の半ばである点を踏まえながら、彼らが国衙経営に登用された意味について検討する。最後の第三項では、大名領国制を展開して守護から戦国大名へと成長していった大内氏との関わりについて検討する。

第一節　大勧進・目代

一　中世後期の造営と周防国

本項では、中世後期における東大寺の造営修理の分析を通して周防国の性格の変遷について検討する。

文治二年（一一八六）、周防国が大仏殿の造営料国として東大寺へ付与されると、重源は自ら下向して山中を歩き、材木の選出・切り出しから東大寺までの搬送などで指揮をとった。また貞永元年（一二三二）年に周防国が造営料国として東大寺へ返付されると、三代の行勇も大講堂の造営のために自ら下向して材木の選定などで指揮をとっている。周防国は、このような重源や行勇の業績に象徴されるように「杣便宜」の地であったが、このことは次に見るように鎌倉時代末期になっても当地の特色として認識されている。

〔史料一〕

（端裏書）「寺訴条々等事」

東大寺申寺訴条々篇目幷　勅答趣、重可経御奏聞次第事

（中略）

一、当寺造国周防・肥前両国之内、肥前国者、為遼遠境之上、依地頭・御家人等之濫妨、国務如無歟、周防国者、治承炎上之時、被寄十三箇国、被遂大仏殿等之造功之後、於余国者、漸雖被召返之、当国者、依為杣便宜之国、西塔・食堂以下未作之地多之上、寺中大小之神社仏閣破壊朽損不断絶之間、偏以当国之力、依加漸々修治、寺門之形猶如存、若被召放当国、暫不可修理者、何可全寺社之甍哉之由申之、

（後略）

〔史料一〕は、元弘三年（一三三三）八月に東大寺の衆徒が後醍醐天皇に対して訴えた七ヵ条の中の造営料国であった周防国と肥前国に関わる第六条目の一部である。[5]

これによると、後醍醐天皇の新政によって、周防国と肥前国が東大寺から避渡されることを聞きつけた衆徒らは、肥前国は遠隔地にあるうえ、地頭や御家人らの濫妨によって国務をとることができないが、周防国は、治承

の炎上の時に造営料国として寄附された十三ヵ国が造営終了後に召し返されたのに対し、杣便宜の国だったために東大寺の手元に残されたこと、元弘三年当時は西塔や食堂など未作の伽藍が多いうえに寺中の大小の神社仏閣の修理に正税などを充てているため、召し放たれたならば造営修理は困難となる、と訴えている。

その後、康永四年（一三四五）三月に大勧進照玄は、食堂造営のために五畿七道で勧進することを求めて幕府へ訴えた。[6] その際に材木の供給地であったのが周防国の下得地保内の富田村の杣山であった。ところがこの杣山は「地頭以下輩任雅意、或焼払之、或伐取之、因茲料木及欠如之条、背御寄進素意之上者、尤可□御炳誡者哉」とあるように、地頭らが入り込んで材木を切り払って畠を開いていた。そのため、照玄の跡を継いだ盛誉の目代静祐はその停止を求めて訴え出たのである。[7] 杣山のその後については不明であるが、南北朝時代に入っても周防国は、寺内の造営修理にあたって依然として重要な杣便宜の国だったことがわかる。

一方、造営用途についてはどうかというと、次の史料が十四世紀半ばの周防国の状況を示している。

〔史料二〕

（端裏書）「延文六年
塔婆丸差荷正二百七十石支配状　正平十五」

注進　南都運送御米大前船差荷公私支配目安事

合

正米百二十石　　油倉進

同三十石　　方丈進

同七石得善保司分　　同所

同十石大前公文分 但銭足　　伯耆阿闍梨御房
同十二石上小乃公文分 以下　　大行事法眼御房
同三石安田保司分　　土佐公 在京末光殿
同二十石佐波令公文分以下　　千手院法眼御房
同十五石千代丸御年貢　　同所
（中略）
同三石曾祢保司分　　転害大夫公
同三石宇佐木公文分　　同所脇坊侍従公
以上正米二百七十石
（中略）
右、大前塔婆丸船差荷支配状如件、
延文五
正平十五年十二月　日
目代（花押）

〔史料二〕は正平十五年（一三六〇）十二月に、目代が大前船籍の塔婆丸で進納する正税や得分とその配分先を書き上げた支配状である。(8) これによると、この時進納される正税は都合正米二百七十石であったが、油倉へは百二十石、戒壇院長老へは正米三十石と得善保保司分の七石が送進され、伯耆阿闍梨御房など寺僧へは都合十四ヵ所の国衙領の所職得分と三ヵ寺の末寺、三ヵ所の別名からの得分百十三石が送進されている。この内、油倉へ送進された正米百二十石が主として造営用途に充てられたと考えられる。年間どのくらいが造営用途に充てられていたのかは不明であるが、大規模な造営には決して十分な額ではなかったようである。

　そのためか、応安元年（一三六八）九月三日には、年預五師所が丹後国後川荘を八幡宮造営料所として大勧進に与えている。[9] その後は、康安二年（一三六二）正月十三日に落雷が原因で七重塔や真言院が炎上焼失すると、[10] その再建用途として足利義満は明徳二年（一三九一）十月八日に遠江国蒲御厨を大勧進に与え、[11] その翌年の明徳三年（一三九二）十一月六日には大部荘の公文職を、[12] そして明徳四年七月十二日には大部荘の恒清名をと続けて戒壇院長老へ与えている。[13] このように東大寺では、十四世紀後半になって周防国に代わる造営料所の整備が行われていたのである。

　相田二郎氏は、弘安年間以降勧進上人の発議、請負による、寺社造営を目的とした西国の関所が活発に立てられるようになり、そこからの関料が造営用途に充てられるようになったとして、造営の財源に変化が生じたことを指摘している。[14] 東大寺でも元応年間（一三一九〜二一）に兵庫関の目銭が大仏殿の瓦葺の用途に充てられ、さらに元亨年間（一三二一〜二四）には同じく目銭の半分が東塔の修理に充てられているが、[15] 前述したように十四世紀半ばにいたっても造営料所の重要性は変わらなかった。

　ところが応永三十四年（一四二七）に、満寺集会で油倉の収納に関する衆議が開かれ、次のような決定がなされた。

〔史料三〕
（端裏書）「就油倉収納事記六　応永卅四　十一　段　年預□□」
　記録
　　条々

一、当寺修理之間事、近年料所等依有名無実、或風雨地震、或自然破損、大都及無沙汰歟、以修理造営可為天下之輪轄之處、如今者、所〻之大廈頽落、不可有遁避者哉、弥事何事如之哉、所詮先油倉方之諸荘収納米銭并瓦勧進用途等、任実正致糺明、修理造営雑事所下等、涯分縮之、雖為一柱一瓦構公弁、可有其沙汰事、

（後略）[16]

〔史料三〕によると応永三十四年当時、造営料所の支配が有名無実化しているために、風雨や地震のような自然災害はもちろん、自然の朽損に対しても修理が行われない。そこで、油倉方が管理する諸荘から収納される米銭や瓦勧進の用途については、滞っている事情を明らかにして用途の確保に努めるとともに、修理造営や雑事などの下行分については余計な分を押さえて適切に行うように、というものである。

この時の満寺集会で懸案となった造営料所とは、特定な場所を指しているのではなく、当時油倉が経営に関与していた周防国を始めとした造営料所全体のことだと考えるべきであろう。例えば、周防国では応永二十一年（一四一四）に守護大内盛見が府中車塚堀の人夫役を国衙領に賦課するなど[17]、東大寺が国衙を通じて有していた権限を侵食している。また、造営料国ではないが播磨国大部荘では、これより後の正長二年（一四二九）六月に守護赤松満祐が後花園天皇の即位の段銭を大部荘に賦課しており[18]、この時期どこの所領でも程度の差はあれ、守護勢力の侵出によりその経営が動揺していたのである。

このように周防国は、財源として不安定化しつつあったが、杣便宜についても同様な変化が見られた。

〔史料四〕
（端裏書）
「戒壇院奉加御教書案」
東大寺戒壇院造営事、為奉加料幷杣、勧進僧被差下美濃国訖、相催国中平均、就要脚到来、可被遂造功之由、所被仰下也、仍執達如件、
享徳二年十一月四日　　右京大夫判
土岐左京大夫殿(19)

〔史料四〕は文安三年（一四四六）正月に焼失した戒壇院の再建にあたって用途と材木の杣を求めて美濃国へ下向する勧進僧に協力をするよう守護土岐成頼へ命じた、享徳二年（一四五三）十一月四日の室町幕府御教書である。この前月の十月、満寺集会での群議において戒壇院再興の奉加について次の三ヵ条を幕府へ求めていくことを決定している。(20)

第一条では、造営料として五畿七道において登壇受戒の法侶には人別百文を、俗舎に対しては家別十文を勧進で供出させること、第二条は、鎮西九州の守護・領主らに協力をさせること、そして第三条で「美濃国勧進幷杣山事」を求めた。つまり先の〔史料四〕は東大寺の惣寺からの要請を受けた室町幕府が、美濃国の守護土岐成頼へ協力を命じたものだった。(21)

この戒壇院の造営で特に注目すべきは、造営のための材木をそれまで杣便宜の国であった周防国に求めず美濃国に求めていることと、それが東大寺の惣寺からの要請であった点である。

永仁年間（一二九三〜九九）に破損した東南院門跡の修造では、当初他の堂舎の造営同様に周防国からの用途を充て、大勧進が沙汰することを求めたのに対し、惣寺が「若以造寺料所別院之造営者、可為伽藍朽損之基」と、

東南院など東大寺の別院の造営用途を周防国の正税で充てることに強く反対したため、「別当得分」である美濃国大井荘が造営料所に充てられたという経緯がある。(22) つまり、惣寺は本寺の伽藍造営以外に周防国の正税を用途に充てることを嫌っていたのである。

ところが、享徳二年の戒壇院の造営事業では、前述したように惣寺自らが積極的に推進していたので、東南院と異なり当然杣山は周防国内に求めることもあったはずである。しかし実際には美濃国で材木を求めている。このことから、当時周防国内の杣では適当な材木が調達できなくなっていた可能性がある。

この時の造営では、すでに文安四年（一四四七）春に大内教弘へ段銭の賦課が命ぜられて周防国でも用途の確保がはかられているのに対して、材木の供出に関する記事が見られないのもそれを裏付けている。(23) 貞和年間に下得地保内の富田村の杣山で地頭らが材木を切り払って畠を開くなどの濫妨をしていたことは前述したが、(24) その後も武士らによる濫妨は止まず、その結果として杣山の荒廃はさらに進んで、材木の供給地としての機能が低下していったと考えられる。(25)

周防国が杣便宜の地として見なされなくなったもう一つの要因として、当時の材木流通事情の変化も考えられる。文安二年（一四四五）の兵庫北関入船納帳によると、当時兵庫津には、四国など瀬戸内海沿岸で産出する榑などの材木を積載した船が数多く入港していたことが明らかとなっている。(26) それら材木は、兵庫津で売買されたり、また小型の船に積み替えられて消費地である京都や奈良などへ運ばれてそこの市場で売買されていたという。(27) このことから、東大寺でも通常の小規模な造営修理については、周防国産の材木ではなく、流通していた材木を市場で購入してそれに充てていたことも十分考えられる。こういった流通の変化にともない、この当時周防国の杣は、東大寺の造営修理において、その重要性を失っていったことは確かであろう。(28)

以上、鎌倉時代初期以来、東大寺の杣便宜と造営用途を負担していた周防国では、十五世紀半ば頃までには杣山の荒廃や材木の流通事情の変化などにより、杣便宜としての役割が低下してしまい、造営用途のみを負担する国となっていった。油倉の活動がこの時期に活発化するのは、造営に関して変化があったからである。

二　中世後期の大勧進職

それでは、このような周防国の造営料国としての変化は、それを経営する大勧進とどのように関わっていたのであろうか。この時代の大勧進については、戒壇院長老が独占していたとして全く検討されていないので、煩雑ではあるがまず法脈や履歴など基本的なことから明らかにしていく。

知行国主や歴代の大勧進職、目代などを書き上げた「周防国吏務代々過現名帳」（以下「吏務」と省略(29)）をもとにして、東大寺の戒壇院流の律宗を解説した「傳律圖源解集(30)」や戒壇院住持次第(31)、そして「律苑僧寶傳(32)」から作成した大勧進の一覧表が表1である。

表1によると、南北朝時代に入って最初の大勧進俊才は、第二代戒壇院長老の凝然の弟子で、彼に従って戒律と華厳を学んでいる。当初、京都大通寺の主司を勤め、その後西国を遊歴した後、戒壇院に止住して第五代の長老となった(33)。また、新禅院第二代住持の聖然より瑜伽三密を伝授されて真言院に移り住み、庭儀灌頂を広く行ったが、その名声を聞いた後醍醐天皇へ菩薩浄戒を授与し、この時に国師号を与えられている。その後、鎌倉称名寺へ移り住み、文和二年（一三五三）十月二日に九十五歳で入寂している。

俊才の大勧進就任の経緯については、本書第二部第二章においてすでに検討しているので、ここでは概略について述べておこう(34)。建武三年（一三三六）六月六日に東大寺の衆徒が俊才を朝廷へ推挙するよう、別当の西南院良性へ要請したところ(35)、僅か三日後の六月九日になって、周防国の国衙別名である重任名に対し守護段銭等の免除を命じた光厳上皇の院宣が俊才に宛てて下されており、これにより彼は大勧進となったのである(36)。

表1　中世後期造東大寺大勧進一覧

代数	大勧進	任期	所属	法脈
25	俊才(十達国師)	建武3年(1336)6月9日任～	京都大通寺主司、新禅院長老、戒壇院第5代長老、称名寺	第2代長老凝然弟子、聖然より三密を学ぶ
26	照玄(覚行上人)	康永4年(1345)3月任～	戒壇院第7代長老、極楽寺長老、京都大通寺住持、竹林寺	第4代長老本無弟子、俊才より戒律と華厳を学ぶ
27	盛誉(明智上人)	(貞和2年(1346)10月)～	久米田寺住持、戒壇院第6代長老	第3代長老禅爾弟子
28	正為(円浄上人)	(観応3年(1352))～	戒壇院第8代長老、極楽寺長老	俊才弟子
29	頼然(龍雲上人)	延文元年(1356)11月～	新禅院長老、戒壇院長老を兼ねる	不明
30	霊波(正通上人)	～応安6年(1373)8月	戒壇院第10代長老、称名寺長老、久米田寺入壇	称名寺湛叡弟子、俊才より菩薩戒、盛誉より具足戒を授けらる
31	普乗(覚了上人)	応安6年12月任～康暦元年(入寂)	戒壇院第11代長老、極楽寺長老	霊波の弟子か
32	惣融(通識上人)	永徳 2年(1382)2月1日任～	称名寺、戒壇院第12代長老、龍花院、山城五智輪院入壇	霊波の弟子
33	惣深(聖地上人)	応永5年(1393)10月5日任～	久米田寺、戒壇院第13代長老、室生寺受戒	霊波の弟子
34	志玉(普一国師)	応永21年(1414)任～	称名寺、戒壇院第16代長老、極楽寺長老	惣融弟子、第14代長老融存より三聚浄戒を授けらる
35	霊賢(通讃上人)	(応永28年(1421)7月)～	戒壇院第15代長老、久米田寺住持、新禅院住持、覚薗寺伝法、真言院重受	惣融弟子
36	志玉(普一国師)	(永享4年(1432))～	再任	
37	惣該(英通上人)	文安5年(1448)10月任～	戒壇院第17代長老、伊勢大福田寺	不明
38	資胤(英順上人)	宝徳2年(1450)10月任～	戒壇院第18代長老、山城大福寺	
39	能範(中蔵上人)	宝徳4年(1452)6月任～	戒壇院第19代長老、加賀金剛仙寺	不明
40	玉叡(祥寿上人)	寛正3年(1462)2月25日任～	戒壇院第20代長老	不明
41	妙祐(枢芳上人)	文明3年(1471)8月21日任～	戒壇院第21代長老、新光寺	不明
42	令洞(周賢上人)	文明5年(1473)12月任～	戒壇院第22代長老	不明
43	円意(珠玄上人)	文明13年(1481)8月任～	戒壇院第23代長老、男山善法律寺、金剛寺	不明
44	実政(公珍上人)	(延徳2年(1490)秋)～	戒壇院第25代長老	不明
永正6年～大永7年大勧進未補				
45	叡範(寿慶上人)	大永7年(1527)冬～	戒壇院第27代長老	不明

この俊才に続いて第二十六代の大勧進となったのは照玄であった。彼は俊才に従って戒律と華厳密宗を学んでいるが、本来は第四代戒壇院長老の本無の弟子であった。本無は、円照の弟子の一人空智の弟子にあたり、禅爾の跡を継いで第四代目長老となっている。それに続く第二十七代の盛誉は第三代戒壇院長老の禅爾の弟子である。禅爾は、東福寺の開山として有名であるが、円照から華厳律を学び、兄弟子の第二代長老凝然の跡を継いで第三代目長老となっている。そして第二十八代の正為は俊才の弟子であった。

以上のように照玄、盛誉、正為らは、同じ円照を初代とする法流に属してはいたが直接的な師弟関係にはなかった。その彼らとさらに離れた存在であったのが第二十九代の頼然である。彼は、「吏務」によると新禅院住持で、戒壇院持ちとなり、延文元年（一三五六）に大勧進となった、とある。確かに八幡宮の神輿の造替のための用途を借銭によって調達した貞治二年（一三六三）十一月三十日の惣寺利銭借請状の袖に「大勧進頼然（花押）」と署判をしているし、[37] また貞治四年六月十一日の松崎天満宮の遷宮の際の棟札に「国司造東大寺新禅院沙門頼然」[38] として名を連ねているので、新禅院僧として大勧進に就任していたことは確かである。しかしながら、歴代の新禅院住持を書きあげた次第にも、また戒壇院長老を書きあげた住持次第にもその名が記されておらず、彼は法脈上明らかにすることができない。ただし、建武二年（一三三五）六月二十一日、頼然は毎年五月中に三十五貫文を運上することで長洲荘間別の雑掌職を請負っており、[39] 彼が前代の大勧進らと同じ法流に属す律僧だったことだけは間違いない。

さて、先に見た法流と異にするのは、第三十代の大勧進となった霊波からであった。霊波は、足利氏で、鎌倉で誕生して称名寺の第三代長老湛叡から剃髪法則を受けて戒律を学び、その後久米田寺で入壇し、さらに東大寺戒壇院へ移り、俊才から菩薩戒を授与され、また盛誉からは具足戒を授与されている。その霊波は戒壇院の第十代長老となると戒律と華厳宗の弘通に努め、また律興要傳や五教章性通記抄など多数の聖教を撰述している。彼の師湛叡は第三代長老の禅爾の弟子であったから、[40]霊波は円照の法脈に属するとはいえ照玄や正為とは、直接師弟関係ではなかったが、俊才と盛誉から戒を授与されることで、それらを継いだのであろう。

この霊波の跡は、彼と法脈上繋がりが不明な普乗が第三十一代の大勧進となるが、その後には霊波の弟子惣融が第三十二代となり、同じく霊波の弟子の惣深が第三十三代となっている。そして惣深の跡は惣融の弟子霊賢が第三十五代に、兄弟弟子の志玉が第三十四代と三十六代に就任した。

ただし、霊賢と志玉の大勧進就任については、「吏務」や戒壇院住持次第では混乱している。霊賢の大勧進就任は、「吏務」によると応永三十一年（一四二四）十月二十六日ということになっているが、「傳律圖源解集」や戒壇院住持次第では応永三十年三月十一日に入寂したことになっており、このままでは彼の死後となってしまう。このような混乱は志玉についても同じで、霊賢が戒壇院の第十五代長老で、志玉がその跡を継いで第十六代長老となったとあるが、「吏務」が正しいとするならば、最初の就任時彼は戒壇院長老ではなかったことになる。前述した頼然のように新禅院僧であっても大勧進に就任する例もあれば、後述する圭範のように油倉役僧・目代を勤めた後に戒壇院長老となっても、大勧進とならない例もあるので必ずしも例外とはいえないが、戒壇院長老と大勧進との関係が固定化したこの時期ではやはり異例であったといえる。

そこで目代の在任期間から次のように整理を行った。元祐は、志玉と霊賢の時に目代を勤めているが、応永二十八年（一四二一）七月二十九日に白石寺・勝間村の代官職の請文を差し出している。白石寺・勝間村は学侶方の談義料所で目代が代官職を勤めているが、目代として何年間勤めようが、請文を学侶方へ差し出すのは本人の初任の際か、大勧進の初任の際だけであるから、応永二十八年の請文は志玉の目代であった時のものであろう。これにより霊賢の大勧進職の就任を応永二十八年七月以降とした。[41]また、志玉の再任は、彼の目代玉祐が永享四年（一四三二）八月十日に白石寺・勝間村の代官職の請文を差し出していることから、永享四年八月より少し前と推定した。[42]ただし、玉祐に続いて目代となった融算が白石寺・勝間村の代官職として請文を差し出したのは、応永三十三年（一四二六）六月十日であった。この時はすでに霊賢が死亡して大勧進が不在であったので、[43]あるいは再任した志玉の下で目代を勤めていたのかもしれない。

この志玉の跡を継いで第三十七代の大勧進となった惣該以降については、「傳律圖源解集」でも、また戒壇院住持次第でもその記事がほとんど無く、その後の法流について確認できない。しかし玉叡の下で目代を勤仕し、後に第二十四代戒壇院長老となる玉舜房圭範は、鎌倉極楽寺で戒律を学び、戒壇院に移ってから油倉の知事などの役僧[44]や周防国の目代を勤めた後に戒壇院長老となり、その後久米田寺へ移っていることから、[45]法流に関しては大きな変化はなかったのであろう。

以上のように法流について見てきたが、十五世紀半ば以降は史料的な制約により判然としない点が多い。そこで、続いて大勧進が戒壇院以外にどのような寺院に所属したのか、つまり彼らの履歴を確認できるかぎり見ていこう。

俊才は、前述したように京都大通寺の主司を勤め、[46]その後西国を遊歴した後、戒壇院に止住して第五代の長老となっている。[47]また第二十六代の照玄は、戒壇院長老となった後、鎌倉極楽寺の長老として一旦下向するが、再び戒壇院に戻り、その後京都大通寺に移り、そこで延文三年（一三五八）六月五日に五十八歳で入寂している。[48]そして第二十七代の盛誉は、師禅爾の跡を継いで久米田寺の第三代住持となり、その後戒壇院へ移って第六代の長老となり、この時大勧進を兼ねた。[49]そして、霊波は、久米田寺に入壇した後、戒壇院に移って長老を勤めるも、応安六年（一三七三）八月に称名寺へ移って長老となっている。

以上のように戒壇院長老＝大勧進を歴任する者は、極楽寺や称名寺、大通寺、久米田寺といった西大寺流律宗系寺院の長老や住持職を歴任していた。そして、この傾向は、史料が乏しくなる第三十七代の大勧進惣該以降も同じであろう。

「吏務」によると、惣該は、戒壇院長老とは別に伊勢大福田寺の住持となり、続く第三十八代の資胤は山城大福寺の住持に、そして第三十九代の能範は加賀金剛仙寺の住持となっている。この他、第四十一代妙祐が新光寺の住持に、第四十三代の円意が八幡善法律寺や金剛寺の住持も勤めている。

この内、伊勢大福田寺は、現在桑名市にある真言宗の寺院であるが、十三世紀後半に額田部実澄と忍性によって開創・開山したとされ、明徳二年（一三九一）九月二十八日に作成された西大寺末寺帳に、大福田寺の名が記載されていることから、西大寺が直接住持職を任命する直末寺の一つであった。(50) また山城大福寺は、現在京都市内に同名の寺院があるが、天台宗寺院なので、資胤が住持となった大福寺と同一なのかどうか検討を要する。加賀金剛仙寺は、称名寺領の加賀国軽海郷にあった寺院で、称名寺の末寺である。(51) 新光寺や金剛寺については不明であるが、八幡善法律寺は、正嘉年中（一二五七～五九）に石清水八幡宮の社官善法寺宮清が円照に帰依して私宅を寺にしたことに始まる真言律の寺で、戒壇院の末寺であった。

大福田寺や金剛仙寺、八幡善法律寺以外の寺院が戒壇院とどのような関係にあったのかは不明であるが、当時律僧が、律宗系寺院の間を広く移動していることから考えると、いずれも西大寺や極楽寺の末寺であったことは間違いない。

以上、歴代大勧進について煩雑な作業を行ってきたが、全く情報が無いのが第四十代の玉叡、第四十二代の令洞、そして第四十四代の実政である。ただし彼らは、油倉坊主といった油倉の役僧を勤めた後、目代となり、やがて戒壇院長老、そして大勧進となったとされている。(52) 彼らが戒壇院以外の寺院とどのような関わりがあったのかは不明であるが、前述した圭範は大勧進に就任はしなかったが、玉叡ら三人と同様に油倉役僧↓目代↓戒壇院長老の階梯を経ている。ということは、彼らも油倉役僧となる以前に他寺にいたことも、あるいは戒壇院長老を勤めた後他寺へ移ったことも考えられる。

このような油倉役僧→目代→大勧進の階梯について、永村氏は、単に油倉が大勧進の被官たる位置にあったという理由のみならず、油倉による周防年貢収納を通して、油倉役僧が周防国務に接触する機会が生まれ、目代の重要任務である国衙興行・正税送進に、練達した経営能力を行使することができたからである、と述べている[53]。しかし経済活動や寺領経営で禅律僧が重要な役割を果たしていたことは確かであるが、練達した経営能力の習得は油倉に限ったことではない。

例えば、第三十二代大勧進惣融は霊波の弟子で、後に戒壇院に住んで第十二代長老となり、永徳二年（一三八二）二月一日に大勧進となった。そして四年後の至徳三年（一三八六）四月二十一日に入寂している。惣融は、称名寺に居住していた康永二年（一三四三）に称名寺の役職の一つで浴室の管理を行う浴主を勤めている[54]。また、年代は明らかではないが、第二十八代大勧進の正為の下で文和年間（一三五二〜五六）に周防国の目代となっている[55]。そして、その後再び称名寺に戻り、永和四年（一三七八）頃には、代官霊康とともに称名寺領である加賀国軽海郷の永和元年分・同二年分・同三年分の年貢済物結解状を作成している[56]。

以上のように惣融は、称名寺を中心に寺院経営や寺領経営で実績を積んだのである。正為の下で周防国の目代となったことも、また大勧進になったことも、彼に経験と実績があったからである。しかし、惣融らのように油倉役僧を勤めた僧が目代や大勧進となって国衙経営で能力を行使できるのは、彼らの経験や実績に拠るところが大きいことは慥かであるが、むしろ組織の問題と考えるべきであろう。

というのは、中世後期の大勧進は、鎌倉時代のそれとは異なって戒壇院長老が独占してはいたが、その実態を見ると他の律宗寺院の長老や住持を歴任した末に戒壇院に入る者もいれば、他寺へ転出する者もいるなど、東大寺止住とはいっても本寺東大寺への帰属意識が学侶僧らと比較するとかなり低かったことは確かなのである。それにもかかわらず、周防国の経営が十分機能していたのは、どのような者が大勧進となっても影響しないシステム、つまり大勧進の個人の資質に頼ることなく経営ができる戒壇院と油倉による経営システムが、南北朝時代になってから出来上がったからであろう。

前述したように、十四世紀の半ばから末にかけて次々と造営料所の寄進を受けて、油倉はそれまで年貢の送進や金融に加えて、自ら寺領の経営に乗り出していった。ところが〔史料三〕で見たように応永三十四年（一四二七）にはそれらの経営が困難となりつつあった。(57) このような状況は東大寺領全体で見られ、学侶方は遠隔地の寺領が顚倒していく中で、納所を中心に寺領の再編を行っている。油倉役僧の経験者が目代や大勧進となるのも、このような寺領の状況に対応するためであった。戒壇院長老は、被官関係にあったが形式的には別組織であった油倉へ役僧として自らの法脈に連なる者を送り込むことで、より緊密化し、一体化した組織としていった。

このようなことが可能であったのは、戒壇院長老による大勧進職独占のきっかけとなった俊才が、足利尊氏と惣寺との政治的産物として誕生したように、中世後期における大勧進補任の方法に理由があった。

〔史料五〕

大勧進職事、依貴命難遁候、雖再任仕候、一連興行不叶候之上、以外老朦仕候之間、上表申候、其子細可然之様、可預御披露候由、寺門年預御方へ可被申候、恐〻謹言、

卯月十三日　　□□（花押）

油倉御房(58)

〔史料五〕は、「貴命」によって二度目の大勧進に就任したが、興行が叶わないうえ、年をとってしまったため、辞任したいことを年預へも伝えている、と油倉へ伝えたものである。

正確な年代がわからないうえ、直筆の署判が判読できないが、二度の大勧進に就任したという点や、宛先が油倉という点からすると、第三十四代と第三十六代の大勧進となった志玉の可能性は高い。志玉は表1から少なくとも文安五年（一四四八）十月以前に二度目の大勧進を辞任しているので、〔史料五〕も文安五年四月以前になる。その志玉が大勧進職辞意を年預へ連絡するよう油倉の僧に依頼をしたのは、年預補任に関与していたからである。それを窺えるのは次の史料であろう。

〔史料六―1〕

防州国衙目代職之事、先例異于他子細候、善法寺儀寺門各存知候、雖御難渋候、堅固被申調、急度被仰定候者、可為衆悦由衆議候、恐ゝ謹言、

（大永七年）九月廿七日　北林院 英憲（花押）
地蔵院 浄憲（花押）

戒壇院年預御房

〔史料六―2〕

就防州国衙目代職、任先例、為当院撰住僧可信躰可差下申由、従東大寺牒送及度ゝ候、難遁候上者、云先規云面目、非一子細候、住侶之内、種ゝ被交申候處、貴寺之儀、相応理運之儀候間、被閣万障、御下向可為珍重候、云東大寺評議、当院衆議如此候間、不可有御難渋候、今明日中ㇾ急度有御下向、可被応寺院集議之由、評定候也、恐ゝ謹言、

（大永七年）九月廿八日　深静（花押）

善法寺待者御中(59)

詳細は本書第三部第一章で検討するが、大内氏によって押領された国衙が永正六年(一五〇九)になって東大寺への返付が決定して以降、国衙経営は大勧進不在のまま、学侶僧による集団経営が行われていたが、大永七年(一五二七)に松崎天満宮の再建事業のために大勧進が復活する。〔史料六〕はその際の目代補任にかかわる史料である。

〔史料六―1〕は、大永七年九月二十七日に、東大寺学侶僧の英憲と浄憲とが連署で戒壇院の役僧へ宛てた書状で、善法寺照海を周防の国衙目代職とするよう依頼している。続く〔史料六―2〕は、英憲らの書状を受けて、戒壇院の深静が八幡宮善法律寺の照海へ宛てた書状である。これらによると、先例に従って戒壇院の住僧を撰んで目代とするよう東大寺からの依頼を受けて、戒壇院で議論を重ねたところ、照海を目代に任命することが決定されたので、その旨を照海へ伝えて速やかに下向するよう伝えている。これらの史料で明らかなように、戒壇院の住僧を目代とするよう依頼したのが学侶僧であったように、学侶方の主導によって進められていた。

建武三年に大勧進に補任された俊才は惣寺によって尊氏へ推挙されてはいるが、その後大勧進の補任に関して東大寺の関与は必ずしも明確ではなかった。しかし、〔史料五〕や〔史料六〕から、その後も大勧進の補任は、惣寺が、後に学侶方が主導的な立場であったことは明らかであろう。

以上、中世後期の大勧進について検討した。中世後期の大勧進は、法脈や履歴を見ると西大寺流律宗系の寺院を頻繁に移動しており、本寺に対する帰属意識は決して高くはなかったと考えられる。それにもかかわらず国衙経営が比較的滞りなく行われたのは、大勧進の資質に頼らない経営システムが構築されていたからであろう。しかも十五世紀の半ばになると、戒壇院は被官関係にあった油倉との関係をより緊密化することで、経営の強化に乗り出した。そしてそれが可能だったのは、戒壇院長老らの大勧進への推挙権を通して惣寺が、後に学侶方が影響力を維持し続けたからである。

三　大勧進・目代と周防国の経営

本項では、大勧進が周防国をどのように経営していたのかを、国衙領の寺領化に注目しながら検討する。

前述したように足利尊氏方と後醍醐天皇の対立の中で、俊才は大勧進に補任された。当時の周防国では、院政期以来在庁官人の一員として東大寺の国衙経営を支えていた大内氏が、守護となって独自の領主制を展開し始め、また中小の武士も国衙領への侵出を進めており、彼は当面これら武家勢力に対応しなければならなかった。

「吏務」によると、俊才は浄照房満恵と了性房至源を目代とし、在地領主と考えられる平野入道道円を小目代とするとともに、後に国衙に常住して国衙候人と呼ばれるようになる得富資長を、国衙の警察・司法権を司る検非違使所の別当職としている。

この内、至源は、「吏務」に「国分寺禅光院開山」と記されており、国分寺の僧だったことがわかる。周防国の国分寺は、極楽寺の長老順忍が大勧進であった正中二年（一三二五）十二月二十六日に興行が行われたのに続き、同じ極楽寺の長老俊海が大勧進であった嘉暦二年（一三二七）四月にも興行が行われ、その際に西大寺の末寺となっている。(60)つまりその塔頭禅光院の開山である至源は、大勧進らと同じ法脈に属し、なおかつ在地の事情に通じていたと考えられ、国衙経営にとっては最適な人物だったと言えよう。

また得富資長は、その出自は不明であるが、大和国に居住し東大寺と主従関係にあった一族で、在地で経営の実務にあたらせるために下向させた。つまり俊才は、在地に詳しい至源を目代とし、さらに得富資長を在地に居住させ、国衙の所の一つである検非違使所の別当職とすることで、国衙経営の強化に努めたのである。

というのは、周防国では、俊才が大勧進に補任されるのと同じ頃、武家勢力との衝突が激しくなったからである。その原因は、前述したように国衙の在庁官人として最強の権力を有していたが、鎌倉時代を通して守護北条氏の下に甘んじていた大内氏が建武政権から周防国の守護に任ぜられたことで、名実共に周防国内で最高実力者となったからである。長弘は、建武政権の崩壊後も足利尊氏から周防国の守護に任ぜられていて、以降大内氏が周防国の守護を世襲していくが、それにともない大内氏の一族や家人らによる国衙領の押領が頻発するようになった。

暦応二年（一三三九）十二月二十七日、右田重貞の濫妨を停止させて下小野保の寺社三職及び権現堂の敷地免田を東大寺の雑掌へ付けることを命じた引付頭人の奉書が守護大内長弘へ宛てて下され、さらに翌三年二月十二日には長弘から奉行の森五郎左衛門らに施行状が下されている。(61)この権現堂の敷地免田は、正慶二年（一三三三）四月三日に右田重貞の父親重俊が敷地免田七段半を国分寺の方丈照覚上人へ寄進して国分寺領となった所領であるが、(62)南北朝時代になってその子重貞が所務の押領をしたうえ、国衙の使者を打擲するなど濫妨をしたという。それに対して東大寺は、暦応二年四月十八日に国衙へ下向していた目代の満恵に公験類を提出させたうえで室町幕府に訴えている。それをうけて幕府から下された裁許が、先の奉書であった。(63)

また暦応四年（一三四一）八月二十八日には、牟礼令の地頭代平茂平と東大寺の雑掌定尊との間で和与が結ばれて牟礼令の下地中分が行われている。(64)和与状によると、この時両者で結ばれた内容は、重任名は国衙の進止とし、地頭土居は地頭の進止とすること、惣郷公田の内地頭進止の下地は正税を国衙へ進納し、惣郷公田畠や公文名・諸寺社免田は中分するというものであった。この時の和与は、国衙領を武家進止の地と国衙進止の地とで分けることにより、国衙による一円支配を目的としていた。そして、与田保の一分地頭の与田頼氏に代わって新たに地頭となった高又四郎頼重と地頭与田秋光とが相謀って東大寺に敵対しているとして、その停止を求めて東大寺が室町幕府へ訴えたのも同じ頃であった(65)。

先の権現堂の相論では、目代満恵が公験類を京都まで届けているが、俊才の命を受けていたことは間違いない。つまり、俊才は、国衙領をめぐる武家との相論では、東大寺側の当事者として事にあたっていたのである。

彼が推進した国衙興行は、東大寺側から見ると国衙領の寺領化を推進するものでもあった。そのことを端的に示しているのは、国衙領の寄進である。国衙領の寺領化は、前述したように円照が大勧進の時にすでに見られることであったが、俊才は鷺頭出作を八幡宮御宝前の大般若経転読の料所として五師所へ寄進している。この寄進をうけて建武三年（一三三六）九月二十四日、五師所は評定を開いて、毎年二月と九月の二季に八幡宮の宝前において大般若経の転読を行うことと、年貢を五師所の五師らへ均等に配分することを取り決めている(66)。

また、実際の寄進日は不明であるが、鷺頭出作の寄進と同じ頃に東大寺法華堂領となったと考えられるのが仁井令である。

〔史料七〕

（端裏書）「正文高倉ニ有也、
仁井令堂中記録写也、
応永丁亥六月廿七日写之畢□師」

記録　執金剛神料所周防仁井令間事

右、子細者、依世上之動乱、追承平之佳例、於彼宝前可抽精祈之旨、就内外度〻被仰下之間、連日就致御祈禱、為永代不朽欲被附料所之時、大夫得業快春、依得可然之便宜、令相談堂中、廻内外之秘計、無相違令入眼畢、然間及委細之契状、相待年貢之到来之処、乍令寺納忽忘約束、不令備進仏聖燈油以下之料物条、言語道断之次第也、所詮且違背勅施入之旨、且抑留厳重之料物上者、速及一堂大訴、可致一味之沙汰、然者連署

之外不可密事口外、仍記録如件、若背此旨者奥ニ罰文在之、
起請文也
建武五年二月十一日　　諸進実延　明□
聖弘　良□　□寛　寛成　良□(67)

〔史料七〕は、建武五年（一三三八）二月十一日の東大寺法華堂中衆議記録である。これによると、法華堂々衆は手掻快春に対して一味神水をして仁井令からの供料の未進を責め、あわせて進納を命じている。快春がこのように命ぜられたのは、法華堂の祈禱料所として仁井令が寄進されるにあたって彼が秘計を巡らし、その活躍が認められたことで延元元年（一三三六）九月に預所職に任ぜられ、供料進納を請負っていたからである。(68)

国衙領の東大寺への寄進は、鎌倉時代中期の大勧進円照の代から確認でき、彼の在任中に、大前新荘植松原郷が八幡宮へ寄進され、また正元年間（一二五九～六〇）には与田保が三面僧房へ寄進されている。(69)この二ヵ所は、前章で述べたようにいずれも相論における論所であったから、円照による東大寺への寄進は、寺領として領有権の固定化をはかるためであった。これに対し鷲頭出作や仁井令は、そのような状況にある国衙領では無いが、国衙領への侵出をはかる武士に対抗するためにも、東大寺の寺領化を進めたと考えられる。そしてこの寄進行為とは別に、俊才は国衙周辺に国衙が直接支配する国衙一円地を集中させようとしている。

〔史料八〕
国分寺僧衆等申寺領権現堂事
右、国分寺中古之比、雖被成律院、〻内敷地之下地等為地頭進止之間、無程令顚倒云〻、爰関東極楽寺大勧

進之御時、被興行之刻、及日本国〻分寺再興之御沙汰之間、得境調寄進状等被経　奏聞之処、御感　綸旨・御教書被成下之畢、此御寄附事更非正税之失墜、為被止僧尼之煩、引替遠所散在之、差下符等、以一円之寺社所被寄附也、件差下符等者、則被入官物之足畢、重又当　御代致興行之沙汰、寺領等如元可安堵之旨被成下　院宣・御教書畢、次権現堂事、歎申国前之処、国之御沙汰未尽之間、無左右難被裁許、所詮被尋下国依御注進可有御沙汰之由、被仰出之上者、早被尋巨細於進(連)署之在庁官人等、欲預委細御注進、次以諸寺米如元可被返付之由、内〻及御沙汰云〻、此条所驚存也、其故者彼御寄進状事、於国被経御沙汰、加進(連)署之在庁列署既被備　叡覧、武家同被合躰申、被成下　綸旨・御教書者也、是併未来不朽之亀鏡也、然相当御国務如此被改者、後任云何可被守旧規乎、不便之次第也、国分寺之安否尤可依此訴訟之有無歟、就中吉祥御願堂造営大切之最中、為国衙御崇敬寺之上者、可有御合力之由欲歎申之処、剰被旧領転変之条、且魔障之至歟、愁吟何事可如之哉矣、粗言上如件、

康永元年六月　日[70]

〈史料八〉は、康永元年（一三四二）六月に、周防国の国分寺の僧らが、前述した権現堂のことについて東大寺へ宛てて差し出した申状である。それによると、権現堂の寄進は、極楽寺長老の順忍が大勧進であった時に国分寺の興行を行った際に、僧尼の煩いを停止するために寄進されたもので、正税の失墜にはならないことをまず主張している。それに続いて、国衙より前に幕府へ訴えたところ、国衙での審理が尽くされていないので裁決を下すことはできないから、国衙へ問い合わせて注進させるようにとの命が下ったので、連署の在庁官人に問い合わせて注進させて欲しい、と要請している。そして、諸郷保に散在した寺領を一所に集めて権現堂免田畠として国分寺へ寄進した諸寺米については、「諸寺米如元可被返付之由、内〻御沙汰」と、俊才が諸寺米を元に戻すよう

内々に要請してきたが、寄進は国衙から承認を得たうえで在庁官人の署判を加えて叡覧に備え、武家からも同じように承認を得ているのであるから、返付することは国務を変更させたこととなり、後に続く大勧進が旧規を守らなくなってしまう、と非難をしている。(71)

この申状から、俊才は一度寄進されて国分寺領となった免田畠を国衙支配に戻すことで、国衙周辺に国衙一円地を集中させようとしていたことが窺える。この行為は、直接的には国衙周辺に散在する免田を整理することで国衙興行を進めることであるが、それはまた取りも直さず東大寺へ正税を確実に進納するためであった。

以上、俊才による国衙経営について検討したが、次に俊才以降についても検討する。

正平十四年（一三五九）十月二日、目代円俊は、二宮の領家職を八幡宮へ寄進している。(72)また同じ頃熊毛郡にあった白石寺が東大寺学侶方へ寄進されて談義料所となっていて、貞治三年（一三六四）九月二十一日には、僧澄慶が白石寺の別当代官職に補任され、別当の得分と真言院の料足の運上を請負っている。(73)白石寺の別当職は、東大寺の学侶方が領有し、澄慶との間で直接代官職の契約を結ぶことで、国衙を介さずに学侶方へ直接供料が進納されることになったのである。(74)

以上のように南北朝時代に入ると、国衙を介さず直接東大寺内と結びつく国衙領が増加していくが、その一方〔史料二〕で見たように寺僧へ給付されていた所職得分の私領化も顕著となってくる。

国衙領の所職が東大寺の寺僧へ与えられ、その得分が給付されるのは、鎌倉時代後期頃から確認できる。大勧進円瑜が周防国から運上して兵庫津に到着する済物を押領するという風聞を得た年預所は、使者を兵庫津まで下向させたが、その使者に対して延慶四年（一三一一）二月九日に下文を下し、「防州今度到岸済物内、於当寺僧分保司得分等者、不可有抑留之儀、可交替本人、於正税幷駅馬田運上物無混乱様、可致沙汰旨、依衆議」と、東大寺の寺僧が領有する保司得分を抑留させないよう命じるとともに、正税や駅馬田の運上物も混乱させないよう命

じている。(75)

周防国からの進上は、延慶四年の段階では「保司得分」で、年預所が特に保司得分の抑留を禁じていることからも、寺僧にとって重要な得分となっていたことが窺える。ところが、〔史料二〕で示した十四世紀半ばになると、伯耆阿闍梨御房へ大前荘の公文分十石が、大行事法眼御房へ上小野保の公文分十二石が、そして千手院法眼御房へ佐波令の公文名や千代丸保の年貢の三十五石などと、(76)国衙領の在地で直接経営に携わっていた公文の得分も給付の対象となっている。東大寺は、鎌倉時代中期以降諸郷保の三職（書生・公文・田所）の補任権を巡って在地の武士との間で法廷闘争を繰り広げているが、このように「公文得分」が東大寺の寺僧へ給付されていることは、法廷闘争を経て三職の補任権を容認されただけでなく、本来在庁官人へ給付されていた公文得分まで東大寺が獲得したことになる。

それだけでなく、所職得分は、寺僧で別相伝され、さらには売買の対象となっていた。永和二年（一三七六）十月二日、千手院俊賢らは、与田保納所職を売却している。(77)その売券によると、「件納所職者、祖父賢舜法眼自拝領　院宣以来、三代相伝之所職由緒異他者也、依之供料所下四分一之分預支配、令預納」と、納所職が別相伝となって千手院で伝領され、売買されるほど私領化が進んでいたことが見て取れる。この納所職は、前述したように大勧進円照が与田保を三面僧坊へ寄進した際に円照に与えられ、その後彼の弟賢舜に与えられたものである。また、これより時代は下るが、永享七年（一四三五）六月二十七日には安楽坊内の弁公賢憲が小松原公文職得分二十石を実相坊内の卿得業へ売却しているし、(78)また翌永享八年十一月十三日には新卿公賢真と大夫公賢慶が国衙別名である先使田得分を萬寿殿に売却している。(79)

このように周防国の国衙領は、少なくとも十四世紀半ばまでに、国衙を介さずに直接東大寺の寺内と結びつくものと、大勧進―目代といった国衙経営体制の枠内で結びつくものとに大別されて経営されたが、(80)国衙領からの得分や年貢は、学侶僧や堂衆に配分されたり、談義料など法会の供料や食料などに充てられたりしていた。
さらに、得分などを配分された学侶僧の中には、〔史料七〕で仁井令の預所職に任ぜられた手掻快春のように複数の寺領の所職を有して、銭主として寺内の年預所などに貸し付けを行う者もいて、所職得分として得た銭貨が貸し付けの原資にも充てられていた。

永村氏は、鎌倉時代後期〜南北朝時代の借銭状や米銭納帳の分析から、鎌倉時代後期以降の年預所による惣寺財務の運営が、借銭によって維持され、その財務を支えていたのが学侶の経済能力であったとして、鎌倉時代後期以降に寺内財務が大きく変容したと指摘している。(81) 延慶年間にはすでに寺僧に保司得分が与えられていることから、十四世紀の初頭までに周防国の国衙領から進納される正税だけでなく得分もが東大寺の財政体系に組み込まれていったと考えて間違いない。

ところが応永年間に入るころから守護大内氏ら武家による国衙領の侵出が本格的に始まる。応永二十一年（一四一四）、府中車塚の堀の開削工事が始まり、その用途が佐波郡の国衙領に賦課された。(82) この工事自体は応永二十八年頃まで続けられていたが、その後大内氏による国衙領への段銭や守護役・人夫役の賦課が恒常的となった。

〔史料九〕

（端裏書）「内大臣右大将軍勝定院義持」

東大寺領周防国〻衙段銭以下諸公事幷守護役同人夫役等事、所令免除之状如件、

応永卅二年六月五日　（花押）

衆徒中

〔史料九〕は、足利義持が周防国の国衙領への段銭以下の諸公事や守護役・人夫役の賦課の免除を命じた御教書である。(83) しかし、このような御教書が幕府から下されている自体が、国衙領への賦課が恒常的なものとなっていたことを示している。大内教弘の時代になると（嘉吉元年～寛正六年）、守護役の課役はさらに過重なものとなり、陣夫役が国衙領に賦課されるようになった。寛正二年（一四六一）九月、大内氏の年寄衆は幕府からの命を受けて九州への出陣にあたって百人の陣夫の雇進を国衙へ命じている。(84) そして大内政弘の時代（寛正六年～明応四年）になると、雇夫徴発や公用米の借用、そして応仁の乱には国衙領で半済が実施された。(85)

このように守護大内氏による国衙領内への侵出は、時代を下るにつれて大規模、かつ恒常的となっていった。これに対して、学侶方等の要請を受けた戒壇院長老がとった手段は前述したような戒壇院と油倉とをより緊密化させて経営の一体化をはかるとともに、国衙候人らを国衙経営へ積極的に登用することであった。国衙候人については あらためて第二節で検討していくが、大勧進—目代との関わりでいくと次に述べる理由によると考える。

大勧進の下で周防国の国衙経営に直接当たったのが目代であった。鎌倉時代の目代は、弟子や一族など大勧進の関係者が多かったが、南北朝時代に入ると様子が変わってくる。当初は、国分寺の至源のように在地の事情に通じた者が目代となって、地元の慣習を取り入れながら国衙経営が行われたが、惣深の時の目代、上小野西寺を開山した栄俊を最後に在地ゆかりの者が目代に登用されなくなり、以降は例えば油倉僧のような周防国と全く関係の無い者が目代となることが多くなる。彼らは、周防国へ下向して来ても定住することなく、任期が来ると戻っていってしまう。大勧進が、国衙候人を国衙経営へ積極的に登用したのは、このような目代の下で国衙経営を補わせるとともに、武家勢力の侵出にさらされている国衙領の経営強化をはかるためであった。永村氏は、東大寺の寺僧へ宛てて送進した年貢や得分の請取状がまとまっていることから油倉の活動のピークをこの時期としているが、(86) 少なくとも周防国の経営に関する限りは、国衙候人の活動がそれを支えていたのである。

以上、南北朝・室町時代の国衙経営について、主に大勧進の施策を中心に検討した。それによると十四世紀の半ば過ぎまでに、国衙を介さず東大寺と直接結びつく国衙領と大勧進—目代の国衙経営体制によって東大寺へ年貢や得分が送進される国衙領とで二分されて支配を受けていた。それらはいずれも従来の国衙領からは大きく変容し、寺領化するものもあれば、さらに進んで寺僧の私領化するものも現れた。これらは、惣寺の指示を受けた大勧進によって進められたことであった。応永年間に入ると大内氏による国衙領への守護役の賦課が始まり、やがて恒常化してくると、それに対抗するために国衙経営に国衙候人が登用されていった。

第二節　国衙候人

一　国衙候人の職務

本項では、国衙候人がどのような国衙経営の職務に関わっていたのかを検討する。国衙候人の職務内容に関する史料をまとめて一覧表としたのが表2である。この表によると彼らの職務は、国衙領の所務、阿弥陀寺ならび重任名の管理、対大内氏交渉における東大寺側の窓口役の三つに分類される。そこで国衙候人の職務をこの三つに分けて検討していく。

(一)　国衙領の所務

まず目代英憲によって永正十四年（一五一七）頃に作成された周防国衙領田数等注文[87]を見てみよう。この注文は、大内氏から返還後の国衙領の実態を掌握するために作成されたもので、三十一ヵ所の国衙領と四ヵ所の別名の田数や分米高、官物、その他に寺社免田・所職給田などが書き上げられている。その注文の中に次のような記

表2　国衙候人職務一覧

年月日	国衙候人	内容	出典
宝徳元年九月二十日	竹屋国澄同禅長得富資明ら	阿弥陀寺収納在所注文作成	『防府市史』「阿弥陀寺文書」二六号
長禄二年十月八日	竹屋資継	伊賀矢地三井村等の代官職補任	『防府市史』「上司家文書」三五号
寛正二年十一月二十日	得富資家	重任保司職の補任	『防府市史』「得富家文書」一号
(寛正三年)九月十日	竹屋資継	大内教弘から夫丸雇進要請	『大古』成巻三〇六号(一)
(寛正三年)九月十八日	竹屋資継	大内教弘から陣夫丸雇進要請	『大古』成巻三〇六号(二)
(寛正三年)九月二十一日	竹屋資継	大内教弘から陣夫雇進要請	『大古』成巻三〇六号(三)
(応仁三年)四月五日	上司寿慶竹屋資継得富資家ら	借米の返済延引要請	『大古』七六〇号
文明元年十二月九日	上司房頼竹屋資継ら	阿弥陀寺領半済免除	『防府市史』「上司家文書」三七号
文明二年五月二十一日	上司房頼	阿弥陀寺領地方雇夫に付	『防府市史』「上司家文書」三八号
文明三年十月十一日	得富資家同国資	検非違使別当職補任	『防府市史』「得富家文書」二号
文明八年八月十九日	得富国資	牟礼令保司職補任	『防府市史』「得富家文書」三号
文明十年十二月三日	上司寿慶	下小野保公文職補任	「東大寺文書」三―七―一一号
文明十三年八月十二日	得富国資	小野保公文職補任	『防府市史』「得富家文書」四号
文明十七年	得富盛明同国資上司房泰ら	御影堂再興で国衙奉行	『防府市史』「棟札」四号
(文明十八年)十月二日	竹屋盛澄竹屋正継得富国資ら	造寺官得分の年貢注文作成	『壬生家文書』四一八号
延徳元年二月九日	得富某	国衙笛給田数坪付作成	『防府市史』「風土得富家文書」五号
延徳二年正月十七日	竹屋資継同資長同三郎同資幸ら	伊賀矢地立野保等保司職を譲渡	『防府市史』「上司家文書」四〇号
延徳三年八月二十八日	得富茂貞	白石寺勝間社領の年貢請負	『大古』六五七号
延徳三年九月八日	竹屋盛継	東仁井令の年貢請負	『大古』八四〇号

延徳四年三月三十日	得富茂貞	得地保年貢訴訟	『東福寺文書』四四八号
明応二年八月十二日	竹屋盛継得富国資	造寺官得分に付大内氏へ報告	『壬生家文書』一七六五号
明応三年七月十二日	竹屋盛継	牟礼令用水の管理	『防府市史』「阿弥陀寺文書」七四号
明応四年八月二十日	得富国資	重任名牟礼令宇佐木保保職等安堵	『防府市史』「得富家文書」五号
明応四年八月二十日	得富国資	仁井令黒川保保司職等安堵	『防府市史』「得富家文書」六号
永正六年九月二日	得富興資	右京進吹挙	『防府市史』「得富家文書」七号
永正九年六月二十日	得富興資	仁井令保司職補任	『防府市史』「得富家文書」九号
永正十年九月二十一日	得富茂貞	阿弥陀寺免散在方検見勘文作成	『防府市史』「阿弥陀寺文書」三四号
永正十一年四月一日	上司房泰竹屋資幸得富興資ら	戸田令の売買	『防府市史』「上司家文書」四四号
(永正十一〜十三年)	上司房泰得富興資同木工助	国衙領の反銭沙汰	『大古』七〇三号
永正十六年十月十五日	得富興資	中務丞吹挙	『防府市史』「得富家文書」一〇号
永正十七年九月二十二日	得富興資	勝井荘保司職補任	『防府市史』「得富家文書」一一号
享禄二年九月二十二日	得富雅楽助上司平三	重任并阿弥陀寺領の諸公事	『防府市史』「阿弥陀寺文書」七二号
享禄三年二月二十八日	得富貞明上司資和	松崎天満宮再建	『防府市史』「上司家文書」五二号
享禄三年六月十三日	得富寅松同貞明上司資和ら	松崎天満宮普請奉行	『防府市史』「上司家文書」五六号
(享禄三)九月二十七日	上司資和得冨憲長竹屋昌栄ら	国衙領・天満宮等	『大古』七五四号
享禄三年十月十四日	国衙候人衆	松崎天満宮御遷宮で神馬献納	『防府市史』「天満宮文書」二九号
享禄四年二月五日	得富虎松丸	戒行坊領坂本并免田坪付の承認	『防府市史』「阿弥陀寺文書」三六号
享禄四年五月十五日	国庁候人	国衙徳政を要請	「東大寺文書」寶庫文書七四―五―一号
享禄四年八月六日	得富寅松上司資和	重任并阿弥陀寺領の諸公事免除	『防府市史』「阿弥陀寺文書」七三号
享禄五年四月二十三日	得富雅楽助竹屋重孝上司資和	国衙領正税の国納申込	『防府市史』「上司家文書」五八号

年月日	国衙候人	内容	出典
享禄五年四月二十九日	得富貞明竹屋重孝上司資和ら	支払済み年貢の返納要請	『防府市史』「上司家文書」五九号
享禄五年五月二十八日	竹屋重孝上司資和得富雅楽助	国衙領正税の国納申入	『防府市史』「上司家文書」六〇号
享禄五年六月一日	得富貞明竹屋重孝上司資和ら	国衙領正税の国納申入	『防府市史』「上司家文書」五〇号
享禄五年十月二日	得富貞明上司資和	大内義隆から陣夫要請	『防府市史』「上司家文書」六一号
天文元年十一月十三日	得富隆資	大内義隆冠親	『防府市史』「得富家文書」一二号
天文二年四月二十三日	得富隆資連署御中	重任并阿弥陀寺領の段銭免除	『防府市史』「阿弥陀寺文書」六六号
天文二年六月十日	竹屋道継	小周防地の所領安堵	『防府市史』「上司家文書」六二号
天文四年八月二十二日	竹屋道継	給地充行	『防府市史』「上司家文書」六三号
天文五年十月十三日	国庁	重任并阿弥陀寺領の反銭免除	『防府市史』「阿弥陀寺文書」七〇号
天正六年九月十三日	竹屋隆継同平大郎ら	上小野保曽禰保等安堵	『防府市史』「上司家文書」七九号
天正十七年八月二十二日	得富雅楽助同次郎	検非違使職并得富惣領安堵	『防府市史』「得富家文書」二〇号
天正十八年二月九日	上司恵澄得富重昌竹屋元頼ら	国衙領年貢算用状作成	『防府市史』「上司家文書」九〇号
年欠二月十二日	竹屋掃部丞(国庁代)上司大蔵丞	厩田作職の諸天役賦課に付	『防府市史』「上司家文書」七一号
年欠閏三月七日	得富与次郎	検非違使職安堵	『防府市史』「得富家文書」一七号
年欠五月二日	上司刑部丞得富蔵人	重任の役夫工米段銭免除	『防府市史』「上司家文書」七四号

凡例
『防府市史』「上司家文書」は『防府市史』所収の上司家文書
『防府市史』「得富家文書」は『防府市史』所収の東京大学史料編纂所所蔵得富家文書
『防府市史』「風土得富家文書」は『防府市史』所収の風土注進案の得富家文書
『防府市史』「天満宮文書」は『防府市史』所収の松崎天満宮文書
『防府市史』阿弥陀寺は『防府市史』所収の阿弥陀寺文書
『壬生家文書』は宮内庁図書寮『壬生家文書』所収の壬生家文書
「東大寺文書」は東大寺図書館所蔵未成巻東大寺文書で、番号は奈良文化財研究所編『東大寺文書目録』による
『大古』は、『大日本古文書　家わけ第十八』所収の東大寺文書

載がある。

〔史料一〇〕

宮野請料廿貫文、此内　拾貫文上司刑部丞沙汰候、佐波令反銭、立用之
五貫文得富右京進沙汰候、仁井令反銭、立用之
五貫文同木工助沙汰候、牟礼令反銭、立用之

〔史料一〇〕は、東大寺領宮野荘の請料二十貫文の内十貫文を上司房泰が佐波令に賦課された段銭に立用し、また五貫文を得富興資が仁井令に賦課された段銭に立用、残りの五貫文を得富木工助が牟礼令に賦課された段銭に立用したことが記されている。

上司房泰と佐波令との関係は史料上で確認することはできないが、(88)得富興資は永正九年（一五一二）に仁井令保司職に補任され、(89)また得富木工助は同注文の牟礼令の項に「公文名十七石三斗八舛　得富杢助拘之」とあるので牟礼令の公文職であったと考えられる。つまり彼らは該当する国衙領の所職を帯び、その所領の所務を義務づけられていたのである。周防国では、国衙領の正税を東大寺へ送進するのは目代の職務であったが、(90)その目代へは彼らが国衙領から正税を徴収して調進していたのであろう。

それでは、国衙候人が国衙領の所職に就任するようになるのは、いつ頃からであろうか。史料上の初見は、前述した長禄二年（一四五八）十月八日に目代玉叡が竹屋資継を伊賀矢地令・三井村・立野保の代官職に補任した充行状である。(91)しかしこの充行状によると、資継の補任は「右彼在所者、禅長他年知行所也、仍任譲状之旨、永代可被執務状如件」と竹屋禅長の譲りを受けたものだったので、竹屋氏が伊賀矢地令以下の代官職となったの

はさらに遡ることになる。禅長は、宝徳元年（一四四九）九月の阿弥陀寺収納在所注文の作成にも関与しており[92]、代官職の就任をこの頃まで遡らせて考えることも可能であろう。そしてこの竹屋氏の例から国衙候人による所職の世襲化は、少なくとも十五世紀半ばの長禄二年には始まっていたことは明らかである[93]。

このような国衙候人と所職との関係で注目すべきは、時代が下るにつれて国衙候人の兼帯する所職の数が増えていることである。例えば、得富国資は、寛正二年（一四六一）に重任名や厚東名の保司職に補任されたが、その後文明八年（一四七六）には牟礼令の保司職に、文明十三年（一四八一）には上小野保の公文職に補任され、そして明応四年（一四九五）には宇佐木保保司職、千代次保保司職、仁井令保司職、黒川保保司職、同公文職に補任されて都合八ヵ所の所職を兼帯するに至っている[94]。この得富国資のように国衙候人へ国衙領の所職を集中し、かつ世襲させたのは、詳細については後述するが、彼らの手によって正税を確実に確保しようという、目代の意図と考えられる。

ところが永正十七年（一五二〇）九月に得富興資が勝井保の保司職となって以後、国衙候人の所職補任は史料上で確認できなくなる[95]。これは永正十七年以後に東大寺の国衙領経営が変化したからである。詳細については本書第三部第一章で検討するが、天文九年（一五四〇）六月八日付の結解状によると、黒川保や東荷保、仁井令などの国衙領の正税が東大寺の寺僧に充行われており、これらの所領は東大寺が支配していると記されている。しかし、当時多額の借銭のために大内氏から国衙領を差し押さえられてしまい、東大寺はそのため徳政を求めていたので、結解状の記載がどこまで実態を反映しているのかは不明である[96]。

その後、弘治四年（一五五八）三月大内氏を滅ぼした毛利氏が東大寺に安堵した所領は、わずかに国衙土居八町と牟礼令や三井村の一部であった[97]。つまり天文九年から大内氏が滅亡する弘治三年までの二十年足らずの間に、大内氏方の武士により、さらに大内氏に代わって周防国を支配下に置いた毛利氏により寺領の多くを押領され、東大寺は僅かな所領を保持するだけとなってしまったのである。

（二）　阿弥陀寺や重任名の管理

阿弥陀寺や重任名[98]に関する国衙候人の職務内容を見ると、さらに（a）所務、（b）大内氏との交渉の窓口、（c）造営修理の三種に分類することができる。この内史料の点数が最も多いのは（b）の大内氏との交渉の窓口であるが、これについては、後ほど他の事例とあわせて検討することとし、ここでは（a）と（c）について検討する。

（a）阿弥陀寺ならびに重任名に関する所務の史料上の初見は、宝徳元年（一四四九）九月二十日付の阿弥陀寺収納在所注文である[99]。この注文は、前年の文安五年十二月に目代玉祐が阿弥陀寺へ寄進した国庁の不断経と舎利講に関わる散在収納所に関するもので、玉祐と国衙候人らが作成している[100]。

また永正十年（一五一三）九月、得富茂貞は阿弥陀寺の年行事成就坊源宥らと散在所領の検見を行い勘文を作成している。この勘文は、大内家の奉行人が阿弥陀寺の般若坊寛海に宛てた永正七年二月十三日付の奉書の中で「但土貢分近年為国庁大仏殿修造方、候人衆収納候、於于今者定終功儀哉、眼代有御相談、勘文等御調進可然之由候」とある勘文に該当すると考えられる[101]。つまり、国衙が進めていた国庁大仏殿の修造が終了し、その用途に充てていた散在所領が阿弥陀寺へ返還された際に作成されたものである。

さらにこの勘文によると、文明十七年（一四八五）にも同じような散在所領の検見勘文が作成されていたことがわかる。阿弥陀寺の御影堂の上棟・入仏が文明十七年九月に行われ、国衙候人がそこで国衙奉行を勤めているので[102]、文明十七年の検見勘文の場合も国衙候人によって作成されたと考えられる。

このように国衙候人が阿弥陀寺領で関与した所務としては、寺領の勘文の作成があった。しかしすべての所務に彼らが同じような形で関与していたわけではない。例えば享禄四年（一五三一）二月、寛海が子院の「戒行坊領坂本弁免田坪付」を作成したが、国衙候人の得富虎松丸はそれに裏判を据えるのみであった。十五世紀半ば阿弥陀寺には十の子院があり、子院ごとに寺領を領有したことを確認できるが、この「戒行坊領坂本弁免田坪付」はその子院の一つ戒行坊の前住寛深が張行のために寺家から追放され、代わって戒行坊の管理を任せられた寛海が子院領の掌握を目的に作成したものである。(103) これらのことから国衙候人は阿弥陀寺領の内、収納所などの散在所領は直接に、一方の子院領は間接的に管領していたことがわかる。

なお、重任名への所務については、寛正二年十一月二十日に得富資家が保司職に就任していることから、(104) 国衙候人が沙汰していたものと考えられる。

（c）国衙候人が阿弥陀寺の造営修理に関与した事例としては、文明十七年の御影堂の再建事業において国衙奉行を勤めたものが管見の限り確認できる唯一のものである。(105) この他の国衙関連寺社の事例としては、前述した国庁大仏殿の修造の際に修造用途を調達している。(106) また松崎天満宮では、永和元年（一三七五）八月の拝殿再建の棟札に小目代得富資長の名が記され、(107) さらに享禄三年（一五三〇）から始まった神殿や楼門の再建では造営の工人を調達していた。(108)

（三）　対大内氏交渉の窓口役

国衙候人が大内氏との交渉で窓口役を勤めた史料上の初見は、幕府の命を受けて九州に出陣した大内教弘が百人の夫丸を雇い進めるよう国衙に要請した寛正三年（一四六二）九月十日付の大内氏家臣の連署奉書で、竹屋資継に宛てて出されている。この要請に対して東大寺が強い難色を示したため、大内氏はさらに九月十八日と九月二十一日の二度資継へ宛てて奉書を出して督促している。結局この時は東大寺が強く拒否したため、大内氏は予

定より少ない人数の夫丸で妥協している。(109)

それでは、国衙候人が大内氏との交渉で窓口役を勤めるようになったのはいつ頃からであろうか。応永十八年（一四一一）十月、阿弥陀寺の敷地免田に賦課される公事役を免除する旨、大内氏の家臣杉盛重は直接阿弥陀寺の衆徒へ伝えている。(110)また嘉吉元年（一四四一）十一月、領国内に賦課した「十分一」税が寺領にも賦課されたとの阿弥陀寺からの抗議を受け、大内教弘は武家代官の中村入道にこれを免除するよう命じている。(111)この時教弘は中村入道へ「自寺家被申子細候」と伝えていることから、阿弥陀寺の抗議が直接大内氏の許に持ち込まれたものと考えられる。つまり国衙候人が窓口役を勤めるようになったのは、嘉吉元年から寛正三年の間だったことになる。そしてこれ以降大内氏との交渉では、原則として国衙候人が窓口役を勤めている。

国衙候人と大内氏との交渉の具体的な内容は、表2で明らかなように、大内氏の一族尊光が目代となって国務を押領した延徳二年（一四九〇）以前では、大内氏が賦課する役夫工段銭や守護役などの公事役免除の要請が中心であったが、大内義興から東大寺へ国務と国衙領が返還された永正六年（一五〇九）以降になると、依然として公事免除の要請も見られるが、武家が国衙に対して未納分のままでいる正税の督促、そしてそれとは反対に大内義興が在京中の国役に由来する借銭・借米に対する徳政要請が多く見られるようになった。

守護大内氏は、南北朝時代末から漸次領国支配を進展させてきたが、明応八年（一四九九）から永正六年の国衙押領中にそれを完成させたのである。これに対して東大寺は、大内氏の押領中には国衙経営に全く関与できず、国衙へ収められるべき正税が未納状態となっただけでなく、返還後には幕府によって大内氏の押領が合法とされたため、国衙領の内武家分の年貢や大内義興の上洛時の国役が総て未納扱いとされ、それがそのまま大内氏に対する国衙の借財となった。そのため東大寺は、国衙経営に重くのしかかる借財となった国役などについて徳政を要請する一方で、武家に対しては未納分の督促をしていたのである。

二　国衙経営における国衙候人

本項では、国衙候人の登用が国衙経営にとってどのような意義があったのかを検討する。まず国衙候人が、周防国へ下向してきた経緯について簡単に見ておこう。

「吏務」[112]によると、国衙候人の中で最初に周防国へ下向して来たのは得富氏で、建武三年（一三三六）得富資長が検非違使所の別当職に就任している。資長はその後大勧進霊波と大勧進普乗の時に小目代代を兼務するが、子孫は代々検非違使別当職を世襲している。

得富氏に続いて周防国に下向したのは竹屋氏であった。竹屋氏の初見は応永十年代に小目代に就任した竹屋範澄で、その子孫と考えられる重澄と国澄が小目代職に就任している。ところが近世末期に成立した「上司略系図」にある竹屋氏系図の重家の項に「文亀年中為国衙修《(ママ)》護下向庁奉行職預政務ヲ、夫以来住居」[113]とあり、文亀年間（一五〇一～〇四）に竹屋重家が国衙を守護するために新たに下向し、庁奉行に就任したとある。この竹屋氏には、「吏務」に見える「澄」の字を通字とする一族とは別に「継」や「重」の字を通字とする一族が国衙経営に登用されたことが窺える。

国衙候人の中で最後に周防国に下向してきたのは上司氏であった。寛正三年（一四六二）に竹屋氏に代って上司資祐が小目代に就任し、それ以降上司氏が小目代を世襲している。しかし前出の「上司略系図」の上司珠阿の項に「文安年中周防御領地為守護下向、庁奉行職預政務、夫以来国衙住居ス」とあって、文安年間（一四四四～四九）には上司珠阿が周防国に下向し、庁奉行職に就任したというのである。[114]

周防国に下向する以前、彼らがどこに居住し、そして東大寺とどのような関係にあったのか、それを明らかにする同時代の史料はない。しかし、元和六年（一六二〇）二月に竹屋道信が毛利家家臣宍戸備前守に提出した「防州国衙由来略記」に次のような記述がある。[115]

〔史料一一〕

一、防州国衙候人中之儀、最初東大寺守護之ため聖武天皇御在位之砌、公卿之二男三男五拾人幷奴婢五百人被附置、扨又其人〻之応器量、諸所之役儀相勤候由、当時国衙居住之候人中右公卿之末葉ニ而、此等之由緒を以今ニ至而茂諸大夫迄ハ昇進相成候也、

これによると、国衙候人の先祖は、聖武天皇の時に東大寺の諸役を勤めるために選ばれた公卿の二男三男の子孫だという。さらに前出した「上司略系図」の上司珠阿の項でも「東大寺為守護、正北面士平光房被為附置、上司町ニ住、上司伊賀守光房ト号ス」(116)とあり、東大寺を守護した正(上カ)北面平光房の子孫だと述べている。これらをそのまま信用することはできないが、東大寺周辺に居住し、東大寺との間で主従関係にあったという共通認識を、近世初頭に彼らが持っていたことだけは確かである。

このように国衙候人は、得富氏や竹屋氏、そして上司氏が段階的に周防国に下向して国衙経営に加わったが、実際に国衙における彼らの活動が具体化してくるのは、前述した宝徳元年（一四四九）九月に阿弥陀寺の不断経と舎利講料足の収納在所注文を作成したときからであった(117)。この時期に彼らの活動が具体化するのは、決して偶然なことではなく、国衙機構の変化に対応したものと考えられる。

鎌倉時代の国衙経営の中心的存在は、大内氏を筆頭にした在庁官人で、このことは留守所下文の連署から確認できる。ところが留守所下文における彼らの連署は、永和五年（一三七九）二月九日付のものを最後に見られなくなり(118)、寛正二年（一四六一）十一月付以降は、目代一人が署名したものとなっていく(119)。在庁官人の存在自体は、永和五年から宝徳二年の安楽寺の湯屋免田の寄進状で確認できるので(120)、国衙内から彼らが消えてしまったのではなく、永和五年から寛正二年の間に相対的に地位が低下したことが窺える。

国衙内における在庁官人と国衙候人との交代がいつ頃のことかは明確でないが、先に見た宝徳元年（一四四九）九月の収納在所注文では、目代玉祐とともに竹屋国澄、得富資明、竹屋禅長ら国衙候人が連署している点が注目できる。

同じように目代と国衙候人が連署している事例を見てみると、例えば応仁三年（一四六九）四月五日、薬師丸の出津を報じるとともに、富田公用米を質物とした借米の返済延期を求めて東大寺評定衆へ宛てた目代玉舜の書状でも、玉舜とともに上司寿慶や竹屋資頼、同資継、得富資明らが連署している。(121) ここに見える薬師丸は、竈戸関（上関）に船籍がある船で、東大寺への年貢等を兵庫津へ輸送しているので、(122) この時も国衙領からの年貢等を輸送していたのであろう。また、富田公用米は富田荘からの正税のことで、(123) 造営用途に充てられていたが、この時は借銭の質物とされた。つまり、応仁三年四月五日の目代玉舜の書状は、国衙経営の一貫として正税や年貢の送進を本寺東大寺へ伝えるものであった。

このように上司寿慶以下の国衙候人らが目代とともに連署しているのは、彼らが在庁官人に代わって目代とともに留守所を構成していたからである。彼らは後に「候人加判衆」と称されるようになるが、(124) 先の収納在所注文から宝徳元年以前に、国衙は彼らを一員とした目代—国衙候人（加判衆）体制へと転換していたと考える。そしてこのような転換は、大勧進が国衙領やその所職を東大寺や東大寺僧へ寄進したように、彼らの主導の下で行われたのである。

大勧進による国衙候人の登用は、大内氏を念頭においていたことは間違いない。大内氏は、鎌倉時代後期以降幕府の有力御家人として強大な権力を有するようになり、国衙経営の強化を進める東大寺と対立を繰り返すようになった。正和・文保年間（一三一二〜一九）、大内氏に扇動された在庁官人は国衙領の興行を進めていた目代の承元と対立し、国務をサボタージュしただけでなく、東大寺内に秘計をめぐらして大勧進心源をも罷免させている。[125]南北朝時代に入ると、大内氏は守護となって留守所から離れてしまうが、依然として国衙経営への影響力を保持し続け、さらに応永年間以降になると国衙領への守護役の賦課を広範囲に行うようになった。

このように守護領国制を展開する大内氏に対抗するために、大勧進は在庁官人を国衙経営から排除し、国衙候人を中心とした国衙経営組織に改編するとともに、それまで在庁官人が世襲してきた国衙領の所職を彼らに与えて正税を請負わせた。[126]それにより、前節で触れた至源のように在地ゆかりの者を目代に登用しなくても、より強力な在地支配が可能となったのである。

また、この時期には、国衙関連寺院で集中的に興行が行われている点も注目できる。前述した宝徳元年（一四四九）九月の阿弥陀寺の不断経と舎利講料足の収納在所注文は、前年の文安五年十二月に玉祐が阿弥陀寺へ散在所領を寄進したのを受けて作成されたものであったし、[127]また同じ宝徳元年九月に玉祐は永年不知行となっていた散在所領を阿弥陀寺に返付して国庁御館経を再興している。[128]さらに翌宝徳二年には、在庁官人が国衙関連寺院の安楽寺の湯屋を再建し、免田の寄進を行っている。[129]これらの興行も、目代が中心となって行われていることから、国衙経営組織の改編に対応するものだったと考えられる。

以上、大勧進は十五世紀半ば幕府の支援を受けながら、造営用途の地であった周防国の国衙及び国衙領の経営強化を進めた。国衙候人の国衙経営への登用は、その大勧進が在地支配を強化するためであったと考えられる。

三　大内氏と国衙候人

本項では、守護大内氏と国衙候人との関係について検討する。大内氏と国衙候人との関係について、本多氏は国衙および国衙領が東大寺へ返付された永正六年（一五〇九）四月以後になって、大内義興や義隆が官途吹挙や加冠、給地宛行という手段によって国衙候人を被官化していったとしている。[130]しかし大内氏が国衙候人の取り込みを始めるのは、大内氏による国衙押領の期間中にまで遡らせることができる。

延徳三年（一四九一）八月、目代尊光は白石寺・勝間村の代官職となるが、得富茂貞がさらに尊光の代官として正税の送進を請負っている。[131] 白石寺・勝間村の正税は、目代惣端が応永十五年（一四〇八）に代官職へ就任して以来代々の目代が請負ってきたもので、[132] このように代官である目代のさらに代官が補任された例は管見の限り見られない。つまり茂貞の又代官補任は異例なことであり、そこには尊光の意向が働いていたことが窺える。また同じ延徳三年尊光は、得富右衛門尉を大内家臣浅原弥六左衛門と共に下得地保に入部させて、延徳二年分の年貢を催促させている。[133] このように国衙候人らは、尊光の命を受けて国衙経営に携わっていたが、その尊光は大内氏の一族であるから、彼の国衙経営は父親である大内政弘の領国支配の一翼を担っていたことは明らかであろう。

第一項でみたように、明応四年（一四九五）八月、尊光は得富国資がそれまで帯びていた四ヵ所の国衙領所職を安堵するとともに、新たに四ヵ所の所職を与えた。この補任で注目すべきは、尊光が国資へ与えた留守所下文に守護大内義興が裏書きをして保証している点である。[134] 本来、国衙領の所職の補任権は、目代が保持していたので、このような義興による保証は必要なかった。それにもかかわらず彼が国資の補任を保証しているのは、この時の補任が義興の意向によるものだったからである。

義興は、東大寺の国衙経営を保証する姿勢を見せるが、その一方で国衙候人を自らの領国支配体制に組み込もうとしていた。本多氏によると、国資の子息の一人に興資がいるが、彼は義興から名乗りの一字を与えられており、義興は得富氏との間で主従関係の構築に務めていたという。[135]

当初尊光を介して国衙候人と結びついていた義興は、尊光が明応八年（一四九九）に兄義興と仲違いをし、還俗して豊後国の大友氏を頼って出奔したことで直接結びついたと考えられ、国資の子息に名乗りの一字を与えたのも明応八年以降のことであろう。

東大寺へ国衙が返還されると、東大寺から学侶僧が目代として下向してきて国衙経営に乗り出した。国衙候人らは、目代に属して東大寺の指揮を仰ぐようになったが、その一方で本多氏が指摘したように大内氏との密接な関係は変わらない者も国衙候人の中にいた。[136]つまり、この時期の国衙候人の中には、目代の指揮下で国衙経営を担う一方で、大内方にも属して領国経営の一翼を担っていた者もいた。

しかし、このような国衙候人と東大寺や大内氏との関係は、東大寺の国衙経営を不安定にしていた。例えば、大内氏家臣の陶弘詮が吉木保の保司職を請負って東大寺へ提出した永正八年（一五一一）六月一日付請文には、「候人等不憚御目代機嫌、雅意無方働等在之、殊以加炳誡」と記されていて、目代の命に従わない国衙候人がいたことがわかる。[137]また具体的内容は不明だが、目代照海が享禄三年（一五三〇）に作成した阿弥陀寺文書の目録に「得富将監進退詫言文虎松母之文」とあり、目代との間でトラブルを起こしていたことが窺えるし、同じ目録中には「竹屋右京進幷土肥平次郎跡闕所之注文」とあり、彼らの所領が何らかの理由により闕所となっていたこともわかる。[138]恐らく国衙候人の中には、大内氏との関係を梃子に東大寺よりの自立化をはかる者もいたのであろう。

これに対し目代は、永正九年（一五一二）に仁井令の保司職を、また永正十七年（一五二〇）には勝井保の保司職を得富興資へ安堵するなど、国衙候人を国衙側に引き留めようと務めている。[139]しかしこの時の充行状に「正税事、任今度検地帳面、無沙汰之儀者可有改補者也」と、それまで見られなかった罰則文言を明記して彼らに正税の納入を求めなければならなかったのは、大勧進と国衙候人との間の不安定な状態が解消していなかったからである。

このような不安定な関係は、弘治三年（一五五七）大内氏の滅亡により解消したと考えられる。それは、弘治四年になると大内氏に代わって毛利氏が周防国に入国してくるが、[140]毛利氏と国衙候人との間に直接主従関係を見出すことができないからである。毛利氏が彼らを被官化しなかったのは、周防国が武力で占領した占領地であって、それまでの伝統的な経営組織である国衙そのものを必要としなかったからである。以降の国衙候人は、明治時代初年まで東大寺寺領である国衙土居八町の経営にのみ関わっていくことになった。

結び

以上、南北朝・室町時代における東大寺による周防国の国衙経営について、大勧進やその指揮下で経営にあたった目代、国衙候人の分析を通して検討した。最後に検討してきたことをまとめて結びとする。

第一節では大勧進について検討したが、第一項では、造営料国の変化について検討した。鎌倉時代初頭以来東大寺の杣便宜と造営用途を負担していた周防国では、十五世紀半ば頃までには杣山の荒廃や材木の流通事情の変化などにより、杣便宜としての役割が低下していた。同じように大内氏ら武家勢力の国衙領への侵出により造営料所としても不安定化しつつあったが、これに対抗した大勧進は、戒壇院と油倉の一体化や国衙候人の登用などによって国衙経営の強化をはかることでその維持をはかった。

第二項では、法脈と履歴を中心に、大勧進について検討することで、周防国の経営の特徴について明らかにした。中世後期の大勧進は、戒壇院長老に独占されていたが、法脈や履歴を見ると律宗系寺院を頻繁に移動しており、しかも必ずしも戒壇院長老となっていない律僧もいた。そのため彼らの本寺東大寺に対する帰属意識は、決して高いものではなかったと考えられるが、それにもかかわらず国衙経営が円滑に行われたのは、大勧進の資質に頼らない経営システムが、南北朝時代以降に構築されたからである。そして十五世紀の半ばになると、戒壇院は被官関係にあった油倉との関係をより緊密化することで、経営の強化に乗り出した。このような展開は、俊才以来戒壇院長老を大勧進職として朝廷や幕府へ推挙する権限を有した惣寺、その後は学侶方の主導で行われたのであろう。

第三項では、南北朝・室町時代の国衙経営について検討することで、国衙領の変容について明らかにした。それによると十四世紀の半ば過ぎまでに、周防国の国衙領は、国衙を介さずに直接東大寺の寺内と結びつくものと、大勧進―目代といった国衙経営体制の枠内で結びつくものとに大別されて経営されたが、国衙領からの得分や年貢は、学侶僧や堂衆に配分されたり、談義料など法会の供料や食料などに充てられた。このうち、学侶僧の中には国衙領から受け取った得分を原資の一部として寺家へ貸し付ける者もいて、寺家はそれらを法会などの供料へ充当していた。こうして周防国の国衙領は、鎌倉時代後期から南北朝時代にかけて東大寺の財政体系の中に組み込まれていった。そして応永年間に大内氏による国衙領への守護役の賦課が始まり、やがて恒常化していくると、それに対抗するために国衙経営の広範に国衙候人が登用されていった。

続く第二節では国衙候人について検討したが、第一項では、国衙候人が国衙経営においてどのような職務に関わっていたのかを検討した。国衙候人の職務を大別すると、国衙領の所務、阿弥陀寺ならびに重任名の管理、対大内氏の交渉における東大寺の窓口役の三種に分けることができる。それらは国衙経営にとっていずれも重要な職務なので、彼らが国衙経営において重要な役割を果たしていたことは明らかである。

第二項では、国衙候人の登用が国衙経営にとってどのような意義があったのかを検討した。国衙候人は、東大寺の寺辺に居住し東大寺と主従関係を結んでいた一族の中から、国衙経営のために選ばれて周防国へ下向した者と考えられる。建武三年に検非違使所の別当職に就任した得富資長に始まり、応永年間に小目代職に就任した竹屋範澄、文安年間に庁奉行職に就任した上司珠阿など、彼らは段階的に下向して国衙経営に参加していった。しかし国衙経営において彼らの活動が具体化するのは、油倉の役僧玉祐が目代となった十五世紀中ごろからで、国衙領の所職に任命されて所務を執り行っている。このように国衙候人を国衙経営に登用するとともに、国衙領の所職に補任したのは、守護役の賦課など守護領国制を展開し始めた大内氏に対抗するために、在庁官人を排除して強力な経営組織を構築するためだったのである。

第三項では、大内氏と国衙候人との関係について検討した。大内氏と国衙候人の関係は、当初は東大寺側の交渉の窓口役であったが、延徳二年に大内義興の弟尊光が目代となり国衙を掌握すると、尊光を介して大内義興の命が伝えられるようになる。さらに明応八年に尊光が兄義興に謀反を企て、破れて豊後の大友氏を頼って逃れると、直接命が伝えられるようになった。そしてその後永正六年に国衙および国衙領が大内氏から東大寺へ返付されるが、その間に大内氏との間に主従関係を結ぶ者もいて、返付後は東大寺から下向した目代に属す一方で、大内氏に属して領国経営の一翼を担う者もいるなど、国衙経営を不安定化する要素となった。この東大寺と国衙候人との不安定な状況は、大内氏が滅亡するまで続いた。

註

（1）　永原慶二「守護領国制の展開」（『社会経済史学』一七巻二号、一九五一年、後に『日本封建制成立過程の研究』岩波書店、一九六一年に再録、さらに『永原慶二著作選集　第二巻　日本封建制成立過程の研究』吉川弘文館、二〇〇七年に再々録）、同「荘園制解体過程における南北朝内乱期の位置」（『経済学研究（一橋大学研究年報）』六号、一九六二年、後に『日本中世社会構造の研究』岩波書店、一九七三年に再録、さらに『永原慶二著作集　第三巻　日本中世社会構造の研究』吉川弘文館、二〇〇七年に再々録）、同「南北朝～室町期の再評価のための二、三の論点」（『日本史研究』六〇号、一九六二年五月、後に前掲『日本中世社会構造の研究』に再録、さらに、同前著作集に再々録）。佐藤進一「幕府論」（『新日本史講座　封建時代前期』中央公論社、一九四九年、後に『日本中世史論集』岩波書店、一九九〇年に再録）。

（2）　「守護領国と荘園制」（『日本史研究』五七号、一九六一年十月）、同「中世後期の領主制について」（『日本史研究』六八号、一九六三年九月)。
(3)『国立歴史民俗博物館研究報告』(一〇四集、二〇〇三年三月)。
(4)松岡久人「室町戦国期の周防国衙領と大内氏」(福尾教授退官記念事業会編『日本中世史論集』吉川弘文館、一九七二年、後に松岡久人著・岸田裕之編『大内氏の研究』清文堂出版、二〇一一年に再録)、本多博之「中世後期東大寺の周防国衙支配の展開」(『日本史研究』二九六号、一九八七年四月)、永村眞『中世東大寺の組織と経営』(塙書房、一九八九年)。
(5)東大寺図書館所蔵未成巻文書八―六号(国立奈良文化財研究所編『東大寺文書目録』同朋舎、以下東大寺図書館所蔵文書は「東大寺文書」と省略)。
(6)『大日本史料　第六編之八』(東京帝国大学、一九〇八年)。
(7)「東大寺文書」五―二四号。
(8)『大日本古文書　家わけ第十八　東大寺文書』一四五七号(東京大学、以下『大日本古文書　家わけ第十八　東大寺文書』は『大古』と省略)。
(9)『大古』一八七七号。
(10)「興福寺略年代記」(『続群書類従　下雑部』続群書類従完成会、以下同)。
(11)『大古』東南院文書七五九号。
(12)『大古』一一一四号(一)。
(13)『大古』一一一四号(二)。
(14)『中世の関所』(畝傍書房、一九四三年、後に吉川弘文館より一九八三年再刊)。
(15)東京大学文学部所蔵東南院修造文書案「兵庫関」四九号。
(16)根津美術館所蔵東大寺文書。
(17)『防府市史　史料Ⅰ』「阿弥陀寺文書」六二号、同六四号(防府市、二〇〇〇年、以下『防府市史　史料Ⅰ』は『防府市史』と省略)。
(18)『大古』一一六二号。
(19)『大古』二〇五八号。

(20) 「東大寺文書」二―二八号。
(21) 第一条目についても室町幕府は、同じ十一月四日に御教書を戒壇院長老に下している（東大史料編纂所所蔵影写本筒井寛聖氏所蔵東大寺文書）。
(22) 「東大寺文書」五―二一号。
(23) 『建内記』文安四年十月二十六日条（『大日本古記録』岩波書店、以下同）。
(24) 「東大寺文書」五―二四号。
(25) 鎌倉末期の東南院修造の際には上葺として「富田榑」が使用されていた（「東大寺文書」五―二一号）。
(26) 燈心文庫・林屋辰三郎編『兵庫北関入舩納帳』（中央公論美術出版、一九八一年）。
(27) 田村憲美「中世「材木」の地域社会論」（『日本史研究』四八〇号、二〇〇三年四月）。
(28) 戒壇院と同じ頃の宝徳二年に焼失した八幡宮御供所の再建用途について讃岐・美作・参河・伊勢・但馬・伯耆の六ヵ国の段銭を充るよう足利義政から寄進を受けている（「東大寺文書」二―八〇号、同一〇―三一号、同二―六四号）。この場合も材木だけでなく用途も周防国以外から調達しているので、東大寺の造営事業が鎌倉時代と大きく変化していたことが窺える。
(29) 「東大寺文書」一〇四―八五一―一号。
(30) 『大日本仏教全書　戒律傳来記外　一〇五巻』（名著普及会、一九七九年、以下同じ）。
(31) 「東大寺文書」薬師院文庫史料二―一九三号。
(32) 『大日本仏教全書　一〇五巻』所収。
(33) 「律苑僧寳傳巻第十四」戒壇院十達国師傳（『大日本仏教全書　一〇五巻』、以下同）。
(34) 拙稿「建武親政期における東大寺と大勧進」（『社寺造営の政治史』神社史料研究会叢書二、思文閣出版、二〇〇〇年、後に本書第二部第一章に再録）。
(35) 「東大寺文書」二―一五七号。
(36) 『南北』三七二号。
(37) 京大文学部所蔵東大寺文書六三号、同六四号。裏に惣寺方と油倉方が返済した日付と金額が書きあげられているが、油倉方は花押から頼然が返済をしていたことがわかる。

(38)「傳律圖源解集」、「東大寺文書」薬師院文庫史料二―一九三号。
(39)「東大寺文書」三―四―三八号。
(40)「律苑僧寶傳巻第十四」本如睿律師傳。
(41)「東大寺文書」三―四―一一一号。
(42)『大古』七三八号。
(43)「東大寺文書」三―四―九六号。
(44)「東大寺文書」三―六―七五号。
(45)「傳律圖源解集」。
(46)大通寺は六孫王神社に隣接し、源実朝の妻が実朝の菩提を弔うために建立した遍照心院の寺基を継いだもので、明治以前には律・真言・三論を兼学していた（『京都市の地名』日本歴史地名大系二七巻、平凡社、一九七九年）。
(47)「律苑僧寶傳巻第十四」戒壇院十達国師傳。
(48)「律苑僧寶傳巻第十四」覚行玄律師傳。
(49)「律苑僧寶傳巻第十四」明智誉律師傳。
(50)西大寺経蔵一二一函三号。西大寺の末寺帳については松尾剛次「奈良西大寺末寺帳考――中世の末寺帳を中心に――」（『三浦古文化』四七、一九九〇年、後に「西大寺末寺帳考――中世の末寺帳を中心に――」と改題して『勧進と破壊の中世史』吉川弘文館、一九九五年に再録）を参考にされたい。
(51)『金沢文庫古文書　第七輯　所務文書篇　全』五五八一号、同五五八二号（金沢文庫、一九六〇年、以下『金沢文庫古文書』は『金沢』と省略）。
(52)註（4）永村氏著書。
(53)註（4）永村氏著書。
(54)『金沢』五九四三号。
(55)「東大寺文書」一〇四―八五一―一号。
(56)『金沢』五五七六号、同五五八一号、同五五八二号。
(57)根津美術館所蔵東大寺文書。

(58)「東大寺文書」五―五五号。
(59)『大日本古文書　家わけ第四　石清水文書』四二六号、同四二七号（東京大学）。
(60)『防府市史』「国分寺文書」一号、同二号、同三号、同四号、同六号、同九七号。
(61)『防府市史』「国分寺文書」九四号、同九五号。
(62)『防府市史』「国分寺文書」九三号。
(63)『防府市史』「国分寺文書」九三号、同九四号。
(64)『防府市史』「阿弥陀寺文書」二一号。
(65)『大古』七九二号（二）。
(66)『大古』成巻八六〇号。
(67)『南北』七二六号。
(68)「東大寺文書」三―五―九号・同三―五―一〇号、京都大学博物館所蔵宝珠院文書九函―五号。仁井令は、その後快春の子孫が預所職を相伝し、惣寺に対して供料を請負っていたが、応永三十四年（一四二七）八月に年貢や借銭の未払いなどにより惣寺へ売却してしまい、以降惣寺が直接代官を補任し、年貢の送進を請負わせたのである。仁井令と手播方との関わりについては別稿を用意している。
(69)『鎌倉』一三一一五号、『大古』三八四号、同七八四号、同一〇三〇号（二）。
(70)『防府市史』「国分寺文書」九六号。
(71)『防府市史』「国分寺文書」一号、同九七号。
(72)「東大寺文書」三―一―四号。
(73)『大古』七八〇号。
(74)新禅院が八幡宮両季の談義料として三十貫文の運上で代官職を請負うと（『大古』一四五三号）、その後しばらくの間は新禅院が白石寺の代官職を請負っていたが（「東大寺文書」三―四―一一二号、同三―四―一一八号）、応永十五年（一四〇八）三月十日に目代惣瑞が八幡宮談義供料として白石寺三十五貫文・勝間十貫文を運上することを請負って（『大古』一四三九号）以来、応永三十五年（一四二八）に内藤智得が代官職となったのを除けば、尊光が目代となり白石寺の代官に得富茂貞が補任されるまで、代々の目代が請負っていた。本多氏は惣瑞の代官請負をもって白石寺勝間の初見としているが、すでに白石寺はそれより四十年ほど前から国衙を介さないで、東大寺内と直接結びついていた。
(75)『大古』一四〇四号。
(76)『大古』一四五七号。
(77)「東大寺文書」三―五―一一号。
(78)『大古』六五八号。
(79)『大古』六五七号。彼らは先使田得分の他に、吉木本郡や千代丸保、摂津国　猪名荘、大和国法用荘の年貢や本銭を伝領していたことがわかる。
(80)本多氏は明言をしていないが、このような形になるのを十五世紀の初め頃と想定されているようである（註(4)本多氏論文）。
(81)註（4）永村氏著書。
(82)『防府市史』「阿弥陀寺文書」六四号、同六二号。
(83)「東大寺文書」寶庫文書七四―一―一号。
(84)『大古』成巻三〇六号。松岡氏は嘉吉元年の史料として推定しているが、ここでは『大古』の編者に従っておく。なお、この場合の雇進とは、国衙領から陣夫を徴収するのではなく、国衙領の負担で陣夫の食料を負担して供出するというもので、国衙領法度では禁止されていたことだった（注（4）松岡氏論文）。
(85)註（4）松岡氏論文。
(86)註（4）永村氏著書。
(87)『大古』七〇三号。
(88)享禄年間頃に作成された阿弥陀寺文書目録の中に「問田掃部頭状上司弾正忠逐電之時、佐波令事」とあり、上司氏と佐波令の関係を窺うことができる（『防府市史』「阿弥陀寺文書」一二三号）。
(89)『防府市史』「東大寺領古文書得富家文書」九号。
(90)註（4）松岡氏論文、註（4）本多氏論文、同永村氏著。
(91)『防府市史』「上司家文書」三二号。

（92）『防府市史』「阿弥陀寺文書」二六号。
（93）禅長から資継に譲られた所領は、延徳二年（一四九〇）正月十七日に資継から資幸に譲られている（『防府市史』「上司家文書」四〇号）。
（94）『防府市史』「東大寺領古文書得富家文書」五号、同六号。
（95）『防府市史』「東大寺領古文書得富家文書」一一号。
（96）『大古』七五五号。
（97）「東大寺文書」寶庫文書七六―一―一号・同七四―九―一号。
（98）阿弥陀寺は、重源が創建して以来大勧進が住持職を兼ねたが、実際には周防へ下向した目代が居住し国衙経営の拠点としていた。一方の重任名は前述の注文の「為国司土居敷、散在于諸郷保」（『大古』七〇三号）や、建武三年六月九日付の光厳上皇院宣に「殊東大寺領周防国国衙重任者、殊国司土居敷幷家司也」（『南北朝遺文　中国四国編』三七二号、東京堂出版、以下『南北朝遺文　中国四国編』は『南北』と省略）とあることから国司（大勧進）に関わる国衙の別名だと考えられる。
（99）『防府市史』「阿弥陀寺文書」二六号。
（100）『防府市史』「上司家文書」三四号。
（101）『防府市史』「阿弥陀寺文書」四九号、同三四号。
（102）『防府市史』「棟札」四号。
（103）『防府市史』「阿弥陀寺文書」四七号、同四二号、同四八号、同四九号、同三六号。
（104）『防府市史』「東大寺領古文書得富家文書」一号。
（105）『防府市史』「棟札」四号。
（106）『防府市史』「阿弥陀寺文書」四九号。
（107）『南北』四一六三号。
（108）『防府市史』「上司家文書」五六号、同「防府天満宮文書」一六三号。
（109）『大古』成巻三〇六号。
（110）『防府市史』「阿弥陀寺文書」六〇号。

（111）『防府市史』「阿弥陀寺文書」五一号。
（112）山口県文書館編『山口県史料　中世編上』（山口県文書館、一九七九年）所収。
（113）東京大学史料編纂所所蔵影写本「上司家文書」。
（114）註（113）「上司家文書」。
（115）「上司家文書」八七号（『国史学』二九号・三〇号・三一号、一九三六年十二月・一九三七年四月・同年七月）。
（116）註（113）「上司家文書」。
（117）『防府市史』「阿弥陀寺文書」二六号、永和元年八月の松崎天満宮の棟札に小目代得富資長の名が見られるが、具体的にどのような活動をしたのか不明（『南北』四一六三号）。
（118）『防長風土注進案』「防府天満宮文書」二六一号。
（119）目代一人が署判した留守所下文は次の通りである。寛正二年十一月三日付（『防府市史』「上司家文書」三六号）、文明三年十月十一日付（『防府市史』「東大寺領古文書得富家文書」二号）、文明八年八月十九日付（『防府市史』「東大寺領古文書得富家文書」三号）、明応四年八月二十日付（『防府市史』「東大寺領古文書得富家文書」五号）、明応四年八月二十日付（『防府市史』「東大寺領古文書得富家文書」六号）、天文十五年三月二十八日（『防府市史』「防府天満宮文書」一六号）、天正十五年八月二十二日（『防府市史』「東大寺領古文書得富家文書」二〇号）。
（120）『防府市史』「寺社証文所収国分寺文書」一号。
（121）『大古』七六〇号。
（122）例えば『大古』一四六五号や同一四五六号など。
（123）『大古』一四四七号など。
（124）「東大寺文書」一〇—三三三号。
（125）註（4）松岡氏論文。
（126）貞和四年（一三四八）土師為経は仁井令の公文職であったが、その後在庁官人が国衙領の所職に補任された例を確認することができない（『大日本古文書　家わけ第二十　東福寺文書』四三四号、東京大学）。
（127）『防府市史』「上司家文書」三五号。

（128）『防府市史』「阿弥陀寺文書」一九号。
（129）『防府市史』「寺社証文所収国分寺文書」一号。
（130）註（4）本多氏論文。
（131）『大古』六七二号、同六五九号。なお同年九月には竹屋盛継が東仁井令の代官職となり、請文を東大寺の学侶方へ提出している（『大古』八四〇号）。
（132）惣瑞（『大古』一四三九号）以降は次の通りである。応永二十三年（一四一六）恵昆（「東大寺文書」三―四―一二三号）、応永二十八年（一四二一）元祐（「東大寺文書」三―四―一一一号）、応永三十三年（一四二六）融算（「東大寺文書」三―四―九六号）、永享四年（一四三二）玉祐（『大古』七三八号）、宝徳三年（一四五一）玉叡（「東大寺文書」三―四―一三九号）、寛正三年（一四六二）圭範（「東大寺文書」三―四―一三八号）、文明七年（一四七五）実政（「東大寺文書」三―四―九一号）、文明十三年（一四八一）叡義（「東大寺文書」三―四―七二号）、長享二年（一四八八）実政（「東大寺文書」三―四―一一七号）。
（133）『大日本古文書　家わけ第二十　東福寺文書之二』四四八号（東京大学）。
（134）『防府市史』「東大寺領古文書得富家文書」五号、同六号。
（135）註（4）本多氏論文。
（136）註（4）本多氏論文。
（137）『防府市史』「上司家文書」四二号。
（138）『防府市史』「阿弥陀寺文書」一三号。
（139）『防府市史』「東大寺領古文書得富家文書」九号、同一一号。
（140）『防府市史』「上司家文書」七〇号。

第三部　武家勢力と造営料国周防国の終焉

第一章　周防国経営における東大寺と守護大内氏

はじめに

戦国時代は、中世社会が崩壊し、その中から近世社会が誕生してくる時代であった。周知のように権門勢家の経済的基盤であった「荘園」は十六世紀に入るころには、その多くが有名無実化していった。これは東大寺でも例外でなく、多くの由緒ある寺領がこの時期までに顚倒し、そして不知行となっている。しかしわずかながらも河上荘などの寺辺の寺領や周防国では十六世紀末まで領有が確認できる。一般的に荘園は遠隔地から不知行となっていき、最後まで残るのは京や奈良周辺の所領であったので、遠隔地である周防国において一部分とは言え寺領支配が継続していたことは希有なことである。

この時期の主要な研究については松岡久人氏による研究がある。松岡氏は、この時期の史料を利用して、大内氏による国衙領押領や返付後の借銭・借米による国衙や国衙候人の困窮、そして毛利氏の入国により寺領が減少する様を詳細に明らかにしている。ところが、松岡氏の研究では、東大寺は大内氏や毛利氏と言った武家勢力の侵出に全く対抗できずに寺領を失っていく、近世社会の中で取り残された旧勢力として描かれている。(1)つまり、これらの研究には、財政的基盤の一つである寺領がどのように変容していき、それに合わせて東大寺がどのように対応して中世的寺院から近世化していったのかという視点は見られない。

そこで本章では、大内氏が国衙を押領する十六世紀初頭から大内氏が滅亡する十六世紀半ばまで、東大寺が在地の変容にいかに対応しながら周防国の国衙及び国衙領の経営を行っていったのか、あるいは経営しようと努力したのかを、東大寺の寺内組織に注目しながら検討する。第一節では、国衙が押領される経緯と永正六年（一五〇九）に返付される経緯について検討する。続く第二節では国衙返付後に東大寺によって行われた国衙領の回復交渉について検討し、その経緯と問題点を明らかにする。そして第三節では、国衙経営の主体となった学侶方による経営の実態について検討し、その際国衙候人がどのような役割を果たしていたのかを明らかにする。

第一節　守護大内氏による国衙押領と東大寺による返付運動

一　守護大内氏による国衙押領の経緯

南北朝時代から室町時代にかけて周防国の国衙や国衙領の経営は、大勧進―目代体制によって行われ、その間比較的安定して正税が寺納されており、周防国は当時の東大寺にとって重要な財源となっていた。しかし、その一方で応永二十一年（一四一四）に府中車塚の堀の開削工事の人夫役を佐波郡内の国衙領に賦課して以来、大内氏による半済や段銭など守護役が恒常的に国衙領へ賦課されるようになり、武家勢力が経営の阻害勢力として顕在化しつつあった(2)。

ただ、この時期大内氏の侵出と同じ位に国衙経営に大きな影響を与えたのは、国衙の経営から正税・官物の送進など経営全般において重要な役割を果たしてきた油倉の活動停止である。油倉の活動停止については、借銭を繰り返したことで膨らんでしまった多額な借金による財務破綻であったとの永村氏による指摘がある。(3) 油倉の活動停止後は、油倉が担っていた役割は、東大寺の学侶僧らからなる学侶方が勤めるようになる。この学侶方による経営については、本章第二節と三節で検討するが、油倉の活動停止にともない国衙経営に関する史料が極端に減少することから、国衙経営が機能不全となりつつあったことも間違いない。そして、決定的となったのは、大内氏による国衙の押領であった。

〔史料一〕

尊光殿《大護院》
（朱書）『大内政弘次男』
（朱書）『大護院存知以来一向寺門不知行、仍大内左京大夫義興在洛之間寺訴堅固之条、永正六年己巳四月十三日被還補畢、去永正五戊辰三月十八日寺門大講堂以下回禄、依之白衣方直全執務可備造営之料物旨群儀、此以後三代目代下向、』

〔史料一〕は、「周防国史務代過現名帳」（以下「吏務」と省略）の一部で、戒壇院長老実政が大勧進在任中の記事である。(4) ここに見える大護院とは、大内政弘の次男で義興には弟にあたる大護院尊光のことで、実政の下で目代を勤めていた。

〔史料一〕によると、尊光が目代として国務を掌握して以来全くの不知行となったので、東大寺は大内義興が上洛してきた機会をねらって訴えたところ、永正六年四月十三日に返付されたこと、その前年の永正五年三月十八日に焼失した大講堂以下の伽藍の造営用途を周防国より調達するようにという群議を経て、三代の目代が下向したことが記されている。

尊光は、前述したように守護政弘の次男で、大内氏の檀那寺である興隆寺に入って別当を勤めている。尊光の興隆寺入寺は、父親政弘により進められていた領国内での宗教政策の一環と考えられる。つまり、守護大内氏による国衙の支配強化は、前述したような守護役といった在地への侵出が先行したが、現地において東大寺による国衙経営の頂点に立つ目代に、俗人ではなく僧体となった子弟を送り込むことで、国衙経営の体制そのものを押領する形で進められていったのである。

なお、尊光の目代就任には、政弘からの圧力があったことは間違いないが、東大寺側の事情としては、国衙経営や国衙領からの正税・官物の送進などで大きな役割を果たしていた油倉が活動停止したことによる国務の停滞の間隙を突かれたのであろう。そこで、続いて大内氏による国衙の押領と返付について検討していく。

〔史料二〕

（前略）

一、延徳二年秋ヨリ、氷上殿、国衙ヲ御掏候て、自戌年〻貢、加売買候て、可被召之由、被仰候て、得富右衛門尉・浅原弥六左衛門両人、入部候て、調催促候之間、山口へ罷出、亥十二月五日ヨリ至廿日逗留仕、所〻へ礼物之事、無寺家御存知通、先申延候、

（後略）(5)

〔史料二〕は、上得地保の荘主である大久が、延徳四年（一四九二）三月三十日に作成した年貢催促礼物算用状の一部で、戌年、つまり延徳二年分から年貢を売買した銭貨で受け取ることになったとして得富右衛門尉茂貞と

浅原弥六左衛門が入部してきたのに対し、亥年、つまり翌延徳三年十二月に山口へ訴え出た際に費やした礼物や逗留の用途などを書き上げた部分である。この史料から尊光が目代に就任し、国務を掌握したのが延徳二年（一四九〇）の秋頃だったことがわかる。(6)

尊光が目代に就任して以降について、松岡氏は、義興によって返付される永正六年まで周防国衙領からの年貢収納を示す証拠が全く見出せないことから、東大寺による不知行状態が続いたとしている。そのため、義興が明応五年（一四九六）に国衙領法度を安堵していることや東大寺の保持する阿弥陀寺別当補任権を承認していることについては、東大寺に進納される正税が大内氏に収納されただけで国衙の支配構造そのものには全く変化がなかったので、そのようなことがあっても当然なこととして検討もしていない。(7)このことは本多氏も同じで、大内氏の押領について、延徳二年尊光の目代就任により国衙の掌握がなされ、これに対抗した東大寺は東仁井令や白石寺・勝間村の年貢徴収と送進をはかるが失敗している、と不知行状態であったことを強調するのみである。(8)

このように松岡・本多両氏は、尊光が目代となって以来永正六年まで、一貫して周防国が不知行にあったという認識のため、大内義興が明応五年に行った国衙領法度の安堵を大内氏による大名領国制の展開の中に正しく位置づけられていない。そこで、まず大内氏による国衙領押領について再検討していく前提として、尊光が目代に就任して以降の国衙との関係について検討する。

延徳二年秋に目代となった尊光は、翌延徳三年八月二十八日、歴代の目代同様に東大寺の学侶方から白石寺・勝間村の代官職に任ぜられている。(9)しかし尊光の代官職補任と同日に国衙候人の得富茂貞が所務代として談義料を毎年二月中に進納することを誓約した請文を差し出している。(10)白石寺・勝間村からの談義料は、目代の惣端が応永十五年（一四〇八）に代官職に任ぜられて以来、代々の目代が代官として東大寺への供料の送進を請負っていて、さらに代官が任ぜられることはなかった。(11)したがって尊光の補任は飽くまでも形式的で、得富茂貞の又代官補任は、尊光の意向があったものと考えられる。

同じように国衙を介さずに学侶方の直接支配を受けていた東仁井令では、同年九月八日に国衙候人竹屋盛継が地頭方の代官職に任ぜられ、年貢の請文を差し出している。(12)東仁井令地頭方の代官は、応永年間頃から国人領主で、大内氏の被官でもある江口氏が任ぜられており、この国衙候人の代官職補任も前例の無いことであった。

このように、白石寺・勝間村や東仁井令で、目代や江口氏による代官請負を停止しながら、国衙候人を代官としたのは、尊光の父親、政弘の意向であったことは間違いない。国衙を押領しながらも、東大寺の学侶方との関係を考慮してのことであろうか。

ところが東仁井令では、延徳四年（一四九二）五月二十九日に二月堂の堂司秀範が、江口鍋法師へ書状を送り、新開地の寄進と年貢の送進を督促しているので、依然として江口氏が在地で影響力を保持していたことが窺える。(13)そのため竹屋盛継が地頭方の代官に任ぜられてから一年も経っていない延徳四年六月二十二日に、江間法師丸が地頭方の代官職に任ぜられ、請文を学侶方へ差し出している。(14)

この江間法師丸については具体的なことは不明であるが、その脇に「安修理」の名が記され、さらに「依江間幼稚、以可加判形」と記されているので、彼の代官職補任は器量によるのではなく由緒によるものであったことがわかる。ということは、江間法師丸とは、江口鍋法師と同一人物と考えて間違いないであろう。

以上のように学侶方は、国衙を介さず直務経営をしていた白石寺・勝間村と東仁井令の代官職については国衙候人を任ずることで談義料を維持しようとしたが、江口氏が実質的に支配していた東仁井令の例で見たように、必ずしもうまく機能していなかった。しかし再度江口氏との間で代官請負を結ぶなど経営の維持に努めていた。

この他に国衙を介さない国衙領としては、東福寺領となっていた上得地保があるが、〔史料二〕で一部を挙げた延徳四年（一四九二）三月三十日の年貢催促礼物算用状には、延徳三年十二月に山口へ愁訴した際の費用の書上げなどの他に、「山口江歳暮御礼三ヶ村支配」とか「山口年始御礼三ヶ村支配」など、大内氏へ年始と歳暮の礼をするために山口へ赴いた際の費用などが書き上げられている。このことから、東福寺がこの時点でも上得地保三ヵ村を支配していたことは明らかであろう。

また、造東大寺次官であった壬生晴富は、宇佐木保の保司得分が造寺官得分として給付されていた。得分は、東大寺の目代によって晴富のもとへ送進されていたが、文明十七年（一四八五）に送進が停止してしまう。そのため晴富は、東大寺に代わって守護大内政弘へ直接得分の送進を要請した。これによりこの得分は守護請となり、大内氏の家臣が直接晴富のもとへ送進することになったが、実際の送進は明応元年（一四九二）になってからで、この年の九月には延徳三年分が、また翌明応二年四月には明応元年分が送進されている。

つまり、宇佐木保からの得分の送進は、尊光が目代となったことで可能となったのである。しかしながら、それも長続きせず、明応四年七月に晴富が義興へ「宇佐木保年貢違先規小分沙汰事等」を申し入れたのを最後に史料上から消えてしまうので、恐らくこれ以降完全に得分が未進となったのであろう。(15)

このように尊光が目代となったからといって、国衙領全体が等しく押領されたわけではなく、国衙を介さない直務経営の国衙領では従来通りの領有関係が維持されていた。次に、この点を踏まえた上で、国衙領法度が安堵される明応五年（一四九六）前後の東大寺と大内氏との関係を検討する。

明応四年（一四九五）八月、尊光は得富国資がそれまで領有していた四ヵ所の国衙領の所職を安堵するとともに、新たに四ヵ所の所職に任じている。この補任で注目すべきは、尊光が国資へ与えた留守所下文に守護大内義興が裏書きして保証している点である。(16)本来、国衙領の所職の補任権は、目代が保持していたので、守護による保証は不要であった。それにもかかわらず彼が国資の補任を保証しているのは、この時の補任が義興の意向によるものだったからであろう。

ところが明応五年になると次のような書下が東大寺へ宛てて下されている。

〔史料三〕

国衙領法度五箇条事、自去応永六年至文明十一年、代々裁許明鏡之旨令存知訖、弥永不可有相違之状如件、

明応五年十月廿七日　　　　権介多々良朝臣（花押）(17)

〔史料三〕は、大内義興の書下で、応永六年以来代々の大内家当主同様に国衙領法度の五ヵ条を安堵することを東大寺へ誓約したものである。この法度は、東大寺側の要請を受けて大内氏が与えたもので、その実効性には疑問が示されている(18)。しかしながらこの書下自体は、永正六年の国衙返付の交渉の際に証文として利用されているように、東大寺の国衙経営の正統性を保証するものであった。つまりこの法度は大内氏にとって安易に与えられる性格のものではないことは明らかである。恐らく、実際は東大寺側から強い働きかけがあり、それに応じて大内氏が東大寺へ与えたのであろう。このことに関して注目すべきは、『実隆公記』明応五年十二月二十二日条の次の記述である。

〔史料四〕

廿二日乙未雨降、及晩霽、入夜雨降、（中略）自南都使者到来、周防国正税到来云、珍重、（後略）

この記述によると、東大寺の使者が三条西実隆のもとを訪れて、周防国から正税が到来したことを告げている。実隆は、この当時南都奉行と考えられ(19)、後述する永正六年の国衙返付の際にも、東大寺と大内氏との間に立って

交渉の仲介役を勤めている。東大寺が使者を送って周防国から正税が送進されてきたことを伝えて来たのは、この時の交渉においても仲介役を勤めていたからだと考えられる。

先の得富国資への国衙領の所職安堵や、〔史料三〕の大内義興の書下、そして〔史料四〕の『実隆公記』の記事とを合わせ考えると、東大寺は恐らく明応四年頃から実隆を通じて大内氏に対して国衙支配の回復と正税の送進を求めて交渉を行っていたはずである。したがって松岡氏が指摘したような延徳二年頃から完全な不知行となったのではなく、交渉により国衙を通して正税等が送進されていたのである。

ところが前述した壬生晴富への得分送進が明応四年を最後に史料上から消えているように、大内氏による国衙領保護は長続きしなかった。明応八年（一四九九）二月に目代の尊光が兄義興に対して謀反を企て、還俗して氷上高弘と称して豊後国の大友氏に身を寄せてしまうと、国衙の機能は全く停止し、さらに四月に「防長国半済法度条」が発せられて国衙領に半済が実施されたことで、(20)名実ともに大内氏による領国体制が完成したのである。

二　東大寺による国衙返付運動

前項において大内氏が国衙を押領する経緯について検討してきたが、本項ではその返付運動について検討する。前述したように、東大寺は延徳二年に尊光が目代となって以降、何度か国衙の回復交渉をしていて、明応四・五年には一時回復したがそれも長続きせず、その後間もなく断絶状態となった。ところが永正五年三月十八日に大講堂や三面僧坊以下の伽藍が焼失すると、(21)東大寺にとって焼失した伽藍の再建のために国衙支配の回復が急務となった。

この時の交渉で東大寺にとって幸運だったのは、明応二年（一四九三）四月に細川政元に将軍職を追われて大内義興の領国周防国へ下向していた足利義稙が、永正五年になって義興に擁立されて上京してきたが、それにより、義興との直接交渉が可能となったことと、義興が義稙の将軍就任にあわせて管領代となったことである。(22)永正二年の「東大寺執行方日記」には、足利義稙を擁立して上洛してきた大内義興との交渉の経緯が記されているので、長文だが次に掲げてみよう。

〔史料五〕

一、十二月廿三日夜丑之尅社頭ヲ初テ悉以閉門也、右子細者、今度公方様筑紫ヨリ大内左京大夫御侘申罷上之間、於京都寺官（無量寿院卿実儼僧都）上置、寺領国衙事、押領不可然候、忩々如往古寺門へ可被返付之由、榼已下遣色々申届之處、可遣無返事之間、又重而信花坊少将英海五師上置申届之處ニ、何以寺門ニ可返付之事、不可叶之由、返答事切之間、無力閉門云々、御代兵庫北関已下ト云、国衙之儀ト云、旁以無力閉門也、廿三日巳貝定、於大湯屋惣寺之集会在之テ事子細一決之上ハ、重而老若之集會ヲ成テ、戌尅大湯屋ニ集會ス、於天狗社第三度之蜂起ヲシテ天狗社ヨリ一之鳥居ニ至、ソレヨリ東南院之北之芝へ蜂起シテ、ソレヨリ焼杉之前ヲ真言院之前ニ至テ西へ出、中水門ヲトヲリテ龍池之橋ヲ渡テ、戒壇院四足之内へ入登門へ出テ、ソレヨリ中門堂之後ヲ西之クワ井ラウノ前ヲ北へトヲリテ至北中門ニ、北中門ニ大衆各々集會シテセンキヨム（ヨミテ信花坊、少将五師英海）、センキ事終テ各退出、同興福寺へ牒送状ヲ其夜被遣候也、於北中門カヽリ已下タカセテ被加評定大内左京大夫此数年国衙押妨、又公方様御入路之儀申沙汰之上者、寺門領可被渡之處、猶以押妨之儀、前代未聞之悪逆云々、大衆老若重衣ニ白五帖如此、閉門之上者、重衣白五帖等停止ケ衣ニ布ケサニテ七ツナリヲ、寺僧等可入堂之由評定也、外横之會合禁制諸講向年始歳暮等停止也、然間、驄而廿五日ニ以事書事之子細、大裏・公方へ被申上者也（興福寺学侶六方へ牒送、可同心之通返答）(23)

〔史料五〕によると、上洛してきた大内義興に対して、東大寺は無量寿院実儼らを上洛させて交渉にあたらせた。実儼らは樽など贈物をしたうえで、国衙の返付を申し入れたが、この時は大内方から無視されている。[24] そのため東大寺は、重ねて信花坊英海を上洛させて交渉にあたらせたところ、大内方は「何以寺門ニ可返奉之事、不可叶」と東大寺へ返付できない旨を回答してきた。そのため東大寺は、永正五年十二月二十三日に閉門と言う強行手段をとったという。さらに同月二十五日には事書を作成して朝廷と足利義稙へ訴えるとともに、興福寺六方衆へも牒状を送って同心するよう訴えている。

信花坊英海と大内方との交渉については、『実隆公記』の中にも記事がある。それによると、永正五年十一月二十七日、実隆のもとを訪れた英海は、「周防国衙事、大内帰国之後可渡之由今日稱之、東大寺忽滅亡之基也、迷惑」と、周防国の国衙返付を要請したところ、大内方が周防国へ帰国してから返付すると回答してきたことを実隆へ伝えて、方策を相談している。[25] 大内方のこの時の回答は、一見東大寺による交渉が前進し、返付が実現するかのような印象を与えているが、英海はそれが空約束となることを見抜いていたようである。

大内方は、国衙返付について極めて消極的であったため、東大寺の交渉はその後も難航している。繁雑ではあるが、以下『実隆公記』からその経緯について見ていこう。

永正六年正月六日、勘解由小路在重が実隆のもとを訪れて、東大寺の国衙返付はうまくできていないことを改めて伝えている。[26] 正月十五日に実隆はふたたび訪れてきた在重と「抑周防国衙事、東大寺訴儀不可然之間、可廻籌策」ことで相談していたところに、大内氏の家臣問田弘胤から書状が届けられてきたため、自らの書状を添えて東大寺へ送っている。[27] 問田弘胤の書状を受けた東大寺は、二十日になって使者として西春を上洛させた。それを受けて在重は実隆と相談している。[28]

二十二日昼、在重と同道した西春は、問田弘胤の宿所に行き交渉をおこなった。その後晩になって実隆を訪れた西春によると、「所詮任寺門申旨、於国衙事者可申付之由也」と、東大寺の要請に応じて国衙返付するとの回答を得たことを伝えている。(29) 大内方の回答を受け取った東大寺の衆徒らは、使者を上洛させ、二十六日には実隆のもとに年預五師の書状と信花坊英海の書状を届けた。(30)

二十八日、在重が実隆のもとを訪れて、国衙返付を約束した大内方の書状を実隆へ渡している。これに対して実隆は、東大寺の使者を招いて相談した上で、書状を与え、翌日の早朝に下向させている。(31)

二月三日になると、東大寺の使者が上洛し実隆のもとを訪れ、二月二日の夜に大仏殿や八幡宮などが開門したことを伝えてきた。早速実隆は、その旨を在重朝臣に書状で知らせている。(32) 翌四日、在重が大内方の宿所へ向い、東大寺の返事を伝えた上で、意見を述べている。(33)

このように、東大寺と大内氏との交渉により、国衙返付はかなり現実的となりつつあったが、四月十一日、上京してきた英海が実隆に訴えたところでは、「周防国衙事、大内申状以外子細等在之」と、具体的な内容は不明であるが、大内方から周防国衙の返付には問題があると伝えてきたことがわかる。(34)

その後十三日、ふたたび英海が訪れて、三論宗の印判を東大寺が賜うことや河上船のことで実隆と相談したが、その際周防国の国衙返付を命じた書状が大内義興から周防国へ下されたことが伝えられている。(35) 翌十四日、英海から国衙返付が決定されたことについて喜びを伝えてきた。(36) そして五月十六日、英海が実隆を訪れ、国衙返付を命じた大内家奉行人の問田弘胤と龍崎道輔の連署副状が本日届いたことを伝えている。(37)

このように返付交渉は順調に進んでいたが、八月十四日、英海が実隆を訪れて、周防国衙領の給主が義興の命に従わないと訴えている。そこで実隆は、在重へ書状をやったところ、翌日に大内方へ行って事情を聞いて来ると在重からの知らせが届いている。(38)

閏八月二十六日、問田弘胤の使者が訪れて、周防国の国衙については悉く下知をした旨を、実隆へ伝えている。(39)

ところが翌二十七日に、英海が実隆を訪れて、周防の国衙の事は決着したが、椹野荘はまだ決着がついていないと訴えている。(40)

しかしこの閏八月二十七日の記事を最後に『実隆公記』から国衙返付の記事は消えてしまう。詳細は不明ながらこの頃には返付が決着したのであろう。

以上のことから〔史料一〕の「吏務」の記事の日付は、飽くまでも大内義興が返付を受け入れた日付だったのにすぎず、実際に東大寺方による国衙経営が復活するまでさらに四ヵ月の時間を要していたのである。

さて、このように国衙返付が実現したのは、三条西実隆と勘解由小路在重らの協力により大内氏と直接交渉できたことが要因だったことは明らかであるが、国衙候人の得富茂貞が、東大寺が国衙支配をしていく上で不可欠な証拠書類を探し出したことも大きい。そのため永正六年十二月二十日に、尊光の一代前の元目代叡義と、返付決定後に新たに目代となった公意が連署で、感状を得富茂貞ら国衙候人へ与えている。(41)

その感状によると、東大寺による支配の正統性を主張しようとしたところ、「文庫破損而徒宿秋草之虫、数帖先跡者為逆臣散在而欲加問答如追春霞之跡」とあるように、国衙の文庫は破損し、収納されていた証書などの文書が散逸して困っていた。その時、国衙候人の得富茂貞が、往年の忠勤の志により種々秘計を廻して証書を求めたところ、「政弘五ヶ通条掟旨状」、「義興同旨無改反状」、「政弘阿弥陀寺成敗状」の各一通を手に入れて国庁へ差し出してきたので、その働きに感謝してのものであった。

この内、「政弘五ヶ通条掟旨状」とは、文正元年（一四六六）三月に国衙領法度の五ヵ条を安堵した政弘の書下と考えられる。また、「義興同旨無改反状」とは、先に〔史料三〕として挙げた明応五年十月二十七日付の義興書下であろう。最後の「政弘阿弥陀寺成敗状」は、具体的な内容は不明であるが、阿弥陀寺文書中にある天文二年（一五三三）九月二十七日付の阿弥陀寺支証写案注文中に見える「法泉寺殿様御下知状壱通」の可能性がある。(42)

仮にこの法泉寺殿様御下知状だとするならば、文明十七年（一四八五）六月八日の大内政弘下知状のことで、政弘が前年の文明十六年の冬に焼失してしまった堂舎僧坊の再建のために、阿弥陀寺の寺領に居住する者が従事するよう命じたものである。(43)

このように得富茂貞が秘計を廻して集めた証書は、東大寺が国衙に対して有する権限を安堵したことを示すものと、東大寺が阿弥陀寺に対して有する権限とを、大内氏が証明したものであった。したがって目代らがわざわざ国衙候人らへ感状を与えたのは、国衙候人らに対して国衙が返付されたことをアピールするためと、それを通して国衙候人に東大寺との関係を再認識させる意図があったのであろう。

以上、周防国の武家押領と返付運動の経緯について検討した。武家押領は、先行研究では大内氏の一族尊光が目代となる延徳二年（一四九〇）秋から大内義興から返付される永正六年（一五〇九）までの約二十年の間、全く不知行であったと考えられているが、少なくとも明応四年（一四九五）から五年にかけて大内氏による国衙の保護政策が行われており、完全に大内氏の支配下となるのは、明応八年からであった。一方、国衙が返付されたのは、もちろん三条西実隆らの協力により直接大内氏と交渉することができたこと、大内氏が上洛してきて管領代に任ぜられたことが要因なのは間違いないが、必要な証文を探し出してきた国衙候人の活躍あってのことであった。しかし、総ての国衙候人がこのように東大寺に対して協力的であったわけではなく、東大寺との関係を再認識させなければならないなど、押領以前への回復には程遠いものだった。

第二節　東大寺による国衙領の回復交渉

本節では、松岡氏の研究成果に導かれながら、東大寺が永正六年の国衙返付後に行った国衙領の回復交渉について検討する。

第一節に掲げた〔史料一〕では、永正六年四月十三日に返付されると、永正五年（一五〇八）三月十八日に焼失した大講堂以下の伽藍の造営用途を周防国より調達することを求めた群議を経て、三代の目代が周防国へ下向したと記されている。(44)

ところが国衙返付が実際に始まって間もない九月五日には、陶興房が富田保の地頭職に補任されて、請文を東大寺へ差し出している。(45)興房は、この請文で、富田保の地頭の得分米五百石を未進懈怠無く進納すること、干水風損・臨時課役万雑公事軍役をその得分の中から立用しないこと、そして年貢の運送は十一月と二月の二度に国衙の納所に渡すことを誓約している。また興房は、永正八年（一五一一）六月十三日に年預五師の英憲から平野保の代官職にも補任され、「正税以下種課役無懈怠可致其沙汰」よう命ぜられていた。(46)

同じく大内氏の家臣右田弘詮は、永正八年六月一日に吉木保の保司職を請負う請文を差し出して、正税定米六十五石七斗四合と勘料銭参貫五百文を年内に国衙に納めること、国衙に対して聊かも疎意を抱かないこと、国衙申次が沙汰しなくても馳走をすることを誓約している。(47)その後弘詮は、永正十三年（一五一六）六月一日に、安田保と戸田令の保司職を請負う請文を差し出し、両所の安堵料として八百九十余石を国衙に納めること、安田保の正税官物は米四十石、戸田令正税官物米十五石を年内に国衙へ納めること、目代あるいは使節が下向した時には忠節を尽くすこと、そして国衙申次の儀は変わらずに馳走をすることを誓約している。

このように返付後、陶興房ら大内氏の重臣らは、相次いで国衙領の所職に補任されている。このことは、一見すると東大寺が国衙領に対する権限を回復したかのように見えるが、実際には全くそうではなかった。というのは、例えば、陶興房を地頭職に補任した富田保では、享禄三年（一五三〇）六月に目代照海が作成した阿弥陀寺の文書目録中に「富田正税両使注進状十通」などとあることから、正税の進納が滞っていたことが窺える。(48)このことは平野保の場合も同じで、永正十一年十二月四日になって興房が国衙領の正税二十六石を厳密に国衙へ納めることを誓約した請文を年預五師へ差し出しており、(49)代官職に補任された際に東大寺との間で結んだ契約がほとんど履行されていなかったことがわかる。

彼らが契約不履行を繰り返していたのは、必ずしも彼らが自ら望んで請文を取り交わしたわけではないからである。前述の右田弘詮は、吉木保の保司職を請負う請文の前文で、「而今度在洛之時、奉対東大寺惣国衙還補之處、各拘分国領在〻所〻、寄事於左右、種〻致違乱、正税等無沙汰之条、厳重可相催之旨、重而対弘詮、奉書数通到着永正八五廿之間、所至心任及詞致裁許抽忠節畢」と記している。つまりこれによると、永正五年に大内義興が上洛した際に国衙が東大寺へ返付されたが、その後も武士らが種々の理由を付けて違乱し正税を滞らせているとして、正税送進を督促する数通の義興の奉書が永正八年五月二十日に下されて来たので、自ら忠節を尽したのにすぎないと述べている。請文の前文でこのようなことを書いたのは、この時の契約が弘詮にとっていかに不本意なことであったのかを示すもので、主人義興の命を受けて渋々応じていたことがわかる。

これは弘詮だけでなく、先の陶興房も同じ思いであったと考えられ、当然ながら自ら契約を履行するはずもなかった。それにもかかわらず東大寺が彼らを所職に補任したのは、返付の決定後も彼らが実質的に在地を支配しているという現状を認めた上で代官職や保司職などの所職に補任して契約を結ぶことで、正税や年貢の送進を約束させようとした、苦肉な策であったのである。(50)

このような国衙領の押領は、陶氏や右田氏のような大内氏の有力被官だけでなく、中小の武士や作人らでも確認できる。大永四年（一五二四）六月三日の湯田保司中島盛家や国衙候人らが連署で岡部与四郎に十五石の借用を申し込んだ借用状(51)によると、本来は鳳山が進納すべき湯田保公文名十石三斗と南野縫殿允が進納すべき二石六斗五升が未納となっているので、彼らを改易して別人に与えるとともに、その不足分を岡部から借米しなければならなかったと述べていることからも明らかであろう。

以上のように国衙返付決定後も、東大寺による国衙領の経営は、武士の押領以前の状況に回復するには程遠い状況であった。これに拍車をかけたのは、大内義興らが在京中に国衙領へ賦課された国役に起因する借米・借銭であった。

〔史料六〕

（端裏書）「就武家拘之愁訴儀払申之状案享禄五 四 二九」

今度従南都被申下候平日記内、陶兵庫頭御拘七ヶ所事、御在洛中依国役大儀、従陶房州度借米仕、利平過分相積候間、返弁依難叶、領所事申談候、雖然対国衙徳政被下候上者、借物事ニ候条、可有還補之由雖申入候、拘惜候、彼拘分事、補任被召置条、不可准徳政之由候哉、不及分別之通従南都被申下候、其故者、元来雖為借物契約之地、対時日代補任事懇望候間、御在京御留守之儀御存知云、国衙申次云、旁以依難叶、一通於被進置候、然者彼請状仁、対国衙為一事不可有不儀□所之儀由候處、其筋目条相違候、殊去大永六被　仰出候就一ヶ条之儀、候人等借替事、任御奉書之旨、従南都悉勘落候条、以此准據、七ヶ所正税百九拾余石事可有聽納之由申候處、無承引、至去秋四千九百三拾四石余未進候、此外契約之地神米幷免田等除置分未下行候間、従寺僧被官切催促速恐仕候、右七ヶ所事請文彼是以相違候条、任南都訴訟預御還補候様、御披露、所仰候恐ゝ謹言(52)、

〔史料六〕は、享禄五年（一五三二）四月二十九日に国衙候人得富寅松らが、連署で大内氏の重臣相良武任に宛てて出した書状の一部である。これによると、右田弘詮が支配している七ヵ所の国衙領は、大内氏が在洛中に懸けられた国役を進納するため、陶安房守から度々の借米をしたために質地となっていたこと。利息を含めた返済額が多額となってしまったために減額などの交渉をしていたところ、国衙に対して徳政が下されたので、質地を返付するよう申し入れたにもかかわらず返付しないこと。本来これらの七ヵ所の国衙領は借米によって質地となってはいるが、当時の目代に対して所職に補任するよう弘詮が懇望したため、彼から国衙に対して敵対しない旨の文言を入れた請文を差し出させた上で補任したにもかかわらずそれを遵守していないこと。そしてなによりも大永六年に大内義興より下された一ヵ条によって候人らの借替えがおこなわれて決着したため七ヵ所の正税百九十余石を国衙へ進納するよう彼へ申し入れたにもかかわらず、それに応じないまま享禄四年の秋には未進分が四千九百三十四石にも及んでいると訴えた。

当初、大内義興の在京中の国役賦課によって質物となり点定されたのは、六ヵ所の国衙領であった。ところが、永正十一年（一五一四）四月一日の国衙候人連署契約状によると、永正四年と五年両年の未進分と、土肥英継が上船米を無沙汰したために国衙領六ヵ所が点定となったことに対して、東大寺が愁訴した際の礼銭の内、陶興房への礼銭を中島隼人が立て替えた五十貫文とを合わせた七十五貫文、その代百七石が借米となっていた。その借米返済のため戸田令の国衙領分の年貢を質物として大内氏方へ渡していたのである。(53)

これに対して前述したように永正十三年六月一日に右田弘詮は、安田保と戸田令の保司職の請文を東大寺に差し出したが、(54)その時の請文では、「去永正十年就六ヶ所点定之儀、南都御使節自京都任被仰下之旨、厳重申調要途等遂勘渡訖」と、永正十年に六ヵ所が点定されたところ、永正十二年になって京都からの奉書に従って東大寺から使者が下ってきて、用途を調えて進納したと説明している。しかし、この時の保司職の請負分も先の〔史料六〕から推定すると、実際には借米の質物として弘詮へ預けられたと理解すべきであろう。

　このような経緯によって七ヵ所の国衙領は、右田弘詮が支配するところとなった。しかし〔史料六〕によると、大永六年（一五二六）に大内義興より一ヵ条が下され、それにより借米が勘落したと、国衙候人らは主張している。このことについて松岡氏は、享禄三年（一五三〇）二月二十八日の弘中正長の書状の中で「就松崎天満宮御再興之儀、可被仰談子細等候之条、国衙負物古新返弁、先以可被拘置候旨、先度自藝州、以野田兵部少輔一通申候者、今以可為同前之由候」(55)と、享禄三年に大内氏が焼失した松崎天満宮の再興のために国衙の債務の返済を一時停止するよう命じたが、それ以前にも同じ命令を出していること、「先度自藝州」の記述から義興が安芸へ出陣した大永六年の事だと指摘したうえで、〔史料六〕に見える大永六年の一ヵ条も同じ「国衙負物古新返弁」に関わることであり、本来は国衙の一時停止にすぎない命令を、東大寺側は拡大解釈をした、と指摘している(56)。慥かに、大内氏の家臣の押領や借米によって極度に困窮した状態に陥っていた国衙と国衙候人が、それを建て直すために、このような拡大解釈が行うことも十分考えられる。

　ところが、大永六年にこのような一時停止の処置が行われたにもかかわらず、国衙財政は好転することはなかった。そのため義興の在任中に、東大寺はさらに十六ヵ条の訴えをし、彼が享禄元年（一五二八）に死亡すると、跡を継いだ義隆に対しても享禄二年春に同じ十六ヵ条について訴え、さらに同年秋には五ヵ条を追加して訴えた。具体的なことは不明であるが、この訴えに対して「愁訴落着等奉書弘中兵部壱通十八ヶ条在之其内五六ヵ条当座ニ落着」と、義隆は間髪を入れず家臣弘中正長を奉者とした奉書を下し、訴えの内の五・六ヵ条について処理している(57)。さらに翌年には、国衙の困窮を根本的に解決するために、次に挙げる大内氏宿老連署の奉書を国衙候人へ宛てて下している。

〔史料七〕

「徳政御法度

従公方様之仰状」

国衙事、先年依　公方様御在国、臨時之公役、其以後自御上洛之砌、御在京之課役、殊凌雲院殿藝州御陣中之諸役等、不隔年月依遂其節、国領悉令沽却、如今者可及断絶之条、為御再興徳政事申請度之由、以連署之状御愁訴之通遂披露畢、旨趣非無其理、且為天下且為国家、被成安堵之御下知者也、者任御分国中徳政御法度之旨、古新借物幷質券之地等、不謂永代契約状悉可為国衙御進止之由、依　仰執達如件、

享禄四年五月十五日　　中務丞（花押）

（以下九名連署省略）

国廳

候人御中(58)

〔史料七〕は、足利義植の上洛による臨時の国役や在京の課役、そして安芸国を攻撃した際の陣中の諸役によって国衙経営が困窮していると訴えた東大寺に対し、享禄四年五月十五日に大内氏が東大寺の借銭や質券を分国中の徳政法に則って廃棄したうえで、従前通りに東大寺が支配することを命じた奉書である。この奉書が国衙候人へ宛てて下されたのは、彼らが在地において大内方に対する東大寺側の窓口役を勤めていたからである。

しかし、このように奉書が下されたにもかかわらず、前述の〔史料二〕で見たように右田弘詮は自らが実質的に押領する七ヵ所を返付することなく、また正税も未進のままであった。ところが翌享禄五年に入ると徐々に国衙領が返付され、また正税の進納が行われるようになっている。享禄五年四月二十三日、右田弘詮の内衆であ

る伊香賀就為らは、書状を国衙候人へ送って「拘候所正税米事、可遂国納候」と正税を進納する旨を伝えている。[59]彼らはさらに五月二十八日にも同じように正税の進納の意志を伝えている。[60]さらに天文年間に入ると東仁井令でも、江口氏による年貢の送進が再開している。[61]

天文四年（一五三五）十二月二十二日には、大内義隆が書下を下し、祖父政弘の時と同じように国衙領を扱うことを伝えた。[62]このような義隆の国衙保護策をうけて国衙及び国衙領の経営はかなりの部分で復活したらしく、翌天文五年十二月五日には知事代快憲や評定衆らが、天文四年分の国衙正税算用状を作成して国衙正税の結解を遂げている。[63]

大内義興から国衙領の返付の約束をとりつけた後も、彼の家臣らによる未進・押領が止まずに占領状態が続いたうえ、義興在京中の国役負担で生じた借銭・借米によって国衙や国衙候人らが経済的な困窮状態に陥っていた。このような状態が改善したのは、義興に替わって守護となった義隆に負うところが大きかったのである。

第三節　学侶方による国衙経営

大内氏による押領は東大寺による周防国の国衙経営に多大な影響を与える出来事であったが、本節では返付後に学侶方が推進した国衙経営とそれを担った経営体制について検討する。

永正六年四月十三日に国衙が返付されると、東大寺は新たな経営体制を整えていった。その体制とは、「吏務」[64]によると「武家押務以後目代無之、永正六年還補之後、白衣方両目代下向之条、国司未補」とあって、国司である大勧進を補任せず空席のままとし、白衣方の僧が目代として下向して国務にあたるというものであった。

ここでの白衣方とは、律僧をあらわす黒衣と相対的な概念で、学侶方の構成員であった学侶僧のことを指しており、具体的には「吏務」に見える三論宗の大喜院公意と密乗坊英憲、華厳宗の如意輪院春藝のことである。

このように学侶方が周防国の国衙経営に直接乗り出したのは、南北朝時代以来大勧進による経営を流通や金融面で支えていた油倉が、応仁の乱後にその活動を停止していたからである。(65) 十四世紀半ば、国衙の経営から正税・官物の送進など経営全般において重要な役割を果たしてきた油倉が活動を停止すると、大勧進を頂点とした従前通りの体制も機能しなくなったため、東大寺の学侶僧らが自ら経営に乗り出したのであろう。そこで次に公意ら三人が、目代として下向してどのような活動をしたのかを具体的に検討する。

返付決定後の永正六年十月十四日に周防国に下向したのは公意であった。公意が早急に行わなければならなかったのは、前年に焼失した大講堂や三面僧坊の再建のため用途と材木の確保を目的とした国衙興行であった。

公意は、まず課役賦課の基本的な原簿として周防国内の国衙領の図田数を書き上げた諸郷保国衙一円図田帳を作成している。(66) この図田帳では三十五ヵ所の国衙領とその田数が書き上げられているが、末尾に「古帳前　永正七年庚午写之」とあり、永正七年に古い図田帳を筆写したことがわかる。

同時期に作成された国衙領の注文としては、永正十一年に周防国に目代として下向した英憲筆による国衙領田数等注文がある。(67) この注文には、四十三ヵ所の国衙領の分米数や免田、重任名や今渡名などの別名、そして検非違使所請料、庁奉行得分などの得分が書き上げられているが、文明十八年の記述があるから文明十八年当時の古注文を基にして英憲が作成したと考えられる。

公意が写した図田帳と英憲が作成した注文とでは、記載のデータ量が圧倒的な違いがある。このような違いは、公意作成の注文が大内方から国衙が返付されて間もない時に、急遽国衙領の、恐らく押領される直前の田数の概数を把握するため作成されたのに対し、英憲作成の注文は実際に支配している田数などを正確に把握するために作成されたからであろう。

公意は、国衙領の注文を作成するより早く、国衙候人がかつて領有していた国衙領の把握も行っている。享禄三年（一五三〇）六月に作成された阿弥陀寺の文書目録によると、春藝の代に整理した文書の中に、「候人拘郷注文　延徳二年」や「同注文　永正六年」とあって、尊光が目代となった延徳二年と国衙領が返付された永正六年当時に国衙候人が領有していた国衙領を書き上げた注文が作成されていたことがわかる。これは、本書第二部第三章で述べたように、十五世紀半ば頃から国衙候人を国衙領の所職に補任することで、その所領からの正税や年貢の進納を請負わせたので、彼は国衙候人を通した国衙領支配の復活を目指したことが窺える。

このように用途確保のため課役賦課の準備をする一方で、公意は材木の確保のために、橘奈良定を佐波郡の山行事職に補任している。[68]橘奈良定は、重源が大仏殿造営の材木を調達するために周防国へ下向した際に、東大寺から任命されて佐波川に設けられた木津所に下向し、そこで材木の検査を行う役を勤めた者の子孫であった。周防国は室町時代中期頃には杣便宜の国としての役割を終えていたので、公意は重源以来の由緒ある橘奈良定を登用することでそれの興行をはかったのであろう。[69]

その公意の後任として下向したのは英憲であった。「吏務」によると、彼は永正十一年（一五一四）に周防国へ下向し、国衙領の注文を作成するなどして国衙経営を行う環境整備を進めている。そしてその英憲の後任の目代が春藝であった。彼は永正十七年（一五二〇）に下向して大永七年（一五二七）まで目代として国務に携わっているが、史料的制約により具体的なことは明らかでない。

それでは、この三人の目代と大勧進の下で国務に携わっていたそれ以前の目代との相違点はどこにあるのか。目代の一人春藝が、年不詳であるが六月二十六日に国衙領からの正税の運送状況を学侶年預へ宛てて知らせた書状がある。その内容は、白石寺の正税の送進を準備していた春藝が、上洛する予定の中島に正税を渡すよう命ぜられた平井保・仁井令・土師荘の各保司から、命令通りに確かに中島へ渡したとの連絡を受けたことなどを伝えており、(70)所務に関して学侶年預が直接保司に指示を与えていたことがわかる。

それまで学侶年預が直接経営に関与していたのは、仁井令や白石寺・勝間村のような学侶方が直務経営をしていた国衙領だけであったが、返付後は国衙が支配する国衙領も直接支配することになったのである。

また、国衙領所職の補任について見てみると、永正九年（一五一二）六月二十日、目代公意は得富興資を仁井令保司職に補任している。(71)しかしその前年永正八年六月十三日には、目代ではなく当時年預五師であった英憲が陶興房を平野保の保司職に補任しているし、(72)また永正十七年（一五二〇）九月二十二日には、同じ年預五師の澄藝が得富興資を勝井保の保司職に補任したうえで、検地帳に従って国検を行い、正税を納めるよう命じている。(73)

このように保司職の補任権や指揮権は、目代だけでなく年預五師や学侶年預でもみてとれることから、当時の目代は大勧進の下で国務全般を掌握していた尊光以前に比べると、在地に対して限定的な権限しか付与されていなかったことが窺える。それは、国衙領を押領した大内氏との返付交渉や、返付決定後もそれに応じようとしない武家との交渉が周防国ではなく、京都で学侶方の主導で行われていたことにも要因があったのであろう。

それならば公意ら三人は、目代として学侶方から何を求められたのであろうか。それを明らかにするためにはまず彼らの履歴を確認する必要がある。最初の公意は、永正十年三月から翌永正十一年三月まで河上荘の七名納所を勤め、(74)天文二年（一五三三）三月から翌天文三年三月まで河上荘の二名納所を勤めている。(75)そして、天文七年（一五三八）八月十七日には、白石寺の年貢を学侶年預へ送進する渡状を作成している。(76)

次の英憲は、明応七年（一四九八）に兵庫関の一番納所を勤め、(77)永正八年（一五一一）には年預五師を勤めている。(78)そして目代として周防国へ下向する前年の永正十年六月には修理納所を勤め、(79)目代を退いた後の大永四年（一五二四）には仁井令の納所、(80)さらに享禄五年（一五三二）には高瀬荘の納所も勤めている。(81)

そして春藝は、永正五年（一五〇八）には年預五師を勤め、(82)永正七年にも年預五師を勤めている。(83)そして天文六年（一五三七）には知事代として周防国の年貢結解状を作成している。[84]

このように三人は年預五師を勤める一方で、寺領の納所を歴任していた。このことは、春藝以後に目代となる学侶僧も同じで、例えば宗藝は享禄五年（一五三二）に仁井令の納所を、[85]天文九年には高瀬荘の納所を勤めている。[86]同じく浄藝は、弘治二年（一五五六）に会料納所を勤めている。[87]さらに、目代ではないが、天文五年十二月五日に国衙正税算用状を作成した知事代の快憲は、享禄四年（一五三一）から天文二年（一五三三）まで河上荘の七名納所を、天文二年には高瀬荘の納所を勤め、[88]さらに天文四年には河上荘の四名納所、天文六年には河上荘の七名納所というように寺領の納所を歴任していた。

これらのことから目代として彼らに求められたのは、かつて油倉が担っていた役割の一部である正税や年貢の徴収から送進といった所務の能力であろう。中世後期の十四世紀から十五世紀半ばにかけて、東大寺の寺院財政や流通、金融など幅広い面において油倉が活躍していたが、[89]この油倉が関与しない寺内財政や寺領では預所や代官による経営が行き詰まってくる南北朝時代頃から、預所職などを学侶方が直接獲得し、学侶僧が納所となって寺領経営を行うようになった。公意らが目代として国衙経営に登用されたのは、寺内財政や寺領経営で利用されていた納所のシステムをそのまま利用するためであった。

その後、原則として学侶方が中心となって国衙経営が行われるが、大永七年に大勧進―目代体制が短期間であるが復活する。「吏務」によると、「大永七年冬如元目代職戒壇院へ還補之条、黒衣方為目代下向、後柏原院御宇戒壇院長老寿慶上人　叡範宗師」とあって、第二十七代の戒壇院長老であった叡範が新たに大勧進となり、[90]その下で石清水八幡宮の善法律寺の住僧の照海が目代となっている。その照海の目代補任について次のような史料がある。

〔史料八―1〕

防州国衙目代職之事、先例異于他子細候、善法寺儀寺門各存知候、雖御難渋候、堅固被申調、急度被仰定候者、可為衆悦由衆議候、恐〻謹言、

（大永七年）九月廿七日　　北林院英憲（花押）

地蔵院浄憲（花押）

戒壇院年預御房

〔史料八―2〕

就防州国衙目代職、任先例、為当院撰住僧可信躰可差下申由、従東大寺牒送及度〻候、難遁候上者、云先規云面目、非一子細候、住侶之内、種〻被交申候處、貴寺之儀、相応理運之儀候間、被閣万障、御下向可為珍重候、云東大寺評議、當院衆議如此候間、不可有御難渋候、今明日中〻急度有御下向、可被応寺院集議之由、評定候也、恐〻謹言

（大永七年）九月廿八日　　深静（花押）

善法寺待者御中(91)

大永七年（一五二七）九月二十七日に、東大寺学侶僧の英憲と浄憲とが連署で戒壇院の役僧へ宛てて書状を差し出し、善法律寺の照海を必ず周防の国衙目代職とするよう依頼している（〔史料八―1〕）。その翌日には、戒壇院の深静が善法律寺の照海へ宛てて書状を送り、先例に従って戒壇院の住僧を撰んで目代とするようにとの東大寺から依頼があったので、議論を重ねたところ、照海を目代に任命するので速やかに下向するよう伝えている

〔史料八―2〕)。これにより目代の選定が学侶方からの働きかけによってなされたことがわかる。

本書第二部第三章で検討したように、建武三年に東大寺の惣寺が戒壇院長老の俊才を大勧進職へ推挙して以来、惣寺(後に学侶方)による主導で行われており、叡範の大勧進就任も同じであったことは間違いない。

「吏務」によると、叡範と照海による国衙経営は大永七年(一五二七)の冬に始まり、照海の次の目代宗藝は天文二年(一五三三)四月頃から活動が確認できるから、(92)叡範らは享禄四年か天文元年頃まで在任していたことになる。

享禄三年(一五三〇)十月十四日の遷宮の際に作成された棟札によると、「大永六年九月十七日神殿楼門塔婆以下片時回禄」とあって大永六年九月十七日に神殿以下の建物が焼失したこと、「大願主従五位上多々良朝臣義隆」と大内義隆が願主であったこと、そして再建事業が進められて享禄三年十月に遷宮を迎えたことが記されている。(93)この棟札には「国司造東大寺戒壇院長老叡範上人」や「目代沙門照海大徳」「小目代」と、東大寺側の代表者として大勧進以下の名前が記されているが、同じように棟札には、造営奉行や大工、小工、棟梁、連番匠、鍛冶など造営に当たった者たちの名も記されているので、叡範らが直接造営に携わったのではなかったのであろう。

しかし、この天満宮の再建に合わせたかのように大勧進―目代体制が復活され、そして完成すると間もなく学侶僧が目代として下向して国衙経営にあたっているので、大勧進の復活は松崎天満宮の再建が主たる目的だったと考えて間違いない。さらに、この時の再建は、大内義隆が大願主として彼の主導の下で進められているので、大勧進の復活は大内氏から東大寺への働きかけがあったとも考えられる。

なお、叡範の後に大勧進体制が継続することがなかったのは、国衙経営するにあたって大勧進を支えていた油倉が復活しなかったこと、そのために〔史料八〕でみるように目代として下向する律僧の確保が困難であったこと、そして何よりも寺領の縮小により、もはや彼らが経営に携わる必要がなくなってしまったことなどが考えられる。

さて、ここまで大勧進や目代を中心に検討してきたが、続いて国衙経営を在地で支えた国衙候人について検討していく。前述したように国衙候人は、借銭や借米の徳政などを求めて大内氏と交渉したが、押領以前と同じように国衙領の所職にも補任されている。永正九年（一五一二）六月二十日、得富興資は仁井令の保司職に補任されたのに続き、(94) 永正十七年九月二十二日には勝井保の保司職にも補任されている。(95) また日時は不明であるが得富木工助が牟礼令の公文職に補任され、上司房泰も佐波令の所職に補任されている。(96)

前述のように、東大寺が国衙返付後に陶や右田のような大内氏の家臣を国衙領の所職に補任したのは、実力での占領を容認したうえで、正税や年貢・得分の送進を請負わせるためであったが、国衙候人の補任はより積極的な在地への関与を期待してのものであった。返付間もない時期に、従前の国衙体制を形式的に復活させただけという判断もできるが、延徳二年と永正六年に国衙候人が所職に任ぜられた国衙領の注文が作成されていることから、押領以前の役割が求められていたことは明らかであろう。

それでは、返付後に国衙候人は、国衙領経営についてどのように関与していたのであろうか。

〔史料九〕

（前欠）

公文名、湯田保・大野荘・千代丸保分、寺社・重任・黒川請料・宮野銭、東荷保・与田・白石・屋代島公文名、如此在所近年別而南進之条、国方可被□混官物支配之由、連〻訴訟候處、結句為諸散在、於御存知者、守護□及断絶候、其時者、国衙之儀不可□古今相違之段、能可被成御分別事

（中略）

一、富田幷大野正税事、如前〻凡被仰調之、可被遂国納覚悟候處、等樹軒・堺孫左衛門両人請取之、運上之由候、於其方可被成御尋之事

一、当御正税所〻調進之儀、被仰下旨、得其心申候、雖然去七月依大風高潮、諸郷及皆損候、各究迷惑候、非私曲之通、目代殿御在国之条、御存知前之事

（中略）

（享禄三年カ）九月廿七日

上司主殿丞 資和（花押）
得富右馬助 憲長（花押）
竹屋刑部丞 昌栄御用
竹屋五郎 隆継（花押）

東大寺 中證院
金蔵院
誠福院
年預五師御房
人〻御中(97)

〔史料九〕は、上司資和ら国衙候人が東大寺の年預五師や学侶僧らへ送った書状で、その中から国衙領の年貢に関わる部分のみを挙げてみた。第一条では、湯田保や大野荘、千代丸保などの国衙領や、重任名や黒川請料、宮野銭などの別名、請料から東大寺の寺僧へ送進している年貢を、国衙の官物と一緒に進納するよう求められた

が、これら諸散在の地を守護は断絶することはしないと言っているので、国衙方としても従来のやり方を変えるべきでない、と自らの意見を述べている。第二条では、富田荘と大野荘の正税を例年通りに国納しようとしたところ、等樹軒と堺の孫左衛門の二人がやって来て、これらをすでに運上したと言うので、詳細は彼らに尋ねるように。そして第三条では、正税を送進するよう命ぜられたので、留意していたが、七月の大風高潮によって諸郷が皆損となったために送進できない、と正税の未進の原因が国衙候人側ではないと弁明したうえで、不明ならば目代照海に照会するように依頼している。

この書状から、国衙候人らは、国衙領の正税や年貢、得分の送進について、目代を介さずに直接年預五師や学侶方らから指示や問い合わせを受けることもあったことがわかる。このことは、前述したようにこの当時の目代の権限が所務に関わることに限定されていたのに対し、在地で活動する国衙候人らへは幅広い権限が与えられたからであろう。

それならば、この時期の年貢はどのように東大寺内で配分されたのか。それについて、天文五年十二月五日と天文六月七月二十二日、そして天文九年六月八日の三点の国衙正税算用状が残されているが[98]、その内天文五年分の内容を一覧とした（表1）。

それによると、この年は六月二日に百六十四石一斗、その代百二十六貫七百七十四文が寺納され、十月九日に五十四石二斗八升六合四勺、その代四十三貫三百九十二文が寺納されている。それらはまず周防から堺までの船賃と堺から東大寺までの駄賃が差し引かれた残金が、文箱開時祝儀や納所得分、堺の孫三郎の粉骨分などの諸入目のほか、油倉大般若料や白石寺分（学侶年預玄雅方）、五ヵ所分（仁井令納所英訓方）、八幡宮御上葺方（修理納所英厳）などの納所へ配分されていた。

この国衙算用状は、知事代である快憲が作成し、十三人の学侶僧が連署している。本多氏はこの国衙算用状を分析し、国衙が学侶僧らによる集団で経営されていたことを指摘している。(99) しかし、知事代の快憲を始めとして、天文六年の国衙算用状を作成した知事代春藝も、また天文九年の国衙算用状を作成した知事代英厳も寺領の納所や修理納所などを歴任しており、集団による経営とはいいながらも所務に関しては、知事代一人が中心的存在であったことは間違いない。

永正六年の返付後、周防国衙経営には学侶方の納所システムが転用されたと前述したが、この算用状に見える知事代がその納所にあたり、十余人の学侶僧は、学侶方の意志決定機関である学侶集会に出仕する評定衆であっ

表1　天文五年分国衙正税収支決算

天文5年6月2日寺納分

収入	石高164石1斗	代銭126貫774文
	船賃25貫340文	駄賃1貫365文
	残金100貫66文	
所下	1貫文　文箱開時祝儀	1貫文　納所得分
	1貫文　雑紙代	2貫文　結解料
	756文　公意法印引違残分	2貫文　堺孫三郎粉骨分
	600文　油倉大般若料	年預五師証藝方江
	合8貫356文	残金91貫710文
所下	11貫11文　白石寺分	学侶年預実雅江渡
	20貫538文　五ヶ所分	仁井令納所英訓江渡
	20貫文　料絹納所江渡	10貫文先納所公意江渡
		10貫文当納所宗助江渡
	40貫文　八幡宮上葺方江渡	修理納所英厳請取
	合91貫550文	残金158文

天文5年10月9日寺納分

収入	石高54石2斗8升6合4勺	分銭43貫392文
	仁井令済銭2貫文	仁井令公文名開田銭3貫文
	午年未進分11貫605文	
	合60貫文	
	船賃12貫文	堺孫三郎未進8貫文
	残金39貫400文	
所下	20貫文　燈油納所江渡	頼賢請取
	13貫333文　五ヶ所分	英訓方江渡
	500文　文箱開時祝儀	
	1貫500文	新僧坊供衆江渡
	1貫300文　春日神供	興福寺江渡
	400文　油倉大般若料不足分	年預江渡
	2貫文　□範法印下国料物	
	255文　新造屋憑支	
	300文　後川江下料物	
	合39貫558文	

た。つまり、東大寺では、知事代と学侶僧らが国衙に居住する国衙候人へ正税や年貢の送進など指示を与えていたのである。

以上、永正六年の国衙返付後の学侶方による国衙経営とそれを担った新経営体制について検討した。学侶方による国衙経営は、従前の大勧進―目代体制とは異なり、知事代が中心となり十数人の学侶僧らが集団で意志決定を行っていた。学侶僧の中から一人を目代に任命し、その目代が「候人加判衆」と称される国衙候人らを指揮していたが、国衙候人の補任権や指揮権などが年預五師や学侶年預にもあって、大勧進―目代の時に比べてその権限は限定的であったのである。

結び

明応八年以来守護大内氏によって押領された国衙が、永正六年に足利義稙をともなって上洛してきた大内義興から返付されるまでの経緯と、返付された後に進められた国衙支配の回復をめぐる東大寺と大内氏との交渉や、返付後に東大寺が行った学侶方による国衙及び国衙領の経営について検討した。ここで明らかになった点を次にあげていこう。

第一節では、大内氏が国衙押領するまでの経緯と、永正六年に返付される経緯について検討した。大内氏による国衙押領は延徳二年に政弘の二男尊光が目代に任ぜられてから始まったと考えられていたが、国衙が正税を進納していた国衙領であって、東大寺学侶方と直接結び付いた国衙領や、東福寺や壬生家に得分が収納されている国衙領では、この間大内氏により経営の梃子入れが行われている。ところが、明応八年に尊光が退転すると、義興は国内の国衙領すべてを支配下とした。その後しばらく不知行であったが、東大寺が国衙返付の交渉を本格化したのは、永正五年に講堂と三面僧坊が焼失したためで、その再建のために返付を求めて運動を展開した。そして、三条西実隆の支援を受けて直接交渉をしたことで、ようやく返付された。

第二節では、返付後の東大寺による国衙領の回復交渉について検討をした。永正六年に東大寺は国衙の返付を受けるが、大内氏の家臣らによる未進・押領が止まず、また義興在京中の国役負担が借金と認定されたことで国衙や国衙候人らが経済的な困窮状況となったために、大内義隆が享禄四年に徳政令を発して借銭が一掃されるまで十分に機能することができなかった。一般的に守護大名や国人らが荘園制社会を崩壊へ導く推進者と見なされているが、大内義隆はその動きを減速させるブレーキの役割を果たしていた。

第三節では国衙返付後の学侶方による国衙経営と、それを担った経営体制について検討した。返付後の国衙経営は、大勧進に代わって学侶方があたることになった。彼らは、知事代一人と十数人の学侶僧らが集団経営体制をとっていて、学侶僧を目代に任じて下向させ、「候人加判衆」と称される国衙候人と連携しながら進めた。知事代らは寺領などの納所を歴任した者で、その権限は所務に限定されていたと考えられる。学侶方の経営は、油倉の機能が停止した後に寺内財政や寺領経営で担い手となっていた納所のシステムをそのまま利用したものである。

註

（1）松岡久人「室町戦国期の周防国衙領と大内氏」（福尾教授退官記念事業会編『日本中世史論集』吉川弘文館、一九七二年、後に松岡久人著・岸田裕之編『大内氏の研究』清文堂出版、二〇一一年に再録）、本多博之「中世後期東大寺の周防国衙領支配の展開」（『日本史研究』二九六号、一九八七年四月）。

（2）『防府市史　史料Ⅰ』「阿弥陀寺文書」六二号、同六四号（防府市、二〇〇〇年、以下『防府市史　史料Ⅰ』は『防府市史』と省略）。

（3）『中世東大寺の組織と経営』（塙書房、一九八九年）。
（4）東大寺図書館所蔵東大寺文書一〇四―八五一―一号（奈良国立文化財研究所編『東大寺文書目録』同朋舎、以下東大寺図書館所蔵文書は「東大寺文書」と省略）。
（5）『大日本古文書　家わけ第二十　東福寺文書』四四八号（東京大学）。
（6）註（1）松岡氏論文。
（7）註（1）松岡氏論文。
（8）註（1）本多氏論文。
（9）『大日本古文書　家わけ第十八　東大寺文書』六七一号（東京大学、以下『大日本古文書　家わけ第十八　東大寺文書』は『大古』と省略）。
（10）『大古』六五九号。
（11）『大古』一四三九号。
（12）『大古』八四〇号。
（13）『大古』八三九号。書状の奥書によると、この書状は前日に沙汰人の延藝から書状が届けられたことを受けて秀範が書いたもので、沙汰人の延藝方へ送進している。ここでの沙汰人は仁井令の納所ではないかと考えられる。なお延藝は、延徳三年に兵庫関の納所を勤めている。
（14）『兵庫県史　史料編中世五』「兵庫関」三三四号、（兵庫県、一九九〇年、以下『兵庫県史　史料編中世五』は『兵庫県史』と省略）。
（15）拙稿「室町期における地下官人領の経営と守護大名」（『地方史研究』二八四号、二〇〇〇年四月、本書第三部第二章に再録）。
（16）『防府市史』「得富家文書」五号、同六号。
（17）「東大寺文書」寶庫文書四三号。
（18）註（1）松岡氏論文。
（19）史料上での確証はないが、実隆はかつて万里小路時房のような南都奉行であった可能性もある。
（20）註（1）松岡氏論文。

(21)「東大寺文書」一〇四—八五一—一号、「東大寺文書」薬師院文庫史料二—一〇九号。
(22)三坂氏は、大内義興が管領代として幕府政治の中枢をなす位置に立ったために、東大寺の要求を無視することができなくなった、としている（『周防国府の研究』（積文館、一九三三年）。
(23)「東大寺文書」薬師院文庫史料二—一〇九号。
(24)同じ執行日記の上洛当時の記事によると、実儼の外に権少僧都坊と東南院新宮の門徒が上洛し、大内裏へ樽を献上し、また義稙へも樽を贈っていたことが見えている。
(25)『実隆公記』永正五年十一月二七日条（続群書類従完成会、以下同）。
(26)『実隆公記』永正六年正月六日条。
(27)『実隆公記』永正六年正月十五日条。
(28)『実隆公記』永正六年正月二十日条。
(29)『実隆公記』永正六年正月二二日条。
(30)『実隆公記』永正六年正月二六日条。
(31)『実隆公記』永正六年正月二十八日条。
(32)『実隆公記』永正六年二月三日条。
(33)『実隆公記』永正六年二月四日条。
(34)『実隆公記』永正六年四月十一日条。
(35)『実隆公記』永正六年四月十三日条。
(36)『実隆公記』永正六年四月十四日条。
(37)『実隆公記』永正六年五月十六日条。
(38)『実隆公記』永正六年八月十四日条。
(39)『実隆公記』永正六年閏八月二十六日条。
(40)『実隆公記』永正六年閏八月二十七日条。
(41)『防府市史』「得富家文書」八号。
(42)『防府市史』「阿弥陀寺文書」一八号。

(43)『防府市史』「阿弥陀寺文書」四五号。
(44)「東大寺文書」一〇四―八五一―一号。
(45)『防府市史』「上司家文書」四一号。
(46)『防府市史』「上司家文書」四三号。
(47)『防府市史』「上司家文書」四二号。
(48)『防府市史』「阿弥陀寺文書」二四号、註(1)松岡氏論文。
(49)「東大寺文書」寶庫文書七四―四―一号。
(50)註(1)松岡氏論文。
(51)『防府市史』「上司家文書」四六号。
(52)『防府市史』「上司家文書」五九号。
(53)『防府市史』「上司家文書」四四号。
(54)『防府市史』「上司家文書」四五号。
(55)『防府市史』「上司家文書」五二号。
(56)註(1)松岡氏論文。
(57)『防府市史』「阿弥陀寺文書」二三号。
(58)「東大寺文書」寶庫文書七四―五―一号。
(59)『防府市史』「上司家文書」五八号。
(60)『防府市史』「上司家文書」六〇号。
(61)『大古』八四三号。
(62)「東大寺文書」寶庫文書七四―六―一号。
(63)「東大寺文書」一四一―五二八号。
(64)「東大寺文書」一〇四―八五一―一号。
(65)註(3)永村氏著書。
(66)「東大寺文書」寶庫文書七四―一八号。

(67)『大古』七〇三号。
(68)『防府市史』「阿弥陀寺文書」五三号。
(69)天文十六年八月十四日修理奉行資清材木注文によると、修理奉行資清は国庁・御門両所の材木を奈良貞へ調えるよう依頼していることから、国衙の名を受けて得地保の杣の管理を行っていたのであろう（『防府市史』「阿弥陀寺文書」二四号）。
(70)『大古』八〇八号。
(71)『防府市史』「得富家文書」九号。
(72)『防府市史』「上司家文書」四三号。
(73)『防府市史』「得富家文書」十一号。
(74)『大古』九八八号。
(75)『大古』八八六号。
(76)『大古』七七九号。
(77)「東大寺文書」三―一〇―二五八号。
(78)『防府市史』「上司家文書」四三号。
(79)「東大寺文書」五―三六号。
(80)『大古』八一一号。
(81)京都大学総合博物館所蔵東大寺文書二―二四号。
(82)「東大寺文書」一―二五―一五六号。
(83)「東大寺文書」薬師院文庫史料一―二号。
(84)「東大寺文書」一四一―五二九号。
(85)『大古』六六一号。
(86)『大古』八三七号。
(87)「東大寺文書」薬師院文庫史料一―二六号。
(88)『大古』八三六七号。

(89) 註（3）永村氏著書。
(90) 「東大寺文書」一〇四―八五一―一号、「戒壇院住持次第」（「東大寺文書」薬師院文庫史料二―一九三号）。
(91) 『大日本古文書　家わけ第四　石清水文書』四二六号、同四二七号（東京大学）。
(92) 『防府市史』「阿弥陀寺文書」六五号。
(93) 『防府市史』「防府天満宮文書」一六三号。
(94) 『防府市史』「得富家文書」九号。
(95) 『防府市史』「東大寺領古文書得富文書」一一号。
(96) 『大古』七〇三号。
(97) 『大古』七五四号。
(98) 「東大寺文書」一四一―五二八号、同一四一―五二九号、『大古』七五五号、同一一四号、同一一五号。
(99) 註（1）本多氏論文。

第二章　中世後期における官司領と守護大内氏

はじめに

平安時代末期以来中央官司の財政を支えていたのは、官司領といわれる所領であった。だが周知のようにその実態は、公家社会における家職・家格の固定化、官職の世襲化にともない官司の私領となっていた。小槻氏の太政官厨家領や主殿寮領、中原氏の大炊寮領などは、その代表的なものである。本章では、小槻氏の一族壬生晴富が領有していた周防国宇佐木保の保司得分について検討する。

宇佐木保に関する先行研究は、大きく分けて壬生家の領有に関するものと在地に関するものとがある。壬生家の領有については、橋本義彦氏が、治承五年（一一八一）六月に壬生家の祖小槻隆職が修理東大寺大仏長官を兼ねて以来官務がこれを兼帯する例となったために支配するようになったと述べている。(1) その後『平生町史』の中世前期を執筆担当した田村裕氏も、また後期を執筆担当した松浦義則氏も、宇佐木保と壬生家との関係について橋本氏の説を援用し、(2) さらに永村眞氏もやはり橋本氏の説を援用しているのである。(3)

しかしながら橋本氏自身は、その後『国史大辞典』の中で「造寺官得分、壬生官務の造東大寺次官世襲によるか」[4]というように変更しており、晴富以前の伝領については、推測の域を出ていないことがわかる。

一方、宇佐木保の在地の具体像については、田村氏が隣接する与田保を通し、また松浦氏が在地に伝来する史料を使用することで当時の状況を明らかにした。それに対し、岸田裕之氏は、松浦氏が使用したものと同じ史料から守護大内氏による在地支配の形態を明らかにしている。[5]それとは別に角川書店『山口県地名大辞典』や平凡社『山口県の地名』などの地名辞典も在地について触れているが、いずれも概説的な説明に終わっている。ところが近年になって宇佐木保には、国衙補任の地頭が鎌倉時代初頭に任ぜられ、さらに弘安年間にも国衙補任の地頭の存在が明らかとなった。これにより鎌倉時代の在地の様子が少しずつ明らかとなってきている。

本章は、壬生晴富が宇佐木保の得分をどのように領有していたのか具体的に明らかにするとともに、このような晴富の領有に東大寺や守護大内氏がどのように関与していたのかを検討する。

第一節　壬生晴富領有以前の宇佐木保

宇佐木保は、現在の山口県熊毛郡平生町宇佐木にあった所領で、周辺に与田保などの国衙領や楊井荘などの荘園、そして玖珂郡からの物資の積出港である楊井津や竈戸関（上関）があって、早くから開発が進んでいたと考えられる。

宇佐木保の史料上の初見は、元暦二年（一一八五）正月末、平家追討の総大将として長門国赤間関まで下向してきた源範頼へ、周防国の住人宇佐那木上七遠隆が兵糧米を献上した記事である。[6]この遠隆は、「宇佐那木上七」という呼称から、宇佐木保を本拠としていた上氏の一族であったと考えられている。[7]

遠隆の時代から約半世紀後の文暦二年（一二三五）七月十日、鎌倉幕府は関東下知状で大野能定を曾祢保の地頭職に任じた大勧進行勇の国宣を承認している。行勇の国宣によると、地頭大野能成は、遺領である宇佐木保の地頭を嫡子遠保に、同じく曾祢保の地頭を能定へ与えたが、行勇はその配分を承認している。(8)詳細については本書第一部第一章で検討したが、宇佐木保の地頭も曾祢保の地頭も大勧進が補任する国衙補任の地頭であった。

大野能定が宇佐木保を領有するに至った経緯については不明であるが、前述した宇佐木遠隆と同時代に同じ熊毛郡を拠点とする武士に大野七郎遠正がいる。遠正は、文治二年（一一八六）九月には熊毛半島周辺の伊保荘・竈戸関・矢嶋・柱嶋において非法行為を行っていると賀茂別雷社々司に訴えられ、(9)また建久二年（一一九一）にも地頭と称して与田保へ介入する事件を起こしている。(10)この遠正は「大野」の名乗りから、宇佐木保に隣接する大野本郡の住人で、しかも遠隆と同じ「遠」の字を名乗っていることから、同じく上氏一族だと考えられている。(11)したがって大野能成が宇佐木保を領有したのは、寿永治承の乱以後に一族宇佐木氏からの譲渡を受けたものと考えられ、大勧進によって地頭として承認されたのであろう。

その後の地頭の動向は不明であるが、弘安二年（一二七九）頃になると、宇佐木保の地頭沙弥蓮信は、前国司の御成敗と国宣に任せて神代保内の嫡女分の延永名田を安堵するよう目代賢舜へ訴えている。その申状によると、この延永名は嫡女の亡父が未処分のまま死去したため、幕府の裁量によって男兄弟との間で配分して地頭としたが、もともと永延名は非常に狭い所領で、数町ほどの面積しかないにもかかわらず、二段の裁免分や三段の上納分があって、残りは五段余しかないない。しかも裁免分のところまでにも平均役を賦課しようとしている。そのため所当米は僅かに二石なので、前代の大勧進の時に訴えたところ、新たに給田を与える国宣を賜ったのだ、として配慮を求めている。(12)

地頭蓮信に関する関連史料は管見の限りこれ一点のみなので、推定の域は出ないが、宇佐木保の地頭蓮信と神代保の嫡女との関係は極めて近しい関係、おそらく夫婦だったのであろう。神代保は、周防国の東端大島郡にあった国衙領なので、宇佐木保の地頭一族は、郡域を超えて在地領主同士のネットワークを構築していたと考えられる。

そして、永仁二年（一二九四）七月、大勧進に就任した忍性が諸郷保の地頭らに所務に従わせるよう訴えたのを承けて、鎌倉幕府は周防国の守護北条実政を通じて国務に従うよう地頭らに命じたが、その中に宇佐木保の地頭の名も記されている。(13) この時の地頭と先の蓮信との関係は不明であるが、仮に一族であるならば蓮信の子供か孫になる。

なお、地頭については、この永仁二年の史料を最後に確認できなくなるが、十五世紀初頭に在地領主として宇佐木氏を確認できる。永正十六年（一五一九）には、大内義隆が家臣冷泉興豊に宇佐木右馬允跡の地を充行っている。(14) ただし、この宇佐木氏が、鎌倉時代の宇佐木氏と系譜上の繫がりがあるかどうかについては現在確認することができない。

さてここまで在地を中心に検討してきたが、次に在京領主と宇佐木保との関係について鎌倉時代後期の事例を検討する。

〔史料一〕

譲渡　所職所帯幷屋地等事

合

一、東大寺領周防国宇佐木保事

一、主殿寮便補美作国綾部荘事

一、四條坊門大宮屋地御堂幷本尊等事自五位辻子南十一丈大宮西ェ十七丈

一、所従入道丸、犬所、安丸等事
右、所帯幷屋地等者、俊茂相傳之領知更無他妨、然依有志譲与嫡女字全福幷氏女母儀愛已等也、仍云所職、云所帯、雖多、此宇佐木保・綾部荘等者、依有由緒、譲与嫡女畢、自余之所帯者、譲与伊与掾重茂了、屋地等者、氏女管領又不可有相違、於券契者、少〻預置地所子細候、悉取整不能譲渡、雖然更不可有相違者也、又綾部荘者、代〻有由緒、別被下　宣旨・院宣、管領無子細之處、稱新三荘、無故被付国衙了、俊茂令申沙汰、可譲進、猶不入手者、雖為逝去後、三﨟於納伊与掾、相共令申沙汰、任本主素意可被知行、且申含載子細於請文、所副進也、其条猶難道行者、以他秘計令申沙汰、可有御管領之条、更不可及子細、如此譲申之後、或稱□（猶子）、或稱有譲致濫妨、或稱有譲有成違乱之輩者、可被處厳令違乱咎、縦雖異姓、他人有譲与了志者、早可任氏女素意、雖可及猶委細、右筆不合期之間、止了、仍為向後亀鏡、譲状如件

延慶四年三月十六日　　前壱岐守中原朝臣判[15]

〔史料二〕は、前壱岐守中原俊茂が、宇佐木保等の所領を嫡女全福へ譲渡した際に作成した譲状である。この譲状から俊茂の官職が壱岐守で、子息重茂が伊予掾であったこと、綾部荘や宇佐木保を領有し、四條坊門大宮に屋敷地があったこと、そして俊茂一族は国司を歴任する程度の下級実務官人であったことがわかる。

彼らのような下級実務官人については、小泉恵子氏による詳細な研究がある。[16]それによると、承久の乱後「俊」の字を通字とする中原氏が院と院及び院関係行事の必需品の調進を担当する別納所の運営を独占していたという。宇佐木保との関連で注目すべきは、この中原氏の一族に中原俊茂がいることである。この俊茂は、六位史で蔵人所出納職を兼ね、伏見・後伏見・花園上皇の主典代を歴任している。[17]活動時期がほぼ同時期であること、また両者の官職から判断すると、先の譲状を作成した俊茂とこの中原俊茂とは、同一人物だと考えて良いであろう。

表1　中原一族一覧表

	造東大寺司	官職
基康	造東大寺判官(1181～1198～)	主典代(後鳥羽)、左衛門尉
成方	造東大寺主典(1219～)	
俊職	造東大寺判官(1222～1232～)	主典代(後鳥羽)、出納、中宮権大属
職清	修理東大寺大仏次官(1238～)	
重俊	造東大寺判官(～1236～1248～)	主典代(後嵯峨、後深草)、出納、東市正、大宰少弐
俊秀	修理東大寺大仏判官(～1251～1259～)	主典代、出納、右大史
俊清	造東大寺判官(～1238～1248～)	左大史
俊茂	――――――――――――	主典代(伏見、後伏見、花園)、出納、東市正、六位史

つまり宇佐木保を領有していた俊茂は、院の主典代や蔵人所の出納職を歴任して、院や天皇周辺の生活や行事における必需品の管理を行っていた。そこで俊茂一族の中原氏についてもう少し検討していこう。

まず史料や古記録から官職を抽出して表を作成した。この表1によると、彼らは蔵人所の出納職や院の主典代を歴任するだけでなく、俊秀が右大史を、また俊清が左大史を歴任していた。さらに、俊秀は壬生家領有の摂津国採銅所の別当も勤めている(18)。このことから、俊茂の一族が小槻氏の指揮下にいたことがわかる。しかしここで宇佐木保との関連で注目すべきは、俊職が造東大寺所の判官を、重俊が同次官を、そして俊清も同判官を兼務していることである。というのは、前述したように橋本氏が、晴富の宇佐木保司得分の領有を修理東大寺大仏長官職や造東大寺次官と結びつけて考えているからである(19)。このことから俊茂の宇佐木保領有を、同じように俊茂の一族が造東大寺の次官や判官を歴任したことと結びつけることができるのではないか。そこでこの点について、俊茂が嫡女全福へ譲渡した所領から検討しよう。

俊茂から全福へ譲渡された所領は、主殿寮領の綾部荘と東大寺領の宇佐木保、そして屋敷地であった。主殿寮領は、壬生家が鎌倉時代以降主殿頭を世襲したことにより壬生家の私領と化していることから、綾部荘も壬生家との関連を想定することができる。しかし壬生家の文書群の中に関連史料が全く遺されていないので、壬生家が主殿頭となる前に主殿寮から離れて別相伝となっていたと考えられる。また、宇佐木保は、十五世紀半ばに晴富が領有していたことから、同じように壬生家との関連を想定することができる。しかし、建治三年（一二七七）頃、一族大宮朝治と所領を巡って争った相論の際に壬生有家は、壬生家の所領等を書き上げた官中便補地別相伝輩幷由緒注文を作成したが、そこには小槻氏由緒の所領であるはずの宇佐木保が記されていない。このことから小槻氏が宇佐木保を領有するのは少なくとも建治三年を遡ることはない。[20]したがって俊茂が宇佐木保を領有していたのは、相次いで造東大寺の次官や判官を歴任した一族からの譲渡によると考える方が自然であろう。[21]

なお、その後の宇佐木保は、四條坊門大宮の屋敷地が全福以降の伝領が明らかなのとは事なり綾部荘と共ども伝領が不明である。恐らく、再び別相伝となって中原氏の手を離れたのであろう。[22]

第二節　壬生晴富の宇佐木保領有

本節では、十五世紀を中心に壬生家が宇佐木保をどのように領有していたのか、その実態について検討する。そこでまずに宇佐木保の得分送進について確認しておきたい。

〔史料二〕

「□しくわん江まいる」

送進宇佐木保司御得分事

合

乃米参石内三斗沙汰ニ引之

残弐石七斗内
　俵賃八升
　倉〻二升七合
　船〻四斗三升二合
正米弐石一斗六升一合
右、御米者、竈戸関薬師丸ニ運上候、彼船兵庫着岸之時、任送文之旨、可有御寺納者也、仍送状如件、
寛正弐年十一月廿五日　玉叡（花押）
造寺官江参(23)

〔史料二〕は、寛正二年（一四六一）東大寺の目代玉叡が、当時造東大寺次官であった壬生晴富に保司得分の送進を報告した送進状である。晴富に宇佐木保の保司得分が送進されていたのは、天文十九年（一五五〇）頃の宇佐木保の得分注文に「造寺官徳分正税三石」(24)とあるように、保司得分が造寺官の得分に充てられていたからである。〔史料二〕によると、晴富に給付された造寺官得分は、額面上乃米三石であったが、そこから俵賃や倉賃、船賃などの沙汰料が差し引かれ、実際に晴富の手許に届いたのは正米二石一斗余であった(25)。

次に得分がどのような方法で徴収されていたのかを検討してみよう。明応二年（一四九三）八月十二日、国衙候人竹屋盛継と得富国資は大内政弘の臣相良正任へ宛てた書状の中で、「先未進事者、正税料田、陶殿被官稲田相拘無沙汰候、（中略）稲田事、既墜竈（ママ）仕候上者、不及是非候、仍彼料田事、自去年国衙直務候」(26)と報告している。このことから、宇佐木保内に料田が設定され、そこからの正税が得分に充てられたと考える。その料田は、陶氏の被官が代官として管理していたが、度重なる年貢未進のため明応元年に解任され、国衙の直務となったという。

このことから晴富は料田からの正税の一部を給付され、下地に対しては進止権を持たなかったことがわかる。(27)

続いて、晴富の宇佐木保領有の状況について検討していこう。当時、独自の年貢送進システムを持っている公家は少なく、多くは問丸や武士、僧侶などの代官に依存していたとされる。宇佐木保における壬生家の場合も例外でなく、例えば享徳四年（一四五五）東大寺の周防国目代玉叡が晴富へ宛てた得分送進状に、「右御米者、竈戸関船薬師丸ニ運上候、彼船兵庫着津時、任送文旨可有御請取候也」(28)とあるように、東大寺の目代が徴収から兵庫津までの送進を代行し、竈戸関船籍の薬師丸に積載し、兵庫津において壬生家へ勘渡していた。

ところが〔史料二〕に見られるように、寛正二年頃になると周防国から送進されてきた得分は、兵庫津から一旦東大寺の油倉に納められ、その後油倉から壬生家へ送進されるルートに変更された。(29)何故送進ルートが変更されたのか、その理由を明らかにするためにその後の得分の進納状況を検討する。

〔史料三〕

□（寛正六年ヨリ）応仁二年マテ四ヶ年未進十二石
■■ハ沙汰之
□（文明二年ヨ）リ同九年マテ八年未進（此八ヶ年之内御半済国衙散用）
同十年未進三石
同十一年己亥卯月十七日　実政送文
乃米壱石二斗四升八合云ゝ
同十二年庚子三月十四日　実政送文両通
乃米壱石四斗三升七合云ゝ

乃米七斗二升八合云々
同十三年　御屋形千疋召放給之
同十四年壬寅二月三日　叡義送文
乃米壱石五斗　文明十三年分云々
同十五年六月廿七日　叡義送文
乃米壱石　十四年分云々　同十七年未進
同十六年九月□□　叡義送文
乃米壱石
已上九斗五合 九石九斗五升三合
惣都合
三十三石九斗五升三合(30)

〔史料三〕は寛正六年（一四六五）より文明十六年までの保司得分の送進を記した注文である。この注文によると、送進ルートが変更されてから間もない寛正六年から文明十年迄の間得分は未進であったが、文明十一年になって送進が再開される。しかし送進される得分は定額よりも少ない状態が続き、文明十七年になるとふたたび未進となったことがわかる。未進が恒常化する中、晴富が東大寺へ得分の送進を要請したところ、東大寺油倉の知事承作は、「油倉之借物本利千計迷惑候、適少事上候時も銭主方へ引取候間、造寺之金退転仕候、況油倉へ強使被付候間、役人止住之儀不計候、零落以外成候、被達上聞、銭主方御成敗借物停止候者、可被目出候」(31)と回答してきた。つまり、当時年貢が銭主方に差し押さえられているだけでなく、油倉本体も彼等の強使によって占拠されており、役人も止住することができない状況だったので、晴富への送進が滞っているのだと弁明している。

そしてこのような状態は、上聞に達して銭主方が成敗され、借物が停止されれば、解決することができるであろうと述べている。

このことから送進ルートの変更は、当時莫大な借入金によって経済的破綻に陥っていた油倉が、宇佐木保からの得分も他の国衙領からの正税と同様に借入金へ優先的に充当するためであった。(32)

晴富は、これに対して東大寺へ得分の送進を要請すると同時に、文明八年（一四七六）幕府を通じて守護大内政弘に対しても得分を直納させるよう要請している。(33)とすると、目代実政や叡義による文明十一年以降の送進の実現は、応仁の乱の終結が重要な要因の一つではあるが、油倉が機能を果たしていなかったのであるから、大内氏が関与した結果だと考えるべきであろう。そこで次節では晴富の得分領有に大内氏がどのように関与していたのかを検討する。

第三節　大内氏の領国支配と壬生家

大内氏が宇佐木保の得分送進に関与するようになったのは、前述したように文明八年頃からであった。晴富が幕府を通じて大内氏に得分の送進を依頼したところ、大内政弘は国衙候人に命じて得分を送進させている。〔史料三〕にある文明十三年の「御屋形千疋召放」とは、政弘が千疋を提供したのではなく、実際には政弘の命を受けた国衙候人らが未進分の内千疋を送進したことを指しているのであろう。(34)

文明十七年（一四八五）に、ふたたび目代からの得分が未進となると、大内政弘は東大寺の目代に得分の送進を命じたことを晴富へ伝えている。(35)さらに同じ年、政弘が宇佐木保役の請文を晴富に出すと、晴富は東大寺を経ないで直接周防国の国衙と間で連絡を取り交わすようになった。晴富が直接国衙へ奉書を下すよう幕府に依頼したのは、そのためであった。[36]

大内氏の請負が始まったとは言え、直ちに得分の送進とはならず、その後も未進が続いた。[37] ところが延徳二年（一四九〇）に政弘の子尊光が周防国の目代となり、国衙を支配下に入れると、[38] 大内氏の手により得分送進が再開された。明応元年（一四九二）九月には延徳三年分が、[39] さらに明応二年四月には明応元年分が、大内家の家臣によって送進されている。[40]

しかも明応元年九月の得分送進の時、「宇佐木保正税造寺官米参石国渡分、自国衙被運送候、尤南都着已後、自戒壇院雖可為勘渡候、定而京着可令遅候之間、以此方故実、令兵庫着候者、則至貴処可遂京納之由、在津役人被申付森彦左衛門尉候」とあるように、寛正二年以降の未進の原因となっていた東大寺経由のルートが停止され、それ以前の兵庫津から直接京の壬生家の許に送進するルートに戻されている。[41]

松岡久人氏は、大内政弘の代に応仁の乱が発生し、これを契機に、大内氏の国衙領に対する諸種の賦課が開始されたと述べているが、[42] 晴富への安定した得分の送進は、大内氏が国衙・国衙領を支配下に入れ、領国支配を強化するなかで可能となっていることは注意すべきであろう。

文明十八年頃には国衙候人の竹屋盛澄や竹屋正継らが、大内氏へ宛てて宇佐木保の年貢銭注文を送進し、[43] また明応二年（一四九三）には竹屋盛継や得富国資らが、明応元年から料田が国衙直務となったことと、今後未進を行わない旨を大内氏に上申している。[44] この様に本来目代の指揮下にいた国衙候人らが得分注文を送進したり、得分送進に関して復命したのは、大内氏が得分を守護請としたからであるが、すでにこの頃には大内氏と国衙候人との間は、かなり緊密な関係となっていたことが窺える。

そして明応四年（一四九五）八月、目代尊光は国衙候人得富国資を宇佐木保の保司職に補任し、守護大内政弘が補任状に外題を与えている。大内氏は、守護から戦国大名へ成長する際に、東大寺が支配する国衙や国衙領を支配下に組み込むことが必要であったが、そのために国務を担う得富国資を宇佐木保の保司に補任することで被官化した(45)。つまり得分の守護請は、大内氏が領国支配のための宇佐木保経営の転換点であったが、その一方で壬生家との関係も変化した年でもあった。
明応四年は、このように大内氏の宇佐木保経営の転換点であったが、その一方で壬生家との関係も変化した年でもあった。そこで次に、大内氏と壬生家の関係について検討する。

十五世紀中期以降公家や文化人が、京都の戦乱を避けて山口に移り住み、山口で京文化が花開いたことは周知の通りである。大内氏と京との交流は、少なくとも平安時代末期にまで遡ることができる(46)。鎌倉時代に入ると大内氏は、幕府との結びつきを強め、六波羅探題の整備が進む鎌倉時代中期になると京都に常駐するようになり(47)、鎌倉時代後期になると重弘が六波羅評定衆になった。

室町時代になって周防国の守護となると、大内氏は幕府だけでなく公家や文化人との交流も積極的に行っている。「蜷川親元日記」や「実隆公記」などの記録によると、太刀や馬、衣服、銭などが大内氏から将軍家や朝廷・公家へ贈られ、反対に大内氏へは和歌の短冊や扇、紙などが贈られていた(48)。

壬生家と大内氏との間でも同じように密接な交流が行われたと考えられる。そこで次に両家の交流の内、晴富から大内政弘への贈答について検討する。

文明十一年（一四七九）には『臨時朔旦旧記』と「除目小折紙」が、また文明十二年には『樵談治要』が贈られている(49)。しかもこの文明十二年は、改暦の宣旨も贈られることになっていた(50)。その後も翌文明十三年には、正月二十五日の勝仁親王御所の和歌会の記録が(51)、文明十七年（一四八五）には三本の扇が(52)、延徳二年（一四九〇）には、元日の節会や白馬節会の記録、足利義政の贈太政大臣の宣下宣命の写し(53)、そして同年二月には飛鳥井や冷泉らの短冊百題が贈られている(54)。そして明応二年（一四九三）には式目追加の写し一冊が贈られている(55)。なお時期は不明であるが、弓二十張りも贈られていた(56)。

一方、大内氏から晴富への贈答について検討すると、文明十九年に小袖一重や茶が[57]、また延徳二年に黄染の北絹一端が[58]、そして時期は不明であるが、香炉が贈られている[59]。

以上、壬生家と大内氏との交流についてその具体例を見たが、そこから次の点を指摘することができる。①壬生家と大内氏との間の書状等の残存に偏りがあるとしても、壬生家から大内氏への品物の贈呈や情報の提供が圧倒的に多く、②また時期的には文明十一・十二年頃、同十八・十九年頃、延徳二年頃に集中しているが、これはいずれも周防国からの得分送進に変化が生じた時期とほぼ一致している。このことから、晴富が物品や情報を積極的に提供したのは、造寺官得分の安定的な送進を保証するために、守護大内氏の歓心を買うことが目的だったことがわかる。延徳二年晴富が飛鳥井や冷泉らの短冊百題を贈ったの対し、大内家の家臣相良正任は、「殊於此方難得之重宝之秘蔵無極候」と晴富へ謝礼を述べると同時に、「色〻雖被下知候、不及収納候、少事候とも到来候者、可上進之由申付候[60]」と、得分の送進も約束しているので、贈与と安堵が一体だったことは明らかである。

ところがこのような壬生家と大内氏との交流は、明応四年を境に極端に少なくなってしまう。その理由については、得分の安定送進のために積極的に大内氏との交流をしていた壬生家が大内氏との関係を断つとも考えられないし、また大内氏の方でも公家や文化人を山口に招いて保護していることから、壬生家との関係を断つとは考えられない。まして、大内氏が未進分を総て送進したために晴富からの未進の督促がなくなったということも、それまでの大内氏との交渉の経緯からすると考えられない。つまり他に理由を考えなければならない。

明応四年頃で大内氏と壬生家に関わる重要な出来事としては、明応四年に得富氏が宇佐木保の保司職に補任されたことと、その前年明応三年に大内氏から壬生家へ官庫修理用途料が贈与されたことがある。つまり、この二つの出来事が大内氏と壬生家との交流に何らかの影響を与えたと考えられる。得富氏の保司職補任については、既に触れたので、ここでは修理用途料の贈与について検討しよう。

代々左大史を歴任した壬生家は、職務上携わった宣旨や口宣案を自家の庫で保管しており、この庫が官庫と呼ばれていた。その官庫が大破したため、晴富は修理の費用を捻出するために、朝廷に援助を訴えるとともに、広く奉加を要請した。(61)当然ながら朝廷では、それに応えるだけの経済的余力はなく、幕府へ依頼するよう回答している。(62)この時越後国守護上杉房能が修理料を寄進する志があることを伝えてきており、幕府は房能へ官庫修理を命じている。(63)また晴富は大内氏に対しても直接奉加を要請したが、(64)明応三年になってようやく三千疋が壬生家へ贈与されている。(65)

この三千疋が総て官庫修理の費用に充てられたのかどうかは不明であるが、贈与後も「宇佐木保年貢違先規小分沙汰事等、申遣之」(66)と、変わらずに得分の送進を要請していることから、晴富はこの贈与が造寺官得分とは全く別ものと考えていたことは確かである。しかしそれにも関わらず、これ以降晴富からの督促や品物等の贈呈が史料上からなくなったのは、恐らくこの三千疋を官庫修理費用だけでなく、保司得分の未進分へ充当することにも晴富が納得したからであろう。

このように何度も得分送進を要請していた晴富が大内氏の要求を受け入れたのは、明応三年（一四九四）に大内政弘に替わって義興が家督を継いだことで、宇佐木保の得分への対応が変更されたからである。義興は翌明徳四年に国衙候人得富国資を保司職に補任したが、これは得富国資に得分の徴収から送進までを請負わせようとしたのであろう。

これ以降、壬生家は宇佐木保の保司得分に関する史料が消えてしまう。それは保司職に任ぜられた得富国資が得分の徴収と送進を請負ったからとも考えられるが、何よりも大内氏と頻繁に連絡をとって得分の維持に努めていた晴富が明応六年（一四九七）に七十六歳で死去したためであった。

結び

本章では、十五世紀の壬生晴富の領有を中心に宇佐木保について検討した。最後に明らかとなったことをまとめて結びとする。

晴富は、保内に設定された料田から正税の一部を得分として給付されていただけで、下地に対しては全く進止権を有していなかった。このような得分のみの給付は、国衙領の所職の得分が東大寺内の特定の僧に充てられていたのと同じ形式であった。この宇佐木保の保司得分が造寺官の得分に充てられるようになるのは、中原俊茂の事例から、少なくとも鎌倉時代中期頃まで遡る可能性がある。

得分の送進は、当初東大寺の目代が請負っていたが、油倉が経済的破綻によって機能しなくなると、代わって大内氏が徴収から送進を請負うようになった。晴富がこの時期頻繁に品物や京都の情報を提供しているのは、守護大内氏の歓心を買うことによって得分の安定的な送進の保証を得るためであった。その後、大内義興は国衙候人得富国資を保司職としたが、それは大内氏が行っていた得分の徴収から送進を請負わせるためであろう。ところが同じ頃に晴富が死去したため、壬生家と大内家との間で頻繁にあった交流は史料上確認できなくなるが、両者との関係、そして壬生家と宇佐木保との関係は、その後も細々と続いていたようである。壬生家と宇佐木保との関係が完全に断ち切れるのは、天文十年（一五四一）頃になってからである。最後にその事情について触れておきたい。

明応四年から四十五年程経た天文十年頃、晴富の孫于恒は、当時周防国山口に下向していた一族大宮伊治に、常光寺へ与奪する予定の造寺官得分の様子について尋ねている(67)。この于恒の書状を最後に保司得分に関する記事が壬生家文書中からなくなるので、この後間もなく得分が常光寺へ与奪されたのであろう。

この于恒と常光寺との関わりは、天文四年（一五三五）にまで遡る。「于恒宿禰記」天文四年十月三日条に引用された于恒が柳原資定へ宛てた書状によると、「為防州常光寺住持愚息所望之由、自左京兆被申候歟」と、大内義隆から于恒の子息を周防国の常光寺の住職にするよう要請してきたことがわかる。それによると、于恒の子是宝は、当時九歳で因幡国に在国しているが、十三歳になってから周防国へ下向させるであろうと、于恒は資定に伝えている。天文七年（一五三八）十二月大内義隆に宛てた書状で、于恒が「抑常光寺喝食得度之由大慶此事候」というように祝意を述べていることから、この喝食は是宝のことで、この時に得度したことがわかる。(68) つまり于恒が保司得分を常光寺へ与奪したのは、彼の子息が住持となったことをきっかけにして、明応四年以来実質的な領有ができずにいた保司得分を常光寺に与奪という形で放棄をしたのであろう。

註

（1）橋本義彦「官務家小槻氏の成立とその性格」（『平安貴族社会の研究』吉川弘文館、一九七六年）。
（2）田村裕「第三章　中世前期の平生地方」、松浦義則「第四章　大内氏の領国支配と平生地方」（『平生町史』平生町、一九七八年）。
（3）永村眞『中世東大寺の組織と経営』（塙書房、一九八九年）。
（4）『国史大辞典』太政官厨家の項の「官中所領一覧」。
（5）岸田裕之『大名領国の構成的展開』（吉川弘文館、一九八三年）。
（6）『吾妻鏡』元暦二年正月二六日条（『新訂増補　国史大系普及版』、以下同）。
（7）註（2）『平生町史』。
（8）吉川聡「鎌倉時代周防国庁関係文書」（『奈良文化財研究所紀要』二〇〇五年）も参照。吉川聡・遠藤基郎・小原嘉記「「東大寺大勧進文書集」の研究」、吉川聡・小原嘉記「「東大寺大勧進文書集」の書誌的考察」（『南都仏教』九一号、二〇〇八年)。「東大寺大勧進文書集」七七号(以下「東大寺大勧進文書集」は「大勧進文書」と省略)。

(9)『鎌倉遺文』一六九号(東京堂出版、以下『鎌倉遺文』は『鎌倉』と省略)。

(10)『鎌倉』六三二七号。

(11) 註(2)『平生町史』。

(12) 年月日未詳宇佐木保地頭沙弥蓮信申状案(遠藤基郎「「筒井寛秀氏所蔵文書」弘安徳政関連文書」『南都仏教』七六号、一九九九年二月)。なお、神代保は、平安時代末期の安元二年(一一七六)頃に「玖河・周防・神代保三ケ所」内には厳島神社領の名田が設定されていて、官物が収納されていた(『平安遺文』六三七八号・同六三七九号、東京堂出版)。

(13)『鎌倉』一八六〇五号、同一八六〇六号、同一八六七三号。

(14)『山口県史　史料編中世2』「冷泉家文書」九号(山口県、二〇〇一年)。

(15) 延慶四年三月十六日中原俊茂譲状案(『師守記』(史料纂集、続群書類従完成会)貞治三年四月二十九日～二十六日条の紙背文書)。

(16) 小泉恵子「中世前期に於ける下級官人について」(石井進編『中世の人と政治』吉川弘文館、一九八八年)。

(17)『吉続記』建治元年十一月二日条、「園太暦」貞和五年二月二十七日条、「洞院家廿巻部類」正安三年三月二十一日条、「資朝卿記」文保二年二月二十六日条、『鎌倉』一九一九八号。

(18) 註(1)橋本氏論文、『国史大辞典』太政官厨家の項の「官中所領一覧」。

(19)『壬生家文書』(図書寮叢刊、明治書院)八二号(以下『壬生家文書』は『壬生』と省略)。

(20) 官中便補地別相伝輩幷由緒注文は、当知行・不知行を含めた小槻氏の所領十九ヵ所の由緒などが書き上げられている。これから洩れた所領としては、摂津国採銅所と高樋荘、そして宇佐木保があった。この内採銅所と高樋荘は南北朝時代以前から壬生家の領有が確認できるが、宇佐木保は明徳二年(一三九一)三月以前については確認できない(『壬生』一七四二号)。

(21) 中原一族の中で俊茂と最も身近な人物としては中原重俊がいる。重俊と俊茂との関係については、状況証拠ではあるが、次の史料から窺うことができるであろう。年月日未詳の洛中大工條事書に「別納所　以散在工末守、号別納所工、拘申之、此条、無先例事也、且故重俊別納所多年奉行之時、無其儀、且可有御尋出納俊茂者歟」（『鎌倉』一九一九八号）とある。これは散在工末守を院の別納所の工人だと称して召抱えているが、これは先例にないことである。重俊が別納所年預をつとめた時にはそのような例がないので、当時蔵人所出納の俊茂に尋ねたらどうか、という意味である。ここで、別納所の工人に関わることを重俊の後任に尋ねるのではなく、蔵人所出納の俊茂に尋ねてはどうかといっていることは、重俊が職務上得た情報を俊茂が所持していたからであろう。

また、永仁六年（一二九八）七月二十二日伏見上皇が新たに院庁を開設した時、主典代に安倍資郷と中原俊茂が補任された。部類記には、主典代として二人の名が記され、それに続いて「以上正元資俊・重俊等例也」と記されている（「実任卿記」永仁六年七月二十二日条）。この正元資俊・重俊とは、正元元年（一二五九）十一月二十六日に後深草上皇が院庁を開設した時主典代となった安倍資俊と中原重俊である（「民経記」正元元年十一月二十六日条）。しかし資俊と重俊が二人で主典代を勤めたのは、この時が始めてではなく後嵯峨上皇の時からだった。このことから先の部類記で「正元の例」と記されたのは、後嵯峨上皇、後深草上皇と二代に渡って安部氏と中原氏が相並んで主典代を勤め、さらに続いて伏見上皇の時にも一族の安部氏と中原氏が主典代に補任されたということを、単に強調することが目的だったのではなく、資俊と資郷の親子二代が続けて主典代となったのと同じように（註（16）小泉氏論文）、重俊と俊茂が二代続けて主典代となったことを強調するためだった。

以上のことから重俊と俊茂は、非常に身近な関係、親子もしくは祖父と孫の関係にあったと考えられる。

（22）俊茂の譲状は、康永元年（一三四二）六月、四條坊門大宮屋地を巡る相論の際、全福が記録所へ証拠として提出した書類である。屋地の伝領は、全福から嫡女かうしゅ女へ、そして所えいの御房へと譲渡されている（康永元年六月二十日記録所評定事書、康永元年六月二十日検非違使別当御教書案、康永元年六月二十日検非違使庁下文、貞和二年二月十日尼妙円譲状案、貞和五年二月十日かうしゅ女譲状案、以上いずれも註（15）『師守記』貞治三年四月二十九日～二十六日条の紙背文書）。

（23）『壬生』四一〇号。

（24）『壬生』二八九号。

（25）『壬生』四一〇号。享徳四年には晴富の手許に二石四斗が送進されている（『壬生』四〇八号）。

（26）『壬生』一七六五号。

(27) 宇佐木保の所職に関わる名で確認できるのは公文名だけである（『大日本古文書　家わけ第十八　東大寺文書』七〇三号）。料田は、国衙が直務していることから、特に保司名のような給田ではなかった。
(28) 『壬生』四〇八号。
(29) 『壬生』四一〇号。
(30) 『壬生』五〇二号。
(31) 『壬生』二四一号。
(32) 『壬生』二四一号、同一七五一号、（文明十九年）二月二十八日相良正任書状（狩野亨吉氏蒐集文書）。油倉の経済活動については、註（3）永村氏著書を参照されたい。
(33) 『壬生』二四一号、同八一〇号、同二八九号。
(34) 文明十二年十一月二十七日、大内政弘は「造寺分事加下知候之間、如形其沙汰候哉」と造寺官得分を送進するよう下知した旨を晴富に知らせている（『壬生』一七五三号）。その一方で、文明十七年十月二日に国衙候人の竹屋・得富らが大内家家臣相良正任らに提出した注文には、「正拾貫文文明十二秋依御催促運上之」（『壬生』四一八号）とある。このことから、彼らが政弘の催促に応じて十貫（千疋）を送進していたことがわかる。
(35) 『壬生』一三八八（二）号。
(36) 『壬生』四三二号、文明十九年二月二十八日相良遠江守正任書状（狩野亨吉氏蒐集文書）。
(37) 長享元年十一月、室町幕府は目代に国衙寺用の内から未進分を究済するよう命じている（『壬生』一三三二号）。
(38) 「周防国吏務代過現名帳」（東大寺図書館所蔵東大寺文書一〇四―八五一―一号、奈良国立文化財研究所編『東大寺文書目録』同朋舎、以下東大寺図書館所蔵文書は「東大寺文書」と省略）。『大日本古文書　家わけ第二十　東福寺文書』四四八号（東京大学）。大内氏による国衙押領については松岡久人「室町戦国期の周防国衙領と大内氏」福尾教授退官記念事業会編『日本中世史論集』（吉川弘文館、一九七二年、後に松岡久人著・岸田裕之編『大内氏の研究』清文堂出版、二〇一一年に再録）を参考されたい。
(39) 『壬生』二〇〇号・同四〇〇号・同四〇一号。
(40) 『壬生』一七六五号。
(41) 『壬生』二〇〇号。

(42) 註(38)松岡氏論文。
(43) 『壬生』四一八号。
(44) 『壬生』一七六五号。
(45) 明応四年八月二十日周防国留守所下文(『防府市史　史料Ⅰ』「得富家文書東京大学史料編纂所所蔵文書」五号、防府市、二〇〇〇年)。大内氏が在庁官人や国衙候人らの被官化を積極的に推進していたことについては、本多博之「中世後期東大寺の周防国衙領支配の展開」(『日本史研究』二九六号、一九八七年四月)を参照されたい。
(46) 『玉葉』治承二年十月八日条、松岡久人「大内氏の発展とその領国支配」(『大名領国と城下町』柳原書店、一九五七年)。
(47) 松岡久人「鎌倉末期周防国衙領支配の動向と大内氏」(竹内理三博士還暦記念会編『荘園制と武家社会』吉川弘文館、一九六九年、後に註(38)の松岡久人著書に再録)。
(48) 『山口県史　史料編中世1』(山口県、一九九六年)。
(49) 『壬生』一七五三号。
(50) 文明十三年十二月八日相良正任書状(狩野亨吉蒐集文書二)。
(51) 『壬生』五二三号。
(52) 『壬生』一三八八号。
(53) 延徳二年四月二十四日相良正任書状(京都大学文学部所蔵壬生家文書二)。
(54) 『壬生』二六〇号。
(55) 年未詳十月三日大内家奉行人連署書状(京都大学文学部所蔵壬生家文書二)。
(56) 年未詳四月六日相良正任書状(京都大学文学部所蔵壬生家文書二)。
(57) 文明十九年二月二十八日壬生晴富書状土代(京都大学文学部所蔵壬生家文書二)。
(58) 延徳二年四月二十四日相良正任書状(京都大学文学部所蔵壬生家文書二)。
(59) 年未詳四月六日相良正任書状(京都大学文学部所蔵壬生家文書二)。
(60) 延徳二年四月二十四日相良正任書状(京都大学文学部所蔵壬生家文書二)。
(61) 『壬生』一六三四号。

(62)『壬生』一六三五号。
(63)『壬生』一六三六号、同一六三八号。
(64)『壬生』一五二号、（明応二年）八月二十八日壬生晴富書状土代（京都大学文学部所蔵壬生家文書二）。
(65)（明応二年）十月三日大内家奉行人連署書状（京都大学文学部所蔵壬生家文書二）、（明応三年）三月十一日壬生晴富書状土代（京都大学文学部所蔵壬生家文書二）。
(66)「晴富宿禰記」明応四年三月十八日条。
(67)『壬生』五一一号。
(68)『壬生』二七二（一）号。常光寺の所在は不明である。ただし、永享十一年三月の善福寺末寺注文中に「田布施常光寺」とある（『萩藩閥閲録』「山口善福寺文書」五号）。田布施は宇佐木保と隣接する地であるが、この常光寺と宇佐木保得分が与奪された常光寺との関係は確認できない。

第三章　毛利氏の周防国進出と東大寺

はじめに

本書第三部第一章では、大内氏が国衙を押領する十六世紀初頭から東大寺へ返付され、その後東大寺による国衙経営の立て直しがはかられた十六世紀半ばまでについて、東大寺の経営組織の変化に視点をおいて検討した。本章では、それに続く、中近世の移行期にあたる十六世紀半ばから十七世紀初頭について検討する。

この時期は、大名として権勢を誇っていた大内氏が安芸国の国人である毛利氏によって滅ぼされ、その毛利氏が大名領国制を展開する時期であったため、先行研究は大内氏の後に周防国の国主となった毛利氏についてはその大名領国制の分析に力点が置かれ、(1)毛利氏のもとで国衙土居八町を領有した東大寺についてはほとんど言及されていない。そこで本章では東大寺領としての国衙土居八町成立の経緯や経営などについて検討していく。

その際、第一節では、大内氏の滅亡と毛利氏の入国による混乱を原因とする寺領減少と、それに対する東大寺による国衙領回復交渉について検討し、第二節では、国衙土居八町の実態を明らかにするとともに、具体的な経営について特に国衙候人を中心に検討、そして第三節では国衙土居八町の経営について東大寺の寺内組織について検討する。

第一節　毛利氏の入国と国衙・国衙領の回復交渉

本節では、大内氏の滅亡の経緯とその後毛利氏との間で繰り返された回復交渉について検討する。

まず、大内氏の滅亡について概略を見ていこう。周防国の大守であった大内義隆が殺害されたのは、直接には重臣陶隆房（晴賢）ら武闘派有力家臣が反旗を翻して彼を責め立てたからであったが、「大内義隆記」は、その遠因を義隆の腹心相良武任が隆房ら重臣と対立したことによるとしている。(2)

それによると、実子がいなかった陶隆房に対して、相良武任は、頻りに我が子を養子にするよう働きかけていたが、隆房が一族右田氏を養子としたために逆恨みをし、隆房の知行地得地三千貫と小周防百町が以前東大寺領であるから返付すべきだと義隆へ進言したり、また隆房や杉・内藤など重臣による義隆への愁訴を武任が妨害したりしたため、彼らから恨みを抱かれるようになった。天文十九年（一五五〇）九月五日、今八幡・三宮の祭礼に義隆が参詣した留守をねらって武任を討とうとしたが、この時は武任が自ら退去して戦闘に至らなかった。しかし、これをきっかけに文雅にふける義隆と隆房らとの間に大きな溝が出来てしまい、やがて隆房による義隆殺害へと発展していったというのである。

この「大内義隆記」は、陶隆房を擁護する立場で記された軍記であるので、ここに記されているようなことが実際にあったのかを確認することから始めていく。

〔史料一〕

愛染明王法千座御祈願条〻

一、寺社安穏、紹隆仏法事
一、諸国寺領興複、別防州国衙安穏繁昌事
一、防州大守御武運長久、御願円満事
一、陶尾張守隆房悪心帰伏事
一、本僧坊供料押妨除却事

以上

天文十九年十一月日　　年預五師
英運(3)

〔史料一〕は、将に大内義隆と陶隆房の対立が表面化した天文十九年（一五五〇）十一月に、学侶方によって勤修された愛染明王法千座で祈禱された祈願の趣旨を書き上げたものである。

最初の第一条は、東大寺や八幡宮などの寺社安穏と仏法興隆の祈願で、定番の内容である。次の第二条は、諸国にある寺領の興行、その中でも特に周防国の国衙の安穏祈願である。さらに第三条は、その周防国の大守である大内義隆の武運長久の祈願である。第四条は、大内氏の重臣の一人陶隆房の悪心を帰伏する祈願。そして最後の第五条は、本僧坊供料への押妨を除くための祈願である。

この本僧坊供の本僧坊とは、講堂の北方にあった三面僧坊のことである。その三面僧坊に建長六年（一二五四）聖惐によって大和国窪荘内の私領が寄進されると、これに合わせて毎年十一月二十日に東大寺八幡宮で法華経八巻と無量議経、普賢経の十座の講問を行う本僧坊供（本願講）が開始された。窪荘からは、毎年預所により米三十六石が進納され、それらは本願講布施や納所講問、結解料、納所得分、承仕給に充てられてから、残りが参仕する十人の学侶僧に給付されていたので、この窪荘を押領する勢力を取り除くための祈願であろう。

これら五ヵ条をみると、この時の祈禱で学侶方にとって最も重要な懸案事項は、周防国の問題であったことがわかる。さらに、注目すべきは、大内義隆への扱いと陶隆房への扱いが全く異なる点である。本書第三部第一章で見たように永正六年の国衙返付後も東大寺による支配を妨げていた武家の中で最も有力な勢力は、陶氏やその一族右田氏であった。これに対して大内義隆は徳政を下して国衙領を保護するなど、むしろ東大寺を尊重する姿勢を見せていた。つまり返付後、東大寺が不完全ながらも国衙・国衙領支配を回復することができたのは、義隆による保護政策があったからで、東大寺自身はその点を十分承知していたのである。

さて、周知のように東大寺の祈りも空しく両者の対立は深まり、翌天文二十年八月に隆房らは挙兵して、同年九月に義隆を長門国大津郡深川の大寧寺で滅ぼしてしまった。隆房は、翌天文二十一年三月に豊後から大友義鎮の弟晴英を迎えて大内氏を継がせ、自らは晴賢と改名するとともに、国政を掌握した。ところが早くも義隆の姉婿であった石見国津和野三本松城の城主吉見正頼が反旗を翻したため、天文二十三年三月晴賢は正頼を攻めたが、正頼の求めに応じた毛利元就が挙兵すると、安芸国厳島有ノ浦宮ノ尾に囮城（宮ノ尾城）を築いて備えた。弘治元年（一五五五）九月二十一日、晴賢は、軍勢二万を率いて厳島に上陸したが、逆に十月一日元就に厳島を急襲されて滅亡してしまった。

晴賢を滅ぼした元就らはその勢いで周防国へ攻め込んだが、山代一揆など大内方の地侍の抵抗を受けた。弘治三年（一五五七）三月八日になって漸く陶氏の本拠富田若山城を陥落させ、そして四月三日に大内義長を自害させて、大内氏を滅亡させたのである。

この毛利氏の侵入に先んじ東大寺は、陶晴賢が滅亡したことを受けて幕府に対して国衙の回復を求めて訴えを起こしている。

〔史料二〕

（端裏付箋）
「義輝将軍奉書」

東大寺大仏殿防州国衙事、往古以来当知行無相違之處、近年有競望之族間、対陶尾張守以前雖被成奉書于今事行条、無双之大伽藍今般及大破云々、甚不可然、所詮如先厳密可致其沙汰之旨堅可被加下知之由、所被仰下也、仍執達如件、

弘治二年二月廿七日　　散位（花押）

前大和守（花押）

大内左京大夫殿(4)

〔史料二〕は、弘治二年（一五五六）二月二十七日に、東大寺の訴えを受けた室町幕府が大内義長へ宛てて下した奉行人奉書で、晴賢へ以前奉書を下したが従わなかったため、伽藍が大破してしまったので、速やかに奉書に従うよう命じている。しかしこの時の東大寺の返付運動は、交渉相手としていた大内義長がまもなく毛利氏によって滅ぼされてしまったため、新たに毛利氏と交渉を始めなければならなかった。

東大寺は、大内義長が滅んで間もない弘治三年五月十一日に毛利氏との交渉のために、寺僧延秀を毛利氏の本拠安芸国吉田郡山城へ派遣した。その延秀は、六月十四日になって東大寺の知事代や年預五師へ宛てた書状で交渉の経緯と結果を知らせてきた。

その内容は、多岐に亘るが要点を述べると、参詣のために厳島に訪れていた元就・隆元父子に面会して国衙領の返付を申し入れたが、奉行衆や御一家衆と相談しなければならないと云われて全く相手にされなかったこと、周防国東部の道前国領分は既に毛利氏に従った安芸国や備後国の武士らに恩賞として与えられているので返付される望みは薄いこと、一方で府中や山口周辺の国衙領については未だ恩賞として与えられておらず、しかも元就・隆元父子は大内義隆時代の前例を踏襲することを表明しているから、返付される可能性はあるので奉行衆や御一家衆とよくよく折衝をすべきだとしている。(5)

延秀の連絡を受けた東大寺では、知事代や年預五師など周防国の経営に関わる者達が中心となって評定が行われ、見込みがないとされた道前国領分は、時間を経て毛利家が支配していたとしてもまだ可能性が残されていること、逆に見込みがあると報告された府中や山口周辺の国衙領については、東大寺でも返付されるという情報を得ているが油断無く直訴すること、さらに国衙候人の所領は軽率に東大寺へ宛行わないこと、国衙領五十余郷は赤川左京亮元保と児玉三郎右衛門尉就忠の二人を通して元就・隆元の両人に訴えること、そして諸領地が年内に返付されたら多少によらず年貢を寺納することなどを、延秀に命じている。(6)

その後の交渉について詳細は、史料の制約により明らかでないが、翌弘治四年三月十五日になって突然毛利氏によって国衙土居八町が安堵されている。

〔史料三〕

周防佐波郡国衙土居八町之事、任弘治四年三月十五日隆元証判之旨、可有進止候、并段銭・諸天役之事、令免除者也者、早守先例、全可有執務之状如件、

永禄十二年三月五日　　　　輝元（花押）

日代殿(7)

〔史料三〕は、永禄十二年（一五六九）三月五日に毛利輝元が国衙土居八町を東大寺に安堵したうえで、段銭や諸天役を免除した判物であるが、この判物からすでに隆元が弘治四年三月十五日に安堵していたことがわかる。

前述したように毛利氏は、弘治元年十月厳島で陶晴賢を滅ぼした後、大内氏の領国に攻め入り、弘治三年四月になってようやく大内氏を滅ぼして周防国を支配下に置いた。周防国に入国してきた毛利氏は、弘治三年四月二十一日松崎天満宮の円楽坊重雄に陶領三田尻六十石を預け、その内三十石を私領とするよう命じ(8)、翌二十二日には同じ天満宮の大専坊尊瑜に牟礼令内の広橋寺や昌慶院を安堵している(9)。また同年八月十二日には国分寺や法花寺の散在所領中に守護違乱を停止するよう命じている(10)。この他の府中周辺にあった寺社の安堵も同じ頃に行っている。このことから東大寺への安堵は、府中周辺の国衙関連寺社よりもかなり遅れて行われたことがわかる。

これは、国衙領を返付して押領以前に戻すことを求める東大寺に対して、現実的にはそれが不可能であった毛利氏が、結論を先延ばししていたとも考えられる。大内氏は周防国の在庁官人から守護大名、そして戦国大名へと成長していく過程で東大寺と何度も交渉を重ね、その中でも義隆のように自らの家臣の既得権の一部を抑制してまで東大寺の要請を受け入れることもあったが、毛利氏の場合はそれまで東大寺との間で接点はほとんどなく、しかも周防国はあくまでも占領地に過ぎない。したがって毛利氏にとって最優先に行わなくてはならないことは、毛利方に従った武士らへ恩賞を与えることであった。その結果東大寺の支配は、国衙土居八町などごく僅かな所領のみになってしまったのである。

その後も東大寺は、国衙領の返付を求めて毛利氏との間で断続的な交渉を続けたが全く成果が無かった。そういった中で、永禄八年（一五六五）八月以来対立・戦闘を繰り返していた松永久秀と三好三人衆とが、永禄十年十月十日に東大寺で戦闘を行い、そのために東大寺は炎上し、大仏や大仏殿が焼失してしまった。(11)こうして東大寺は、焼失した大仏や大仏殿、その外の伽藍の再建のための用途や材木の確保が急務となった。

〔史料四〕

抑此重書箱者、義隆御一乱之砌雖令紛失、上司大蔵入道一慶抽懇志、令馳走留置者也、誠対寺門忠節無比類次第也、併大仏八幡哀愍納受之故云々、然者国衙領悉可有還補事者、何令疑哉、其時者彼一慶至子孫迄、可有褒美者也、仍状如件、

永禄十二年巳二月吉日

東大寺多聞院
英定（花押）

〔史料四〕は、永禄十二年（一五六九）二月に多聞院英定が国衙候人上司一慶へ与えた感状である。(12)それによると、大内義隆が陶晴賢によって殺害された際の混乱の中で国衙関連の重書を納めていた文箱が紛失してしまったが、上司一慶がそれを探しだしてきたことは東大寺に対する忠節なので、国衙領が悉く返付されたら褒美を与える、と約束している。

上司一慶の奔走によって集められた重書は、具体的には大仏殿や伽藍再建のための国衙領返付を求めた訴訟の際の証文であった。この訴訟を受けて毛利氏から東大寺へもたらせられた回答が〔史料三〕である。東大寺の訴訟文書が残されていないので正確には不明であるが、東大寺は国衙領の総返付を求めたと考えられるが、輝元は結局父隆元の時に準じ国衙土居八町を安堵するのみであった。(13)このような結果にも東大寺は諦めることなく毛利

氏と交渉を続けている。次にその経緯を簡単に記しておこう。

元亀三年（一五七二）三月四日、当時目代であった無量寿院訓藝は知事代衆や年預五師へ宛てた書状で、この年の正月から二月二十四日まで安芸国の吉田へ出向いて毛利氏の奉行衆と交渉を重ねていたことを報告している。この時の交渉での最重要事項は、「銀山勧進事・国領還補事・浮米等之事、此三ヶ条、以手日記、対奉行衆各御連判にて承候へ、披露可申之由被申事候、是又御状被相副可下給候、右三ヶ条我等種〻申候処如此内儀被申事候」とあるように、銀山での勧進と国衙領の返付、そして浮米の給付に関することであった。[14]

第一点の銀山での勧進とは、当時日本屈指の銀産出量を誇っていた石見銀山での勧進であろう。山田道安によって進められていた大仏の仏頭の修理は、元亀三年に終了して正親町天皇の綸旨が下されていることから具体的な動きは確認できないが、大仏殿の再建用途のために当時町場が形成されていた石見銀山での勧進を行うとしていたのであろう。[15]第二点の国領還補とは、東大寺が従来から交渉の主眼に置いていた国衙領の返付のことである。最後の第三点の浮米とは、所領を特定してそれを宛行うのではなく、所領を特定せず年貢米だけを給付することで、具体的には、前述した毛利氏との交渉において既に安芸や備後国の武士に宛行ったために返付の見込みは薄いとされた道前国領からの「道前浮米」と安芸国山県からの「山県方浮米」のことであろうか。弘治四年三月十五日に隆元が国衙土居八町を安堵したのと同じ頃に[16]給付は決定したが、元亀三年三月の時点では未だ給付されていないことがわかる。

その後、元亀三年の七月二十九日から九月五日までの間、国衙候人の竹屋兵衛尉が吉田に逗留して、毛利家の両奉行や取次らを通して先の三ヵ条の履行を求めて交渉しようとしたが、隆元の妻が病気となってしまい一旦中断せざるを得なかった。十月に隆元の妻が死亡したので、同月二十九日から上司神介が吉田に赴き十二月十五日まで逗留して交渉にあたったところ、元亀二年分として銀子一貫八十三文目四分を渡され、さらに元亀四年の春

に使者を吉田へ派遣して交渉にあたったところ、二月九日になって元亀三年分として米百九俵を渡された。(17)

こうして交渉を重ねることでようやく浮米を得ることができたが、残りの二ヵ条については全く手詰まりであったようで、東大寺は天正四年（一五七六）正月二十三日に「当時大仏修造之最中候間、以御興隆之儀、国衙領被成御還補候者、外聞之儀尤可為衆悦候」との書状を送って毛利輝元の善意に訴えるしか手がなかった。(18)

このような東大寺の国衙領返付運動は、最終的に天正十七〜十八年にかけて周防国内で行われた検地によって所領の領有関係が確定したことで、終結してしまう。(19)文治二年（一一八六）に造営料国に宛行わられて以来、鎌倉時代前期に一時断絶があったとはいえ、四百年近くの間重要な所領であり続けた周防国と東大寺との歴史は、こうして幕を閉じたのである。そこで、次に当該期の経営がどのように行われたのかを検討する。

第二節　国衙土居八町の内部構造

第一節で見たように、東大寺が毛利氏から安堵されたのは、国衙土居八町とわずかな浮米だけであった。そのため従来の経営体制は大幅に変更を余儀なくされた。新たな経営体制について検討していく前に、本節では国衙土居八町が具体的にどのような所領で、在地ではどのような経営にあたっていたのかを検討する。

国衙土居八町とは、周防国の国衙の領域が八町四方あると考えられていたために、このように称されたが、その内部構造は次に示す通りである。

〔史料五〕

土居内惣田数之事

合
一、三拾三町三段六十歩　東西幷寺分共ニ
内
六反　　鮎川給除之、
定残三拾弐町七段六十歩
内
一、九町小　　佐波令
一、拾壱町弐反六十歩　同重任分
一、四町八反　牟礼分
一、四町五反大　同重任
一、三町壱反　安楽寺分
以上
右、大概田数如件、
天正十年午九月十二日　　仏生院 什雅
候人各中(20)

〔史料五〕は、天正十年（一五八二）九月十二日に周防国へ使者として下向していた仏生院什雅が、国衙候人へ宛てた国衙土居八町の惣田数を書き上げた注文である。それによると惣田数は三十三町三段六十歩で、この内六反が鮎川の給地なので、実質的には三十二町七段六十歩が東大寺領土居八町内の田数であった。そして、それらは、佐波令分、佐波令内重任名分、牟礼令分、牟礼令内重任名分、安楽寺分からなっていた。

その後、天正十四年になると新たに牟礼令新地として三十六町四反余の地、高百石と高洲浜の地子として塩八石三斗が東大寺分となっている(21)。ただし、この注文にある惣田数が弘治四年三月十五日に毛利隆元によって安堵されたものかどうかは明らかでない(22)。

このような注文が什雅から国衙候人へ宛てて出されているのは、彼らが引き続き在地で寺領の管理にあたっていたからである。それならば、彼らは実際どのように寺領を管理していたのであろうか。天正八年七月二十四日に国衙役人の神右衛門と宗次郎によって作成された国衙土居内惣田畠差出帳には、給人ごとにその所領が書きあげられている。

そのうち国衙候人は、上司氏が神助澄政と将監の二人、竹屋氏が蔵人元頼、平兵衛尉、兵庫助景頼、平三郎、万三郎の五人、そして得富氏が木工助休意、雅楽助重昌、新右衛門尉良意の三人の合計十人が記されているのみである。このうち、上司澄政分は、「先使田　二町」「水守　二反」「惣社　一反半」「黄番免　大」「築地畠　畠大」「せりカスミ　畠大」「ヨミ橋ノ本　畠大」の七筆の田畠で、その合計が田二町四反六十歩と畠二反であった。同じように竹屋氏は、元頼分が田一町二反大と畠六反半、竹屋平兵衛尉分が田一町四反小と畠四反半、そして兵庫助景頼分は田一町二反半と畠四反六十歩である。得富氏としては、木工助休意分が田八反小と畠五反半、雅楽助重昌分が田一町四反小と畠五反、新右衛門尉良意分が田二町二反と畠九反半であった。これにより、天正八年当時国衙候人へは二町四反〜二町二反ほどの田畠が給地として宛行われていたことがわかる。

また、国衙候人以外としては、四郎次郎や藤左衛門など十一人の中間への給地や、寺社免田、番匠免などの免田が書き上げられている。このうち中間としては、例えば国衙役人を勤めている神右衛門が田四反半と畠一反半で、同じく宗次郎が田五反半と畠三百歩というように平均して田畠で六反ほどであるが、この他の中間は藤左衛門が田二反小と畠大、助八が田二反と畠一反半、そして弥左衛門が田三反と畠半というように、田畠を合計しても四反〜三反程度であった。寺社免田としては、守徳院や金池院、東光院など国衙寺院分が書き上げられている。(23)

ところで、このような国衙候人へ給地を宛行うことについては、天正十年（一五八二）十月十一日に仏生院什雅が深井坊得業へ披露した条事書の中に次のような条目がある。

〔史料六〕

（前略）

一、上司一慶入道死去ハ、御代替ニ候上者、彼者給地之内仏生会料在之由候条、替目ニ可被仰付事肝要ニ候、惣別候人加判衆ハ一町一反二反之躰ニ候處、彼甚助ハ四町斗田畠抱置候、当時国衙ニ無相当御扶持ニ候、一慶ト甚介トハ国元之儀可相替、何れも仏生会料可被仰付事、(24)

（後略）

〔史料六〕は、国衙候人の上司一慶入道の死後、彼の給地の中にある仏生会料田の処置について伝えたものである。これにより、主要な国衙候人らは加判衆と称されていて、概ね一町一反から二反ほどの給地が与えられていたこと、その中で上司甚介（神助澄政）は四町ほどの田畠を抱える御扶持衆だったことがわかる。什雅はこの甚介へも仏生会料の管理を仰せ付けるよう伝えているように、国衙候人の加判衆は国衙関係寺社の仏事料の管理も任せられていたのである。

それでは当時、周防国の寺領から東大寺へ送進されていた年貢の内訳はどのようなものだったのであろうか。

そこで次に国衙土居八町の年貢勘文の一部を挙げてみる。

〔史料七〕

（端裏書）「国衙土居□弁［　　］正税目録天正九［　　］」

国衙土居内土貢米弁所正税勘□之事

合天正九｜分

一、八十一石八斗二升四夕

（中略）

残而、四石七斗二合九夕

代銀子六拾壱文目壱分弐リン

石別十三文目充、

一、三石七斗　三井村分

（中略）

代銀子廿三文目六分　但銭以六貫百文、同人調之、

一、弐拾六石三斗四升　山県方浮米之、

（中略）

残而、廿石九升

代銀子弐百六十壱文目　石別十三文目充、

一、四拾七石八斗　道前浮米分

（中略）
定残而、三拾弐石壱斗五升八合
代銀子三百八拾五文目八分八リン
　石別十弐文目充、
一、十四石五斗　　高洲塩地子分
（中略）
残而、八石五斗
代銀子十壱文目
一、三石四斗九升　　土居内畠地子分
代銀子廿四文目
一、拾壱石三斗　　同所麦地子分
代銀子六拾九文目弐分
　以上八百拾壱文目八分　　役雅御請分
　内遣方
壱貫百六拾四文目七分五リン、去過分之
定残過　　三百五拾弐文目九分五リン
（中略）
右、天正九・十両年分目録如件、
八月十九日

上司平兵衛尉
恵澄（花押）
得富雅楽助
重昌（花押）
上司神助
澄政（花押）
竹屋蔵人
元頼（花押）
竹屋兵庫助
景頼
得富新右衛門入道
良意

東大寺
御沙汰衆
人御中
年預五師(25)

〔史料七〕は、天正十一年（一五八三）八月九日に国衙候人らによって作成された周防国衙土居内等年貢勘文で、天正九年分と天正十年分が書きあげられている内の天正九年分である。詳しい内容についてここでは省略するが、国衙土居八町や三井村の年貢、山県と道前の浮米、そして高洲の塩地子などが書き上げられ、それらを合わせた八百十一匁八分がこの年に周防国から東大寺へ送進されたことがわかる。

具体的な例として天正九年分を見たが、この外の勘文としては十六世紀末まで見ると天正十三年分、天正十四年分、天正十七年分、文禄四年、慶長元年分、慶長二年分が残されている（表1）。(26)

いずれも国衙候人らによって作成された上、目代を介さず直接年預五師と沙汰衆へ宛てて出されている。これら勘文を通覧すると、土居八町などの主要な所領分については、目立った変化はなかったが、道前国領分と山県分の浮米は、天正十四年分を最後に勘文から消えてしまい、代わって前述した牟礼令新地の百石が新たに東大寺の年貢として記されるようになった[27]。

このような変更について詳細は不明ながら、東大寺は道前や山県のような遠隔地からの浮米を給付されるのではなく、国衙の近在で下地の支配をともなう知行地を求めたのであろう。それに対して、毛利氏が与えたのは牟礼令新地であった。その地は国衙の近在とは言え、「新地」という名称からも明らかなように新開発の地である。恐らく毛利氏は、経営が不安定な新開発の地であるからこそ、東大寺に与えたのであろう。これ以降、後述するように江戸時代前期に毛利秀就が国衙土居八町などの下地を没収し、代わって現米を支給するようになるまで[28]、東大寺の周防国における所領は、国衙土居八町と牟礼令の百石、そして三井村であった[29]。

以上、東大寺は、毛利氏によって国衙土居八町を安堵され、新たに道前国領分と山県分の浮米を与えられた。両所からの浮米に替って後に牟礼令新地の百石が宛行われている。浮米を嫌った東大寺が、国衙の近在に知行地を求めていたところ、それに対して毛利家から給付されたのがこの牟礼令新地であった。東大寺の所領経営は、国衙領の所職を通した支配から、給地として国衙候人や中間に宛行って、下地の管理から年貢の送進まで請負わせる方法に転換していった。そして、彼らは、その後代々その職と給地を世襲していくことになる。

第三節　国衙土居八町の経営と東大寺寺内組織の変化

第二節では、大きく変容してしまった寺領に対して、東大寺はどのように対応した経営を行ったのか、国衙土居八町の実態の解明と国衙候人を中心に検討したが、本節では、東大寺の寺内組織を中心に検討する。

前述したように天文五年と同六年、そして同九年に作成された周防国の国衙正税算用状の分析から、この当時周防国の国衙は知事代一人と十三人の学侶僧による集団経営が行われていたと指摘されている[30]。しかし、周防

宛所	内容	出典
	天文4年分	「東大寺文書」141-528号
	天文5年分	「東大寺文書」141-529号
	天文8年分	『大古』755号
東大寺年預五師・知事代衆	毛利氏との交渉	『防府市史』「山口県文書館所蔵」1号
東大寺年預五師・知事代衆・上生院	石見銀山・国衙還補・浮米等	『大古』753号
実相坊英光・観音院訓盛・深井坊定賢・慈光院訓英・密乗院訓英・密乗坊憲祐・惣持院英海	元亀2年分・同3年分浮米	『大古』754号
国司右京亮・児玉三郎右衛門尉	石見銀山・反別事の披露。浮米請取。国衙還補の事	『大古』762号
毛利輝元	浮米勘渡。国衙領還補	『大古』646号
国司右京亮・児玉三郎右衛門尉	天正5年分浮米	『大古』639号
東大寺御沙汰人衆・年預五師	天正9年分・同10年分年貢	『大古』631号
東大寺御沙汰人衆	天正13年分年貢	『大古』697号
	土居八町田畠	『大古』772号
国衙候人老者	天正13年分・同14年分正税取収。宮住方。新塩浜役人改易	『大古』640号
東大寺御沙汰人衆	上司平右衛門跡職事	『大古』645号
上司平三郎	上司平右衛門跡職事。安堵	『防府市史』「京都大学東大寺文書」8号
東大寺御沙汰人衆・年預五師(訓盛)	天正14年分年貢	『大古』732号
東大寺御沙汰人衆・年預五師	天正17年分年貢。当沙汰所浄賢	『大古』742号
東大寺御沙汰人衆・年預五師	天正18年分年貢。当沙汰人法印訓芸	『大古』679号
		「東大寺文書」薬師院文書1−185号
観音院・中澄院・無量寿院	100 石地	『防府市史』「上司家文書」91号
		「東大寺文書」10−75号
東大寺御沙汰人衆・年預五師	文禄4年分	『大古』647号
	官家方。年預五師法印俊賢	「東大寺文書」1−24−486号
東大寺御沙汰人衆・年預五師	慶長元年分年貢。上司与十郎持参	『大古』688号
東大寺御沙汰人衆・年預五師	慶長元年分年貢	『大古』684号
惣持院	納所引継。先納所真海。次納所快円	「東大寺文書」1−25−94号
東大寺御沙汰人衆・年預五師	慶長2年分。得富加賀守持参	『大古』696号
東大寺御沙汰人衆・年預五師	慶長2年分。竹屋平作持参	『大古』686号

表1　東大寺沙汰衆一覧(抄)

No.	年月日	史料名	発給人
1	天文5年12月5日	国衙正税算用状	知事代快憲・法印春芸・法印公意・法印快恵・法印英訓・僧都英厳・年預五師汎芸・宗藝・実紹・宗助・秀寛・春祐・頼賢・実憲
2	天文6年7月22日	国衙正税算用状	知事代法印春芸・法印公意・法印快恵・法印英訓・僧都英厳・已講快憲・已講澄藝・年預五師頼賢・宗藝・実紹・宗助・秀寛・春祐・実憲
3	天文9年	国衙正税算用状	知事代法印英厳
4	弘治3年6月10日	延秀書状	延秀
5	元亀3年3月4日	訓芸書状	訓藝
6	元亀4年3月28日	周防国衙浮米勘文	上司平右衛門吉綱・上司大蔵入道一慶・得富新右衛門秀茂
7	元亀4年5月20日	東大寺衆徒等連署状土代	実相坊英光・観音院訓盛・深井坊定賢・慈光院訓英・密乗院訓英・密乗坊憲祐・惣持院英海
8	天正4年正月23日	東大寺衆徒等連署書状案	実相坊英光・観音院訓盛・深井坊定賢・慈光院訓英・密乗院訓英・密乗坊憲祐・惣持院英海
9	天正7年2月27日	国衙正税浮米請取状案	惣持院快円・観音院訓盛・慈光院訓英・深井坊定賢・密乗坊憲祐・無量寿院訓藝
10	天正11年8月19日	国衙土居内等年貢勘文	上司平兵衛尉恵澄・得富雅楽助重昌・上司神助澄政・竹屋蔵人元頼・得富新右衛門入道良意
11	天正14年6月21日	国衙土居内等年貢勘文	上司平兵衛尉恵澄・得富雅楽助重昌・上司主殿助栄蔵・竹屋蔵人元頼・得富新右衛門入道良意
12	天正14年8月22日	国衙土居内田畠注文	東大寺沙汰人衆
13	天正15年4月23日	周防国国衙年貢運上定案	沙汰人衆
14	天正15年7月18日	東大寺沙汰人衆問状案	上司平三郎秀綱
15	天正15年7月18日	東大寺当沙汰人快円下知状案	東大寺当沙汰人快円
16	天正15年7月25日	国衙土居内等年貢勘文	上司平兵衛尉恵澄・得富雅楽助重昌・上司主殿助栄蔵・竹屋蔵人元頼・竹屋兵庫助景頼・得富新右衛門入道良意
17	天正18年2月9日	国衙所々年貢勘文	上司和泉守恵澄・徳富雅楽助重昌・竹屋蔵人元頼・上司主殿允栄蔵・竹屋因幡守景頼・得富新右衛門入道良意
18	天正19年正月21日	周防国衙土居内并牟礼令年貢結解状	上司和泉守恵澄・徳富雅楽助重昌・竹屋蔵人元頼・上司主殿允栄蔵・竹屋因幡守景頼
19	天正20年10月吉日	諸納所方目録	法印訓藝・年預真海・快円・訓盛・浄賢・訓英
20	「文禄4」8月26日	井上春忠書状	井上春忠
21	文禄4年11月3日	学侶条々定書案	年預五師快円・官方沙汰人禅花坊英経・金蔵院祐藝・卿公実英・中将公訓賢・上生院□□
22	文禄5年6月15日	国衙土居内并牟礼令年貢勘文	上司与十郎道澄・得富孫七郎役長・竹屋平作忠継・得富入道休意
23	文禄5年10月2日	官家方田地納帳	沙汰人衆
24	慶長2年2月3日	国衙土居内等勘文	上司与十郎道澄・得富孫七郎保長
25	慶長2年2月9日	国衙牟礼令年貢勘文	竹屋九右衛門尉観継・竹屋平作忠継
26	慶長2年7月5日	納所浄賢文書渡日記	地蔵院納所法印浄賢
27	慶長3年3月7日	国衙牟礼令年貢并反銭勘文	上司与十郎道澄・得富孫七郎保長
28	慶長3年3月21日	国衙土居内年貢勘文	竹屋因幡入道景頼・竹屋蔵人元頼

凡例:『大古』は『大日本古文書』所収の東大寺文書、『防府市史』は『防府市史　史料1』所収の古文書、「東大寺文書」は東大寺図書館所蔵文書架蔵番号

国を支配下に治めたばかりの毛利氏との交渉を東大寺へ伝えた弘治三年（一五五七）と推定される延秀の書状は、年預五師と知事代衆へ宛てて送進され[31]、元亀三年三月四日の訓藝の書状でも、年預五師と知事代衆、そして上生院へ宛てて送進されている[32]。前述した正税算用状の場合知事代は一人だけであったが、弘治三年になると「衆」と記されることから、複数の学侶僧から構成されるようになった（表1）。元亀四年三月二十八日の周防国国衙浮米勘文では、国衙候人から東大寺の学侶僧である実相坊英光、観音院訓盛、深井坊定賢、慈光院訓英、密乗坊憲祐、惣持院英海の計六人に宛てて出されているので[33]、彼ら六人が「知事代衆」のメンバーであったことがわかる。

　この六人については、次にあげる天正八年（一五八〇）頃と考えられる年月日未詳の東大寺の衆徒等条事書案の中に興味深い記述がある[34]。

〔史料八〕

（前略）

一、六人之沙汰人之内、密乗坊死去候間、[redacted]清涼院真海入置候、[redacted]惣持院死去□快円入置之[redacted]、前〻加判相違之由尤候、弟子相続候時者寺号同前候事

（後略）

〔史料八〕には、六人の沙汰人の内、密乗坊が死去したため清涼院真海を後任とし、また惣持院が死去したため弟子の快円を後任とした。そのため以前の加判とは異なるのは当然のことで、弟子が相続した時には同じ寺号を名乗るべきであると記されている。ここに記された密乗坊や惣持院らは、先の元亀四年の国衙浮米勘文の宛所である密乗坊憲祐と惣持院英海と同一人物と考えられるので、実相坊英光以下の六人は知事衆とも沙汰衆とも呼

ばれていたことは明らかである。

天正から慶長にかけて勘文を始め国衙候人から東大寺へ宛てて発給された文書や毛利家から東大寺へ宛てた文書の宛所は、六人の沙汰衆と年預五師との連名であった。しかも、東大寺文書を通覧すると、少なくとも江戸時代初期まで毛利家や国衙候人に関わる書状などで差出人や宛所は、沙汰衆と年預五師以外は見られないので、六人からなる沙汰衆が周防国の寺領経営の中心的存在であったことは間違いない。

この沙汰衆は、周防国の所領以外では、天正二十年（一五九二）十月に東大寺の諸納所を書きあげた目録を作成している。(35) この目録は、四百八石五斗五升三合八夕を夏の評定で決定通りに各納所へ配分したことを記したもので、当時の東大寺全体の財政状況を示すものと考えられている。(36) つまり当時六人からなる沙汰衆は、周防国内の寺領の経営だけでなく、東大寺全体の財政についても差配していたことは明らかである。

そして、この沙汰衆による管理体制は、江戸時代に入っても引き続き見られる。周防国の場合もそうだが、文禄五年（一五九六）十月二日付の官家方田地納帳を史料上の初見とし、江戸時代を通して官家方と称される寺領の算用状を沙汰衆が作成している(37)（表1）。この官家方とは、現在の天理市内にあった寺領櫟本村の事で、江戸時代を通して東大寺の寺領であった。したがって、東大寺における経営体制の近世化は、この弘治三年以前に始まったとも言える。

さて、先の学侶僧と知事代による経営の際も、またその後の沙汰衆による経営の際も、学侶僧の中から任命された目代（あるいは沙汰人とも呼ばれる）が周防国へ下向し、国衙候人らを指揮して年貢の徴収にあたっていた。その権限は、原則的には所務などに限られていたが、時には東大寺の代表として毛利氏との交渉にもあたった。その目代を毛利氏は、自らの領国体制への取り込みをはかっている。

元亀三年（一五七二）閏正月二十七日、毛利輝元は目代の訓藝に、一旦は他者に与えられそうになった「国衙土居職」を改めて与える判物を下している。(38)そもそも、この「国衙土居職」は、毛利氏が東大寺の所領を国衙土居八町に限定した際に新たに設けられた職と考えられ、東大寺の目代をこれに補任することで、彼と東大寺の寺領を毛利氏の領国体制へ組み込み、それにより間接的ながら支配を行うとしたのである。

なお、江戸時代になると、国衙土居八町を支配する東大寺側の窓口としては、西国沙汰所が史料上で登場してくる。この西国沙汰所については板東俊彦氏の研究に詳しい。(39)それによると、沙汰所の構成人は、組織代表の沙汰所と三人から六人の学侶僧からなる沙汰人からなっていて、彼らはいずれも五師で、沙汰所の任期は通常七月から翌年の六月までで、勤仕した僧は翌年には年預五師に就任していた。そして沙汰所の職務としては、大きく分けて①毛利氏との連絡や交際、②国衙土居八町から送進されてくる現米の管理、そして③現米を換金して得た金銭の管理や運用の三点があった。ただこの西国沙汰所がいつ頃成立したのかは明らかで無いが、遅くとも慶長頃までには成立し、以後、幕末まで存在していた、と述べている。

このように江戸時代になって史料上に登場する西国沙汰所は、前述した目代と沙汰衆による国衙土居八町の管理体制が移行した組織と言って間違いないであろう。ただし、問題となるのは、その成立時期である。前述した板東氏は、史料上確認することはできないが慶長頃であろうと推測している。しかし、国衙候人から差し出される勘文や起請文などの宛所を表1で通覧していくと、慶長年間の段階では沙汰衆となっているケースが多く、同じ頃に史料上に登場する沙汰所はそれまでの周防国の目代がこのように称されているのにすぎず、西国沙汰所ではない。しかもこの時期に東大寺内で積極的に組織を改編していく理由が見当たらない。

それならば西国沙汰所が成立した時期は、いつなのか。板東氏も紹介しているように、寛永年間の大飢饉によって藩の財政が非常に悪化したことにより、正保三年（一六四六）に実施された検地の後に領国内の寺社領が没収され、代わりに各寺社へは現米が支給されるが、その際東大寺でも国衙土居八町が没収されて、大坂の毛利氏の蔵屋敷において現米百石を受け取るようになった。(40) 推測の域は出ないが、このような毛利氏との関係の変化に対応すべく成立したのが西国沙汰所であろう。(41)

最後に、毛利氏によって国衙土居八町が安堵されてから、周防国からの年貢がどのように東大寺内で配分されていたのか検討する。元亀四年（一五七三）七月二日の周防国衙年貢銀子日記によると、年貢は一貫六十三匁三分で、それを銀子に換算すると二十四枚三十一匁二分となる。その年貢の主な下行先を見ると、大乗講方や八幡宮御修理方、勧学講方、講問方、護摩方、三論方といった法会などの名を冠した納所と、四聖坊や安楽坊、如意輪院といった院家や知事と年預、そして曽祢方や下小野、讃井、立野、与田方といった周防国の国衙領の名が冠した納所であった。(42) この内、周防国の国衙領の名が冠された納所は、大内氏の支配下の時にそれらの所領からの正税を扱っていた際の名残であったと考えられ、この時点では実際には機能していなかった。このことは、前述した天正二十年（一五九二）十月の東大寺諸納所目録には、元亀四年の周防国衙銀子日記に記載された国衙領に由来する納所は全く記されていないことからも明らかであろう。(43)

この天正二十年十月の東大寺諸納所目録の他に、慶長十五年（一六一〇）十月六日の東大寺諸知行水帳高書上案や延宝六年（一六七八）二月十九日東大寺知行書上など東大寺の全体の諸納所が明らかとなる史料を分析した遠藤基郎氏によると、天正二十年の諸納所目録は太閤検地による収入基盤の大きな変化に対応すべく、寺内の運営実態を再確認したものと言えると述べているが、(44) 東大寺の近世化にともなって周防国の国衙経営組織が消滅したあともなお残っていた中世的な収取体制がこれにより完全に消滅したのである。

以上、毛利氏から東大寺が安堵されたのが国衙土居八町などごく僅かな田畠と浮米となると、東大寺の国衙経営体制は大幅な変更を余儀なくされた。それまでは集団的な経営体制であったが、年預五師と六人の学侶僧からなる沙汰衆が、国衙候人を指揮しながら経営にあった。周防国から送進されてきた年貢は、沙汰衆の権限によって寺内に配分されていて、この体制は十七世紀半ばの正保年間に毛利秀就によって国衙土居八町が没収されて、現米支給へ変更されるまで続いたと考えられる。

結び

以上、十六世紀半ばから十七世紀初頭までの周防国について、毛利氏が自己の領国制を展開していくにともない国衙領へ侵出していくのに対し、東大寺がどのように国衙や国衙領を経営していこうとしたのかを検討した。最後に本章で明らかになったことをまとめることで結びとする。

第一節では、大内氏に代わって周防国の領主となった毛利氏との間で繰り返された国衙領の返付交渉の経緯を検討した。毛利氏が周防国の領主となって東大寺に安堵したのは、国衙土居八町などごく僅かな田畠と浮米だけであった。これは大内氏とは異なり毛利氏があくまで大内氏を打倒して武力で周防国を支配下に置いたためで、その際先例にこだわることなく毛利氏に従った武士らへの恩賞を優先したからである。

第二節では、寺領が国衙土居八町に限定されてからの経営について、在地を中心に検討した。寺領が国衙土居八町に限定されたため、経営体制はふたたび大幅に変更され、それまでの国衙領の所職を通した支配から、一町余りの田畠を国衙候人や中間へ給地として宛行い、管理や年貢の送進を請負わせるようになった。所務に関しては、原則国衙候人が在地で責任を持ち、沙汰衆との間で直接交渉をしているが、両者の間を目代が取り持つこともあった。

第三節では、東大寺の寺内組織から検討を行った。国衙土居八町となると、それまでは集団的な経営体制から年預五師と六人の学侶僧からなる沙汰衆が、国衙候人を指揮しながら国衙土居八町の経営にあたる体制へと変わっていった。この間、周防国から送進されてきた年貢は、沙汰衆の権限によって寺内に配分されていて、この体制は十七世紀半ばの正保年間に毛利秀就によって国衙土居八町が没収されて、現米支給となるまで続いたのである。現米が支給されるようになると、これに対応して西国沙汰所が成立し、以降幕末まで周防国の年貢の差配に関しては西国沙汰所が沙汰していった。

註

（1）松岡久人「戦国期大内・毛利両氏の知行制の進展」（『史学研究』八二、一九六二年、後に松岡久人著・岸田裕之編『大内氏の研究』清文堂出版、二〇一一年に再録）、本多博「中世後期東大寺の周防国衙領支配の展開」（『日本史研究』二九六号、一九八七年四月）。

（2）『群書類従』続群書類従完成会。

（3）『大日本古文書　家わけ第十八　東大寺文書』六四八号（東京大学、以下『大日本古文書　家わけ第十八　東大寺文書』は『大古』と省略）。

（4）東大寺図書館所蔵寶庫文書七四―七―一号（奈良国立文化財研究所編『東大寺文書目録』同朋舎、以下東大寺図書館所蔵文書は「東大寺文書」と省略）。

（5）『防府市史　史料Ⅰ』「山口県文書館所蔵東大寺文書」一号（防府市、二〇〇〇年、以下『防府市史　史料Ⅰ』は『防府市史』と省略）。

（6）「東大寺文書」三―一二―六三号。

（7）『大古』七〇六号。

（8）『防府市史』「防府天満宮」三四号。

（9）『防府市史』「防府天満宮」一六五号。

（10）『防府市史』「国分寺文書」三七号。

(11) 平岡定海『東大寺』(教育社歴史新書〈日本史〉教育社、一九八五年)。
(12)『防府市史』「上司家文書」六九号。
(13) 三坂圭治『周防国府の研究』(積文館、一九三三年)。
(14)『大古』七五三号。
(15)『大古』七五六号(一)、同七五六号(二)。石見銀山の周辺には、銀山にかかわる非農業民らによる町のような集落が分布していたが、それについては原田洋一郎「石見銀山周辺における「町」を物に関する基礎的研究」(『東京都立産業技術高等専門学校研究紀要』四号、二〇一〇年三月)を参照されたい。
(16)『大古』七〇六号。
(17)『大古』七五八号。
(18)『大古』六四六号。
(19) 周防国の府中では天正十七年六月に検地が行われて打渡坪付が作成されている。
(20)『防府市史』「上司家文書」八〇号。
(21)『大古』寶庫文書七四―三三号。
(22)『大古』七〇六号。
(23)『大古』七四四号。
(24)「東大寺文書」一〇―三三三号。
(25)『大古』六三一号。
(26)『大古』六九七号、同七三二号、同七四二号、同六四七号、同六八八号、同六八四号、同六九六号、同六八六号。
(27)『大古』六九七号。
(28) 板東俊彦「近世東大寺復興活動の一側面――西国沙汰所を中心に――」(GBS実行委員会編『論集近世の奈良東大寺』法藏館、二〇〇六年)。
(29) 三坂氏は、三井村が熊毛郡内にあったことから、道前国領分の浮米のことであるとしているが、前述したように道前浮米が給付されていた時期でも三井村の年貢が進納されているから、三坂氏の推測は誤り(註(13)三坂氏著書)。
(30)「東大寺文書」一四一―五二八号、同一四一―五二九号、『大古』七五五号。註(1)本多氏論文。
(31)『防府市史』「山口県文書館所蔵文書」一号。
(32)『大古』七五三号。
(33)『大古』七五八号。
(34)『大古』六六六号。
(35)「東大寺文書」薬師院文庫史料一―一八五号。
(36)永村眞『中世東大寺の組織と経営』(塙書房、一九八九年)。
(37)「東大寺文書」一―二四―四八六号。
(38)「東大寺文書」寶庫文書七六―一―一号(一)、同寶庫文書七六―一―一号(二)。
(39)註(28)板東氏論文。
(40)「毛利四代実録」(小箱旧記抄)(『山口県史　史料編近世一上』山口県、一九九九年)、註(13)三坂氏著書。
(41)板東氏は、西国沙汰所の記録が欠落している時期の史料として、「新修東大寺文書聖教」中にある寛文六年の正倉院開封の際に西国沙汰所がその費用として銀四貫五百三十八匁を年預五師英性へ拠出している史料(新修東大寺文書聖教第二六・〇函、同二六・一一函、同四一・〇二函など)を紹介している。毛利氏に関わるものとしては、同じ頃に年預五師實賢が作成した「東大寺年中行事記録」の寛文九年十月条に「一大膳大夫殿奥方不例ニ付、於神前ニ十月七日・八日・九日三ヶ日之間、学侶一結之御祈禱執行畢、八日ニ西国沙汰所ゟ於新造屋ニ一献被申付者也、翌日ニ巻数并神酒京大膳大夫御宿へ源哲雖遣候と早十月二日ニ奥方死去之由ニ而留守殿中ゟ進物等返弁被致畢、」と毛利綱広の奥方が病気ということで、当時の西国沙汰所から寺中に祈禱を依頼した記事がある(「東大寺文書」一四一―一六号)。
(42)「東大寺文書」一―二四―三五九号。
(43)「東大寺文書」蔵薬師院文庫史料一―一八五号。
(44)遠藤基郎「近世東大寺の組織に関する試論」(綾村宏研究代表『東大寺所蔵聖教文書の調査研究』二〇〇五年)。

第四章　毛利氏による国衙土居八町の安堵について

はじめに

弘治元年（一五五五）九月二十一日に陶隆房（晴賢）を厳島の戦いで滅ぼした毛利元就・隆元父子は、そのままの勢いで周防国に攻め入った。それから大内氏との間で激しい戦闘を繰り広げ、二年後の弘治三年四月三日になって長門国に大内義長を追い詰めて滅ぼし、ようやく防長両国を支配下に収めたのである。

防長両国の内、周防国は鎌倉時代初頭に東大寺の造営料国となって以来、一時の中断はあったが、造東大寺大勧進が国衙を支配し、国衙領から進納される正税は寺の造営用途等に充てられた。大内氏を滅ぼして間もない五月十一日、東大寺は毛利氏の本拠地である安芸国吉田の郡山城へ寺僧延秀を派遣し、毛利氏が大内氏との戦闘に従った安芸国や備後国の武士らへ恩賞として与えたり、恭順の意を表した周防国の旧大内氏家臣に安堵した国衙領の返付を求めて交渉を開始した(1)。しかし、毛利氏は、東大寺の要求を無視したまま周防国の領国化を進め、弘治四年三月十五日になってようやく国衙土居八町を東大寺へ安堵した。

〔史料一〕

（裏打紙）「輝元判文」

周防国佐波郡国衙土居八町之事、任弘治四年三月十五日隆元証判之旨、可有進止候、幷段銭・諸天夫役之事、令免除者也者、早守先例、全可有執務之状如件、

永禄十二年三月五日　　　　輝元（花押）

目代殿(2)

〔史料一〕は、永禄十二年（一五六九）三月五日に輝元が父隆元の弘治四年三月十五日の判物に従って、国衙土居八町の進止を目代へ安堵するとともに、段銭や諸天役の人夫役を免除した判物である。弘治四年の判物は現存していないが、隆元が東大寺に安堵した内容も〔史料一〕と同じであろう。東大寺は、永禄十二年以降国衙領の返付を求めて交渉を重ねていくが、毛利氏がそれに応えずに東大寺の権益が固定化し、それがそのままの形で近世を迎えている。(3)

毛利氏が大内氏を滅ぼし、防長両国を領国化した弘治四年は、周防国内における中世から近世への転換点でもあった。この当時の毛利氏による領国支配の研究としては、大別すると郡司や山口奉行など支配機構の研究と、段銭やその賦課基準となる図田帳や郡帳など賦課体制の研究があり、大内氏の「国」支配を継承しつつ新たな領国体制に再編したことが明らかとなっている。(4)

一方、この時期の周防国を国衙から分析した研究としては、三坂圭治氏の研究がある。(5)ただし、三坂氏は、毛利元就が大内義長を滅ぼし、防長両国を領国化する経緯について紹介しているのみである。また、近年刊行された『防府市史　通史編Ⅰ』では、国守進氏がこの時期の記述を担当しているが、同じように大内氏による国衙領

支配や毛利氏による国衙領支配について経緯を紹介しているのみである。(6)

毛利氏が周防国を領国化するにあたり大内氏の「国」支配を継承したという先行研究の成果については、大筋で異論は無い。しかし鎌倉時代初頭以来の東大寺と周防国や大内氏との関係からすると、東大寺へ安堵したのが国衙土居八町のみであったことは、毛利氏が必ずしも大内氏の「国」支配の総べてを継承したわけでなかったことを示しているのである。そこで、本章では毛利氏が何故国衙土居八町を安堵したのか、毛利氏による周防国の領国化を検討することで明らかにする。

第一節　毛利氏による寺社安堵について

本節では、毛利氏による国衙土居八町の安堵の理由を検討していく前提として、毛利氏が防長両国を領国化するにあたり国内の寺社をどのように組み込んでいったのかを検討する。

ここで周防国内の寺社に注目したのは、時代は下るが正保三年（一六四六）に当時の萩藩主毛利秀就が、藩の財政が窮迫したため領国内の寺社領を没収して代わりに現米を支給した際、国衙土居八町も同じように没収して、代わりに現米百石を東大寺へ支給していることから、(7)国衙土居八町を国内の他の寺社の所領と同一視していたことがわかるからである。

先行研究の中で、毛利氏が防長両国を領国化する際に、寺社を領国支配体制に組み込む経緯について明らかとした研究として秋山伸隆氏の研究がある。秋山氏は、毛利氏による領国化について国人領主と寺社、農民（地下人）に分けて分析しているが、(8)寺社については特徴を次の三点にまとめている。

①防長征服の過程では、軍勢違乱を禁ずる禁制を下すとともに、所領の寄進を行ったが、大内氏が滅んだ後の弘治三年八月から十月にかけては寺社領の安堵、住持職・宮司職の補任などを集中的に行ない、永禄年間以降も寺社の造営や仏神事の執行のために、段銭の支給や諸天役の免除などの援助措置を行っている。
②隆元の裁許状は、日下官途署判の直状で、宛所を書かないことや書止文言の形式など、義隆以前の大内氏歴代の証文の形式を踏襲している。これは大内氏の正統を継承したことをアピールするためであった。
③保護の対象となった寺社は、大内氏に年始歳末の巻数を捧げたり、半済・陣夫等の諸天役を勤めたりする国分寺や一宮に代表される「国」の公的支配者の支配に属する「公」の寺社であった。

以上のような秋山氏の整理について大筋で異論は無いが、寺社領の安堵がどのような判断基準でなされたのかについてはまだ検討の余地があると考える。そこで次に寺社領の安堵の具体的な事例を検討していく。毛利氏が防長両国を領国化する過程で寺社の諸権益や所領を安堵したが、表1はその際に発給した判物を一覧としたものである。その中から次の史料を検討する。

〔史料一〕
長門国一宮大宮司職事、任去応仁元年卯月廿七日并文明拾八年七月廿六日法泉寺殿・明応九年正月廿七日凌雲寺殿・天文四年正月廿五日龍福寺殿証判等旨、賀田盛実領掌不可有相違之状如件
弘治三年十月二日　　備中守（花押）(9)

〔史料一〕は、毛利隆元が法泉寺殿（政弘）や凌雲寺殿（義興）、龍福寺殿（義隆）らの判物に従い、賀田盛実へ

根拠	発給者	宛所	書止文言	出典
任前々筋目	毛利元就・同隆元	弁公宥紹	但一行如件	玖珂郡極楽寺文書5号
任去弘治三年三月十五日隆元証判并建宗和尚譲状之旨	毛利輝元		（可有執務之状如件）	吉敷郡顕孝院文書14号
任先例	毛利隆元	大蔵卿公	但一行如件	『寺社由来』所収防府天満宮文書1（『防府市史』）
	毛利隆元		為後日一筆如件	佐波郡防府天満宮文書313号
	毛利隆元	円楽坊重雄法印	仍一行如件	佐波郡防府天満宮文書89号
	毛利元就・同隆元		仍状如件	都濃郡飛龍八幡宮文書1号
	毛利隆元	天満宮大専坊専瑜	仍一行如件	佐波郡防府天満宮文書73号
任先証之旨	毛利隆元		執務領掌不可有相違之状如件	吉敷郡乗福寺文書17号
任先証	毛利隆元	善福寺	任先証執務不可有相違之状如件	山口善福寺文書21号（『萩藩閥閲録』）
去文明拾一年四月二十三日法泉寺殿証判旨	毛利隆元	善福寺	不可有相違之状如件	山口善福寺文書22号（『萩藩閥閲録』）
凌雲殿・龍福寺殿任御判之旨	毛利家奉行衆	惣社八幡大宮司幡生右衛門尉	依仰執達如件	長門国惣社八幡宮6号（『萩藩閥閲録』）
任前住重委権大僧都与奪之旨	毛利隆元		執務不可有相違状如件	吉敷郡山興隆寺文書131号（『萩藩閥閲録』）
任先文明三年法泉寺殿掟書之旨	毛利元就・隆元	当住昌洞和尚	執務不可有相違之状如件	山口県文書館妙喜寺文書9号
任凌雲寺殿・龍福寺殿証判等之旨	毛利隆元	当寺住持	寺務領掌不可有相違之状如件	厚狭郡浄名寺文書15号
任去弘治三年九月二十四日隆元証判旨	毛利元就・輝元	当寺住持	（可全執務状如件）	佐波郡法華寺（元長門国）文書 6 号
任応仁元年卯月二十七日并文明拾八年七月二十六日法泉寺殿・明応九年正月二十七日凌雲寺殿・天文四年正月二十五日龍福寺殿証判等旨	毛利隆元		不可有相違之状件	『住吉神社史料上巻』
任去享禄元年十二月十三日・天文十三年七月七日龍福寺殿裁許、当知行之由、大宮司大炊助惟堅申請旨	毛利隆元		全領知社役并可抽丹精之状如件	吉敷郡櫻木神社文書1号
任当知行之由申請之旨	毛利隆元		可全領知之状如件	吉敷郡山口大神宮文書19号

表1　毛利元就・隆元発給物一覧（周防・長門国内寺社分）

No.	年月日	文書名	内容
1	弘治2年6月4日	毛利元就・隆元連署安堵状	玖珂郡新寺山別当職之事
2	（弘治8年8月15日）	（毛利隆元安堵状）	周防国吉敷郡潟上荘顕孝院住持職事
3	弘治8年8月19日	毛利隆元安堵状	天満宮社家千蔵坊之事
4	（弘治8）年4月5日	毛利隆元宛行状写	防府天満宮西林坊事
5	弘治8年4月21日	毛利隆元預ヶ状	陶領三田尻六拾石之事
6	弘治8年4月22日	毛利元就・隆元連寄進状	須々万八幡為造営領五貫文之地
7	弘治8年4月22日	毛利隆元宛行状	防府之内令広福寺并昌慶院之事
8	弘治8年8月5日	毛利隆元安堵状	吉敷郡乗福寺長松院事
9	弘治8年8月5日	毛利隆元安堵状	周防国吉敷郡矢原保之内七石五斗足、長州美禰郡綾木村之内拾石足、同郡目畑五石足之事
10	弘治8年8月5日	毛利隆元判物	於当寺中武家輩止宿停止
11	弘治8年8月11日	毛利家奉行人奉書	大宮司職事
12	弘治8年8月14日	毛利隆元安堵状	周防国氷上山公蓮坊住持職事
13	弘治8年8月18日	毛利元就袖判同隆元安堵状	周防国吉敷郡宮野荘妙喜寺領所ゝ今度不知行云ゝ乱残同郡同荘内柳坪壱町地、同郡吉田村井恒冨保両所分弐拾七石八斗七升足、同寺領分段銭・半済・諸役免除事
14	弘治8年8月23日	毛利隆元安堵状	長門国厚東郡蔵福寺事
15	（弘治8年9月24日）	（毛利隆元安堵状）	長門国法花寺領之事
16	弘治8年10月2日	毛利隆元安堵状	長門国一宮大宮司職事
17	弘治8年10月6日	毛利隆元安堵状	周防国吉敷郡桜木宮領五石足地、同国同郡氷上山末社元居御霊宮領深野村内五石地等事
18	弘治8年10月6日	毛利隆元安堵状	周防国吉敷郡高嶺大神宮領長門国厚東郡有保内拾石地〈厚筑後守跡〉、同国美禰郡厚保十五石地、同所壱町地、周防国吉敷郡宇野令壱町壱段大四十歩地、同国佐波郡松崎天満宮番田給九段〈国領〉、在庁給壱町地等事

根拠	発給者	宛所	書止文言	出典
任大宮司兵部少輔時重当知行之由申請旨	毛利隆元		早守先例全領知、社役井可抽丹精状如件	祇園文書1号(『萩藩閥閲録』)
去弘治三年十月六日任隆元判形之旨	毛利元就・輝元		(全社務可抽誠精之状如件)	山口今八幡文書8号(『萩藩閥閲録』)
任文明拾壱年十二月二十日法泉寺殿裁許・天文四年二月十二日龍福寺殿証判等旨	毛利隆元	当寺別当	執務領掌不可有相違之状如件	長門国正法寺文書54号
任去弘治三年十一月十三日隆元証判之旨	毛利元就・輝元	中納言晰海大徳	(全執務可抽懇祈丹誠之状如件)	山口県文書館蔵吉敷郡興隆寺文書100号
任先証	毛利隆元	当住重喜	守先例全可寺務之状如件	都濃郡花岡八幡宮文書8号
任弘治四年三月十五日隆元証判之旨	毛利輝元	目代	(全可有執務之状如件)	東大寺文書125号(『防府市史』)
	毛利隆元	阿弥陀院	執務領掌不可有相違之状如件	上司家文書67号(『防府市史』)
	毛利元就・隆元	岩屋寺	全可有寺務之状如件	都濃郡岩屋寺文書4号
任先例	毛利元就	禅悦東堂	可有執務之状如件	都濃郡龍豊寺文書1号
任先例	毛利元就	建笑院	可有執務之状如件	都濃郡建咲院文書5号
任先証文之例	毛利隆元	大宮司	全知行可抽祷精誠之状如件	大津郡日置八幡宮文書31号
	毛利隆元	千蔵坊	但一行如件	佐波郡防府天満宮文書92号
守先例	毛利隆元	大専坊	全執務不可有相違之状如件	佐波郡防府天満宮文書75号
任宮内少輔橘歳信譲状之旨	毛利隆元	神明大宮司大蔵大丞	可専神事之状如件	吉敷郡山口大神宮文書5号
任応永三年七月廿日香積寺殿裁許〈正文焼失云〻〉并龍福寺殿証判之旨	毛利隆元		進止不可有相違之状如件	吉敷郡禅昌寺文書10号
	毛利隆元	侍従公	可被抽懇祈之状如件	佐波郡防府天満宮文書77号
任先例之旨	毛利隆元	会所坊快源僧	知行不可有相違之状如件	佐波郡防府天満宮文書94号
任先例	毛利元就	等覚坊慶雄	但一行如件	佐波郡防府天満宮文書97号

№.	年月日	文書名	内容
19	弘治8年10月6日	毛利隆元袖判安堵状	周防国吉敷郡祇園社領同郡宇野令内三町七段小地、同郡壱町八段小地〈今八幡社領時重取沙汰分〉、長州厚東郡船木郷内千崎村五石足〈同社御供料所同人執沙汰之、坪付別紙在之〉等事
20	（弘治8年10月6日）	毛利隆元安堵状	周防国吉敷郡今八幡社領同郡糸米村内弐町地、同郡御堀村七段大地、同郡受月庵領六段、井山口屋敷七町余〈段銭諸役免除之〉等事〈坪付別紙在之〉
21	弘治8年10月15日	毛利隆元安堵状	長門国厚狭郡松岳山正法寺別当職事
22	（弘治8年11月13日）	毛利隆元安堵状	周防国吉敷郡氷上山一乗坊住持職之事
23	弘治4年正月27日	毛利隆元安堵状	防州都濃郡末武地蔵院事
24	（弘治4年8月15日）	毛利隆元安堵状	周防国国衙土居八町之事
25	弘治4年8月15日	毛利隆元安堵状	防府安楽寺之事
26	弘治4年11月1日	毛利元就・隆元連書預ヶ状	満願寺之事
27	永禄2年2月7日	毛利元就安堵状	周防国都濃郡大道理龍豊寺住持并寺領等之事
28	永禄2年2月7日	毛利元就安堵状	周防国都濃郡保安寺住持職并寺領等之事
29	永禄2年5月13日	毛利隆元安堵状	長州大津郡日置荘八幡宮領二石六斗足之事
30	永禄2年9月晦日	毛利隆元預ヶ状	三田尻勝福寺免田壱町四段四石足之事、天満宮為連歌預ヶ進之候
31	永禄8年8月12日	毛利隆元安堵状	長州豊東郡木村内報恩寺七石五斗事
32	永禄4年7月7日	毛利隆元補任状	周防国吉城郡高嶺神明大宮司職之事
33	永禄4年11月25日	毛利隆元安堵状	禅昌寺傍示事
34	永禄4年11月28日	毛利隆元安堵状	防州佐波郡三田尻之内安養院九石五斗足之事
35	永禄4年12月13日	毛利隆元安堵状	防府天満宮会所坊領下鳥居五段、迫戸壱段半、岡依壱段、以上七段半〈四斗代分米〉三石井当郡銭三貫七百八十四文等事
36	永禄8年6月10日	毛利元就安堵状	防州佐波郡内松崎大専坊、密蔵坊住持職并牟礼郷昌啓院領等之事

出典：『萩藩閥閲録』は『萩藩閥閲録　第四巻』、『防府市史』は『防府市史　資料編Ⅰ』、無記は『山口県史　史料編中世二』と『山口県史　史料編中世三』。

長門国一宮住吉神社の大宮司職を安堵した判物である。秋山氏は、この判物の中で先証として大内氏歴代の判物を挙げていながら天文二十三年（一五五四）の大内義長の判物の存在に触れていないこと、文書形式が天文四年正月二十五日の大内義隆の判物と一致していることを根拠として、前述したように毛利氏が大内氏の正統を継承する一環として大内氏の寺社政策を踏襲したのだと述べたのである。(10)

しかし、表を通覧すると毛利氏による本格的な防長両国の支配が始まった弘治三年八月以降でも大内氏時代の判物が提示されないまま安堵されているケースがある。それに対し、秋山氏は毛利氏による領国支配が始まった八月以降は原則的に判物による安堵がされたとして、判物の提示の無いものを例外的なものとして扱っている。しかし、このことは、大内氏時代にどのような権益を保証されていたのかを示す判物が、安堵のために必ずしも絶対条件ではなかったことを示しているのではないかと考える。

例えば、弘治三年八月五日に山口乗福寺の慶昜都寺へ塔頭長松院の執務職を安堵した判物では、ただ「任先証之旨所令裁許也者」とあるのみで、具体的なものは挙げられていない。乗福寺は、正和元年（一三一二）に大内重弘が建立した臨済宗南禅寺派の禅宗寺院で、長松院は明応五年（一四九六）八月十三日に義興から「明徳二年十二月二日香積寺殿（義弘）以来代々裁許等之旨」に任せて院務職を安堵する判物を与えられている。(11)つまり、本来ならば、隆元の判物に義興の判物が先証として引用されるはずであるが、ここではそれがなされていない。

また、乗福寺慶昜への判物と同日に隆元は、山口善福寺に対して周防国吉敷郡矢原保内七石五斗と長門国美禰郡綾木村内十石、同郡目畑五石を安堵した判物を与えているが、この場合も「先証」に任せてとあるだけで、具体的なものは挙げられていない。(12)この善福寺も正応元年（一二八八）に重弘が建立した時宗寺院で、大内氏の歴代当主から保護を受けている。

隆元が安堵した善福寺領の内、矢原保内七石五斗は、文正元年（一四六六）六月二十九日に政弘が安堵した

「矢原保内伍町右田伊豆守跡」のことと考えられる。[13]また、美禰郡綾木村十石は、明応五年（一四九六）四月十五日に義興が寄進した「長門国美禰郡綾木郷内次郎丸名弐拾壱石三斗余地内藤肥後守弘矩跡」の内で、[14]同じく目畑五石は応永三十四年（一四二七）七月二十日に盛見が安堵した「長門国秋吉別府内目畑覚道名」のことと考えられる。[15]

善福寺には、明応五年四月十五日に義興が寺領を安堵した判物があるが、それには康暦元年七月二十八日に義弘が寄進した「豊前国築城郡宇留津山田出羽守跡」の寄進状を始め、大内氏の歴代当主が与えた都合十一ヵ所にかかわる寄進状や安堵状が書き上げられている。[16]ところが義興以降になると「当寺末寺安芸・周防・長門・豊前四ヶ国中所ゝ事」と、一括して安堵されている。[17]

このように善福寺は、本来十一ヵ所の寺領を領有していたが、隆元が安堵したのは前述した三ヵ所だけであった。永禄十一年（一五六八）十一月十九日に輝元が安堵したのもこの三ヵ所であったから、善福寺が弘治三年当時は三ヵ所の寺領しか領有していなかったことがわかる。[18]このことから隆元による寺領安堵は、当知行の寺領に限られていて、判物があっても永く不知行となっていた寺領の回復までは行われなかったものと考える。

毛利氏が寺社領を安堵する際に、当知行が重要な要件であったことは、次の事例からも明らかであろう。弘治三年十月六日に隆元は、長門国美禰郡厚保十五石や周防国吉敷郡宇野令一町一段二百八十歩などを、山口高嶺大神宮の大宮司歳信に安堵した。[19]この時の安堵は、「任当知行之由申請之旨、大宮司少輔歳信令裁許訖者」と、歳信から当知行であるという申請を受けて行われている。この高嶺大神宮は、義興が永正十六年（一五一九）と翌十七年に伊勢大神宮の内宮と外宮を勧請して社殿を建立した神社で、やはり大内氏の歴代当主から社領の寄進や安堵を受けていたが、[20]この時はそれらの判物を提出することなく当知行を主張することで安堵を得ていた。

この高嶺大神宮の社領安堵と同日に、隆元は社領として周防国吉敷郡宇野令三町七段小や同郡壱町八段小、長門国厚東郡船木郷内千崎村五石を山口祇園社へ安堵している。この祇園社も、「大宮司兵部少輔時重当知行之由申請旨」に任せてとあるように、大宮司時重から当知行の申請を受けて安堵が行われている。ただし、祇園社が高嶺大神宮と異なる点は、安堵状に「去年三月二日先証紛失云〻」と記している点である。つまり、当知行を証明する判物を紛失していたにもかかわらず当知行が認められて安堵されている。(21) この祇園社の場合は、先証に代わる何らかの手段によって当知行の確認がなされたのであろう。毛利氏による寺社領安堵にとって、先証の有無以上に当知行であることに重点が置かれていたことは明らかである。

永禄十二年六月二十日に乗福寺納所の祥珊は、山口奉行の内藤就藤と信常元実に宛てた吉敷郡の寺領注文の中で、「惣寺領雖為千余石、歴〻不知行候間度〻令言上之、御存知之前候、此由可然様御心得所仰候」と、千余石分の寺領が不知行であることを言上していることは承知しているはずと述べている。(22) 祥珊が注文にこのようなことを書き添えたのは、弘治三年に乗福寺領の安堵が行われて以降、不知行であった寺領の回復が進んでいなかったからである。

秋山氏は、大内氏や尼子氏に属していた国人領主の多くは、大内・尼子氏滅亡とともに毛利氏に属したが、その服属の仕方が自発的・積極的な加担であるか、実質的な降伏であるかを問わず、起請文の交換によって毛利氏に「一味」したものと意識された。彼らは一味することによって「当知行」の地が安堵されたが、それはけっして毛利氏の「家人」となったことを意味していない、としている。(23)

また、織田信長による所領安堵や闕所地の宛行について分析を行った池上裕子氏は、中世社会を破壊したと思われがちな信長でも、原則として敵対せずに出仕を遂げたものに対しては既得権益を安堵したこと、その際に「当知行安堵」や「旧例」が重要な要件となっていたこと、信長の姿勢は当時の戦国大名に一般的なことである、と述べている。(24)

つまり、国人領主は、どのような形式であろうと毛利氏に恭順すれば、仮にその時実行支配していた場所が寺社領を押領したものであっても安堵を受けることができたというのである。永年にわたって乗福寺から寺領の返付要請を受けながらも、毛利氏が対応しなかったのは義隆時代にはすでに不知行となっていたからであろう。このような毛利氏の寺社対策からすると、国衙土居八町の安堵には、後述するように東大寺が大内義隆時代に当知行していたことと関係していると考えられる。

第二節　東大寺と諸役負担

一　諸天役の負担

第一節では、国衙土居八町の安堵の要件として当知行の可能性があると述べたが、本節では、秋山氏が寺社領安堵の要件として挙げている半済・陣夫などの諸天役の負担や年始歳末の巻数を送ったりする行為が国衙土居八町の安堵に結びついたのかどうかを検討する。(25)まず、半済・陣夫などの諸天役の負担について検討していく。

大内氏による国衙領への諸天役の賦課は、十五世紀初めの盛見の時代（応永九年〈一四〇二〉～永享三年〈一四三一〉）にはすでに史料上確認できるが、本格化するのは十五世紀半ばの教弘の時代（嘉吉元年〈一四四一〉～寛正六年〈一四六五〉）になってからであった。寛正三年九月十日、教弘は九州出陣にあたり国衙領から夫丸百人の雇い入れを東大寺へ申し入れたが、その後いつまで経っても三十人の雇い入れさえも出来なかったため、同年九月二十一日に改めて百人の夫丸を雇い入れるよう督促をしている。(26)続く政弘の時代（寛正六年～明応四年〈一四九五〉）になると、応仁の乱の時に国衙領や寺社領に対して半済が実施されている。(27)そしてその次の義興の時代（明応四年～享禄元年〈一五二八〉）になると、諸天役の賦課はさらに拡大強化されていった。

諸天役の負担のために国衙領を悉く沽却して「古・新借物幷質券」のみが残ったので、分国中の徳政法度に従って沽却した地を国衙進止としてくれるよう東大寺から訴えられたのに対し、享禄四年五月十五日に義隆は奉書を国衙候人へ下してそれを認めている。この時の東大寺からの訴えによると、国衙が負担した諸天役とは、「先年依公方様御在国臨時之公役、其以後自御上洛之砌、御在京中之課役、殊淩雲院殿義興藝州御陣中之諸役等」であった。(28)

この内「公方様御在国臨時之公役」とは、明応八年（一四九九）周防国に下向してきた足利義稙が在国中の用途を賦課した課役のこと。次の「其以後自御上洛之砌、御在京中之課役」とは、永正五年（一五〇八）初夏にその義稙を擁した義興が数百艘を率いて上洛し、永正十五年十月に周防国に戻るまでの約十年間、義稙方の勢力として細川澄元方と戦闘を繰り返したが、その間の在京用途や軍費を賦課した課役のこと。そして最後の「藝州御陣中之諸役」とは、義興が隣国安芸国厳島神社の神主家の内紛に介入して、大永四年（一五二四）に安芸国へ出兵した際、同じく安芸国の支配権を狙う尼子方と戦闘に及んだが、その間の軍費を賦課した軍役のことである。(29)

このように大内氏は守護から戦国大名へ成長する過程で国衙領へ諸天役などを賦課したが、東大寺は国衙を通してこれら諸役を負担していた。そして、諸役の負担は、東大寺による国衙経営を動揺させるものとなったのである。

二　巻数の送進

続いて、東大寺と大内氏との間で巻数を送るなどの宗教的な結びつきがあったのかどうかについて検討する。

寺社が願主のために祈禱をして巻数を送ることは、奈良時代を史料上の初見とし、平安時代末以降盛行となっていく。(30)天平十五年（七四三）十月に聖武天皇が発した大仏造顕の詔によって造立された東大寺では、創建以来鎮護国家擁護の寺として仁王般若波羅蜜経や金光明最勝王経といった護国教典が読経されていた。(31)鎌倉時代になってもそれは変わらなかったが、[32]鎌倉に幕府が成立すると、幕府や後に京都六波羅探題のために祈禱して巻数を送っている。[33]続く室町時代に入ると公家政権への祈禱は減少する一方で、幕府への祈禱は変わらずに行なわれた。[34]そして応仁の乱以降、寺領経営が動揺してくると、在地の武家勢力へも巻数を送り、寺領経営の安定化をはかろうとする動きが顕著となる。例えば、応仁二年（一四六八）頃、美濃国大井荘榎戸郷を占領して雑物を押取っている豊島氏の陣中へ巻数を送り、速やかに返付するよう求めている。[35]また文亀元年（一五〇一）には、細川政元の重臣赤沢朝経へ大和国河上荘にかかわって巻数と五荷の両種を贈っている。[36]

東大寺では、修二会の際に二月堂練行衆によって刷られた牛玉宝印が、祈禱巻数と同じように寺領経営にかかわり在地の武家勢力へ送られることがあった。応仁二年十月五日、大井荘の大仏殿燈油料を運上していた代官某は、運上を再開したことと牛玉宝印を拝受した礼を東大寺信花坊へ伝えている。[37]また東大寺の法華堂からは、堂領長洲荘がある摂津国の守護細川政元へ巻数と共に牛玉や檀供が送られている。[38]

このように、東大寺では、他の寺社同様に権力者のために祈禱を行い、巻数や牛玉宝印を送っていた。その中で大内氏との関係で注目すべきは、十五世紀半ば以降在地の武家勢力のために祈禱を行い、巻数を送る事例が増えていることである。この時期は、前述したように周防国でも大内氏により国衙領への諸天役賦課が拡大強化された時期であった。つまり他の寺領の例からすると、大内氏への巻数送進が確認できてもよいはずである。ところが、東大寺が大内氏のために行なった祈禱として確認できるのは、管見の限り〔史料一〕として挙げた天文十九年（一五五〇）十一月に行なわれた愛染明王法千座の祈禱だけである。

これについては本書第三部第三章で検討したが、この時の祈禱は、寺社安穏と仏法紹隆など仏教の興隆、諸国の寺領回復や本僧坊供料押妨の除却など東大寺の財政基盤の興行、そして周防国国衙の安穏繁昌や大内義隆の武運長久・御願円満、陶尾張守隆房の悪心帰伏など周防国の国衙経営に関することと、当時東大寺が直面している諸問題を対象とするものであった。[39] このような多様な祈禱の趣旨やまた千座という規模から、大内氏の家内安全や武運長久を祈願する祈禱としては異質であったことは明らかであろう。この祈禱が行われた天文十九年当時は、義隆と隆房との関係が悪化して緊張関係が高まっていた時期であるから、中でも周防国の国衙経営に関する祈願に最も重点が置かれたのであろう。

また、巻数送進ではないが、東大寺の寺僧らが義興の母親の追善のために法華経を書写して贈っている。年代は明確ではないが、義興は東大寺年預五師へ送った書状の中で「為先妣追善之漸写之妙典贈給候」と法華経を受け取った旨を伝えている。[40] ただ、この場合は、母親の追善を弔うという極めて個人的なもので、前述した大内家の家内安全や武運長久を祈願した祈禱とは異なり、いわゆる贈答行為であると考えている。

それでは東大寺は、周防国の国衙経営の安定のために祈禱を行い、巻数を大内氏へ送るような働きかけはしなかったのであろうか。この点について注目すべきは、東大寺の別所阿弥陀寺である。

阿弥陀寺は、重源が国衙経営の拠点として、また念仏衆の別所として建立した寺で、以降歴代の大勧進が別当となり、国衙経営の拠点にもなっていた。[41] その阿弥陀寺からは、弘世（貞治二年〈一三六三〉～康暦二年〈一三八〇〉）へ巻数を送ったのを始め、[42] 教弘や政弘、義隆など歴代当主へ「出陣祈禱巻数」や「軍陣祈禱巻数」などを送っていることが確認できる。[43]

南北朝時代以降、東大寺の戒壇院長老が大勧進職を、また東大寺の油倉僧が目代職を独占し、いわゆる大勧進—目代体制が構築されると、東大寺からの指示を受けて国衙経営を行っていた。したがって、教弘や政弘への巻数の送進は、東大寺からの指示を受けてのことと考えられる。

ところが、延徳二年（一四九〇）に義興の弟大護院尊光が目代に就任して大内氏が国衙を押領すると、永正六年（一五〇九）に返付されるまでの約二十年間、東大寺による阿弥陀寺支配は中断してしまう。[44] 国衙が返付された翌年の永正七年二月十三日、義興は大覚坊寛海を阿弥陀寺の寺務職に補任している。寺僧の補任権は、本来別当を勤める大勧進に帰属していたので、義興による寺務職補任は阿弥陀寺が已然として大内氏の影響下にあったことを示している。

しかし、その一方で寛海が作成した享禄五年四月十三日の譲状によると、「応国衙之命、御屋形様御祈禱精誠、修造勤行無怠転勤仕之」と、国衙の命を受けて義隆のために祈禱を行い、巻数を送ったことが書かれていて、東大寺の指揮下にあって国衙経営の拠点としての役割も果たしていたことが窺える。(45)

このように東大寺は直接大内氏へ巻数を送るのではなく、別所の阿弥陀寺に祈禱をさせ、その巻数を送らせていたのである。

三　諸役負担と国衙土居八町安堵の関係

以上のように、東大寺は、大内氏が国衙領へ賦課する諸天役の負担に国衙を通して応じるとともに、別所阿弥陀寺へ命じて大内氏のために祈禱をさせ、巻数を送らせていた。池上氏によると、領国内の寺社が戦国大名に対して巻数を送り、その見返りとして所領などの安堵を得ることは、両者が一種の「奉公」と「安堵」の関係にあったのであるという。(46)つまり先の秋山氏やこの池上氏の指摘に従うならば、東大寺は「国」の公的支配者である大内氏の支配に属する「公」の寺院で、大内氏との間には「奉公」と「安堵」の関係、つまり主従関係が成立していたことになる。しかし、東大寺は大内氏の支配に属する寺院ではないことは明らかであり、前述の「奉公」もあくまで領国内の国衙や国衙領経営を維持するためであった。

それならばこの「奉公」が毛利氏による国衙や国衙領の安堵に結び付いたのであろうか。結論から述べるならば、安堵には結び付かなかったと考えている。というのは、十五世紀末に国衙を押領して以降、東大寺の国衙経営において最も強大な障害となっていたのは、松岡氏が旧体制の保護者と評価した大内氏であった。本書第三部第一章で検討したように、大内氏は明応八年から永正六年の約十年間国衙を押領したが、その間国衙を通して東大寺へ納入されるはずの正税を自らの財政に組み込んでいた。(47) そのため大内氏は国衙の返付に容易に応じなかった。

永正五年六月、義興は、保護していた足利義稙を擁して軍を率いて上洛し、七月に義稙を将軍職に復帰させると管領代として細川高国と共に幕政を執行した。東大寺では、義興の上洛に合わせて寺僧無量寿院実儼と信花坊英海を上洛させ、三条西実隆を介して国衙の返付を求めて幕府へ訴え出た。これを受けて義興は、東大寺との間で返付へ向けた交渉を始め、永正六年四月になってようやく返付が決定したのである。(48)

このような経緯から義興が国衙返付に応じたのは、自らの意思によるのではなく、幕府の要人であるという立場を考慮したものと考える。そのため決定後も国衙領の返付は容易に進展することはなかった。松岡氏によると、実際の国衙領の返付は一挙に行われず、四・五年たっても返付されない国衙領があった。また、一旦返付された後でも、大内氏による国衙押領が幕府によって合法とされ、その間に国衙領から守護へ納入される国役が未進と判断されたため、大内氏が未進分の返済を求めて現地の引き渡しに応じないばかりか、新たに他の国衙領を差押えることもあったという。(49)

一方の東大寺は、全国衙領の返付交渉を続けたが、そのために借入金を重ね、その返済のために陶氏ら大内氏の家臣を国衙領の代官職に任命しなければならなくなった。(50) さらに大永四年（一五二四）に義興が安芸国へ出兵して尼子方と覇権を争ったが、この間の軍費も国衙領に軍役として賦課されたため、それも東大寺の新たな負担となった。(51)

その結果、前述したように享禄四年（一五三一）五月十五日、東大寺は分国中の徳政法度に従って沽却した地を国衙進止とするよう、義隆へ要請している。(52) この時は義隆が徳政を命じたことで一旦は借入金が解消するが、その後も国衙による国衙領経営の弱体化は止まることなく加速度的に進行していった。そして決定的となったのは、天文二十年（一五五一）に義隆を滅ぼした隆房による国衙押領で、以後東大寺による国衙領経営は不能となった。[53]

以上のような大内氏の対応からすると、東大寺が大内氏に対して勤仕した諸天役の負担や巻数の送進といった「奉公」が、必ずしも国衙や国衙領経営の安定に結び付かなかったことは明らかであろう。まして、大内氏を滅ぼして新たな国主となった毛利氏が、大内氏以上に東大寺を厚遇したとは思えない。実際、毛利氏は東大寺による国衙領経営に全く関心を払っていなかったようである。

毛利氏が義長を滅ぼして間もない弘治三年五月十一日に、東大寺は寺僧延秀を毛利氏の本拠地安芸国吉田の郡山城へ派遣して、国衙領の返付交渉を開始した。延秀が東大寺へ送ってきた書状によると、厳島で元就・隆元父子に面会して国衙領の返付を要求したところ拒絶されたこと、周防国東部の道前国領分は安芸国や備後国の武士らに恩賞として与えられたので返付は望みが薄いが、府中や山口周辺は未だ恩賞として与えられていないので返付される可能性はあるので折衝すること、元就・隆元父子は義隆時代の前例を踏襲すると表明していることを伝えている。[54]書状を受けた東大寺の年預五師らは、道前国領分と府中・山口の国衙領については油断無く直訴すること、国衙領五十余郷は赤川左京亮元保と児玉三郎右衛門尉就忠を通して元就・隆元父子に訴えること、そして諸領地が返付されたら正税を多少によらず寺納するよう延秀へ指示している。[55]

ところがその後、東大寺を全く無視したまま論功行賞が行われ、府中や山口周辺の国衙領が武士らに給付された。それと並行して寺社に対しても諸権益の安堵が行われた。そしてこのような処分が一通り終了した弘治四年三月十五日になり、ようやく国衙土居八町の安堵が行われたのである。

毛利氏が東大寺への国衙領返付の要求を無視したのは、守護から戦国大名へと成長する過程で周防国内の伝統的な権益を尊重しながら支配を強化していった大内氏と異なり、大内氏を武力によって滅ぼすことで国主となったため、新たに獲得した地を遠慮することなく、武士らに恩賞として安堵したり、新恩として給付したりすることができたということ、一旦武士らに安堵・給付した国衙領を東大寺へ返付することは、周防国内における自らの権力基盤を失うことになるからであった。

第三節　国衙土居八町の安堵と毛利氏

本節では毛利氏がなぜ国衙土居八町を東大寺へ安堵したのかを検討するが、安堵の経緯を直接明らかにできないので、国衙領返付の交渉の分析を通して明らかにする。

永禄十二年（一五六九）二月、東大寺の寺僧多聞院英定は、国衙候人の上司大蔵入道一慶へその働きを称賛して感状を与えている。その感状によると「抑此重書箱者、義隆御一乱之砌雖令紛失、上司大蔵入道一慶抽懇志、令馳走留置者也、誠対寺門忠節無比類次第也、併大仏八幡哀愍納受之故云〻、然者国衙領悉可有還補事者、何令疑哉、其時者彼一慶至子〻孫〻迄、可有褒美者也」とあるように、義隆が隆房によって滅ぼされた混乱の際に重要な証文が入った重書箱が紛失してしまったが、一慶がそれを探し出してきたのだという。(56)この感状では、一慶が探し出してきた重書箱の中身は不明だが、「然者国衙領悉可有還補事者、何令疑哉、其時者彼一慶至子〻孫〻迄、可有褒美者也」という文言から、国衙領を返付させるうえで必要な証文が納められていたことがわかる。

それでは、重書箱に納められていた証文とはどのようなものであったのであろうか。この点について注目すべきは、永正六年（一五〇九）十二月二十日に先代の目代叡義と当代の目代公意が国衙候人の得富茂貞へ与えた書状である。(57)

この書状によると、大内氏によって国衙が押領されている間、国衙の文庫は破損し、そこに収蔵されていた証文が散逸してしまったが、茂貞が種々秘計を廻らし、奔走して「政弘五ヶ条掟旨状一通、義興同旨無改反状一通、政弘阿弥陀寺成敗状一通」の三点の証文を探し出してきたという。この三点の証文は、具体的には「政弘五ヶ条掟旨状」が文明十一年（一四七九）九月二十一日に大内政弘が与えた国衙領法度で、(58)「義興同旨無改反状」が明応五年（一四九六）に義興が国衙領法度を遵守することを示した書下、(59)そして「政弘阿弥陀寺成敗状」が文明十七年六月八日に焼失した阿弥陀寺の堂舎僧坊の再興を助けるよう寺領の地頭武士に対して命じた政弘の下知状であった。(60)

この時叡義と公意の二人が茂貞ら国衙候人に証文を探させたのは、「然今時不慮複上人吏務之旧例、司寛喜年之掟旨之砌、邪横之武家動弊理非之通路、誇武威之権衡之条、以支証券文欲払之」とあるように、永正六年四月に国衙が返付されたことで大勧進が国務を司る旧例が復活し、寛喜年中の掟旨に従って国政を執行することとなったが、武士による国衙領の押領が続いていて実際に経営にかかわることができなかったため、大内氏へ訴訟する際に証拠として添える証文を手元に用意する必要があったからである。

そのため叡義と公意は、これら証文を「重書之中最要敢無比之証文、譬如□爪之得夜光之珠、誠国衙亀鏡成敗指南也」と国衙経営において最重要なものであると讃え、続けてそのためそれらを箱の中に秘蔵するであろうと述べている。またそれらを探し出してきた茂貞を「先賢云、忠臣見国危云〻」とか、あるいは「豈非忠功之甚哉」などと大絶賛している。(61)このように、叡義と公意の二人が証文を納めて秘蔵するであろうと述べた箱こそ、上司一慶が探し出してきた重書箱であった。そしてその中には茂貞が探し出してきた国衙領法度以下三点の証文が納められていたのである。

さて、これらの証文の中で特に国衙経営にとって重要なのは、国衙領法度であろう。この法度は五ヵ条からなっていて、第一条では「国衙領一円所検断事、於大犯三箇条者、召出犯科人可致沙汰、至小事者、任先規可為検非違使所沙汰矣」と、発生した犯罪が大犯三ヵ条に該当する場合は守護方が沙汰し、それ以外は国衙の警察機関である検非違使が沙汰することが書かれている。第二条は「土居捌町事、守護使不入云〻、罪科之輩出来之時者、任旧例相触子細、可召出其身焉」と、国衙土居八町が国衙方に検断権のある「守護使不入」の直務の地であることが書かれている。続く第三条では、地頭御家人が正税を未進した場合は守護が沙汰し、それでもトラブルとなる場所は下地中分とすること、第四条では国衙の支配下にいる者が守護被官と称して国役に従わない場合はその所職を改易すること、そして最後の第五条では国衙領人夫の雇用は国衙と談合し、粮物は支給しないことが書かれている。

これらは、国衙経営や国衙領経営の上で総て重要なものであるが、その中でも特に第一条と第二条の検断権にかかわる取り決めは重要であろう。検断権は、所領経営の上で重要な権限であり、冒頭の二ヵ条でその所在を取り決めているのはそのためであった。

国衙領法度は、応永六年（一三九九）に大内義弘が制定して国衙へ与えたのに始まる。松岡氏によると、国衙領法度は、国衙から大内氏に対して出された愁訴に対応して大内氏と国衙の両者が執るべき方針を示したもので、内容的には応永六年に設定されたものに間違いなく、南北朝時代の内乱期間中にとられた臨時的措置を元の状態に戻すことが目的であったという。(62)そしてその後盛見、持世、教弘、政弘、義興、義隆と、歴代当主がその内容を承認する判物を国衙へ与えている。(63)

しかし、それら総てが遵守されたのかと言うとそうではなく、前述したように十五世紀半ば、応仁の乱頃から大内氏による諸天役賦課の強化拡大が進むと遵守されなくなっていった。それにもかかわらず大内氏の歴代当主が国衙領法度を承認する判物を国衙へ与えているのは、東大寺による国衙を通した国衙領経営を重要視していたからであろう。

それでは多聞院英定は、国衙領の返付を求めて交渉に入った弘治三年五月頃ではなく、なぜ永禄十二年になって感状を与えたのであろうか。その理由を考える上で注目すべきは、この永禄十二年が、同十年十月十日に松永久秀と三好三人衆が東大寺で行った戦闘によって焼失した大仏殿の再建事業が始まって間もない時期であったことである。[64]

大仏殿の再建事業は、永禄十一年三月に東大寺の求めに応じた正親町天皇が各地の有力大名へ宛てて大仏殿再建の奉加を命じる綸旨を発給したのに始まり[65]、同年八月には螺髪の鋳造や仮屋の造作が始まった。[66]これ以降、再建事業は勧進によって進められていくが、このタイミングで国衙候人に国衙領を経営するために必要な証文を探させていることから、東大寺ではすでに大仏の完成後に始まる大仏殿の再建事業を睨んで、重源の時の例に倣って周防国の国衙領の返付を毛利氏へ求めていくつもりだったのかもしれない。

ということは、弘治三年五月に東大寺が、延秀を安芸国吉田へ派遣して国衙領の返付の交渉にあたらせた時には、東大寺には国衙領領有の由緒を示す証文がなかったことになる。つまり毛利氏は、由緒を示す証文を所持しないまま東大寺が国衙領の返付を要求したのに対し、一方的に国衙土居八町のみを安堵したということになる。由緒を示す証文を所持しなくても当知行の場合は、毛利氏により安堵されることもあったことは前述した通りである。しかし、毛利氏はどうしてそこまでして国衙土居八町を東大寺へ安堵する必要があったのであろうか。

この点について直接明らかにできる史料は無いので、隆元が国衙土居八町を安堵した判物と同日に国衙に隣接した安楽寺へ判物を与えているので、それを次に挙げてみよう。

〔史料三〕

(端裏書)「安楽寺御判物案」

（別筆）『宝箱古證文三通安楽寺領眼代阿弥陀院八□』

防府安楽寺之事令裁許畢、寺家云寺領云、執務領掌不可有相違之状如件、

弘治四年三月十五日　　備中守　御判

阿弥陀院

「此本書南都ニ在之　　仏生院什雅（花押）(67)」

〔史料三〕は、隆元が安楽寺の執務を阿弥陀院へ命じた判物である。宛所の阿弥陀院は、東大寺の目代で、(68)裏書から正本は東大寺で管理されていたことがわかる。元和六年（一六二〇）二月の「防州国衙由来略記」によると、東大寺の政務を司る政所が寺院化したのが国庁寺で、その国庁寺の法務に携わったのが安楽寺や東昌寺、宝林寺の僧であったという。(69)これらのことから安楽寺が、東大寺の国衙経営にとって極めて関係の深い寺院であったことがわかる。前述した国衙土居八町の判物も同日付であるから、隆元は両者を一つのものとして捉えていたことは明らかであろう。

この〔史料三〕で注目すべきは、安堵するにあたって「任先例」という文言や前代の判物が挙げられていないことである。第一節で検討したように、毛利氏が所領を安堵した寺社の中には、前代の判物がなくても当知行ということで安堵を受けている事例もある。しかし、安楽寺は東大寺の国衙経営に極めて関係の深い寺院であったので、本来大内氏から判物を受ける寺院ではなかった。したがって〔史料三〕の判物は、毛利氏が、本来進止権の無かった執務職を阿弥陀院へ安堵することで安楽寺を領国体制に組み込もうとしたのである。

これは国衙土居八町に対しても同じで、冒頭で示した〔史料一〕で引用されている弘治四年三月十五日の隆元

の判物は、領国体制に組み込むためのもので、これと合わせて国衙土居八町を執務するための職として「国衙土居職」を新たに設け、東大寺の目代をそれに補任した。(70)

このように毛利氏は、国衙土居八町と安楽寺を他の寺社同様に扱うことで、自らの領国体制に組み込んでいこうとした。それならば領国内の寺社の多くが弘治三年八月から十月の間に安堵が行われたのに、両者はなぜ弘治四年三月十五日となったのか。

〔史料三〕の二日前の十三日に安芸国吉田の五人奉行衆は、「防府安楽寺之事、寺領共一円被進置候、自今以後無他綺、可為御進止候」という安楽寺の寺領を安堵する奉書を阿弥陀院へ宛て発給したが、その中で「今度惣国領雖御検地候、彼領内所散在分之事者、可被差除之旨候」と、周防国の惣国検地を実施するにあたり散在する寺領を免除する旨を伝えている。(71)これによると、国衙土居八町と安楽寺が安堵された弘治四年三月十五日は、府中や山口の国衙領の処分が済んで、検地が実施される直前であったことがわかる。つまり毛利氏は、国衙土居八町や安楽寺の処分を、意図的に後回しにしていたのである。(72)

それならば毛利氏は、そこまで先延ばしをしておきながらどうして国衙土居八町を東大寺へ安堵したのか。その理由を考える上で注目すべきは、安芸国吉田に派遣された延秀が東大寺へ送った書状で伝えたように、毛利氏が義隆時代の前例を踏襲すると表明していることである。(73)毛利氏は、武力で大内氏を滅ぼして周防国の国主となったため、恭順した旧大内家臣や寺社の諸権益を安堵するなど、義隆時代の前例を踏襲することで経営の安定化をはからなければならなかった。そのために幕府や朝廷へも積極的に働きかけている。

隆元は、永禄三年（一五六〇）三月二十一日に安芸国の守護職に補任され、永禄五年八月六日には備中・備後両国の守護職、そして同年九月十九日に長門国の守護職に補任された。(74)周防国の守護職補任は史料上確認できないが、永禄六年八月四日に隆元が死亡した時に周防国の守護も兼ねていたので、(75)前年の永禄五年頃には周防国の守護職にも補任されていたのであろう。これら守護職の補任に際し、当然毛利氏から幕府へ金品などの贈答を含めた働きかけがなされていたはずである。すでに形骸化していた守護職となることにより、領国支配の正統性を得て、それにより支配を安定化させようとしたのである。また永禄二年五月十三日に、隆元は備中国を平定した旨を朝廷へ奏上しているが、(76)これも朝廷から備中国の正統な国主としての保証を得るためであった。

このように、周防国を支配するため大内義隆政権の後継者としてその正統性を広くアピールしていた毛利氏にとって、この時になってもなお幕府や朝廷へ一定の影響力があった東大寺の権益を保護することは必要なことであった。しかし、東大寺が要求する国衙領総てを返付することは、自身の支持基盤である武士からの支持を失うことになるため、永年にわたって周防国の国衙領経営の拠点で、しかも大内氏時代に国衙領法度により直務の地とされた国庁を中心とする国衙土居八町のみを安堵することにしたのであろう。

しかしこのような安堵は、毛利氏の支配が及ばない、領国支配の枠外にいる東大寺が支配する土地をそのまま存続させることになったため、毛利氏の領国支配にとって決して好ましいものではなかった。東大寺と国衙土居八町とのこのような関係はその後もしばらく続いたが、正保三年（一六四六）に藩主毛利秀就が藩財政の危機を理由に国衙土居八町の下地を没収し、代わりに現米の支給に転換したことで不自然な関係は解消することとなった。(77)

毛利氏は、大内氏領国時代を先例としながらも、単に継承するのではなく新たな支配関係を構築することで領国体制を整えたのである。つまり国衙土居八町の安堵は、新しく構築した支配関係を広く知らしめるためにも、象徴的なことであったのである。

結び

本章では、毛利氏が国衙土居八町を東大寺へ安堵した理由について検討した。最後に検討してきたことを簡単にまとめることで結びとしたい。

第一節では、大内氏を滅ぼして周防国の国主となった元就・隆元が、どのようにして防長両国の寺社を領国体制に組み込んでいったのかを検討した。彼らが所領などの権益を安堵した寺社とは、大内氏に対して諸天役を負担したり、歳末年始や軍陣などの祈禱をして巻数を送進したりする「奉公」を勤める「国」に属する寺社であった。しかし、所領の安堵は当知行のものに限られていて、不知行となっていた所領の回復までは行われていなかった。このことから国衙土居八町の安堵は、大内義隆時代に東大寺が当知行していたと判断されたからと考える。

第二節では東大寺も大内氏に対して「奉公」を勤めていたのか、またそれが国衙土居八町の安堵に結び付いたのかどうかを検討した。東大寺は、国衙を通して大内氏が国衙領へ賦課する諸天役を負担し、また別所阿弥陀寺に命じて祈禱や巻数の送進をさせていた。これに対し、大内氏は十五世紀半ば以降守護から守護大名へ成長していく過程で諸天役の拡大強化をはかったため、国衙による国衙領経営は動揺し、やがて不能となっていった。このことから、東大寺の「奉公」が全く安堵に結びつかなかったことが明らかとなった。

以上の検討を踏まえ、第三節では国衙土居八町の安堵が行われた背景について東大寺の国衙領返付交渉の分析を通して検討した。大内氏を滅ぼして国主となった毛利氏は、周防国を支配する上で国内の武士や周辺の武家勢力に対して、大内義隆政権の後継者としてその正統性を広くアピールする必要があった。幕府へ働きかけて守護職を獲得することも、また朝廷へ平定した旨を伝えることも伝統的権力者から正統な領主としての保証を得るためであったが、そのため幕府や朝廷へ一定の影響力があった東大寺の権益を保護する必要があった。永年にわたって周防国の国衙経営の拠点で、しかも大内氏時代に国衙領法度により直務の地とされた国衙土居八町は、毛利氏がそのような姿勢をアピールするうえで将に象徴的な場所であった。毛利氏は、国衙土居八町を安堵し、新しく設けた「国衙土居職」を通して東大寺を支配下に取り込もうとしたが、却って自らの支配に属さない東大寺が支配する下地を領国内に存続させることとなった。このような不自然な関係は、江戸時代に入って下地を没収して現米を支給するまで続くこととなった。

以上のように毛利氏は、周防国を支配するにあたって大内氏時代を先例としたが、単に継承するのではなく新たな支配関係を構築することで領国体制に組み込んでいった。つまり、国衙土居八町の安堵は、このような毛利氏が領国体制を確立するうえで執った政治的判断によるものであった。しかし、戦国大名が寺社の所領に対してこのような判断を行うことは、一般的なことであったと考えられるので、他の事例との比較検討を行う必要があったと考えるが、この点については今後の課題としていきたい。

註

（1）『防府市史　史料編Ⅰ』「山口県立文書館所蔵東大寺文書」一号（防府市、二〇〇〇年、以下『防府市史　史料編Ⅰ』は『防府市史』と省略）。

（2）東大寺図書館所蔵寶庫文書七六―二一一号（奈良国立文化財研究所編『東大寺文書目録』、以下東大寺図書館所蔵文書は「東大寺文書」と省略）。

（3）三坂圭治『周防国府の研究』（積文館、一九三三年）。

（4）代表的な研究として以下のものがある。松岡久人「戦国期大内・毛利両氏の知行制の進展」（『史学研究』八二、一九六二年、後に松岡久人著・岸田裕之編『大内氏の研究』清文堂出版、二〇一一年に再録）、松浦義則「戦国大名毛利氏の領国支配機構の進展」（『日本史研究』一六八、一九七六年）、岸田裕之「室町戦国期における諸権力の図田支配と村落農民」（『日本史研究』一七二、一九七六年、後に『大名領国の構成的展開』吉川弘文館、一九八三年に再録）、加藤益幹「戦国大名毛利氏の奉行人制について」（『年報中世史研究』二、一九七八年）、池享「戦国大名領国支配の地域構造――毛利領国を例として――」（『歴史学研究』一九八〇年度別冊、一九八〇年）、秋山伸隆「戦国大名毛利氏領国の支配構造」（『史学研究』一六七、一九八五年、後に『戦国大名毛利氏の研究』吉川弘文館、一九九八年に再録）菊池浩幸「室町・戦国期の段銭と大名権力――防長地域を事例に――」（『人民の歴史学』一四二、一九九九年）、本多博之「継承基準額と毛利氏の領国支配」（『戦国期織豊期の貨幣と石高制』吉川弘文館、二〇〇六年）。

（5）註（3）三坂氏著書。

（6）『防府市史　通史編Ⅰ』（防府市、二〇〇四年）。

（7）註（3）三坂氏著書、板東俊彦「近世東大寺復興の一側面」（GBS実行委員会編『論集近世の奈良東大寺』法藏館、二〇〇六年）。

（8）註（4）秋山氏論文。

（9）毛利隆元裁許状（『長門国一ノ宮住吉神社史料　上巻』一九二号、長門国一ノ宮住吉神社社務所、一九七五年）。

（10）註（4）秋山氏論文。

（11）山口県文書館編『萩藩閥閲録』「乗福寺文書」一四号（マツノ書店、以下同）。

（12）『萩藩閥閲録』「善福寺文書」二一号。

（13）『萩藩閥閲録』「善福寺文書」一三号。

（14）『萩藩閥閲録』「善福寺文書」一四号。

（15）『萩藩閥閲録』「善福寺文書」一三号。

（16）『萩藩閥閲録』「善福寺文書」一三号。

（17）『萩藩閥閲録』「善福寺文書」一六号、同一八号、同二〇号。

（18）『萩藩閥閲録』「善福寺文書」二三号。

（19）『山口県史　史料編中世2』「山口大神宮文書」一九号（山口県、以下『山口県史　史料編』は『山口県史』と省略)。
(20)『山口県史』「山口大神宮文書」一〇号、同一二号、同一六号、同一七号、同一八号。
(21)『萩藩閥閲録』「祇園文書」一号。
(22)『萩藩閥閲録』「乗福寺文書」三〇号。
(23)註(4)秋山氏論文。
(24)「大名領国制と荘園」(『講座日本荘園史　四』吉川弘文館、一九九九年)。
(25)註(4)秋山氏論文。
(26)『大日本古文書　家わけ第十八　東大寺文書』三〇六(一)号、同三〇六(二)号、同三〇六(三)号(以下『大日本古文書　家わけ第十八　東大寺文書』は『大古』と省略)。
(27)松岡久人「室町戦国期の周防国衙領と大内氏」(福尾教授退官記念事業会編『日本中世史論集』吉川弘文館、一九七二年、後に註(4)松岡久人著・岸田裕之編著書に再録)、拙稿「室町期における地下官人領の経営と守護大名(『地方史研究』二八四、二〇〇〇年四月、本書第三部三章に再録)、同「中世後期における東大寺の周防国衙経営について」(『日本歴史』六二七号、二〇〇〇年八月、本書第二部第三章第二節に再録)。
(28)「東大寺文書」寶庫文書七四―五―一号。
(29)註(6)『防府市史　通史編Ⅰ』。
(30)『国史大辞典』石田善人執筆「巻数」の項。
(31)例えば、寛仁二年(一〇一八)五月、朝廷が旱魃により神祇官に降雨の祈禱を命じ、あわせて南都七大寺や延暦寺、大和龍穴社とともに同月二十四日から仁王般若経の読経を命ぜられている(『小右記』寛仁二年五月二十一日条(『大日本古記録』岩波書店))。また、天喜五年(一〇五七)五月には仁王般若波羅蜜経を転読して、怪異の祈禱を命ぜられている(「正倉院文書」(『史料綜覧』第二編九〇二冊))。なお近世東大寺の国家祈禱については、富田正弘「近世東大寺の国家祈禱と院宣・綸旨」(綾村宏研究代表者『東大寺所蔵聖教文書調査の研究』平成十三年度～平成十六年度科学研究費補助金(基盤研究(A)(1))、二〇〇五年三月)を参照されたい。
(32)上皇が病気となった際に八幡宮七昼夜御祈禱や尊勝陀羅尼経が修されている(「東大寺文書」三―一二―一六九号)。

(33) 幕府に対しては、貞永二年（一二三三）四月に大般若経の転読を行なって巻数を送り（「東大寺文書」三―一―八〇号）、蒙古襲来の弘安四年には異国降伏祈禱として仁王経や最勝王経を転読している（「東大寺文書」三―四―二〇一号・同三―一二―一七三号」。また、南北六波羅探題に対しても巻数を送っている（鎌倉中期）四月二十日北条時村巻数請取状（東京大学史料編纂所所蔵影写本「東大寺文書第三回採訪」第五冊）、「東大寺文書」三―二―八号、同三―一一―六号、同三―一一―五号。『鎌倉遺文』一七五五六号（東京堂出版）。
(34) 『大古』成巻四五〇号、「東大寺文書」三―一二―四二号。
(35) 『大古』四〇七号。
(36) 『大古』一一七七号。
(37) 『大古』四三五号。
(38) 京都大学総合博物館所蔵宝珠院文書四函二号、同四函七九号、同四函八〇号、同四函八一号、同四函九五号（研究代表者勝山清次『中世寺院における内部集団史料の調査・研究』平成十五年度～平成十七年度化学研究費補助金（基盤研究（B）2）研究報告書、二〇〇六年）。
(39) 『大古』六四八号。
(40) 「東大寺文書」三―一二―一五一号。
(41) 永村眞『中世東大寺の組織と経営』（塙書房、一九八九年）。
(42) 『防府市史』「阿弥陀寺文書」四〇号。
(43) 『防府市史』「阿弥陀寺文書」四三号、同四四号、同四六号。
(44) 註（27）松岡氏論文。
(45) 『防府市史』「阿弥陀寺文書」四二号、同六九号。
(46) 註（24）池上氏論文。
(47) 註（3）三坂氏著書、註（27）松岡氏論文。
(48) 『大日本史料』九編第一冊永正五年十二月二十三日条、「薬師院文書」二―二〇九号。
(49) 註（27）松岡氏論文。
(50) 富田保と平野保は陶興房（『防府市史』「上司家文書」四一号、同四三号）、吉木保と安田保、戸田令は右田弘詮（『防府市史』「上司家文書」四二号、同四五号）。
(51) 註（6）『防府市史　通史編Ⅰ』。
(52)「東大寺文書」寶庫文書七四―五―一号。
(53)「東大寺文書」寶庫文書七四―七―一号。
(54) 註（1）山口県立文書館所蔵文書。
(55)「東大寺文書」三―一二―六三号。
(56)『防府市史』「上司家文書」六九号。
(57)『防府市史』「得富家文書」八号。
(58)「東大寺文書」寶庫文書七四―七―一号。
(59)「東大寺文書」寶庫文書七四―七―一号。
(60)『防府市史』「阿弥陀寺文書」四五号。
(61) 三点の証文の内「政弘五ヶ条掟旨状」と「義興同旨無改反状」は東大寺に正本があり、「政弘阿弥陀寺成敗状」は阿弥陀寺に正本がある。したがって国衙で保管されていたのは案文であった。
(62) 註（27）松岡氏論文。
(63)「東大寺文書」寶庫文書七四―二―一号、同寶庫文書七四―三―一号、同寶庫文書七四―六―一号。
(64)『多門院日記』永禄十年十月十日条（臨川書店）。
(65)「薬師院文書」一―一八三号。
(66)「薬師院文書」二―一六八号。
(67)『防府市史』「上司家文書」六七号。
(68)『大古』七二二号。
(69) 東京大学史料編纂所所蔵影写本「上司家文書」。
(70) 目代無量寿院訓藝は、違濫があったとして毛利輝元により国衙土居職を改易されたが、元亀三年になって再度補任されている（「東大寺文書」寶庫文書七六―一―一号（一）、同寶庫文書七六―一―一号（二））。
(71)『防府市史』「上司家文書」六六号。

(72) 註（3）三坂氏著書、註（7）板東氏論文。
(73) 註（1）山口県立文書館所蔵文書。
(74) 『史料綜覧』永禄三年三月二十一日条、永禄五年八月六日条、永禄五年九月十九日条。
(75) 『史料綜覧』永禄六年八月四日条。
(76) 「御湯殿上日記」永禄二年五月十三日条。
(77) 註（3）三坂氏著書、註（7）板東氏論文。正保三年に藩主毛利秀就は、藩財政の窮迫を理由に藩士や領国内の寺社領を没収して現米を支給した。この時国衙土居八町も没収されて代わりに現米百石が支給された。現米は後に三百五十石となったが、万治四年（一六六一）に藩の財政が回復して藩士や一部の寺社領が返付された時も返付がなかった。そして、その後も代替わりごとに藩主より返付の確約を得ながらも、実現することなく幕末を迎えた。

終章

第一節　論旨の総括

三部十一章にわたって鎌倉時代初頭以来造営料国であった周防国を題材に、どのような国衙経営が行われていたのかを東大寺側からの視点で検討してきた。本節では、各章で導き出された論旨を総括していく。

最初は第一部である。第一部では、重源・栄西・行勇が東大寺の再建を進めていた時期の造営事業の内容や周防国の国衙や国衙領の経営について検討した。

第一章では、鎌倉時代初頭の大勧進重源と栄西の二人がどのように東大寺の造営事業や周防国を経営したのかを検討した。周知のとおり、初代の重源は大仏と大仏殿の再建事業を完成させたが、これは後白河法皇や源頼朝の協力を得たことと、陳和卿など中国の技術者集団を確保できたからである。彼は周防国を与えられると、用材の確保のために自ら周防国へ下向し、杣山に入って切り出しや搬出を指揮したが、その際周防国の経営にあたり勧進所を政所として国司庁宣などを発給している。この時の造営料国は、知行国制のシステムを利用してはいるが、一般的な知行国では知行国主と関係が深い者が名国司として国司庁宣を発給するのに対し、重源は名国司を介さず直接目代や留守所の在庁官人らを指揮しており、彼に大幅な権限が与えられていたことがわかる。

これに対して、第二代の栄西は、近年の研究では宋の商人を檀那として日本と中国の間で活発な活動していたことや、重源の事業の支援をしていたことが明らかとなってきているが、東大寺の大勧進となった後は財政的なサポートも得られないうえ、同時に法勝寺九重塔の造営を命ぜられたために、東大寺の造営事業では成果を出すことができなかったのである。

第二章では、第三代の行勇による造営活動や周防国の経営について検討した。行勇が大勧進に就任した当時、朝廷は造営料国の付与に消極的で、勧進と成功で造営を行うよう命じている。そのため朝廷は、行勇を通して当時御家人の成功を統括していた幕府に造営の協力をさせようとしているが、この当時の幕府は東大寺の造営については消極的であった。朝廷がこのような対応を転換したのは、幕府とも密接な関係にあった九条道家が朝政の実権を握ってからである。道家は、造営料国として周防国の付与を決定しただけでなく、家司の藤原顕嗣を名国司に補任して、行勇の周防国経営をサポートさせている。

周防国へ下向した行勇は重源や栄西の大勧進時代を前例とし、材木の搬出と国衙経営を行ったが、最初は協力に消極的であった幕府も、その後材木引き人夫役の勤仕を近隣六ヵ国の御家人に命じるなど、全面的な協力を行っている。

行勇が執った、地頭職の補任や領内訴訟などといった国衙経営については、幕府だけでなく、前述したように道家も支援している。従来の研究では行勇が幕府の要人を檀那とし、鎌倉を拠点として活動していたことから、幕府との関係が強調されてきたが、道家からも全面的な支援を受けていたことが明らかとなった。当時の朝廷と幕府との関係を明らかにしていくうえでも有用な事例といえるであろう。

第三章では、重源が周防国の経営の拠点として創建した阿弥陀寺が、彼の造営事業や国衙経営において果たした機能について検討した。重源が阿弥陀寺を創建したのは、彼の宗教的活動の拠点である別所という面も確かで、そこに注目した先行研究もある。しかし、免田の設定などの状況から、むしろ造営料国の経営の拠点の方が第一義であり、在庁官人ら造営事業に協力させるための宗教的装置であったと考えるべきなのである。正治二年（一二〇〇）、重源は阿弥陀寺を創建すると、国衙領の中に免田を設定したが、この免田は、在庁官人らが国衙領内に散在する私領の中から権利を保持したまま寄進したもので、重源は彼らを檀那として造営事業に協力を求める見返りとして、彼らが私領に有する領主権を安堵した。このような阿弥陀寺と在庁官人との関係は、少なくとも鎌倉時代末まで続くことが確認できるが、それは本来在庁官人を国衙に結集する役割を果たしてきた一宮玉祖社が、保延三年（一一三七）の寄進以来独自の在地領主制の展開を進めて国衙との間で相論を繰り返している点も少なからず影響していたと考える。

第四章では、重源が補任した地頭下毛野氏を中心に与田保の成立時期や開発者、認可者など成立に関することや、内部構造や領域性、支配体制などについて検討した。与田保は、白河上皇の随身である下毛野敦季が開発者で、上皇の近臣藤原経忠が周防国の国司の時に認可されて成立した。保内には、定田や定畠、国司奉免の地、荒野の他に他領主の佃である末松名などがあり、それらを含む形で成立したことがわかる。

敦季はそのまま保司職に任ぜられ、以降代々の子孫が在京のまま保司職を世襲し、在地の有力者を公文に任命してその経営に当たらせた。ところが敦季から五代目にあたる朝俊は、平宗盛の随身を勤めていたために治承・寿永の乱後に保司職を罷免されてしまった。そのため朝俊は九条兼実の随身となって保司職への復帰をはかったが、兼実が失脚したことで復帰を果たせなくなったため、与田保へ下向して実力で権益を復帰を目論んだのであろう。当時国司であった重源は彼を地頭職に補任することで、国衙の支配体系に組み込もうとした。しかし、二代目の地頭朝兼は、幕府御家人となって国衙支配から離れるとともに、公文職を取り込み、在地支配の強化をはかった。以降南北朝時代まで元公文一族や東大寺と公文職をめぐって激しい対立を繰り返していったのである。以上のように、与田保は、周防国が東大寺の造営料国となって以降の国衙領について具体的に明らかにできる貴重な事例なのである。

続いて第二部である。第二部は、鎌倉時代中期から十五世紀半ばまでの周防国が東大寺の造営料国から東大寺の寺領化が進む時期にあたり、このような変質に東大寺や大勧進、守護大内氏らがどのように関与したのかについて検討した。

第一章では、鎌倉時代中期から後期にかけて、蒙古襲来をきっかけに武士勢力や在庁官人らが国衙領において独自の在地領主制を展開したため、国衙経営が動揺するが、それに対して東大寺は大勧進を通して国衙支配の強化や国衙領の寺領化を進めた。しかし、それにより在庁官人らとの対立が激化する経緯とその背景、意義を検討した。蒙古襲来の際に兵粮米を請所という合法的な方法によって調達することが認められると、武士らが国衙領の権益を侵害したため、国衙領を基盤とする在庁官人に経済的なダメージを与えることとなり、中には没落する者がでた。これに対して東大寺は、大勧進円照に論所である植松原郷と与田保を寄進させたように、大勧進に要請して国衙領の寺領化をはかるだけではなく、保司職や在地の経営に直接関与していた公文・書生・田所職などの三職の取り込みを進め、さらには幕府権力を背景にして国衙興行を断行することで支配の強化と収益の増大をはかった。そのため、在庁官人らとの間で経済的利害関係による対立を生じせしめ、国衙経営を不安定なものにした。そして、この対立がやがて大内氏の国衙から離脱する要因の一つとなったのである。

第二章では、建武新政期における後醍醐天皇の対東大寺施策の分析を通して当該期の周防国の国衙経営の内容とその意義、さらに天皇の施策がその後の東大寺による周防国の経営にどのような影響を与えたのかを検討した。建武新政期の大勧進円観は周防国からの正税を京都へ送進したとして東大寺の衆徒らから罷免を求められたが、これは天皇の命に従ったのに過ぎなかった。天皇は、側近の一人三条実治を造東大寺長官とし、円観を大勧進としているが、これは東大寺の造営事業を支援しようとしたのではなく、周防国からの正税を国家財政に組み入れるとともに、東大寺を自らの影響下に置こうとするもので、東寺や興福寺などの権門寺院に対しても同じ姿勢で臨んでいた。しかしこのような天皇の対応が、東大寺の衆徒らを北朝方に走らせる要因の一つとなったことは間違いない。さらに鎌倉幕府が崩壊したことにより、東大寺の影響力が及ぶ戒壇院長老を大勧進に補任することを求めて認可されると、以降戒壇院長老が大勧進を独占していくことになる。したがって建武政権期は、周防国の国衙経営にとって重要な転換点の一つであったのである。

第三章では、南北朝時代から室町時代における国衙経営について、大勧進や目代、国衙候人の出自や彼らの活動を分析することでその歴史的展開を明らかにした。周防国では、建武政権崩壊後から大内氏ら武士による国衙領の押領が重大な問題となったが、東大寺は幕府へ訴訟したり、下地中分などの手段により国衙領から武家勢力の排除に努める一方で、国衙領を大勧進へ命じて東大寺へ寄進させたり、国衙領の所職の得分を東大寺僧へ与えたりして国衙領の寺領化をさらに加速化させた。そして十四世紀の半ば過ぎには、国衙を介さず東大寺と直接結びつく国衙領と大勧進の国衙経営体制の枠内にある国衙領とに二分化して支配が行われるようになった。

さらに、東大寺は大内氏の守護就任など在地の変化に対応するため国衙機構の取り込みを進めた。建武政権崩壊時に戒壇院長老が大勧進職に補任されて以来代々の長老がその職を独占すると、当初は在地に詳しい西大寺系の律僧らを目代としたが、南北朝時代の終わり頃に大内氏が国衙領へ守護役を恒常的に賦課するようになると、自らの被官の油倉僧を目代とすることで戒壇院と油倉が一体化した経営体制を作り上げた。さらに在庁官人に代わって東大寺と主従関係にある俗人を国衙に定住させて検非違使庁別当など留守所の所職に任命させて留守所を形成、新たな国衙経営体制を構築してこれに対抗した。その俗人は国衙候人と称され、正税の送進を請負うなど、東大寺の国衙経営を末端から支えたのである。

最後が第三部である。第三部は十五世紀末から十七世紀初頭までで、守護大名から戦国大名へ成長していく際に領国制を展開した大内氏と大内氏に替わって国主となった毛利氏によって国衙と国衙領が押領されるが、それによって中世的所領経営体制から近世的所領経営体制へと転換していく経緯やその意義について検討した。

第一章では、延徳二年（一四九〇）に守護大内氏によって国衙が押領されてから永正六年（一五〇九）に返付されるまでの経緯と、返付後の学侶方による国衙経営の実態とその意義について検討した。大内氏による押領は、政弘の二男尊光が目代に任ぜられたことで国衙が直接支配する国衙一円の地から始まるが、東大寺領の仁井令や東福寺領の下得地保など国衙を介さずに直接在京領主と結び付く国衙領については、逆に政弘により保護を受けている。それに対し、国衙経営が完全不知行となるのは、明応八年（一四九九）に尊光が失脚してからであった。その後の東大寺側の動きは窺い知ることができないが、永正五年に講堂と三面僧坊が焼失すると、国衙返付を求めて活発化していき、翌年には足利義植を擁して軍勢を率いて上洛してきた大内義興と直接交渉したことで国衙の返付を受けた。

国衙が返付されると、東大寺は学侶方による集団経営を行い、その中の一人が目代として下向して国衙候人を指揮して経営にあたった。これは室町時代以降、寺内財政や寺領経営で行われていた納所のシステムを利用したものと考える。しかし返付後も武士による未進・押領が止まず、そのうえ義興在京中の国役負担で生じた借銭・借米によって国衙や国衙候人らが経済的な困窮状況に陥ってしまった。このような経営の動揺は、大内義隆が享禄四年（一五三一）に徳政令を発して借銭が一掃されるまで続いたのである。

第二章では、十五世紀半ばに地下官人である壬生晴富へ保司得分が給付されていた宇佐木保について、保司得分が給付されていた理由や、得分の送進に際しての東大寺や守護大内氏との関与について検討した。鎌倉時代後期の地下官人中原俊茂の譲状や古記録などから、宇佐木保の保司得分は鎌倉時代から造東大寺長官（造寺官）らの得分に充てられていたことは明らかで、晴富へ保司得分が給付されるのも彼が造東大寺次官に任ぜられていたからである。したがって晴富は得分を給付されていたのに過ぎず、下地に対しては全く進止権を有していなかった。

得分の送進は、当初目代の油倉僧が請負ったが、油倉が機能しなくなると、代わって大内氏の守護請となった。晴富がこの時期頻繁に品物や京都の情報を提供しているのも、大内氏から得分の安定的な送進の保証を得るためである。晴富が明応六年（一四九七）に死亡すると関係史料が極端に少なくなってしまうが、その後も壬生家と宇佐木保との関係は細々と続いていたようで、「于恒宿禰記」天文四年（一五三五）十月三日条には、晴富の孫于恒が造寺官得分について問い合わせた記事が記されている。この記事を最後に史料上から消えるが、少なくとも大内氏はこの頃まで壬生家の既得権を保全していたのである。なお、大内氏による壬生家への対応を明らかにしたことは、当該期の東大寺による周防国衙経営における大内氏との関係を考えていくうえで、重要な視角を提供することになった。

第三章では、十六世紀半ばに大内氏を滅ぼして新たに周防国の国主となった毛利氏との間で行った国衙領の返付交渉の経緯や、毛利氏が東大寺へ国衙土居八町を安堵する経緯、そしてそれを経営するための在地の経営組織と東大寺内の経営組織について検討した。東大寺は、大内氏との戦闘が終結する前に早くも使者を送って毛利氏へ国衙領の返付を求めたが、交渉に入れないまま毛利氏から一方的に安堵されたのが、国衙土居八町と浮米だけであった。これをきっかけとして国衙を通じた中世的な経営から、在地に居住する国衙候人や中間へ田畠を給地として宛行い、管理や年貢の送進を請負わせる近世的な経営へと転換することとなった。この場合、所務に関しては、原則国衙候人が在地で責任を持ち、東大寺の学侶僧からなる沙汰衆との間で直接連絡をとっているが、両者の間を目代が取り持つこともあった。周防国から送進されてきた年貢は、沙汰衆の権限で寺内に配分されたが、この体制は十七世紀半ばの正保年間に毛利秀就によって国衙土居八町が没収されて、現米支給となるまで続いた。第四章では、毛利氏が国衙土居八町を東大寺へ安堵した理由について検討した。周防国の国主となった毛利氏は、大内氏以来の伝統を遵守することを標榜していて、大内氏に対して諸天役を負担したり、歳末年始や軍陣などの祈禱をして巻数を送進したりする「奉公」を勤めた寺社については原則当知行の所領などの権益を保証していた。ところが、東大寺は、別所阿弥陀寺を通じてこのような奉公をしたが、安堵されたのは国衙土居八町だけであった。

大内氏を滅ぼした毛利氏は、周防国を支配するうえで国内の武士や周辺の武家勢力に対して、大内義隆政権の後継者としてその正統性を広くアピールしたのである。幕府へ働きかけて守護職を獲得したことも、また朝廷へ平定した旨を伝えたことも上位権力者から正統な領主としての保証を得るためであるが、そのためにも幕府や朝廷へ一定の影響力があり、伝統的な東大寺の権益を保護する必要があった。毛利氏が安堵した国衙土居八町は、大内氏時代に国衙領法度により直務の地とされた場所であり、毛利氏にとって大内義隆政権の後継者としてその正統性をアピールするうえで将に象徴的な場所であった。しかしその一方で、毛利氏は自らの支配に属さない東大寺領を領国内に存続させることとなった。このような不自然な関係は、十七世紀半ばに毛利秀就が下地を没収して現米を支給するまで続いたのである。

以上、各章の論旨について述べたが、これらをまとめると中世の周防国は次のように展開していったと言えるであろう。鎌倉時代初めに造営料国として東大寺へ与えられ、当初は杣便宜と造営用途を負担していた。この時代の大勧進は寺外僧が任ぜられていて、東大寺側とは造営する堂舎の優先順位をめぐって対立することもあったが、造営事業の完成という一つの目的のために、比較的両者の関係は良好であった。

ところが造営修理が一段落した鎌倉時代中期を過ぎると、大勧進と東大寺衆徒とは利権を巡ってしばしば激しい衝突事件を起こすことになる。衆徒らは大勧進に国衙領の一部を寄進させ、さらに鎌倉時代後期になると本来は国衙管轄下にある保司職や公文職の得分を有力な学侶僧へ付与させるなどの国衙経営の強化と東大寺財源への取り込みをはかったため、在庁官人らとしばしば激しい衝突を繰り返すようになった。そのたびに国務が停滞しているが、このような状況が大きく転換していくのは、南北朝時代に入ってからである。

建武政権下、在庁官人で最有力の大内氏が守護職に任ぜられて国衙の枠から離れていくが、一方の東大寺では足利尊氏から大勧進職の推薦権を与えられると、以降東大寺の院家の一つである戒壇院長老が大勧進職を独占するようになる。その後応永年間になって大内氏が守護大名として国衙領へも守護役を賦課するようになると、戒壇院長老は被官油倉の僧を目代に任命することで、大勧進と油倉とが一体化した経営体制を作り上げていった。その一方で、これより先の建武三年には、東大寺の被官である俗人を下向させて国衙候人として国衙経営に登用し、目代と共に留守所を形成させるなど国衙組織の取り込みを行って国衙経営の強化がはかっている。こうして国衙から送進される正税は東大寺の寺家財政に組み込まれていったのである。

その後、応仁の乱後の混乱の中で油倉の活動が停止し、さらに大内氏によって国衙が押領されると、大勧進による国衙経営体制は瓦解してしまう。十六世紀になり国衙が返還されて、学侶方による経営が始まり、国衙候人を中心に建て直しがはかられるが、大内氏ら武士による国衙領の侵食と国衙の財政破綻によって、その経営は困難な状況であった。さらに大内氏が滅び毛利氏が周防国の領主となると、国衙領のほとんどが押領されて東大寺の支配が及ぶのは国衙周辺の国衙土居八町だけとなる。この時、新たに学侶らが沙汰衆として所領の経営に乗りだしてくる。彼らは、国衙候人に給地を与えて年貢を請負わせることで、近世的な所領経営への転換を実現させたのである。なお沙汰衆は六人の学侶僧からなり、東大寺の意志決定機関として寺の経営を行うとともに、江戸時代に入ると寺領の櫟本村からの年貢の管理も行うことで、東大寺全体の財政を管理していたことがわかる。このことから、東大寺における寺領経営の近世化は元亀年間であったと考えられる。
次節では本書で検討して導きだされたものが、先行研究とどのように関わりを持っていたのかを述べていこう。

第二節　研究史との関係

一　中世の周防国研究との関係

最初に周防国の先行研究との関係について検討していこう。周防国の研究史は、十六世紀半ば毛利氏が領主となって以降が未検討となっているので、近世移行期を含めた分析が必要なこと、そしてその場合国衙の経営組織や寺内の経営組織の変遷も明らかにすべきであるとの課題を挙げたが、この点についてはどうであろうか。

近世移行期については、第三部第一章や第三章において大内氏や毛利氏が領国支配を展開する中で、東大寺の院家である戒壇院長老が大勧進となるが、被官の油倉僧を目代に任じて在地へ下向させることで大勧進―目代体制を構築していった。このことは先行研究でも指摘されているところであるが、同じく国衙に在住させていた国衙候人らと共に大勧進―目代―国衙候人体制を構築していくことで、東大寺の権益の維持に努めていく様子を明らかにした。これにより周防国が寄進された鎌倉時代初頭から近世移行期までを通史的に検討したことになり、周防国における歴史的展開を見通すことが出来るようになった。その展開とは次の通りである。

造営料国として寄進された周防国の国衙領は、鎌倉時代中期頃から大勧進からの寄進などの行為により一部の寺領化が始まり、鎌倉時代後期になると国衙領の保司職や公文職といった所職を掌握することで、在地に対しても支配を浸透させていった。南北朝時代に入ると、戒壇院長老が大勧進職を独占し、さらに応永年間に入ると被官の油倉僧を目代に任じ、被官である国衙候人を国府周辺に居住させて大勧進―目代―国衙候人の体制を作り上げた。これにより、十五世紀半ばには経営がピークを迎えるが、その一方で同じ応永年間頃からは守護役が賦課されるなど、守護大内氏による国衙領の侵略が本格的に始まる。大内氏の領国制に完全に組み込まれるのは、十五世紀末に大内政弘の次男尊光が目代に就任して国衙が押領された時ではなく、その約十年後の明応八年で、それ以降は東大寺による中世的な国衙経営体制は機能不全となっていった。そして最終的には、十六世紀半ばに新たに入国した毛利氏によって支配の及ぶ範囲を国衙土居八町に限定されたことで、中世的な国衙による経営体制は完全に瓦解し、以降現地に則した近世的な経営体制が採用されていったのである。

本書の序章で述べたように、近年荘園制研究者により、院政期に成立した中世荘園制社会は、応永年間に再版され、十五世紀末から十六世紀にかけて解体して、大名領国制や村町制と呼ばれる社会になると考えられているが[1]、周防国の国衙経営の展開もこの時代区分とほぼ同じであったことがわかる。このことは、東大寺による国衙経営が他の荘園同様の視角による分析研究が可能であることを示しているといえよう。そして、そのことは荘園制研究が抱える課題と同様の課題が造営料国としての周防国の研究にもあるということなのである。

続いて二点目の課題である国衙の経営組織や寺内の経営組織の展開について見ていこう。この内、前者については第二部第一章と同第二章、第三部第一章と同第三章でそれぞれ検討し、後者については主に第三部第一章と同第三章において検討した。

国衙経営の組織については、鎌倉時代中期の円照による国衙領の寄進や検非違使所の取り込み、建武三年に俊才が就任して以来戒壇院長老による大勧進職の独占、そして十五世紀半ばの油倉及び国衙候人の活動の活発化など、それぞれ転換点を確認した。鎌倉時代初頭の重源や行勇による造営事業の際には、周防国は名実とも造営料国であったが、これら転換点を経て、周防国の国衙は東大寺の寺領経営組織と同質化していったことが明らかとなった。

なお周防国の国衙及び国衙領の経営に東大寺の寺内組織が直接関与するようになるのは、寺内財政・寺領経営を担っていた学侶僧が十六世紀に入って直接乗り出してからである。当初は、学侶方の意志決定機関である学侶集会の評定衆が指示を与えていたが、元亀三年（一五七二）～四年を境に六人の学侶僧から成る沙汰衆が、年預五師とともに目代や国衙候人へ指示を与えるようになった。沙汰衆は、文禄五年（一五九六）に「官家方田地納帳」を作成しているのが史料上の初見であるが、この納帳は太閤検地によって東大寺領として安堵された寺領の櫟本村の年貢納帳なので、彼らが当時東大寺の財政全般を担っていたことがわかる。

つまり、国衙経営における意志決定機関が評定衆から沙汰衆へと転換したのは、周防国だけの事情ではなく、東大寺全体の事情に理由があったのである。十六世紀に入り不知行となる寺領が増加するなかで、寺内財政の再編を進める必要から財務に長けた特定の学侶僧からなる執行機関として沙汰衆が誕生したのであろう。

寺内財政に関連していうと、第二部第三章第一節で述べたように、国衙領の所職を有し、その得分を油倉から送進されていた有力学侶僧らは、一方で銭主として寺内へ貸し付けを行っており、その際所職得分として得た銭貨が貸し付けの原資に充てられていた。永村眞氏は、鎌倉時代後期から南北朝時代の借銭状や米銭納帳の分析から、鎌倉時代後期以降の年預所による惣寺財務の運営が、借銭によって維持され、その財務を支えていたのが学侶の経済能力であったとして、鎌倉時代後期以降に寺内財務が変容していったことを指摘しているが[(2)]、延慶年間には寺僧に保司職が与えられており、間接的ながらこの頃には周防国が東大寺の財政体系に組み込まれつつあったと考えて間違いない。

周防国に関する課題については、以上のとおりであるが、次に東大寺の寺領研究との関わりについ見ていこう。

二　東大寺領研究との関係

本書では、東大寺の寺領研究との関係で次の二点を課題として挙げた。すなわち、第一点目は、南北朝時代に入ると顚倒などにより寺領の不知行化が急激に進むのにともなう寺内財政の悪化を、学侶僧が金融活動で得た銭貨によって支えられていたことが指摘されているが、寺領経営からのアプローチで再検討する必要があること、第二点目は、寺領経営の変化がどのように寺内の経営組織に影響を与えたのかを明らかにすべきことである。

この内、第一点目、南北朝時代以降の不知行化の中でどのような寺領経営が行われていたのかについては、周防国については特に第二部第三章の中で惣寺からの要請を受けた大勧進が経営強化を目的とした種々の施策を進めていたことを明らかにした。具体的に見ると、論所となった国衙領を、時には幕府の権威を借り、また時には下地中分をすることで武家勢力の排除に努める一方で、国衙領を東大寺に寄進させ、国衙領の所職を東大寺の寺僧へ与え、その得分を給付することで国衙領の寺領化を進めていたのである。

このような、惣寺からの要請を受けた大勧進の動きを、東大寺の寺領全体の展開の中で見ていくと、永仁年間頃から始まる惣寺による寺領支配強化の一貫と捉えることができる。惣寺が寺領支配を強化するようになったのは、本来政所や院家から進納されるべき供料や食料の未下行がきっかけで、それに対抗して永仁年間頃から荘務権を獲得して直接年貢を徴収するようになった(3)。周防国の国務を担っていたのは大勧進であったが、鎌倉時代では他寺止住の禅律僧が就任する場合が多く、鎌倉の極楽寺の長老などが大勧進であった際には、惣寺の希望に沿った経営が行われたが、惣寺の意に従わない在京の禅律僧も就任するなど、安定した経営が継続することはなかった。ところが、惣寺が推挙した俊才が大勧進に就任して以後、惣寺、後に学侶方が大勧進の推挙権を掌握し、戒壇院長老を大勧進とすることで、自らの意志を国務に反映させていったのである。

その一方で、惣寺が直接経営権を握った他の寺領では、南北朝以降ほとんどが経営に失敗してしまい、多くは十五世紀半ば頃までに不知行化している。例えば、美濃国茜部荘は、元弘三年（一三三三）十一月九日に後醍醐天皇が地頭職を二季談義料所として東大寺へ寄進したことにより一円支配を実現した。惣寺は学侶僧を納所とし、代官を下向させて経営にあたらせたが、年貢を減少させる事件を起こしたり、また延元元年（一三三六）五月には、百姓らから年貢の減免要求で訴えられるなど、不安定な経営が続き、暦応三年（一三四〇）には地頭との間で下地中分が行われた。さらに学侶僧が給主となって年貢を請負ったとはいえ、実際の現地には代官を下向させていたが、明徳二年（一三九一）十二月二十九日には後任の代官が補任されなかったため百姓請となってしまう。その後、文安二年（一四四五）と寛正二年（一四六一）に東大寺の公人が代官職に就任したことが史料上確認できるが、実質的な支配は行われていなかったようである。(4)

また、康永元年（一三四二）十二月十五日、周防国大前村の替わりとして足利尊氏から東大寺八幡宮へ地頭職が寄進された越中国高瀬荘では、間もなく領家職が寄進されて一円支配となった。地頭方・領家方それぞれの預所職に学侶僧が補任されてそれぞれ年貢を請負ったが、彼らは在地に詳しい者を代官としていた。この内、領家方では有力学侶僧の手搔家が預所職を世襲し、代官には大和国を出自とし守護畠山氏の被官であった下長氏を任じていた。預所の手搔家は、年貢の不足が発生した際には借銭でその分を補塡していたが、その借銭が累積したことによる契約不履行のために、応永三十三年（一四二六）に銭主により預所職を学侶方へ質流されてしまい、以降学侶方が直接経営に乗り出したが、引き続き下長氏らとの間で代官請負の契約を結んでいる。しかし、下長氏らは守護被官として活発な活動を展開していき、それにともない年貢は滞っていき、不知行化が進んでいったのである。(5)

このように惣寺、後に学侶方が直務経営を行った寺領では、学侶僧を給主職や預所職に任じ、彼らに請負経営をさせた。当初のうちは年貢を進納していたが、それが可能であったのは手搔家のように年貢の不足分を学侶僧が自ら借銭して補塡していたからである。そのため学侶僧による請負も長続きせず、南北朝時代後期に入ると破綻するケースが出てきており、学侶方は、新たな財源の確保に迫られたのである。そこで次に当時の学侶方による財源確保の動きを見てみよう。

播磨国大部荘は、荘務権が東南院などの院家で別相伝されていたが、供料の未進を理由に院家と惣寺との間で荘務権が行き来した末、建武年間に惣寺の領有で決着した。(6)その後大部荘をめぐる環境が悪化する中で、康暦元年（一三七九）頃に学侶方はその経営を油倉に委ね、(7)以降油倉に年貢の徴収を請負わせることで年貢の安定化をはかっている。

また、摂津国兵庫関は、延慶元年（一三〇八）十二月二十七日に伏見上皇が上り船の石別升米と下り船の置石関銭を東大寺八幡宮に寄進し、顕密御願料所としたのに始まる。当初、惣寺は、関務権を領有する東南院々主から供料を請取るだけであったが、鎌倉時代末に供料の未下行をきっかけに経営に介入するようになり、やがて関務権の一部を獲得した。さらに応永二十八年（一四二一）になると幕府へ訴訟して兵庫関の経営から東南院々主を排除することに成功し、以後一元的に経営を行っていった。(8)

以上のように東大寺の寺領では南北朝時代から応永年間にかけた時期に転換期があったことが窺えるが、この変化は寺領だけではない。納所の一つ新助成方が、南北朝時代後期頃から財政活動を活発化させている。学侶方の財務の運営を銭主として支えていた学侶僧の中からは、年貢送進を請負っていた寺領の不知行によって生じた年貢不足分を、借銭で補填する者もいて、前述した高瀬荘における手掻家のように、借銭を返済できずに破綻してしまう者も現れた。学侶方は、破綻した学侶僧との請負契約を解消して直接経営に乗り出し、寺僧相伝の田畠や屋地については、売却や寄進により加地子を獲得したうえで、学侶僧の中から選ばれた沙汰人にそれぞれの管理経営にあたらせたのである。しかしその一方で新助成方へ債権を売却する場合もあった。

新助成方は、このような債権を集め、債務者である学侶僧や寺辺領の農民との間で契約を結び、借銭を返済させ、それを集めて財源として仏事や造営の用途に充てていった。このような新助成方の活発な活動は、少なくとも十五世紀半ば過ぎまで確認することができる。(9) 南北朝時代後期から始まる播磨国大部荘の興行や摂津国兵庫関の関務権の獲得、そして新助成方の活動の活発化は、学侶方が財源確保のために積極的に活動に出た現れであった。

一方、周防国は、第二部第三章で述べたように油倉僧を目代に任じたのも、また国衙候人である竹屋範澄が下向して国衙の小目代に登用したのも応永年間であるから、大勧進―目代体制が確立するのは、学侶方が活発化する時期から遅れていたことになる。恐らく、周防国の国衙経営の強化は、前述した東大寺内部の学侶方の動向とも密接に関わっていたのであろう。

第二点目の寺領経営の変化がどのように寺内の経営組織に影響を与えたのか、という課題については、永正六年（一五〇九）に大内氏から国衙が返付されてから、大勧進に代わって学侶方が直接国衙経営に乗り出しており、その意義についてはすでに述べたところである。そこで、ここでは経営組織の観点から、他の寺領と比較して周防国の寺領が遠隔地にも関わらずどうして近世移行期である十六世紀末まで経営が継続していたのかという点について述べておきたい。

周防国の国衙経営は、東大寺に寄進されて以来永正六年に返付されるまで、大勧進―目代体制で経営が行われていた。しかし、実際には鎌倉時代と南北朝時代、室町時代とではその内容が異なっていた。鎌倉時代は、ほとんどの大勧進が寺外の禅律僧で、その関係者が目代となっていた。南北朝時代以降は戒壇院長老が大勧進職を独占していくが、南北朝時代には在地の西大寺系の律僧が目代に任じられることが多かったが、応永年間以降は油倉僧が目代に任ぜられて、大勧進―目代体制が経営の主体となった。油倉は周防国の国衙経営だけでなく播磨国大部荘や摂津国兵庫関でも経営にあたっていたので、大勧進―目代体制であったからというだけで周防国が十六世紀末まで寺領経営が維持されたわけではない。

経営組織上、周防国と大部荘や兵庫関とで最も異なる点は、現地に国衙候人が在住している点であろう。例えば大部荘の場合は、油倉坊主が荘主などになって下向して年貢の徴収から送進まで沙汰していたが、油倉が機能を停止すると代わって年預五師が守護被官である櫛橋伊成を請負代官として年貢を請負わせている。[10] また、兵庫関の場合は、油倉が禅僧や問屋などの商人を請負代官に任じて関料の進納をさせていたが、油倉が機能を停止すると新しく経営に乗り出した年預五師も同じように禅僧や商人らを請負代官に任じて関料を進納させている。[11]

一方、周防国では、第二部第二章と第三部第一章・第三章・第四章で検討したように、少なくとも国衙候人の活動が活発化する十五世紀半ば以降は、彼らが大勧進や油倉からの、そして十六世紀に入ると学侶の評定衆からの命を受けて、国衙領からの年貢を請負ったり、あるいは守護大内氏や毛利氏との交渉にあたるなど、在地で経営にあたっていたのである。つまり、守護被官や商人らを請負代官に任命して年貢を請負わせなければならなかった大部荘や兵庫関と、東大寺と主従関係にある国衙候人が在地に居住して所務から国衙の検断、そして守護との窓口役を勤める周防国とでは、在地での経営体制に大きな違いがあったことは明らかである。

また、周防国の国衙経営を考える上で、大きな存在なのが守護大内氏である。守護大内氏と東大寺との関係は、大内氏が建武年間に周防国の守護となって国衙より離れて以降、その実力は圧倒的なものとなっていった。しかし大内氏はその間も東大寺の既得権を一方的に奪取することはなく、それどころか応永六年（一三九九）に大内義弘が国衙領法度を国衙へ与えて以来、代々の当主は代替ごとに同文の法度を下して国衙の権限を安堵している。この国衙領法度については、形骸的であるとの評価もあるが、東大寺が国衙経営を維持していく上で重要なものであったことは明らかである。[12] そのような大内氏の中で東大寺にとって最も親しみを感じたのは義隆であろう。第三部第一章で検討したように、大内氏の家臣による国衙領の占拠による正税の未進と、義興が在京中の国役に由来する借米・借銭で苦しんでいた国衙と国衙候人に対して、義隆は家臣の既得権を一部否定してまでも徳政令を下して援助しているからである。

大内氏に代わって周防国の領主となった毛利氏が国衙土居八町以外悉く押領して返付することがなかったことから鑑みると、義隆がいなければ東大寺による国衙経営は、十六世紀末まで続くことは無かったものと考える。以上、最後には狭小の地となってしまったが、東大寺が近世移行期まで寺領経営を続けることができたのは、国衙候人と守護大内氏の存在が大きかったのである。

三　東大寺史研究との関係

本書の序章で、東大寺の寺院史研究をまとめたが、その中で稲葉伸道氏・久野修義氏・永村眞氏らの研究成果から四点の課題を挙げ、そのうち①と④を本書の課題とした。すでに東大寺領研究との関わりについては前項で述べたので、本項では寺院史研究として有効かどうか、という点に絞って言及しておこう。

本書では、造営料国であった周防国を題材としたために、例えば黒田荘のような寺僧による活発な活動は見いだせないが、周防国の変化に対応して経営組織が変化していったことは指摘した。その一つが大勧進と油倉との関係である。

すでに永村氏による指摘があるように、十五世紀半ば頃になると油倉の役僧が周防国の目代を勤めた後、戒壇院長老となって大勧進となる昇進ルートが通例化する。これは大勧進であった戒壇院長老が被官の油倉へ自らの師弟を送り込み、さらにその油倉の僧を目代とすることで、周防国の国衙経営の強化をはかった。被官油倉の僧を目代に登用したのは、油倉の流通・金融などの活動が南北朝時代から室町時代にかけて最盛期を迎えていたが、応永年間頃に油倉が管領する寺領の中に経営困難に陥っているものがあったので、これに対応するために寺領経営の強化をはかったのである。

また十六世紀末に寺内財政の執行機関として登場する沙汰衆もまた、寺領のほとんどが武家勢力によって押領され、中世的な寺院財政が破綻する中で、それに対応するために誕生した組織だったといえよう。

本書では、以上のような事例を指摘したが、稲葉氏が政所系列から惣寺系列への寺内権力の移動を明らかにするうえでその指針とした、惣寺による荘務権の獲得という行為も間接的ながら在地をとりまく変化をうけて、惣寺がそれに対応するためのことと考えられるので、本書の課題である寺領経営の視角から寺院社会を分析することは、有効であると考える。

第三節　今後の課題

最後に今後の課題を挙げておきたい。

本書では、寺領経営の分析を通して寺院社会を明らかにしていくことが課題であったが、周防国を題材として分析を行った結果、いくつか今後取り組むべき課題が明らかとなった。

それは、前節でも述べたが、中世後期における東大寺の寺内組織や寺院財政の展開を明らかにすることである。研究史の中で述べたように、東大寺の寺領は伊賀国黒田荘を始めとした研究史上著名な寺領がいくつもあるが、その中で近世初頭まで続いたのは、本書で分析対象とした周防国と東大寺のわずかな寺辺領だけであった。中世後期の寺内財政については、永村氏によって学侶僧の経済活動や油倉の金融活動の分析を通してかなりの部分が具体的に明らかとなってきているが、油倉が活動を停止する文明年間以降の分析がほとんどなされていない。特に十五世紀後半以降は各地で寺領の不知行化が顕著となる時期なので、十五世紀後半から十六世紀にかけての寺院財政を明らかにする必要がある。

それにあわせて東大寺の寺辺領を解明することである。本書では周防国のみの検討となったがこれら寺辺領は、近世まで東大寺内で執行される法会や仏事、神事などの諸用途を負担しており、創建時から近世までの連続性を考察する上で検討が不可欠なのである。ただし、寺辺領の中で史料がまとまって伝来しているのは大和国河上荘だけである。河上荘の場合は、永仁年間に再建される以前はその実態は不明である。再建されて以降年貢収納のために設定された納所が年貢を請負う形態のもので、そこには東大寺による経営の様子がほとんど見られないこと、夏安居などに勤仕する学侶僧や堂衆徒へ食料などを下行する下行切符などの史料しか違っていないことから、寺領経営によるアプローチは困難であることを指摘したが、寺院財政からのアプローチは可能であろう。ほとんどの寺辺領では、中世後期の史料が伝来しておらず、この時期に支配が行われていたのかどうか具体的なことは不明だが、それにも関わらず法会や仏事、神事などの諸用途が送進されている。室町時代前期にはすでに不知行となっていた黒田荘から現代まで毎年二月の修二会で使用される松明が献上され続けているように、支配・被支配の関係とは別のものがあるのかもしれないが、まずは財政的アプローチによって解明していきたい。

また、本書では、東大寺の寺院史研究が寺内組織の研究に重点が置かれている点を踏まえて、寺領経営からのアプローチを行ったため、寺内組織や寺内財政などについての分析は不十分である。この点も今後の課題である。以上、今後の課題を挙げた。東大寺の研究は、中世後期の解明が立ち後れている。もちろん、前述した課題についても史料的制約などにより容易に解明できるものではないが、多方面からのアプローチによって実態究明を目指していきたい。

註

（1）伊藤俊一「中世後期荘園制論の成果と課題」（『国立歴史民俗博物館研究報告』一〇四集、二〇〇三年三月）。

（2）永村眞『中世東大寺の組織と経営』（塙書房、一九八九年）。
（3）稲葉伸道「東大寺寺院構造研究序説」（『年報中世史研究』創刊号、一九七六年五月、後に『中世寺院の権力構造』岩波書店、一九九七年に再録）。
（4）『岐阜県史　通史編中世』（岐阜県、一九六九年）、高村隆「茜部荘」（『講座日本荘園史　5』吉川弘文館、一九九〇年）。
（5）熱田公「第三章第一節畠山氏の領国支配」、棚橋光男「第二章第三節動乱下の荘園と武家領」、金龍静「第四章第一節蓮如教団の発展と一向一揆の展開　4、文明13年の一向一揆、高瀬荘の未進と郡内土一揆」（『富山県史通史編2中世』富山県、一九八四年）。
（6）註（3）稲葉氏論文。
（7）『大日本古文書　家わけ第十八　東大寺文書』一一二二号（東京大学、以下『大日本古文書　家わけ第十八　東大寺文書』は『大古』と省略）。
（8）拙稿「中世東大寺による兵庫関経営と組織」（『日本史研究』四九四号、二〇〇三年十月）。
（9）拙稿「十四～十五世紀における東大寺の寺領経営について――助成方・新助成方の分析を中心にして――」（未発表）。
（10）永正年間に櫛橋伊成から年預五師に宛てた書状や銭送状が確認できる。『大古』成巻一四一号、同一一九八号、同一一三九号、京都大学文学部所蔵東大寺文書Ⅲ―四二号、『大古』一二〇四号など。しかし天文六年（一五三七）六月十七日には未進年貢算用状が作成されるなど、経営が不可能となりつつあったことが窺える（『大古』一四五九号）。
（11）註（8）拙稿。
（12）松岡久人「室町戦国期の周防国衙領と大内氏」福尾教授退官記念事業会編（『日本中世史論集』吉川弘文館、一九七二年、松岡久人著・岸田裕之編『大内氏の研究』清文堂出版、二〇一一年に再録）。松岡氏は、大内氏当主が代替ごとに国衙へ与えた国衙領法度五ヶ条の実効性を疑問視しているが、大内氏によって国衙が押領されたとされる明応五年（一四九六）十月二十七日に義興が書下で国衙領法度を安堵している点、さらにこの書下自体が、永正六年の国衙返付の交渉の際に証文として利用されているように、東大寺の国衙経営の正統性を保証するもので大内氏にとって安易に与えられる性格のものではない点から判断すると、在地に対してはある程度実効力をあったと考えるべきであろう（東大寺図書館所蔵寶庫文書七四―二―一号、『防府市史』「得富家文書」八号）。

初出一覧

序　章（新稿）

第一部　鎌倉時代初期における大勧進と周防国

第一章　重源と栄西による再建事業と周防国の経営（新稿）

第二章　行勇による再建事業と周防国の経営（既発表）

原題「鎌倉初期の造東大寺大勧進と周防国の経営――行勇期を中心に――」（『鎌倉遺文研究』第二四号、二〇〇九年一〇月）を加筆・修正

第三章　中世前期における東大寺による国衙支配と在庁官人（既発表、第三・四節を加筆・修正）

原題「東大寺の国衙領支配について」（『民衆史研究』四九号、一九九五年五月）

第四章　中世前期における東大寺の国衙領支配――与田保を中心として――（既発表）

第一節～第三節の原題「保に関する一考察」（『日本歴史』五三二号、一九九二年八月）を加筆・修正

第四節は「中世前期国衙領の支配構造について」（『板橋区立郷土資料館紀要』九号、一九九二年三月）の二章を加筆・修正

第二部　東大寺と周防国の経営

第一章　鎌倉時代中・後期の周防国と東大寺（新稿）

第二章　建武新政期における東大寺と大勧進（既発表）

神社史料研究会編『造営と遷宮の政治史』（思文閣出版、二〇〇〇年）を加筆・修正
第三章　南北朝・室町時代における東大寺の周防国衙経営と組織
第一節　大勧進・目代（新稿）
第二節　国衙候人（既発表）
原題「中世後期における東大寺の周防国衙経営について」（『日本歴史』六二七号、二〇〇〇年八月）
を加筆・修正

第三部　武家勢力と造営料国周防国の終焉
第一章　周防国経営における東大寺と守護大内氏（新稿）
第二章　中世後期における官司領と守護大内氏（既発表）
原題「室町期における地下官人領の経営と守護大名」（『地方史研究』二八四号、二〇〇〇年四月）を加筆・修正
第三章　毛利氏の周防国進出と東大寺（新稿）
第四章　毛利氏による国衙土居八町の安堵について（既発表）
原題「戦国大名毛利氏の所領安堵について——東大寺領国衙土居八町の安堵を中心に——」（『国史学』
二〇一号、二〇一〇年六月）を加筆・修正

終　章（新稿）

あとがき

本書は、平成十六年九月に國學院大學に提出した博士学位請求論文「中世東大寺の寺領経営――周防国における寺領の展開を中心にして――」をもとに、関連する既発表論文や新稿の論文を追加し、加筆修正して一書としたものである。論文の審査は、主査千々和到先生、副査として二木謙一先生と峰岸純夫先生に労を執っていただきました。先生方には、この場を借りて改めてお礼を申し上げます。なお、先生方からは、様々な御意見や課題を頂戴しました。本書でどれだけそれらに応えることができたのかは甚だ心許ないところではあるが、今後もさらに研鑽を積んでいく所存である。

さて、本書の趣旨を一言で述べるならば、鎌倉時代初頭に大仏殿の再建のために造営料国として大勧進重源へ与えられた周防国が、寺家の財源化を指向した東大寺や、周防国一国の国衙領から徴収される正税の管理を任された歴代の大勧進、国内で絶対的な権力を誇った大内氏、その大内氏に替わり新たな国主となった毛利氏らによりどのように変化していったのか、その特徴などについて検討したものである。

このように成立期から終焉までを対象としたのは、それにより歴史的展開とそれぞれの特徴がより明確化できると考えたからである。しかし、その結果、荘園公領制や国衙研究、守護領国制や大名領国制論、そして東大寺の寺院史など多方面の問題を含み込むこととなり、検討すべき課題が多く残されている。今後も継続的にこれらの問題に取り組んでいくこととして、改めて諸賢からのご批判をいただければと考えている。

そもそも本書のようなテーマを最初から目指していたわけでなかった。慶應義塾大学を卒業後に一般企業に勤めていた私は、仕事の傍ら高校の社会科教員試験を受験し続けていた。しかし、仕事をしながら合格できるほど教員採用試験は簡単でなく、仕事を辞めて歴史学を勉強し直そうと平成元年四月に早稲田大学へ学士入学した。入学するとすぐに卒業論文のテーマを考えなくてはならなかった。慶應大学では、中世武士団である秩父氏の族的結合について卒業論文でまとめたが、研究論文とはほど遠い内容だったので、中世社会の基底である荘園制を勉強し直すこととし、卒業論文のテーマも荘園から選ぶことにした。

この年、海老澤衷先生が、石母田正氏の『中世的世界の形成』を読み解きながら、荘園制について検討する講義をされ、新井孝重先生が、瀬野精一郎先生編の『鎌倉幕府裁許状集』に収録された裁許状を学生に講読させる演習をされていた。卒論のテーマとして黒田荘も考えたが、新井先生の授業で関連の裁許状を担当した縁により、周防国与田保で書くことにした。

卒論は、瀬野先生に御指導をいただきながらなんとかまとめることができたが、その際先生からは『日本歴史』への投稿を勧めていただいた。大学院修士課程へ進学してから投稿論文を執筆していたところ、偶然京都大学付属図書館所蔵「菊亭家本下毛野氏系図」に記された人物と与田保の相論で登場する地頭が同一人物であることに気づき、書き直して投稿することができた。それが本書の第一部第四章に収録した論文である。

大学院では、引き続き瀬野先生に御指導を仰いだが、先生からは東寺百合文書の輪読を通して文書を読む基礎を学んだ。また、海老澤先生からは、『政基公旅引付』の講読を通して、室町時代後期の畿内の政治状況や中世村落について学ぶとともに、豊後国田原別符の故地（現杵築市）の調査に参加させていただき、荘園調査の方法について学べたのも貴重な経験であった。そして、百瀬今朝雄先生からは、『建内記』の講読を通して古記録を読むうえでの基礎的な知識を学ぶことができた。

修士論文では、卒業論文で国衙領の与田保を扱ったことと、周防国にはかなりの国衙領が残っていたことから、網野善彦先生が美濃国で行った一国規模の荘園公領制のご研究を参考にしながら、周防国の一国規模の荘園公領制を明らかにしようと考えた。しかし、内容としては中途半端なものとなってしまい、國學院大學大学院に入学してすぐに、指導教官を引き受けて下さった千々和先生からは厳しいご意見をいただいた。

國學院大學の千々和ゼミは、前期課程と後期課程の学生だけでなく、外部の希望者も受け入れていたために、常に出席者が多く、多様なテーマの研究報告を聞くことができて学ぶことが多かった。そのゼミで、博士学位請求論文へ向けて何度も報告する機会を頂戴したが、その都度先生からは、史料の読み方から論文構成に対する考え方まで厳しく御指導していただいた。なかなか実際の研究に反映させることができず、それでも辛抱強く御指導していただいたことには深甚なる感謝を申し上げたい。また、五味文彦先生や井原今朝男先生の授業にも出席する機会を得たが、史料の読み方から歴史学研究の考え方など学ぶことが多かった。

もちろんお世話になった方は、大学内だけに留まらない。永村眞先生は、東大寺文書の勉強会を主催していただき、文書の読み方から東大寺研究の考え方など御指導していただいたが、なによりも御著書『中世東大寺の組織と経営』は乗り越えるべき先行研究として、本書でも各所で引用させていただいており、早稲田大学大学院の時から現在にいたるまで直接的・間接的にお世話になっている。また、勉誠出版に本書の出版を引きうけていただけたのも、先生に御紹介していただいたお陰である。稲葉伸道先生は、直接御指導いただける機会は少なかったが、研究会でお会いした際には御意見を頂戴したり、抜き刷を頂戴したりして、今後の東大寺の研究が進むべき方向を示していただいている。

研究会としては、まず井上寛司先生主催の中世諸国一宮制研究会を挙げたい。研究会には日本各地の研究者が多数参加していて、普段会えない方と一宮以外のことでもお話を伺うことができたことも貴重な体験となった。

そこでも報告する機会を得て、重源が阿弥陀寺を創建した意味について一宮との関係から考察した報告をし、出席の皆様から貴重な御意見をいただいてまとめたのが、本書の第一部第三章に収録した論文である。

次に、橋本政宣先生が代表をつとめる神社史料研究会を挙げる。この研究会では、古代から現代までの神社をめぐるあらゆるテーマで研究報告が行われており、特に神社について学ぶことが多い。橋本先生を始め東四柳史明先生、嵯峨井建氏、宇野日出生氏、福原敏男氏の皆様からは、現在でも神社研究以外にも本当にお世話になっている。ここでも報告する機会をいただき、後醍醐天皇の建武政権による周防国に対する政策と東大寺との関係について報告するとともに、研究会の論集に執筆する機会を得た。その時の論文が本書の第二部第二章に収録した論文である。

次が寺院史研究会である。これは参加者の自主的な研究会で、毎月例会を開き、そこで活発な討論が繰り広げられている。本書に収録しているほとんどの論文は、一度はこの研究会で報告しており、そこでは岡野浩二氏や生駒哲郎氏、北條勝貴氏、細川武稔氏を始めとした出席者から貴重な御意見をいただいた。また、日本宗教史懇話会のサマーセミナーにも参加させていただいている。そこでは、広く宗教史をテーマとした研究報告が行われていて、平雅行先生や大石雅章先生、松尾剛次先生のような方々から大学院生まで分け隔てなく、活発な議論がなされており、参加するたびに刺激を頂いている。

そして東京大学史料編纂所である。本書に収録された論文を執筆するにあたり史料編纂所のデータベースを利用させていただいている。改めてお礼を申し上げる。また、東大寺文書の写真データの閲覧や東大寺の研究動向の情報などでは、遠藤基郎氏に大変お世話になった。普段、研究とは無縁の勤務先にいるため、研究動向の情報に接する機会が少なく、遠藤氏からの情報提供は本当に有難かった。遠藤氏が主催する研究会にも参加する機会を得たが、菊地大樹氏や守田逸人氏、西尾和己氏、吉川聡氏、小原嘉記氏らによる研究報告に接することができたことは、本書をまとめるうえで助けとなった。なお、本書の第一部第一章と第二章は、吉川氏や遠藤氏、小原氏らが「東大寺大勧進文書集」を紹介されたことで執筆することができたものである。

最後に東大寺である。本書の出版ができるのも、ひとえに東大寺図書館所蔵文書の利用に御理解をいただいているからである。東大寺図書館へ初めて訪れたのは、今から二十年以上前のことで、それ以来東大寺図書館にはひとかたならぬお世話になっており、改めてお礼を申し上げる。

また、末尾ながら、本書の出版を引き受けていただきながら一向に原稿がまとまらず時間ばかり過ぎてしまったが、この間辛抱強くお付き合い下さった吉田祐輔氏や勉誠出版の方々に、心から御礼を申し上げたい。

最後に、私ごとで恐縮であるが、今も生き方が定まらぬ息子を暖かく見守ってくれている母に感謝するとともに、六年前に鬼籍に入った父の霊前に本書を捧げたいと思う。

二〇一七年九月

畠山　聡

索　引

人名索引

・天皇は、上皇・法皇と名称を変えるが［天皇・院］で統一した。

【か行】

【さ行】

【た行】

【な行】

【や行】

【ら行】

国郡荘郷村名・地名索引

【あ行】

【か行】

【さ行】

【た行】

【な行】

【は行】

【ま行】

【や行】

【わ行】

寺社名・史料・事項索引

【あ行】

【か行】

【さ行】

【た行】

【な行】

【は行】

【ま行】

【や行】

【ら行】

研究者名索引

【あ行】

【か行】

【さ行】

【た行】

著者略歴

畠山　聡（はたけやま・さとし）

1961年東京生まれ。

2005年國學院大学大学院文学研究科博士課程後期日本史学専攻終了。博士(歴史学)。

現職　東京都板橋区教育委員会生涯学習課文化財専門員・國學院大學兼任講師。

主要論文に「中世東大寺による兵庫関の経営とその組織」(『日本史研究』494号、2003年)、「中世後期における東大寺と東大寺郷―転害会の分析を通して」(五味文彦・菊地大樹編『中世の寺院と都市・権力』山川出版社、2007年)、「中世後期の東南院主と院家領」(『寺院史研究』14、2013年)などがある。

中世《ちゅうせい》東大寺《とうだいじ》の国衙《こくが》経営《けいえい》と寺院《じいん》社会《しゃかい》
――造営料国周防国の変遷

著者　畠山　聡
発行者　池嶋洋次
発行所　勉誠出版㈱
〒101-0051 東京都千代田区神田神保町三―一〇―二
電話　〇三―五二一五―九〇二一㈹
二〇一七年十一月十七日　初版発行
印刷 製本　太平印刷社

ISBN978-4-585-22195-1　C3021

古文書料紙論叢

古代から近世における古文書料紙とその機能の変遷を明らかにし、日本史学・文化財学の基盤となる新たな史料学を提示する。

湯山賢一 編・本体一七〇〇〇円（＋税）

中近世日本の貨幣流通秩序

社会を動かすシステム、貨幣はいかに形成されたのか。海域アジア世界との連環と地域社会における展開の実態とを複合的に捉え、貨幣流通秩序の形成過程を照射する。

川戸貴史 著・本体七〇〇〇円（＋税）

中世荘園の環境・構造と地域社会

備中国新見荘をひらく

文献資料の分析を軸に政治経済史・環境論・古文書学等にまたがる多面的な検証により、生産・流通、環境、支配構造など、中世荘園をめぐる歴史的状況を立体的に描く。

海老澤衷・高橋敏子 編・本体八〇〇〇円（＋税）

中世の荘園空間と現代

備中国新見荘の水利・地名・たたら

備中国新見荘は、いかなる地域社会を形成してきたのか。荘園領主や百姓の活動を明らかにするとともに、中世期の灌漑や地名を復原し、地域的特質を明らかにする。

海老澤衷・酒井紀美・清水克行 編・本体二〇〇〇〇円（＋税）

称名寺聖教
尊勝院弁暁説草
翻刻と解題

近年の解読作業の結果、一三〇点余りもの、東大寺再建にかけた弁暁の熱弁が蘇ってきた。学僧弁暁の法会・唱導の実体を伝える根本資料。

神奈川県立金沢文庫 編・本体一二〇〇〇円（＋税）

中世興福寺の門跡

南都寺院社会の中心に位置してきた興福寺。寺内の頂点に立つ「門跡」のあり方、寺院社会内での位置付けを各種資料から読み解き、中世寺院社会の実態を明らかにする。

高山京子 著・本体九八〇〇円（＋税）

中世興福寺維摩会の研究

興福寺維摩会の成立と構成について概観し、維摩会の軸となる講問論義と竪義論義の内容と意義を明らかにする。興福寺維摩会を直接扱う初めての研究書である。

高山有紀 著・本体一一〇〇〇円（＋税）

『玉葉』を読む
九条兼実とその時代

『玉葉』を詳細に検討し、そこに描かれた歴史叙述を諸史料と対照することにより、九条兼実と九条家、そして同時代の公家社会の営みを立体的に描き出す。

小原仁 編・本体八〇〇〇円（＋税）

中世醍醐寺と真言密教

醍醐寺に所蔵される聖教や付法史料を博捜し、寺院社会の内部構造を明らかにする。また、中世社会において如何に真言密教が展開し受容されてきたかを考察する。

藤井雅子 著・本体九八〇〇円（＋税）

中世密教寺院と修法

聖俗両社会を結びつけた密教の祈禱、修法はいかなる仕組みで勤修・継承されていったのか——醍醐寺に伝わる聖教を活用し、修法勤修と相承の仕組みについて考察。

西弥生 著・本体九八〇〇円（＋税）

修験道教団成立史
当山派を通して

山岳信仰と仏教などが融合した修験道の「形成」「継承」「発展」の実態を、醍醐寺の伝持する膨大な史料に基づき、明らかにする。

関口真規子 著・本体九五〇〇円（＋税）

室町時代の陰陽道と寺院社会

寺院史料や新出史料・未刊史料など、多角的な資料を積極的に活用。室町期の基礎的史料を広く提供し、総合的な分析から陰陽道研究における新たな視座を提示した。

木村純子 著・本体一二〇〇〇円（＋税）